감정
평가사 1차

회계학

재무회계 / 원가관리회계

시대에듀

Always **with you**

사람의 인연은 길에서 우연하게 만나거나 함께 살아가는 것만을 의미하지는 않습니다.
책을 펴내는 출판사와 그 책을 읽는 독자의 만남도 소중한 인연입니다.
시대에듀는 항상 독자의 마음을 헤아리기 위해 노력하고 있습니다.
늘 독자와 함께하겠습니다.

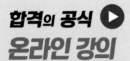

보다 깊이 있는 학습을 원하는 수험생들을 위한
시대에듀의 동영상 강의가 준비되어 있습니다.
www.sdedu.co.kr → 회원가입(로그인) → 강의 살펴보기

이 책은 감정평가사 1차 과목인 회계학을 최대한 효율적으로 학습하여 합격에 도움이 되고자 만든 책입니다.

회계학 학습에서 주의해야 하는 점은, 한 번에 모든 내용을 마스터하려는 욕심입니다. 반복이 중요한 회계의 특성상, 처음부터 완벽하게 공부하려는 마음보다는 1회독은 큰 그림부터, 회독이 누적될수록 점차적으로 세부적 내용까지 학습하는 방법을 추천합니다. 회독이 반복될수록 앞에서 이해되기 어려웠던 내용이 수월하게 이해될 것이기 때문입니다. 그러다 보면 점차 회독에 소요되는 시간이 줄어드는데, 결과적으로 시험 하루 전 하루 만에 1회독이 가능하도록 공부하는 것이 합격의 지름길이자 수험생활 동안 수행해야 하는 목표라는 점을 잊지 않으셨으면 좋겠습니다.

이 책의 특징을 몇 가지 제시하면 다음과 같습니다.

도서의 특징

❶ 역대 감정평가사 기출문제를 분석하여 패턴화되어 출제되는 문제유형에 맞게 이론 및 예제를 구성하였습니다.
❷ 방대한 회계학의 범위를 최대한 시험에 빈출되는 내용으로 정리하여 컴팩트하면서도, 시험대비에 충분한 내용과 최신 기출문제를 담았습니다.
❸ 여러 해 동안의 강의 및 실무경험을 바탕으로 수험생들이 편안하게 접근할 수 있도록 고민하였고 이 책으로 강의를 하고자 집필하였으므로 더욱 이해하기 쉽게 집필하였습니다.

강의에서 여러분들과 만나다보면, 수험생이었던 저의 모습과 많이 닮아있음을 느낍니다. 현재보다 더 나은 미래를 위해서 하루하루 고군분투하며 최선을 다하는 모습, 하지만 그 속에서 막연함과 외로움이 없을리가요. 그래서 더욱더 도움이 되고 싶은 마음입니다. 그 때의 저를 응원하는 마음으로 강의를 하고, 이 교재를 만들었습니다.

여러분들의 합격을 진심으로 기원합니다.

2024년 세무사 **양소이** 드림

감정평가사 자격시험 안내

⊘ 감정평가

감정평가란 부동산, 동산을 포함하여 토지, 건물, 기계기구, 항공기, 선박, 유가증권, 영업권과 같은 유 · 무형의 재산에 대한 경제적 가치를 판정하여 그 결과를 가액으로 표시하는 것

⊘ 수행직무

❶ 정부에서 매년 고시하는 공시지가와 관련된 표준지의 조사 · 평가
❷ 기업체 등의 의뢰와 관련된 자산의 재평가
❸ 금융기관, 보험회사, 신탁회사의 의뢰와 관련된 토지 및 동산에 대한 평가
❹ 주택단지나 공업단지 조성 및 도로개설 등과 같은 공공사업 수행

⊘ 응시자격

감정평가 및 감정평가사에 관한 법률 제12조의 다음 각호 중 어느 하나에 해당하는 결격사유가 없는 사람

1. 삭제 〈2021.07.20〉
2. 파산선고를 받은 사람으로서 복권되지 아니한 사람
3. 금고 이상의 실형을 선고받고 그 집행이 종료(집행이 종료된 것으로 보는 경우를 포함한다)되거나 그 집행이 면제된 날부터 3년이 지나지 아니한 사람
4. 금고 이상의 형의 집행유예를 받고 그 유예기간이 만료된 날부터 1년이 지나지 아니한 사람
5. 금고 이상의 형의 선고유예를 받고 그 선고유예기간 중에 있는 사람
6. 제13조에 따라 감정평가사 자격이 취소된 후 3년이 지나지 아니한 사람. 다만, 제7호에 해당하는 사람은 제외한다.
7. 제39조 제1항 제11호 및 제12호에 따라 자격이 취소된 후 5년이 지나지 아니한 사람

※ 결격사유 기준일은 해당연도 최종합격자 발표일 기준

⊘ 시험일정(2024년)

구 분	원서접수기간	시험장소	시행지역	시험일자	합격자발표
제1차 시험	2024.02.19.(월) 09:00 ~02.23.(금) 18:00	원서접수 시 수험자 직접 선택	서울, 부산, 대구, 광주, 대전	2024.04.06.(토)	2024.05.08.(수)
제2차 시험	2024.05.20.(월) 09:00 ~05.24.(금) 18:00		서울, 부산	2024.07.13.(토)	2024.10.16.(수)

※ 원서 접수기간 중에는 24시간 접수 가능(단, 원서접수 마감일은 18:00까지 접수 가능)하며, 접수기간 종료 후에는 응시원서 접수가 불가합니다.
※ 시험일정은 변경될 수 있으므로 최신 시험일정을 큐넷 홈페이지(www.q-net.or.kr)에서 반드시 확인하시기 바랍니다.

⊘ 시험과목

구 분	시험과목
제1차 시험	❶ 「민법」 중 총칙, 물권에 관한 규정 ❷ 경제학원론 ❸ 부동산학원론 ❹ 감정평가관계법규 ⋯ 「국토의 계획 및 이용에 관한 법률」, 「건축법」, 「공간정보의 구축 및 관리 등에 관한 법률」 중 지적에 관한 규정, 「국유재산법」, 「도시 및 주거환경정비법」, 「부동산등기법」, 「감정평가 및 감정평가사에 관한 법률」, 「부동산 가격공시에 관한 법률」 및 「동산 · 채권 등의 담보에 관한 법률」 ❺ 회계학 ❻ 영어(영어시험성적 제출로 대체)
제2차 시험	❶ 감정평가실무 ❷ 감정평가이론 ❸ 감정평가 및 보상 법규 ⋯ 「감정평가 및 감정평가사에 관한 법률」, 「공익사업을 위한 토지 등의 취득 및 보상에 관한 법률」, 「부동산 가격공시에 관한 법률」

⊘ 과목별 시험시간

구 분	교 시	시험과목	입실완료	시험시간	시험방법
제1차 시험	1교시	❶ 민법 (총칙, 물권) ❷ 경제학원론 ❸ 부동산학원론	09:00	09:30~11:30(120분)	객관식 5지 택일형
	2교시	❹ 감정평가관계법규 ❺ 회계학	11:50	12:00~13:20(80분)	
제2차 시험	1교시	감정평가실무	09:00	09:30~11:10(100분)	과목별 4문항 (주관식)
	중식시간 11:10~12:10(60분)				
	2교시	감정평가이론	12:10	12:30~14:10(100분)	
	휴식시간 14:10~14:30(20분)				
	3교시	감정평가 및 보상법규	14:30	14:40~16:20(100분)	

※ 장애인 등 응시 편의 제공으로 시험시간 연장 시 수험인원과 효율적인 시험 집행을 고려하여 시행기관에서 휴식 및 중식 시간을 조정할 수 있습니다.

※ 시험과 관련하여 법률, 회계처리기준 등을 적용하여 정답을 구하여야 하는 문제는 시험시행일 현재 시행 중인 법률, 회계처리 기준 등을 적용하여 그 정답을 구하여야 합니다.

※ 회계학 과목의 경우 한국채택국제회계기준(K-IFRS)만 적용하여 출제됩니다.

감정평가사 자격시험 안내

⊘ 합격자 결정

구분	내용
제1차 시험	영어 과목을 제외한 나머지 시험과목에서 과목당 100점을 만점으로 하여 모든 과목 40점 이상이고, 전 과목 평균 60점 이상인 사람
제2차 시험	❶ 과목당 100점을 만점으로 하여 모든 과목 40점 이상, 전 과목 평균 60점 이상을 득점한 사람 ❷ 최소합격인원에 미달하는 경우 최소합격인원의 범위에서 모든 과목 40점 이상을 득점한 사람 중에서 전 과목 평균점수가 높은 순으로 합격자를 결정

※ 동점자로 인하여 최소합격인원을 초과하는 경우에는 동점자 모두를 합격자로 결정. 이 경우 동점자의 점수는 소수점 이하 둘째 자리까지만 계산하며, 반올림은 하지 아니함

⊘ 수험인원 및 합격자현황

구 분		2020년 (31회)	2021년 (32회)	2022년 (33회)	2023년 (34회)	2024년 (35회)
1차	대상	2,535명	4,019명	4,509명	6,484명	6,746명
	응시	2,028명	3,176명	3,642명	5,515명	5,755명
	응시율	80%	79.02%	80.77%	85.06%	85.31%
	합격	472명	1,171명	877명	1,773명	1,340명
	합격률	23.27%	36.87%	24.08%	32.15%	23.28%
2차	대상	1,419명	1,905명	2,227명	2,655명	24.07.13. 실시 예정
	응시	1,124명	1,531명	1,803명	2,377명	
	응시율	79.21%	80.37%	80.96%	89.53%	
	합격	184명	203명	202명	204명	
	합격률	16.37%	13.26%	11.20%	8.58%	

⊘ 회계학 출제리포트

구분		2020년 (31회)	2021년 (32회)	2022년 (33회)	2023년 (34회)	2024년 (35회)	전체 통계	
							합계	비율
재무회계	회계의 기초이론	–	1	1	1	–	3	1.5%
	재무회계의 이론체계	4	2	5	2	3	16	8%
	현금 및 현금성자산과 채권채무	1	1	1	1	–	4	2%
	금융자산	2	1	2	2	1	8	4%
	재고자산	2	2	4	2	2	12	6%
	유형자산 및 투자부동산	10	4	4	7	7	32	16%
	무형자산	1	2	1	1	1	6	3%
	자본	2	3	2	2	3	12	6%
	금융부채와 사채	2	1	1	2	5	11	5.5%
	충당부채와 퇴직급여	1	3	3	3	3	13	6.5%
	수익	2	4	2	3	1	12	6%
	회계변경과 오류수정	–	2	1	–	2	5	2.5%
	법인세 및 리스회계	2	2	1	2	1	8	4%
	현금흐름표	1	1	2	2	–	6	3%
	보고기간 후 사건 및 기타	–	1	–	–	–	2	1%
	소계	30	30	30	30	30	150	75%
원가회계	원가관리회계의 기초이론	–	–	1	–	–	1	0.5%
	원가흐름 및 원가배분	2	1	2	1	2	8	4%
	개별/종합/결합원가계산/ABC	2	1	2	2	2	9	4.5%
	표준원가계산/변동원가계산	2	2	2	2	2	10	5%
	원가추정과 CVP분석	2	2	1	3	1	9	4.5%
	단기의사결정	1	2	1	1	–	5	2.5%
	장기의사결정 및 기타	1	2	1	1	3	8	4%
	소계	10	10	10	10	10	50	25%
총계		40	40	40	40	40	200	100%

이 책의 **구성과 특징**

CHAPTER 01 회계기초이론

제1절 회계의 기본개념

1. 회계의 정의

회계의 정의	회계정보이용자가 합리적 의사결정을 할 수 있도록 유용한 정보를 인식, 측정, 전달하는 과정	
회계정보이용자	내부정보이용자	경영자
	외부정보이용자	투자자 (주주)
		채권자
		거래처, 과세당국, 잠재적 투자자

2. 회계의 분류

	재무회계	원가(관리)회계
정보이용자	외부정보이용자(주주, 채권자)	내부정보이용자(경영자)
의의	기업의 재무상태와 경영성과	내부관리
보고양식	재무제표	일정양식 없음
회계기준	준수 ○	준수 ×
보고시점	정기적	수시적

3. 회계기준

국제회계기준	상장법인, 금융기
일반기업회계기준	

4. 국제회계기준(IFRS)

(1) 국제회계기준 특징
① 원칙중심(자율성 인정) → 규칙중심(×)
② 자산, 부채의 공정가치 평가 확대
③ 재무상태표 중심
④ 기본재무제표 → 연결재무제표(경제적 실질 우선)

2 감정평가사 1차 회계학 기본서

회계기초이론

회계학의 기초 개념을 본서의 앞 장에 수록, 내용 이해에 도움이 되도록 하였습니다.

CHAPTER 03 유형자산2

확인학습문제

[2018 관세사]

01 유형자산에 관한 설명으로 옳지 않은 것은?

① 건설시작 전에 건설용지를 주차장으로 사용함에 따라 획득한 수익은 건설원가에 포함하지아니한다.
② 재평가는 보고기간말 장부금액이 공정가치와 중요하게 차이가 나지 않도록 주기적으로 수행한다.
③ 유형자산에 내재된 미래경제적효익이 다른 자산의 생산에 사용된다면 감가상각액은 해당자산 원가의 일부가 된다.
④ 항공기를 감가상각할 경우 동체와 엔진을 별도로 구분하여 감가상각하는 것이 적절할 수 있다.
⑤ 자산에 내재된 미래경제적효익의 예상 소비형태가 유의적으로 달라졌다면 감가상각방법을 변경하고 회계정책의 변경으로 처리한다.

답 ⑤

│정답해설│
⑤ 자산에 내재된 미래경제적효익의 예상 소비형태가 유의적으로 달라졌다면 감가상각방법을 변경하고 회계추정의 변경으로 처리한다.

[2017 감정평가사]

02 유형자산의 감가상각에 관한 설명으로 옳지 않은 것은?

① 건물이 위치한 토지의 가치가 증가할 경우 건물의 감가상각대상금액이 증가한다.
② 유형자산을 수선하고 유지하는 활동을 하더라도 감가상각의 필요성이 부인되는 것은 아니다.
③ 유형자산의 사용정도에 따라 감가상각을 하는 경우에는 생산활동이 이루어지지 않을 때 감가상각액을 인식하지 않을 수 있다.
④ 유형자산의 잔존가치는 해당 자산의 장부금액과 같거나 큰 금액으로 증가할 수 있다.
⑤ 유형자산의 공정가치가 장부금액을 초과하더라도 잔존가치가 장부금액을 초과하지 않는 한 감가상각액을 계속 인식한다.

답 ①

│정답해설│
① 건물이 위치한 토지의 가치가 증가할 경우 건물의 감가상각대상금액은 증가하지 않는다.

76 감정평가사 1차 회계학 기본서

확인학습문제

매 챕터별로 수록된 확인학습문제(감정평가사 · 관세사 1차 기출문제)를 통해 이론을 정리하고 실력을 점검해 보실 수 있습니다.

핵심을 파악하는 서술

이론의 핵심을 파악할 수 있도록 일목요연하게 서술하였고, 더 알아보기 와 예시문제 를 통해 효과적 학습을 할 수 있도록 구성하였습니다.

CHAPTER 05 제1편 재무회계

투자부동산, 매각예정비유동자산

제1절 투자부동산

1. 의의

투자부동산은 임대수익이나 시세차익 또는 두 가지 모두를 얻기 위하여 소유자나 금융리스의 이용자가 보유하고 있는 부동산을 의미한다.

> **더 알아보기 자산의 분류**
>
> • 재화의 생산이나 용역의 제공 또는 관리에 사용하는 목적
> • 정상적인 영업과정에서의 판매목적으로 보유하는 부동산

투자부동산	• 직접 소유(또는 금융리스)를 통해 보유하고 있는 운용리스로 제공하고 있는 건물 • 운용리스로 제공하기 위하여 보유하고 있는 미사용 건물 • 미래에 투자부동산으로 사용하기 위하여 건설 또는 개발 중인 부동산
유형자산	• 금융리스로 제공한 부동산 • 자가사용부동산
재고자산	• 정상적인 영업과정에서 판매하기 위한 부동산 • 제3자를 위하여 건설 또는 개발 중인 부동산

2. 투자부동산의 회계처리

(1) **부동산 일부는 투자목적이며, 일부는 자가사용목적인**

부동산 중 일부분은 임대수익이나 시세차익을 얻기 위하여 또는 관리목적에 사용하기 위하여 보유할 수 있다.
① 부분별로 매각되는 경우 금융리스로 제공할 수 있으며
② 분리매각이 불가능하면 자가사용목적으로 보유하는
으로 분류한다.

---

(5) **재평가잉여금의 회계처리**

재평가잉여금은 이익조작가능성을 방지하기 위해 당기손익을 거치지 않고 직접 이익잉여금으로 대체되어야 하기 때문에 유형자산과 관련하여 자본에 계상된 재평가잉여금은 그 자산이 제거될 때 이익잉여금으로 대체한다. 재평가잉여금을 이익잉여금으로 대체하는 경우 그 금액은 당기손익으로 인식하지 않는다.
① 자산이 제거되는 경우 : 자산이 폐기되거나 처분될 때에는 재평가잉여금 전부를 이익잉여금으로 대체한다.
② 자산을 사용하는 경우 : 기업이 그 자산을 사용함에 따라 재평가잉여금의 일부를 이익잉여금으로 대체할 수 있다. 이러한 경우 재평가된 금액에 근거한 감가상각액과 최초원가에 근거한 감가상각액의 차이가 이익잉여금으로 대체되는 금액이 될 것이다.

> **더 알아보기 기타포괄손익의 처리**
>
> | | | 이익잉여금 |
> |---|---|---|
> | 재분류조정대상 ○ | 당기손익으로 분류 ○ | 손익계산서 마감을 통해 이익잉여금에 반영 |
> | 재분류조정대상 × | 당기손익으로 분류 × | 당기손익을 거치지 않고 이익잉여금에 직접대체 |

> **예시문제**
>
> (주)감평은 20x1년 1월 1일 영업활동에 사용할 목적으로 다음과 같은 건물을 취득하였다. 다음 자료를 이용하여 (주)감평이 20x2년에 인식해야 할 재평가손실(당기손실)은? **[2014년 감정평가사]**
>
> • 취득원가 : ₩1,000,000
> • 내용연수 : 5년
> • 잔존가치 : ₩0
> • 감가상각방법 : 정액법
> • 재평가모형 적용 : 매년 말 감가상각 후 재평가
> • 장부금액수정방법 : 기존의 감가상각누계액 전액제거
> • 재평가잉여금의 처리 : 당해 자산 제거시 일괄적으로 이익잉여금으로 대체
> • 손상차손은 고려하지 않음
> • 공정가치 : 20x1년 말 ₩900,000, 20x2년 말 ₩500,000
>
> ① ₩75,000 ② ₩100,000
> ③ ₩175,000 ④ ₩200,000
> ⑤ ₩275,000
>
> • 20x1년
> 재평가잉여금 : ₩900,000 − ₩1,000,000 × 1/5 = ₩100,000
>
> • 20x2년
> 감가상각비 : ₩900,000 ÷ 4 = ₩225,000
> 재평가 전 기말 장부금액 : ₩900,000 − ₩225,000 = ₩675,000
> 재평가 감소액 : ₩500,000 − ₩675,000 = ₩175,000
> 재평가손실(당기손실) : ₩175,000 − ₩100,000(재평가잉여금) = ₩75,000
>
> 정답 ①

이 책의 차례

이 책의 차례

회계기초이론

CHAPTER 01　회계기초이론

CHAPTER 01 회계기초이론

1. 회계의 정의

회계의 정의	회계정보이용자가 합리적 의사결정을 할 수 있도록 유용한 정보를 인식, 측정, 전달하는 과정	
회계정보이용자	내부정보이용자	경영자
	외부정보이용자	투자자 (주주)
		채권자
		거래처, 과세당국, 잠재적 투자자

2. 회계의 분류

	재무회계	원가(관리)회계
정보이용자	외부정보이용자(주주, 채권자)	내부정보이용자(경영자)
의의	기업의 재무상태와 경영성과	내부관리
보고양식	재무제표	일정양식 없음
회계기준	준수 ○	준수 ×
보고시점	정기적	수시적

3. 회계기준

국제회계기준	상장법인, 금융기관, (자발적 채택)비상장 법인
일반기업회계기준	비상장법인

4. 국제회계기준(IFRS)

(1) 국제회계기준 특징

① 원칙중심(자율성 인정) → 규칙중심(×)
② 자산, 부채의 공정가치 평가 확대
③ 재무상태표 중심
④ 기본재무제표 → 연결재무제표(경제적 실질 우선)

(2) 국제회계기준 제정원칙

① 회계기준의 복잡성을 줄이기 위해 예외규정을 지양한다.
② 회계기준 내에서 목적과 핵심원칙을 명확하게 기술한다.
③ 회계기준서 간 일관성을 유지한다.
④ 개념체계에 근거하여 규정한다.
⑤ 규정에 대한 해석은 전문가의 판단에 의존한다.
⑥ 지침은 꼭 필요한 경우에 한하여 최소한으로 제공한다.

제2절 분개 원리

1. 분개원리

차변	대변
자산	부채
	자본
비용	수익

2. 분개 예시

(1) 건물을 구입하고 현금 1,000,000원을 지급하다.

(차) 건물(자산)	1,000,000	(대) 현금(자산)	1,000,000

(2) 은행에서 현금 100,000원을 차입하다.

(차) 현금(자산)	100,000	(대) 차입금(부채)	100,000

3. 거래의 8요소

차변	대변
• 자산의 증가 • 부채의 감소 • 자본의 감소 • 비용의 발생	• 자산의 감소 • 부채의 증가 • 자본의 증가 • 수익의 발생

다음은 회계거래의 결합관계를 표시한 것이다. 옳지 않은 것은?

거래	거래의 결합관계
① 커피머신을 50,000원에 현금 구입하였다.	자산의 증가 – 자산의 감소
② 주식발행으로 1억원을 현금 조달하였다.	자산의 증가 – 자본의 증가
③ 공장청소비 10만원을 현금 지급하였다.	비용의 발생 – 자산의 감소
④ 상품을 20만원에 현금으로 매출하였다.	자산의 증가 – 비용의 감소

④ 자산의 증가 – 수익의 발생

정답 ④

4. 복식부기 특징

① 거래의 이중성 : 차변과 대변 요소는 서로 원인과 결과
② 대차평균의 원리 : 차변 합계와 대변 합계는 항상 일치
③ 자기검증기능 : 오류를 자동으로 발견

제3절 기말수정분개

1. 회계처리

(1) 수익과 비용의 인식

1) 현금주의

수익은 현금이 유입된 시점에 기록하고 비용은 현금이 유출된 시점에 기록하는 것. 현금주의는 경영자가 고의적으로 현금의 유출입 시기를 조절함으로써 경영성과를 왜곡시킬 수 있는 가능성이 있다.

2) 발생주의

현금의 유입과 유출을 가져오는 근원적인(중대한) 사건이 발생한 시점에 수익과 비용을 인식하는 것

① 발생주의에서 수익인식기준 : 경제적 효익의 유입 기능성이 매우 높고 그 효익을 신뢰성 있게 측정할 수 있을 때 수익을 인식한다.(실현주의)

② 발생주의에서 비용인식기준 : 수익·비용 대응의 원칙에 따라 인식한다. 일정기간동안 발생한 지출은 특정한 수익과 관련이 있어야 하며 관련된 수익과 동일 기간에 이루어져야 한다.

3) 예시

〈거래〉 상품을 80,000원에 매입하여 100,000원에 현금으로 판매

• 매입시 : (차) 상품	80,000	(대) 현금	80,000
• 판매시 : (차) 현금	100,000	(대) 매출	100,000
매출원가	80,000	상품	80,000

2. 기말수정분개

회계연도 말에 재무상태표와 손익계산서를 작성하기에 앞서 총계정원장의 계정 잔액과 실제 계정 잔액이 일치하지 않는 경우 이를 일치하도록 하는 분개

(1) 발생항목

① **미지급비용(부채)** : 기중에 용역을 제공받고도 현금을 지급하지 않아서 아직 비용을 장부에 기록하지 않은 미지급분을 말한다. 이 경우 당기 비용으로 회계처리를 해야 한다.

예시문제

다음을 분개하여라.
(주)감평은 20x1년 3월 1일 공장건물 임차계약을 맺었다. 계약기간은 1년이며, 임차료는 연 2,400,000원, 임차료는 1년이 경과하는 시점에 지급하기로 하였다.

[1] 20x1년 12월 31일 결산일 분개
[2] 20x2년 2월 28일 임차료를 현금으로 지급할 때의 분개

[1] (차) 임차료	2,000,000	(대) 미지급비용	2,000,000	
[2] (차) 임차료	400,000	(대) 현금	2,400,000	
미지급비용	2,000,000			

② **미수수익(자산)** : 당기에 용역을 제공하고 수익은 획득하였으나 그 대가를 받지 못해서 수익계정에 기입하지 않은 금액을 말한다. 이 경우 당기 수익으로 회계처리를 해야 한다.

예시문제

다음을 분개하여라.
(주)감평은 20x1년 4월 1일 1,000,000을 1년간 연 12% 이자율로 대여하였다. 이자수령은 1년이 경과하는 시점에서 받기로 하였다.

[1] 20x1년 12월 31일 결산일 분개
[2] 20x2년 3월 31일 이자를 현금으로 수령할 때 분개

[1] (차) 미수수익	90,000	(대) 이자수익	90,000	
[2] (차) 현금	120,000	(대) 이자수익	30,000	
		미수수익	90,000	

(2) 수익과 비용의 이연

① 선급비용(자산) : 현금은 지출되었으나 다음연도의 비용에 해당하는 금액. 결산일까지 비용화되지 않은 부분에 대해서는 자산 계정인 선급비용으로 수정하여 차기로 이연

예시문제

다음을 결산수정분개하여라.
10월 1일에 (주)감평은 1년분 화재보험료 2,400,000원을 지급하고 전액 선급비용으로 회계처리 하였다.(단, 보험료는 월할 계산한다.)

- 지급시
  (차) 선급보험료   2,400,000   (대) 현금   2,400,000
- 기말
  (차) 보험료   600,000   (대) 선급보험료   600,000

② 선수수익(부채) : 이미 현금을 받은 금액 중에서 당기 수익이 아니고 다음연도 수익에 속하는 부분. 결산 일까지 수익이 실현되지 않은 부분에 대해서는 부채 계정인 선수수익으로 수정하여 차기로 이연

예시문제

다음을 결산수정분개하여라.
20x1년 10월 1일 (주)유원은 1년분 임대료 1,200,000원을 전액 수령하였다.

> [1] 수령 당시 부채로 처리한 경우
> [2] 수령 당시 수익으로 처리한 경우

[1] 수령 당시 부채로 처리한 경우
- 수령시
  (차) 현금   1,200,000   (대) 선수수익   1,200,000
- 기말
  (차) 선수수익   300,000   (대) 임대료   300,000

[2] 수령 당시 수익으로 처리한 경우
- 수령시
  (차) 현금   1,200,000   (대) 임대료   1,200,000
- 기말
  (차) 임대료   900,000   (대) 선수수익   900,000

예시문제

결산수정분개를 한 후 올바른 당기순이익을 구하여라.
결산결과 당기순이익 100,000원이 산출되었으나 다음과 같은 사항이 누락되었음을 발견하였다. 수정 후 당기순이익은 얼마인가?

[1] 당기 보험료 선급분 40,000원
[2] 당기 임대료 선수분 20,000원
[3] 당기 이자비용 미지급분 30,000원
[4] 당기 이자수익 미수분 40,000원

[1] (차) 선급보험료   40,000   (대) 수익   40,000

[2] (차) 비용   20,000   (대) 선수수익   20,000

[3] (차) 비용   30,000   (대) 미지급비용   30,000

[4] (차) 미수수익   40,000   (대) 수익   40,000

• 그러므로, 수정 후 당기순이익은 아래와 같다.
 (수정 전 당기순이익) 100,000 + 40,000 − 20,000 − 30,000 + 40,000 = 130,000

정답 130,000원

예시문제

(주)서울의 20x1년 말 수정전잔액시산표와 수정후잔액시산표 상 선급비용의 차변잔액은 각각 ₩840,000과 ₩160,000이다.
선급비용 차변잔액의 변화와 관련된 설명으로 옳은 것은?   **[2013년 관세사]**
① 자산의 변화는 없으나 이익잉여금이 ₩160,000 감소한다.
② 자산이 ₩680,000 증가한다.
③ 이익잉여금이 ₩160,000 증가한다.
④ 비용이 ₩680,000 발생한다.
⑤ 당기순손익에 미치는 영향은 없다.

(1) 선급비용(자산) 수정전 ₩840,000 − 수정후 ₩160,000 = ₩680,000
(2) 회계처리
  (차) 비용(비용의 발생)   ₩680,000   (대) 선급비용(자산의 감소) ₩680,000
(3) 변화
  자산의 감소 ₩680,000
  비용의 발생 ₩680,000 → 당기순이익감소 ₩680,000 → 이익잉여금 감소 ₩680,000

정답 ④

(주)관세의 수정전시산표상에 자산총액은 ₩20,000, 부채총액은 ₩15,000, 수익총액은 ₩8,000, 비용총액은 ₩5,000이다. 다음과 같은 (주)관세의 결산수정 사항을 반영한 후 작성한 재무제표와 관련된 설명으로 옳은 것은? **[2017년 관세사]**

- 이자수익 ₩600과 이자비용 ₩800이 발생하였으나 아직 장부에 반하지 않았다.
- 보험료 ₩1,200을 지급하면서 전액 자산으로 인식하였으나 이 중 다음 연도에 해당하는 금액은 ₩900이다.
- 임대료 ₩2,400을 수취하면서 전액 수익으로 인식하였으나 당기에 해당하는 금액은 ₩800이다.

① 자산총액은 ₩20,900이다.
② 부채총액은 ₩14,200이다.
③ 수익총액은 ₩7,400이다.
④ 비용총액은 ₩6,500이다.
⑤ 당기순이익은 ₩900이다.

- 회계처리

  (차) 자산   ₩600   (대) 수익   ₩600

  (차) 비용   ₩800   (대) 부채   ₩800

  (차) 비용   ₩300   (대) 자산   ₩300

  (차) 수익   ₩1,600   (대) 부채   ₩1,600

- 자산총액 = ₩20,000 + ₩600 − ₩300 = ₩20,300
- 부채총액 = ₩15,000 + ₩800 + ₩1,600 = ₩17,400
- 수익총액 = ₩8,000 + ₩600 − ₩1,600 = ₩7,000
- 비용총액 = ₩5,000 + ₩800 + ₩300 = ₩6,100
- 당기순이익 = ₩7,000 − ₩6,100 = ₩900

 정답 ⑤

(주)감평은 20x1년 1월 1일에 설립되었다. 다음 20x1년 자료를 이용하여 계산한 기말자산은? **[2017년 감정평가사]**

- 기초자산   ₩1,000
- 기중 유상증자   ₩500
- 기초부채   ₩620
- 영업수익   ₩2,500
- 기말부채   ₩740
- 영업비용   ₩2,320

① ₩1,060   ② ₩1,200
③ ₩1,300   ④ ₩1,700
⑤ ₩1,800

(1) 기초자본 ₩380 = 기초자산 ₩1,000 − 기초부채 ₩620
(2) 기말자본 ₩1,060 = 기초자본 ₩380 + 유상증자 ₩500 + (영업수익 ₩2,500 − 영업비용 ₩2,320)
(3) 기말자산 ₩1,800 = 기말자본 ₩1,060 + 기말부채 ₩740

 정답 ⑤

시대에듀 감정평가사 1차 회계학 기본서

제1편

재무회계

CHAPTER 01 재고자산

1. 재고자산의 의의

(1) 재고자산의 의의

① 기업의 정상적인 영업활동과정에서 판매를 목적으로 보유하고 있는 자산(상품, 제품)이나 판매를 위해 현재 생산 중에 있는 자산(재공품, 반제품) 또는 판매할 자산을 생산하는 데 사용되거나 소모될 자산(원재료, 저장품)을 말한다.

② 용역제공기업의 재고자산에는 관련된 수익이 아직 인식되지 않은 용역원가가 포함된다.

③ 재고자산은 이를 판매하여 수익을 인식한 기간에 매출원가로 인식한다.

(2) 재고자산의 종류

구분	내용
① 상 품	판매목적으로 구입한 상품, 미착품, 적송품 등
② 제 품	판매목적으로 제조한 생산물 및 부산물
③ 재공품	제품 또는 반제품을 만들어내기 위해 제조중인 미완성품
④ 원재료	제품을 생산하기 위해 매입한 원료, 재료 등
⑤ 저장품	소모품, 소모공구 및 기타저장물
⑥ 반제품	중간과정에서 판매가 가능한 미완성품

(3) 재고자산의 계정

상품

기초	(−) 매출원가
(+) 당기순매입	기말(재고)

매출원가 = 기초재고 + 당기순매입액* − 기말재고

*당기순매입액 = 총매입액 + 취득부대비용 − 매입에누리 − 매입환출 − 매입할인

2. 취득원가

(1) 재고자산의 취득원가

재고자산의 취득원가는 매입원가, 전환원가 및 재고자산을 현재의 장소에 현재의 상태로 이르게 하는 데 발생한 기타 원가 모두를 포함한다.

(2) 매입원가

재고자산의 매입원가는 매입가격에 수입관세와 제세금(과세당국으로부터 추후 환급받을 수 있는 금액은 제외), 매입운임, 하역료 그리고 완제품, 원재료 및 용역의 취득과정에 직접 관련된 기타원가를 가산한 금액이다. 매입할인, 리베이트 및 기타 유사한 항목은 매입원가를 결정할 때 차감한다.

(3) 전환원가

① 재고자산의 전환원가는 직접노무원가 등 생산량과 직접 관련된 원가와, 원재료를 완제품으로 전환하는데 발생하는 고정 및 변동 제조간접원가의 체계적인 배부액을 포함한다.

② 고정제조간접원가 : 공장 건물이나 기계장치의 감가상각비와 수선유지비 및 공장관리비처럼 생산량과는 상관없이 비교적 일정한 수준을 유지하는 간접제조원가를 말한다. 생산설비의 정상조업도에 기초하여 전환원가에 배부하는데, 실제조업도가 정상조업도와 유사한 경우에는 실제조업도를 사용할 수 있다.

③ 변동제조간접원가 : 간접재료원가나 간접노무원가처럼 생산량에 따라 직접적으로(또는 거의 직접적으로) 변동하는 간접제조원가를 말한다. 생산설비의 실제 사용에 기초하여 각 생산단위에 배부한다.

(4) 기타원가

기타원가는 재고자산을 현재의 장소에 현재의 상태로 이르게 하는 데 발생한 범위 내에서만 취득원가에 포함된다.

① 발생 즉시 비용 인식하는 원가 : 재고자산의 취득원가에 포함할 수 없으며 발생기간의 비용으로 인식하여야 하는 원가의 예는 다음과 같다.

　㉠ 재료원가, 노무원가 및 기타 제조원가 중 비정상적으로 낭비된 부분

　㉡ 후속 생산단계에 투입하기 전에 보관이 필요한 경우 이외의 보관원가

　㉢ 재고자산을 현재의 장소에 현재의 상태로 이르게 하는데 기여하지 않은 관리간접원가

　㉣ 판매원가(예 판매운임, 판매수수료)

② 차입원가(이자비용)

③ 장기 후불조건에 의한 구입(장기연불조건에 의한 매입) : 재고자산을 후불조건으로 취득할 수도 있다. 계약이 실질적으로 금융요소를 포함하고 있다면, 해당 금융요소는 금융이 이루어지는 기간 동안 이자비용으로 인식한다.

④ 용역제공기업의 재고자산 취득원가

　㉠ 용역제공기업이 재고자산을 가지고 있다면 이를 제조원가로 측정한다. 이러한 원가는 주로 감독자를 포함한 용역제공에 직접 관여된 인력에 대한 노무원가 및 기타원가와 관련된 간접원가로 구성된다.

　㉡ 판매비와 일반관리 인력과 관련된 노무원가 및 기타원가는 재고자산의 취득원가에 포함하지 않고 발생한 기간의 비용으로 인식한다.

　㉢ 일반적으로 용역제공기업이 가격을 산정할 때 고려하는 이윤이나 용역과 직접 관련이 없는 간접원가는 재고자산의 취득원가에 포함하지 않는다.

⑤ 생물자산에서 수확한 농림어업 수확물의 취득원가 : 생물자산에서 수확한 농림어업 수확물로 구성된 재고자산은 순공정가치로 측정하여 수확시점에 최초로 취득원가를 인식한다.

(주)감평의 20x1년도 상품 매입과 관련된 자료이다. 20x1년도 상품 매입원가는? (단, (주)감평은 부가가치세 과세사업자이며, 부가가치세는 환급대상에 속하는 매입세액이다.) **[2021년 감정평가사]**

항목	금액	비고
당기매입	₩110,000	부가가치세 ₩10,000 포함
매입운임	10,000	
하역료	5,000	
매입할인	5,000	
리베이트	2,000	
보관료	3,000	후속 생산단계에 투입하기 전에 보관이 필요한 경우가 아님
관세납부금	500	

① ₩108,500
② ₩110,300
③ ₩110,500
④ ₩113,500
⑤ ₩123,500

₩110,000 - ₩10,000 + ₩10,000 + ₩5,000 - ₩5,000 - ₩2,000 + ₩500 = ₩108,500

정답 ①

---

1. 기말재고자산에 포함할 항목

재고자산금액에 포함할 것인지의 여부는 재화의 판매나 용역의 매출여부에 따라 결정한다.

회사 창고에 보관되어 있지 않지만 회사의 재고자산이 될 수 있으며, 회사창고에 보관되어 있다고 하더라도 회사의 재고자산이 아닌 경우도 있다.

(1) 운송중인 상품(미착상품)

① 선적지인도조건 : 이미 선적된 시점에서 매입된 것으로 계상하게 되므로 매입자의 기말재고자산으로 포함시켜야하며, 판매회사의 재고자산에 포함시켜서는 안 된다.

② 도착지인도조건 : 목적지에 도착된 시점에서 매입되는 것으로 계상하므로 아직은 판매자의 재고자산이다. 따라서 매입회사의 재고자산에 포함시켜서는 안 된다.

(2) 위탁상품(적송품)

위탁판매란 위탁자(회사)가 판매를 위해서 수탁자에게 인도하고, 수탁자가 고객에게 판매하는 방식이다. 위탁자는 수탁자가 판매하는 시점에 수익을 인식한다. 따라서, 수탁자가 아직 판매하지 않고 보관 중인 상품은 위탁자의 기말재고자산에 포함한다.

(3) 시용상품(시송품)

회사가 소비자에게 인도하였지만 소비자의 매입의사에 따라 판매가 결정되는 시용상품의 경우에는 소비자가 매입의사를 표시하는 시점에 수익을 인식한다. 따라서, 소비자가 매입의사를 표시하기 전에는 회사의 기말재고자산에 포함한다.

(4) 저당상품

저당권이 실행되어 소유권이 이전되기 전에는 담보제공자의 재고자산이다.

(5) 반품권이 있는 판매

반품권이 있는 판매에서는 반품가능성의 예측가능여부에 따라 매출로 인식하는 금액과 매출원가로 인식하는 금액은 차이가 있으나, 기말재고자산으로 인식하는 금액은 반품가능성 예측가능 여부에 관계없이 항상 '0'이다.

① 반품률 추정이 가능한 경우 : 반품예상액에 상당하는 재고자산원가를 반품재고회수권으로 인식

② 반품률 추정이 불가능한 경우 : 전체 재고자산원가를 반환재고회수권으로 인식

(6) 할부판매상품

할부판매는 재고자산을 고객에게 인도하고 대금을 미래에 분할하여 회수하기로 한 거래이다. 할부판매는 상품의 인도시점에 수익을 인식하므로 판매자의 재고자산에서 제외한다.

예시문제

(주)시대는 회계감사를 받기 전, 20x1년 말 현재 재무상태표에 재고자산 ₩1,000,000을 보고하였다. (주)시대는 실지재고조사법을 사용하여 기말에 창고에 있는 모든 상품만을 기말재고로 보고하였다. 감사 중 다음의 사항을 알게 되었다.

(1) (주)시대는 20x1년 10월 10일에 새로 개발된 단위당 원가 ₩50,000의 신상품을 기존의 고객 10명에게 각각 전달하고, 사용해 본 후 6개월 안에 원가의 120%에 구입여부를 통보해 줄 것을 요청하였다. 20x1년 12월 31일 현재 6곳으로부터 구입하겠다는 의사를 전달받았다.

(2) (주)시대는 20x1년 12월 2일 A사와 B사에 각각 ₩200,000, ₩300,000의 상품을 주문하였다. 동년 12월 30일에 양사로부터 주문한 상품이 선적되었음을 통보받았고, A사와 B사에 주문한 상품은 20x2년 1월 2일에 모두 도착하여 인도받았다. A사 상품에 대한 주문조건은 도착지인도조건(F.O.B. destination)이고 B사 상품에 대한 주문조건은 선적지인도조건(F.O.B. shipping point)이다.

(3) (주)시대는 20x1년 12월 15일에 원가 ₩350,000의 적송품을 수탁자가 판매하였다.

(4) (주)시대는 금융기관에서 보유 중인 저당상품 ₩100,000이 존재한다.

위의 내용을 반영하여 재무상태표에 재고자산을 보고하면 얼마인가?

(1) 시송품 중 구입의사 표시하지 않은 금액 : ₩50,000 × 4 = ₩200,000
(2) 선적지 인도조건으로 매입한 금액 : ₩300,000
(3) 적송품을 수탁자가 판매하였으므로 재고자산 아님
(4) 저당상품 : ₩100,000
• ₩1,000,000 + ₩200,000 + ₩300,000 + ₩100,000 = ₩1,600,000

정답 ₩1,600,000

더 알아보기

재고자산의 수량결정방법	재고자산의 단가결정방법
① 계속기록법 ② 실지재고조사법	① 개별법 ② 선입선출법 = 기말재고 ③ 가중평균법

2. 재고자산의 수량결정

(1) 계속기록법

회계기간 중에 재고자산이 매출될 때 재고자산의 출고를 매출원가로 계속 기록하는 방법으로 장부상 기말재고가 자동적으로 표시된다.

> 기말재고수량 = (기초재고수량 + 당기매입수량) - 당기매출수량

(2) 실지재고조사법

매출 시에는 매출에 대한 회계처리만 하고, 매출원가에 대하여는 회계처리를 하지 않기 때문에 기말에 실지재고조사를 하여 기말재고액을 확정한 뒤 그 회계기간의 매출원가를 역산한다.

3. 재고자산의 단가결정

재고자산의 원가흐름을 어떻게 가정하는가에 따라 매출원가와 기말재고자산의 단가가 달라질 수 있다. 성격과 용도 면에서 유사한 재고자산에는 동일한 단위원가 결정방법을 적용하여야 하며, 성격이나 용도 면에서 차이가 있는 재고자산에는 서로 다른 단위원가 결정방법을 적용할 수 있다. 그러나 재고자산의 지역별 위치나 과세방식이 다르다는 이유만으로 동일한 재고자산에 다른 단위원가 결정방법을 적용하는 것이 정당화될 수는 없다.

(1) 개별법

개별법은 각각의 식별되는 재고자산별로 특정한 원가를 부과하는 방법이다. 이 방법은 외부매입이나 자가제조를 불문하고, 특정 프로젝트를 위해 분리된 항목에 적절한 방법이다. 그러나 통상적으로 상호교환 가능한 대량의 재고자산 항목에 개별법을 적용하는 것은 적절하지 않다.

골동품·미술작품 또는 귀금속 등과 같은 고가품에 대하여는 단위당 가격이 높고 거래가 빈번하지 않은 점을 고려하여 개별법의 적용 시 실질적인 물량흐름과 원가흐름이 일치하므로 보다 적절하다.

(2) 선입선출법(First-In-First-Out, FIFO)

선입선출법은 먼저 매입한 재고자산이 먼저 판매된다고 가정하는 방법이다. 따라서 기말에 남아있는 것은 가장 나중에 구입한 것의 단가가 적용된다. 물가가 상승할 때 매출원가는 낮은 단가로 계산되기 때문에 기말재고자산이 커진다. 현실에서 가장 많이 쓰는 방법으로 실제회사의 물량흐름과 유사하며, 실지재고조사법과 계속기록법 어느 것으로 계산하여도 매출원가 금액은 동일하다.

(3) 후입선출법(Last-In-First-Out, LIFO)

선입선출법과는 반대로 나중에 구입한 상품을 먼저 판다고 가정하는 방법이다. 후입선출법을 적용하면 재무상태표의 재고자산은 과거의 취득원가로 계상된다. 이러한 재고자산 금액은 최근 단가와 차이가 발생하여 기업이 의도하면 이익의 조정 또한 가능하다.

후입선출법은 한국채택국제회계기준에서는 인정하지 않는 방법이다.

(4) 가중평균법

가중평균법은 기초 재고자산과 회계기간 중에 매입 또는 생산된 재고자산의 원가를 가중평균하여 재고항목의 단위원가를 결정하는 방법으로, 이 경우 평균은 기업의 상황에 따라 주기적으로 계산하거나 매입 또는 생산할 때마다 계산할 수 있다. 가중평균법에는 총평균법과 이동평균법이 있다.

① **총평균법(실지재고조사법에서 사용)** : 1년 동안의 재고자산 구입원가를 가중평균하여 단가를 결정하는 방법으로 기말에 단가가 나오므로 기중에는 매출원가와 기말재고금액을 알 수 없다.

$$\text{총평균단가} = \frac{\text{기초재고액 + 당기매입액}}{\text{기초재고수량 + 당기매입수량}}$$

② **이동평균법(계속기록법에서 사용)** : 재고자산을 매입할 때마다 판매가능액을 판매가능수량으로 나누어 평균단가를 구하는 방법이다.

$$\text{이동평균단가} = \frac{\text{매입직전재고가액 + 매입가액}}{\text{매입직전재고수량 + 매입수량}}$$

예시문제

(주)관세는 소매업을 영위하고 있으며, 20x1년 재고자산과 관련된 정보는 다음과 같다. 기초재고자산은 ₩2,000(단가 ₩20, 수량 100개)이다. 다음 설명 중 옳지 <u>않은</u> 것은? (단, 재고자산감모손실은 없다.) **[2020년 관세사]**

일자	매입		판매
	수량(개)	단가(₩)	수량(개)
1. 5.	200	30	
4. 3.	100	40	
4. 20.			300
5. 19.	100	50	
5. 20.			100

① 계속기록법을 사용하는 경우 이동평균법에 의한 기말재고자산은 ₩3,400이다.
② 실지재고조사법을 사용하는 경우 가중평균법에 의한 매출원가는 ₩13,600이다.
③ 실지재고조사법을 사용하는 경우 선입선출법에 의한 기말재고자산은 ₩5,000이다.
④ 판매가능원가는 ₩17,000이다.
⑤ 계속기록법을 사용하는 경우 선입선출법에 의한 매출원가는 ₩12,000이다.

- 이동평균법 기말재고 : 100개 × ₩40 = ₩4,000
  (1) 1차 평균단가 : (₩2,000 + ₩6,000 + ₩4,000)/400개 = ₩30
  (2) 2차 평균단가 : (100개 × ₩30 + 100개 × ₩50)/200개 = ₩40
- 총평균법 매출원가 : 400개 × (₩2,000 + ₩6,000 + ₩4,000 + ₩5,000)/500개 = ₩13,600
- 선입선출법 기말재고 : 100개 × ₩50 = ₩5,000
- 판매가능원가 : 기초재고(₩2,000) + 당기매입(₩15,000) = ₩17,000

정답 ①

(5) 단가산정방법의 비교

회계기간 중에 재고자산의 취득원가가 계속 상승할 경우 선입선출법, 가중평균법, 후입선출법에 의한 기말재고자산, 매출원가, 당기순이익, 법인세, 현금흐름, 판매가능재고의 크기를 비교하면 다음과 같다.

구분	내용
① 기말재고자산	선입선출법 > 이동평균법 > 총평균법 > 후입선출법
② 매출원가	선입선출법 < 이동평균법 < 총평균법 < 후입선출법
③ 순이익	선입선출법 > 이동평균법 > 총평균법 > 후입선출법
④ 법인세	선입선출법 > 이동평균법 > 총평균법 > 후입선출법
⑤ 현금흐름	선입선출법 < 이동평균법 < 총평균법 < 후입선출법
⑥ 판매가능재고	선입선출법 = 이동평균법 = 총평균법 = 후입선출법

예시문제

(주)한국은 현재 사용 중인 재고자산 평가방법의 변경을 검토하고 있다. 다음 자료는 (주)한국이 각각의 재고자산 평가방법을 적용하였을 경우의 당기 재고자산과 관련된 자료이다. 보고되는 당기 매출총이익이 큰 순서로 재고자산 평가방법을 배열한 것은? (단, 재고자산 평가방법의 변경은 정당한 회계정책의 변경으로 소급적용할 수 있다.) **[2012년 관세사]**

구분	기초재고	기말재고
총평균법	₩100,000	₩120,000
이동평균법	₩109,000	₩133,000
선입선출법	₩115,000	₩140,000
개별법	₩98,000	₩117,000

① 총평균법 > 이동평균법 > 선입선출법 > 개별법
② 이동평균법 > 총평균법 > 선입선출법 > 개별법
③ 선입선출법 > 이동평균법 > 총평균법 > 개별법
④ 개별법 > 총평균법 > 이동평균법 > 선입선출법

구분	재고자산 증가	매출총이익 큰 순서
총평균법	₩20,000	3순위
이동평균법	₩24,000	2순위
선입선출법	₩25,000	1순위
개별법	₩19,000	4순위

정답 ③

1. 매출총이익률법

천재지변, 화재나 도난 등이 발생한 경우 재고자산의 가액을 추정하는 방법으로, 기업회계에서 인정되는 방법이 아니다.

(1) 매출총이익률 = 매출총이익/매출액

(2) 당기의 매출원가 = 매출액 × 매출원가율 = 매출액 × (1 − 매출총이익률)

(3) 기말재고액 = 판매가능액 − 매출원가 = (기초재고액 + 당기매입액) − 매출원가

예시문제

20x1년 초부터 20x1년 말까지 1년 동안 근무하였던 (주)대한의 자금담당자가 매출채권을 횡령하고 잠적하였다. 아래에 제시된 자금담당자의 근무기간 중 자료를 토대로, 매출총이익률법을 이용하여 자금담당자가 횡령한 금액을 추정하면 얼마인가? (단, 현금매출은 없으며, (주)대한의 과거 매출총이익을 매출액으로 나누어 계산된 매출총이익률 20%를 이용하시오.)

[2010년 관세사]

• 기초재고자산	₩40,000
• 기말재고자산	₩50,000
• 당기재고자산매입액	₩120,000
• 기초매출채권 잔액	₩38,000
• 기말매출채권 잔액	₩20,000
• 당기매출채권회수액	₩95,000

① ₩57,000   ② ₩60,500
③ ₩75,000   ④ ₩100,000
⑤ ₩150,000

• 매출원가 : ₩40,000 + ₩120,000 − ₩50,000 = ₩110,000
• 매출액 : ₩110,000 ÷ 0.8 = ₩137,500
• 기말매출채권 : ₩38,000 + ₩137,500 − ₩95,000 = ₩80,500
• 횡령액 : ₩80,500 − ₩20,000 = ₩60,500

정답 ②

2. 소매재고법

매가재고조사법 또는 매출가격환원법이라고도 하며, 이는 대형마트나 백화점 등 재고자산의 종류가 다양하고 거래가 빈번해 기말재고의 원가의 정확한 파악이 어려운 업종에 한하여 인정하는 방법이다. 소매재고법에서 재고자산의 원가는 재고자산의 판매가격을 적절한 총이익률을 반영하여 환원하는 방법으로 결정한다. 기말재고상품을 몇 개의 종류별로 구분하여 매가재고조사액을 파악하고 이를 기초로 하여 원가재고조사액을 계산한다.

(1) 표준원가법과 소매재고법

표준원가법과 소매재고법은 해당 방법으로 평가한 결과가 실제원가와 유사한 경우에 편의상 사용할 수 있다.
① **표준원가법** : 표준원가는 정상적인 재료원가, 소모품원가, 노무원가 및 효율성과 생산능력 활용도를 반영한다. 표준원가는 정기적으로 검토하여야 하며 필요한 경우 현재 상황에 맞게 조정하여야 한다.
② **소매재고법** : 소매재고법에서 재고자산의 원가는 재고자산의 판매가격을 적절한 총이익률을 반영하여 환원하는 방법으로 결정한다. 이때 적용되는 이익률은 최초판매가격 이하로 가격이 인하된 재고자산을 고려하여 계산하는데, 일반적으로 판매부문별 평균이익률을 사용한다.

(2) 소매재고법 문제풀이 순서

	원가	매가		원가	매가
기초	×××	×××	매출원가	④ ×××	×××
당기매입	×××	×××	정상파손		×××
순인상⟨*1⟩		×××	종업원할인		×××
순인하⟨*2⟩		(×××)			
비정상파손	(×××)	(×××)	기말	③ ×××	① ×××
	×××	×××		×××	×××
	② 원가율				

⟨*1⟩ 순인상 = 인상액 − 인상취소액
⟨*2⟩ 순인하 = 인하액 − 인하취소액

(3) 소매재고법 원가율

① **평균법** : 평균법은 기초재고와 당기매입을 구분하지 않고 평균적으로 매출원가와 기말재고에 원가가 배분된다.

$$\text{평균법 원가율} = \frac{(\text{기초원가} + \text{매입원가})}{(\text{기초매가} + \text{매입매가})}$$

② **선입선출법** : 선입선출법은 먼저 매입한 재고가 먼저 판매된다고 가정한다. 따라서 기말재고 원가율을 산정할 때, 당기매입분만 고려한다.(기초재고는 고려하지 않음)

$$\text{선입선출법 원가율} = \frac{\text{매입원가}}{\text{매입매가}}$$

예시문제

(주)감평의 20x1년의 재고자산과 관련된 자료이다. 소매재고법을 적용하는 경우 다음의 물음에 답하시오.

항목	원가	판매가
기초재고	₩30,000	₩40,000
당기매입	40,000	100,000
당기매출		120,000

[1] 평균법에 의한 매출원가와 기말재고 금액
[2] 선입선출법에 의한 매출원가와 기말재고 금액

[1] 평균법
- 기말재고(매가) : ₩40,000 + ₩100,000 − ₩120,000 = ₩20,000
- 원가율 : (₩30,000 + ₩40,000) ÷ (₩40,000 + ₩100,000) = 50%
- 기말재고(원가) : ₩20,000 × 50% = ₩10,000
- 매출원가 : ₩30,000 + ₩40,000 − ₩10,000 = ₩60,000

[2] 선입선출법
- 기말재고(매가) : ₩40,000 + ₩100,000 − ₩120,000 = ₩20,000
- 원가율 : (₩40,000) ÷ (₩100,000) = 40%
- 기말재고(원가) : ₩20,000 × 40% = ₩8,000
- 매출원가 : ₩30,000 + ₩40,000 − ₩8,000 = ₩62,000

정답 [1] 매출원가 : ₩60,000 기말재고 : ₩10,000
[2] 매출원가 : ₩62,000 기말재고 : ₩8,000

③ **저가법** : 저가법으로 원가율 산정시 분모에서 순인하액을 차감하지 않는다. 저가법을 사용하는 이유는 회계의 보수주의에 따라 순이익을 과소평가하고자 하는 목적으로, 기말재고자산을 과소평가하기 위해 원가율 계산시 분모에 순인하를 차감하지 않는 방법으로 분모를 과대평가하여 결과적으로 원가율을 최소화한다.

예시문제

(주)감평은 재고자산 평가방법으로 소매재고법을 적용하고 있다. 20x1년도 재고자산 관련 자료가 다음과 같은 경우, 평균원가법에 의한 20x1년 말 재고자산은? **[2019년 감정평가사]**

항목	원가	판매가
기초재고액	₩143,000	₩169,000
당기매입액	1,138,800	1,586,000
매가인상액		390,000
인상취소액		150,000
매가인하액		110,000
당기매출액		1,430,000

① ₩211,000　　　　　　　② ₩237,000
③ ₩309,400　　　　　　　④ ₩455,000
⑤ ₩485,400

	원가	매가		원가	매가
기초	143,000	169,000	매출원가		1,430,000
당기매입	1,138,800	1,586,000	정상파손		
순인상		240,000	종업원할인		
순인하		(110,000)			
비정상파손	_____	_____	기말	③ 309,400	① 455,000
	1,281,800	1,885,000			1,885,000
	② 원가율 68%				

① 기말매가 ₩1,885,000 − 1,430,000 = ₩455,000
② 원가율 = (₩143,000 + 1,138,800) ÷ (₩169,000 + 1,586,000 + 390,000 − 150,000 − 110,000) = 68%
③ 기말재고자산 = ①×② = ₩309,400

정답 ③

---

(4) 소매재고법의 고려할 항목

① 매입에서 고려할 항목

ㄱ 매입운임 등 취득관련 직접관련원가 : 매입에 가산

ㄴ 매입할인과 매입에누리 및 환출 : 매입에서 차감

ㄷ 매입액이 원가율에 반영되는 경우 : 원가율 계산에 반영

② 매출에서 고려할 항목
   ㉠ 매출할인과 매출에누리 및 환입 : 매출에서 차감하므로 기말재고액의 매가를 계산하는 경우에는 반드시 고려(원가율 계산 시에는 고려하지 않음)
   ㉡ 매출운임 : 매출에서 차감하지 않고 비용 처리하므로 원가율과 매가 모두 고려하지 않음
③ 정상파손·비정상파손·종업원할인
   ㉠ 정상파손, 종업원할인 : 원가 계산식에서 제외시키지 않음
   ㉡ 비정상파손 : 원가율의 계산식에서 고려(차감)

예시문제

(주)감평의 재고자산 관련 자료는 다음과 같다.

항목	원가	판매가
기초재고액	₩1,400,000	₩2,100,000
당기매입액	6,000,000	9,800,000
매입운임	200,000	
매입할인	400,000	
당기매출액		10,000,000
종업원할인		500,000
순인상액		200,000
순인하액		100,000

(주)감평이 선입선출법에 의한 저가기준 소매재고법을 이용하여 재고자산을 평가하고 있을 때 매출원가는?
① ₩6,300,000 ② ₩6,307,500
③ ₩6,321,150 ④ ₩6,330,000
⑤ ₩6,337,500

	원가	매가			원가	매가
기초	1,400,000	2,100,000	매출원가		④ 6,330,000	10,000,000
당기매입	5,800,000	9,800,000	정상파손			
순인상		200,000	종업원할인			500,000
순인하		(100,000)				
비정상파손	――――	――――	기말		③ 870,000	① 1,500,000
	7,200,000	12,000,000			7,200,000	12,000,000
	② 원가율 58%					

① 기말매가 ₩12,000,000 − 10,000,000 − 500,000 = ₩1,500,000
② 원가율 : (₩6,000,000 + ₩200,000 − ₩400,000)/(₩9,800,000 + ₩200,000) = 58%
③ 기말재고자산 = ①×② = ₩870,000
④ 매출원가 7,200,000 − ③ = ₩6,330,000

정답 ④

1. 재고자산감모손실과 재고자산평가손실

- 재고자산감모손실 : 장부상 수량과 실제 수의 차이(수량감소분)
- 재고자산평가손실 : 구입가격보다 현재 판매가격이 더 하락한 경우(가격하락분)

(1) 재고자산감모손실

기말재고자산이 장부상 수량보다 실제수량이 부족한 경우로, 그 원인으로는 정상적인 감모와 비정상적인 감모로 나눌 수 있다.

> 재고자산감모손실 = (기말장부수량 – 기말실제수량) × 단위당취득원가
> (차) 재고자산감모손실(비용)   ×××   (대) 재고자산(자산)   ×××

① 기업회계기준

  ㉠ 정상적인 감모손실 : 매출원가로 처리

  ㉡ 비정상적인 감모손실 : 영업외비용으로 처리

② 한국채택국제회계기준 : 감모손실을 정상과 비정상으로 구분하지 않고 당기비용으로 인식하고, 동 금액을 재고자산에서 직접 차감한다. 손익계산서의 종류가 기능별 손익계산서와 성격별 손익계산서 중 선택할 수 있기 때문이다.

(2) 재고자산평가손실

재고자산의 단가(가치)가 하락한 경우로, 아래와 같이 처리한다.

> - 기말재고자산평가액 = Min[취득원가, 순실현가능가치]
> - 재고자산평가손실 = 실제수량 × (취득원가 – 순실현가능가치)
> (차) 재고자산평가손실(비용)   ×××   (대) 재고자산평가충당금(자산차감) ×××

① 기업회계기준

  재고자산평가손실 : 매출원가로 처리한다.

② 한국채택국제회계기준

  재고자산평가손실 : 당기비용으로 처리한다.

2. 저가법

(1) 저가법의 의의

재고자산의 순실현가능가치가 취득원가보다 하락한 경우에는 저가법을 사용하여 재고자산을 순실현가능가치로 감액하여 재무상태표에 나타낸다. 재고자산을 취득원가 이하의 순실현가능가치로 감액하는 저가법은 자산의 장부금액이 판매나 사용으로부터 실현될 것으로 기대되는 금액을 초과하여서는 안된다.

(2) 순실현가능가치의 추정

> 순실현가능가치 = 예상 판매가격 − 예상되는 추가 완성원가 − 판매비용

① 순실현가능가치는 통상적인 영업과정에서 재고자산의 판매를 통해 실현할 것으로 기대하는 순매각금액을 말한다. 공정가치는 측정일에 재고자산의 주된시장에서 시장참여자 사이에 일어날 수 있는 그 재고자산을 판매하는 정상거래의 가격을 반영한다. 순실현가능가치는 기업특유가치이지만, 공정가치는 시장가치에 해당한다. 따라서 재고자산의 순실현가능가치는 순공정가치와 일치하지 않을 수도 있다.
② 원재료·소모품 등을 투입하여 생산될 제품이 원가 이상으로 판매될 것으로 예상되는 경우에는 원재료·소모품 등에 대하여 저가법을 적용하지 않는다. 원재료의 현행대체원가는 순실현가능가치에 대한 최선의 이용가능한 측정치가 될 수 있다.
③ 확정판매계약 또는 용역계약을 이행하기 위하여 보유하는 재고자산의 순실현가능가치는 계약가격에 기초한다. 만일 보유하고 있는 재고자산의 수량이 확정판매계약의 이행에 필요한 수량을 초과하는 경우에는 그 초과수량의 순실현가능가치는 일반 판매가격에 기초한다.

구분	순실현가치
원칙	예상판매가격 − 추가완성원가 − 판매비용
원재료·소모품	현행대체원가* 단, 제품이 시가이상으로 판매되는 경우에는 저가법 적용하지 아니한다.
확정판매계약	계약가격에 기초하여 추정

*현행대체원가 : 현재시점에서 매입하거나 재생산하는데 소요되는 금액

④ 매 후속기간에 순실현가능가치를 재평가한다. 재고자산의 감액을 초래했던 상황이 해소되거나 경제상황의 변동으로 순실현가능가치가 상승한 명백한 증거가 있는 경우에는 최초의 장부금액을 초과하지 않는 범위 내에서 평가손실을 환입한다.

(3) 저가법 적용 사유

① 물리적으로 손상된 경우
② 완전히 또는 부분적으로 진부화된 경우
③ 판매가격이 하락한 경우
④ 완성하거나 판매하는데 필요한 원가가 상승한 경우

(4) 항목별 적용

① 원칙 : 항목별 기준
② 예외 : 조별기준(총계기준은 불가능)

재고자산을 순실현가능가치로 감액하는 저가법은 항목별로 적용한다. 그러나 경우에 따라서는 서로 유사하거나 관련 있는 항목들을 통합하여 적용하는 것이 적절할 수 있다. 그러나 재고자산의 분류(예 제품)나 특정 영업부문에 속하는 모든 재고자산에 기초하여 저가법을 적용하는 것은 적절하지 않다.

(5) 저가법의 회계처리

재고자산을 저가법에 의하여 평가하는 경우에 발생하는 손실은 재고자산평가손실이라는 당기비용으로 처리하고, 재고자산평가충당금이라는 과목으로 하여 재고자산의 차감적 평가계정(대변)에 기입한다.

(차) 재고자산평가손실 ××× (대) 재고자산평가충당금 ×××
(비용) (자산차감)

예시문제

다음은 20x1년 설립된 (주)감평의 재고자산(상품) 관련 자료이다.

- 당기매입액 : ₩2,000,000
- 취득원가로 파악한 장부상 기말재고액 : ₩250,000

기말상품	실지재고	단위당 원가	단위당 순실현가능가치
A	800개	₩100	₩120
B	250개	180	150
C	400개	250	200

(주)감평의 20x1년 재고자산감모손실은? (단, 재고자산평가손실과 재고자산감모손실은 매출원가에 포함한다.)
[2020년 감정평가사]

① ₩0

② ₩9,000

③ ₩25,000

④ ₩27,500

⑤ ₩52,500

재고자산감모손실 = 장부상재고자산 – 실사재고자산
= ₩250,000 – {(800개 × ₩100) + (250개 × ₩180) + (400개 × ₩250)}
= ₩25,000

정답 ③

예시문제

상품매매기업인 (주)감평은 계속기록법과 실지재고조사법을 병행하고 있다. (주)감평의 20x1년 기초재고는 ₩10,000(단가 ₩100)이고, 당기매입액은 ₩30,000(단가 ₩100), 20x1년 말 현재 장부상 재고수량은 70개이다. (주)감평이 보유하고 있는 재고자산은 진부화로 인해 단위당 순실현가능가치가 ₩80으로 하락하였다. (주)감평이 포괄손익계산서에 매출원가로 ₩36,000을 인식하였다면, (주)감평의 20x1년 말 현재 실제재고수량은? (단, 재고자산감모손실과 재고자산평가손실은 모두 매출원가에 포함한다.)
[2020년 감정평가사]

① 40개

② 50개

③ 65개

④ 70개

⑤ 80개

- 저가재고자산(₩4,000) = 실제수량 × ₩80(순실현가능가치)
- 실제재고수량 = 50개

정답 ②

(주)감평의 20x1년 기말 재고자산 자료가 다음과 같다.

• 단위당 예상판매비용 : ₩30 (모든 상품에서 발생)

종목	실사수량	단위당 취득원가	단위당 예상판매가격
상품 A	100개	₩300	₩350
상품 B	100개	200	250
상품 C	200개	100	120

상품 B의 70%는 확정판매계약(취소불능계약)을 이행하기 위하여 보유하고 있으며, 상품 B의 단위당 확정판매계약가격은 ₩220이다. 재고자산 평가와 관련하여 20x1년 인식할 당기손익은? (단, 재고자산의 감모는 발생하지 않았으며, 기초 재고자산평가충당금은 없다.)

[2022년 감정평가사]

① 손실 ₩2,700
② 손실 ₩700
③ ₩0
④ 이익 ₩2,200
⑤ 이익 ₩3,200

• 상품 A : 재고자산평가손실 없음
• 상품 B : 100개 × 70% × (200원 − 190원) = 700원
• 상품 C : 200개 × (100원 − 90원) = 2,000원
∴ 당기손실(재고자산평가손실) = 700원 + 2,000원 = 2,700원

정답 ①

3. 비용의 인식

(1) 비용인식

① 판매한 경우 비용인식 : 재고자산의 판매하여 수익을 인식하는 기간에 재고자산의 장부금액을 비용으로 인식한다.

② 저가법에 의한 감액시 비용인식 : 재고자산을 순실현가능가치로 감액한 평가손실과 모든 감모손실은 감액이나 감모가 발생한 기간에 비용으로 인식한다.

(2) 평가손실 환입

순실현가능가치의 상승으로 인한 재고자산 평가손실의 환입은 환입이 발생한 기간의 비용으로 인식된 재고자산 금액의 차감액으로 인식한다.

(3) 다른 자산에 배분된 재고자산 원가

자가건설한 유형자산의 구성요소로 사용되는 재고자산처럼 재고자산의 원가를 다른자산 계정에 배분하는 경우도 있다. 이처럼 다른 자산에 배분된 재고자산원가는 해당자산의 내용연수 동안 비용으로 인식한다.

1. 의의

농림어업활동은 판매목적 또는 수확물이나 추가적인 생물자산으로의 전환목적으로 생물자산의 생물적 변환과 수확을 관리하는 활동을 말한다.(예 목축, 조림, 일년생이나 다년생 곡물 등의 재배, 과수재배와 농원경작, 화훼원예 등)

- 수확물 : 생물자산에서 수확한 생산물
- 생물자산 : 살아있는 동물이나 식물
- 생물적 변환 : 생물자산에 질적 또는 양적 변화를 일으키는 성장, 퇴화, 생산 그리고 생식 과정으로 구성

생물자산, 수확물 및 수확 후 가공품의 예는 다음과 같다.

생물자산	수확물	수확 후 가공품
양	양모	모사, 양탄자
젖소	우유	치즈
돼지	돈육	소시지, 햄
포도나무	포도	포도주
과수	수확한 과일	과일 가공품

수확물로 수확하기 위해 재배하는 식물(예 목재로 사용하기 위해 재배하는 나무)은 생산용식물이 아니다.

2. 인식과 측정

(1) 최초인식

다음의 조건이 모두 충족되는 경우에 한하여 생물자산이나 수확물을 인식한다. 수확의 결과로 수확물의 최초인식시점에 평가손익이 발생할 수 있다.

- 과거 사건의 결과로 자산을 통제한다.
- 자산과 관련된 미래경제적효익의 유입가능성이 높다.
- 자산의 공정가치나 원가를 신뢰성 있게 측정할 수 있다.

① 생물자산 : 생물자산은 최초 인식시점과 매 보고기간말에 공정가치에서 추정 매각부대원가를 차감한 금액(순공정가치)으로 측정하여야 한다. 생물자산의 공정가치는 신뢰성 있게 측정할 수 있다고 추정한다. 그러나 공정가치를 신뢰성 있게 측정할 수 없는 경우 생물자산은 원가에서 감가상각누계액과 손상차손누계액을 차감한 금액으로 측정한다.
② 수확물 : 생물자산에서 수확된 수확물은 수확시점에 순공정가치로 측정하여야 한다.

(2) 후속측정

① **생물자산** : 생물자산을 최초 인식시점에 순공정가치로 인식하여 발생하는 평가손익과 생물자산의 순공정 가치 변동으로 발생하는 평가손익은 발생한 기간의 당기손익에 반영한다.

② **수확물** : 수확물을 최초 인식시점에 순공정가치로 인식하여 발생하는 평가손익은 발생한 기간의 당기손 익에 반영한다.

예시문제

생물자산 및 수확물 등 농림어업의 회계기준 적용에 관한 설명으로 옳지 <u>않은</u> 것은?

① 당해 자산에 대한 자금 조달, 세금 또는 수확 후 생물자산의 복구 관련 현금흐름(예 수확 후 조림지에 나무를 다시 심는 원가)을 포함해야 한다.

② 수확물로 수확하기 위해 재배하는 식물(예 목재로 사용하기 위해 재배하는 나무)은 생산용식물이 아니다.

③ 생물자산에서 수확된 수확물은 수확시점에 순공정가치로 측정하여야 한다.

④ 생물자산을 최초 인식시점에 순공정가치로 인식하여 발생하는 평가손익과 생물자산의 순공정가치 변동으로 발생하는 평가손익은 발생한 기간의 당기손익에 반영한다.

⑤ 순공정가치로 측정하는 생물자산과 관련된 정부보조금에 부수되는 조건이 있는 경우에는 그 조건을 충족하는 시점에만 당기손익으로 인식한다.

① 당해 자산에 대한 자금 조달, 세금 또는 수확 후 생물자산의 복구 관련 현금흐름(예 수확 후 조림지에 나무를 다시 심는 원가)은 포함하지 아니한다.

정답 ①

CHAPTER

01

확인학습문제

01 재고자산에 관한 설명으로 옳은 것은?   **[2014 감정평가사]**

① 후속 생산단계에 투입하기 전에 보관이 필요한 경우 이외의 보관원가는 재고자산의 취득원가에 포함할 수 있다.

② 확정판매계약을 이행하기 위하여 보유하는 재고자산의 순실현가능가치는 계약가격에 기초하며, 확정판매계약의 이행에 필요한 수량을 초과하는 경우에는 일반 판매가격에 기초한다.

③ 재고자산의 지역별 위치나 과세방식이 다른 경우 동일한 재고자산에 다른 단위원가 결정방법을 적용할 수 있다.

④ 가중평균법의 경우 재고자산 원가의 평균은 기업의 상황에 따라 주기적으로 계산하거나 매입 또는 생산할 때마다 계산하여서는 아니된다.

⑤ 완성될 제품이 원가 이상으로 판매될 것으로 예상하는 경우에는 해당 원재료를 순실현가능가치로 감액한다.

답 ②

▌오답해설▐

① 보관원가의 경우 후속 생산단계에 투입하기 전에 보관이 필요한 경우가 아니라면 재고자산의 취득원가에 포함할 수 없다.

③ 재고자산의 지역별 위치나 과세방식이 다른 경우 동일한 재고자산에 다른 단위원가 결정방법을 적용할 수 없다.

④ 가중평균법의 경우 재고자산 원가의 평균은 기업의 상황에 따라 주기적으로 계산하거나 매입 또는 생산할 때마다 계산이 가능하다.(총평균법과 이동평균법 모두 가능하다.)

⑤ 완성될 제품이 원가 이상으로 판매될 것으로 예상하는 경우에는 해당 원재료를 감액하지 않는다.

02 재고자산의 측정에 관한 설명으로 옳지 <u>않은</u> 것은? [2012 관세사]

① 재고자산은 취득원가와 순실현가능가치 중 낮은 금액으로 측정한다.

② 재고자산의 취득원가는 매입원가, 전환원가 및 재고자산을 현재의 장소에 현재의 상태로 이르게 하는 데 발생한 기타원가 모두를 포함한다.

③ 재료원가, 노무원가 및 기타제조원가 중 비정상적으로 낭비된 부분은 재고자산의 취득원가에 포함할 수 없다.

④ 소매재고법은 이익률이 유사하고 품종변화가 심한 다품종 상품을 취급하는 유통업에서 실무적으로 다른 원가측정법을 사용할 수 없는 경우에 흔히 사용된다.

⑤ 동일한 재고자산이라도 지역별 위치나 과세방식이 다른 경우에는 다른 단위원가 결정방법을 적용한다.

답 ⑤

┃정답해설┃

⑤ 동일한 재고자산인 경우 동일한 단위원가 결정방법을 적용한다.

03 재고자산의 측정에 관한 설명으로 옳지 <u>않은</u> 것은? [2013 감정평가사]

① 표준원가법으로 평가한 결과가 실제원가와 유사하지 않은 경우에는 편의상 표준원가법을 사용할 수 있다.

② 개별법은 통상적으로 상호 교환될 수 없는 항목이나 특정 프로젝트별로 생산되고 분리되는 재화 또는 용역에 적용하는 방법이다.

③ 생물자산에서 수확한 농림어업 수확물로 구성된 재고자산은 순공정가치로 측정하여 수확시점에 최초로 인식한다.

④ 소매재고법은 이익률이 유사하고 품종변화가 심한 다품종 상품을 취급하는 유통업에서 실무적으로 다른 원가측정법을 사용할 수 없는 경우에 흔히 사용한다.

⑤ 후입선출법은 대부분의 경우 실제물량흐름과 반대라는 점, 재고층의 청산 시 수익 비용 대응구조 왜곡 등 여러 가지 비판으로 한국채택국제회계기준에서는 인정되지 않고 있다.

답 ①

┃정답해설┃

① 표준원가법으로 평가한 결과가 실제원가와 유사하지 않은 경우에는 실제원가를 사용하여야 한다.(유사한 경우에 편의상 표준원가를 사용할 수 있다.)

04 (주)관세의 20x1년 재고자산 관련 자료이다. 20x1년도 정확한 매출원가와 당기순이익은?

[2020 관세사]

• 매출액	₩60,000
• 기초재고자산	10,000
• 당기순매입액	29,800
• 기말재고자산((주)한국으로부터 위탁받은 상품 ₩300 포함)	10,000
• 판매비와관리비(판매전 보관을 위한 창고비용 ₩500 포함)	10,000
• 법인세율	40%

	매출원가	당기순이익
①	₩29,500	₩12,900
②	₩29,800	₩12,120
③	₩29,800	₩12,420
④	₩30,100	₩11,940
⑤	₩30,100	₩12,240

답 ④

┃정답해설┃

• 기말재고 : ₩10,000 − ₩300 = ₩9,700
• 매출원가 : ₩10,000 + ₩29,800 − ₩9,700 = ₩30,100
• 당기순이익 : (₩60,000 − ₩30,100 − 10,000) × 60% = ₩11,940

05 (주)관세는 재고자산에 대해 계속기록법과 가중평균법을 적용한다. 다음 자료를 이용하여계산한 (주)관세의 매출원가는? [2021 관세사]

일자	내역	수량	단가
1월 1일	기초재고	150개	₩10
2월 1일	매입	150개	₩12
3월 1일	매출	100개	
6월 1일	매입	200개	₩15
9월 1일	매출	300개	
12월 31일	기말재고	100개	

① ₩3,670

② ₩4,000

③ ₩4,670

④ ₩5,000

⑤ ₩5,670

답 ④

▌정답해설▐

- 평균단가(1) : (150개 × ₩10 + 150개 × ₩12)/300개 = ₩11
- 평균단가(2) : (200개 × ₩11 + 200개 × ₩15)/400개 = ₩13
- 매출원가 : (100개 × ₩11) + (300개 × ₩13) = ₩5,000

06 (주)감평은 20x1년도 말에 재고자산이 ₩20,000 증가하였고, 매입채무는 ₩15,000감소되었으며, 매출채권은 ₩22,000 증가되었다. 20x1년도 매출채권 현금회수액이 ₩139,500이고, 매입채무현금지급액이 ₩118,000일 때 20x1년도 매출총이익은? (단, 현금매입 및 현금매출은 없다고 가정한다.) [2013 감정평가사]

① ₩38,500

② ₩44,000

③ ₩48,500

④ ₩58,500

⑤ ₩78,500

답 ⑤

▌정답해설▐

- 매출채권 계정의 차변(외상매출액) = ₩139,500 + 22,000 − 0 = ₩161,500
- 매입채무 계정의 대변(외상매입액) = ₩118,000 + 0 − 15,000 = ₩103,000
- 재고자산 계정의 대변(매출원가) = 0 + 103,000 − 20,000 = ₩83,000
- 매출총이익 = ₩161,500 − 83,000 = ₩78,500

07 20x1년 말 현재 (주)감평의 외부감사 전 재무상태표 상 재고자산은 ₩1,000,000이다. (주)감평은 실지 재고조사법을 사용하여 창고에 있는 상품만을 기말재고로 보고하였다. 회계감사 중 공인회계사는 (주)감평의 기말 재고자산과 관련하여 다음 사항을 알게 되었다.

- 20x1년 12월 27일 FOB 선적지 조건으로 (주)한국에게 판매한 상품(원가₩300,000)이 20x1년 말 현재 운송 중에 있다.
- 수탁자에게 20x1년 중에 적송한 상품(원가₩100,000) 중 40%가 20x1년 말 현재판매 완료되었다.
- 고객에게 20x1년 중에 인도한 시송품의 원가는 ₩200,000이며, 이 중 20x1년 말까지 매입의사표시를 해온 금액이 ₩130,000이다.
- 20x1년 12월 29일 FOB 도착지 조건으로 (주)민국으로부터 매입한 상품(원가₩200,000)이 20x1년 말 현재 운송 중에 있다.

위의 내용을 반영하여 작성된 년 말 재무상태표 상 재고자산은? **[2018 감정평가사]**

① ₩1,010,000
② ₩1,110,000
③ ₩1,130,000
④ ₩1,330,000
⑤ ₩1,430,000

답 ③

▌정답해설▐

₩1,000,000 + ₩100,000 × 60% + ₩70,000 = ₩1,130,000

08 (주)관세는 상품의 단위원가를 결정하는 방법으로 총평균법을 적용하고 있다. 20x1년 상품 관련 자료는 다음과 같다.

구분	수량	단위당 취득원가	금액
기초재고	20개	₩500	₩10,000
매 입	80개	₩600	₩48,000

20x1년도 판매수량은 90개이고 기말 재고실사 수량은 8개이며 단위당 순실현 가능가치는 ₩480이다. 재고자산과 관련하여 (주)관세가 20x1년도에 인식할 비용총액은? (단, 기초재고상품의 재고자산평가충당금은 없다.)

[2017 관세사]

① ₩43,200
② ₩52,200
③ ₩53,360
④ ₩54,010
⑤ ₩54,160

답 ⑤

▮ 정답해설 ▮

- 기말재고 단가 : ₩58,000 ÷ 100개 = ₩580
- 매출원가 : ₩10,000 + ₩48,000 − 10개 × ₩580 = ₩52,200
- 재고자산감모손실 : 2개 × ₩580 = ₩1,160
- 재고자산평가손실 : 8개 × (₩580 − ₩480) = ₩800
- 비용총액 : ₩52,200 + ₩1,160 + ₩800 = ₩54,160

09 (주)한국은 현재 사용 중인 재고자산 평가방법의 변경을 검토하고 있다. 다음 자료는 (주)한국이 각각의 재고자산 평가방법을 적용하였을 경우의 당기 재고자산과 관련된 자료이다. 보고되는 당기 매출총이익이 큰 순서로 재고자산 평가방법을 배열한 것은? (단, 재고자산평가방법의 변경은 정당한 회계정책의 변경으로 소급적용할 수 있다.) **[2012 관세사]**

	기초재고	기말재고
총평균법	₩100,000	₩120,000
이동평균법	₩109,000	₩133,000
선입선출법	₩115,000	₩140,000
개별법	₩98,000	₩117,000

① 총평균법 > 이동평균법 > 선입선출법 > 개별법
② 이동평균법 > 총평균법 > 선입선출법 > 개별법
③ 선입선출법 > 이동평균법 > 총평균법 > 개별법
④ 개별법 > 총평균법 > 이동평균법 > 선입선출법
⑤ 총평균법 > 이동평균법 > 개별법 > 선입선출법

답 ③

정답해설

	재고자산 증가액	매출총이익이 큰 순서
총평균법	₩20,000	3
이동평균법	24,000	2
선입선출법	25,000	1
개별법	19,000	4

10 (주)감평의 20x1년 재고자산 관련 자료는 다음과 같다. 재고자산 가격결정방법으로 선입선출 - 소매재고법을 적용할 경우 기말재고액(원가)은? (단, 단수차이는 가장 근사치를 선택한다.)

[2017 감정평가사]

구분	매가	원가
기초재고자산	₩1,000,000	₩800,000
당기매입액	4,900,000	3,000,000
매출액	4,000,000	
인상액	500,000	
인하액	300,000	
인상취소액	200,000	
인하취소액	100,000	

① ₩1,125,806   ② ₩1,153,846

③ ₩1,200,000   ④ ₩1,266,667

⑤ ₩1,288,136

답 ③

┃ 정답해설 ┃
- (매가)기말재고
  ₩1,000,000 + ₩4,900,000 + ₩300,000(순인상) - ₩200,000(순인하) - ₩4,000,000 = ₩2,000,000
- 원가율 : ₩3,000,000 ÷ (₩4,900,000 + ₩300,000 - ₩200,000) = 60%
- (원가)기말재고 : ₩2,000,000 × 60% = ₩1,200,000

11 재고자산의 취득원가에 관한 설명으로 옳지 <u>않은</u> 것은? [2017 관세사]

① 매입할인, 리베이트 및 기타 유사한 항목은 재고자산의 매입원가를 결정할 때 차감한다.

② 재고자산의 전환원가 중 고정제조간접원가는 실제조업도에 기초하여 전환원가에 배부하되, 비정상적으로 많은 생산이 이루어진 기간에는 정상조업도에 기초한 생산단위당 고정제조간접원가를 사용하여 전환원가에 배부한다.

③ 재료원가, 노무원가 및 기타제조원가 중 비정상적으로 낭비된 원가는 재고자산의 취득원가에 포함하지 않는다.

④ 생물자산에서 수확한 농림어업수확물로 구성된 재고자산은 순공정가치로 측정하여 수확시점에 최초로 인식한 금액을 취득원가로 한다.

⑤ 재고자산을 후불조건으로 취득하는 계약이 실질적으로 금융요소를 포함하고 있다면, 해당금융요소는 금융이 이루어지는 기간 동안 이자비용으로 인식한다.

답 ②

┃정답해설┃

② 재고자산의 전환원가 중 고정제조간접원가는 정상조업도에 기초하여 전환원가에 배부한다.

12 (주)관세는 소매업을 영위하고 있으며, 20x1년 재고자산과 관련된 정보는 다음과 같다. 기초재고자산은 ₩2,000(단가 ₩20, 수량 100개)이다. 다음 설명 중 옳지 <u>않은</u> 것은? (단, 재고자산감모손실은 없다.)

[2020 관세사]

일자	매입		판매
	수량(개)	단가(₩)	수량(개)
1.5.	200	30	
4.3.	100	40	
4.20.			300
5.19.	100	50	
5.20.			100

① 계속기록법을 사용하는 경우 이동평균법에 의한 기말재고자산은 ₩3,400이다.
② 실지재고조사법을 사용하는 경우 가중평균법에 의한 매출원가는 ₩13,600이다.
③ 실지재고조사법을 사용하는 경우 선입선출법에 의한 기말재고자산은 ₩5,000이다.
④ 판매가능원가는 ₩17,000이다.
⑤ 계속기록법을 사용하는 경우 선입선출법에 의한 매출원가는 ₩12,000이다.

답 ①

┃ 정답해설 ┃
- 기말재고(선입선출법) : 100개 × ₩50 = ₩5,000
- 매출원가(총평균법) : 400개 × (₩2,000 + ₩6,000 + ₩4,000 + ₩5,000)/500개 = ₩13,600
- 기말재고(이동평균법) : 100개 × ₩40 = ₩4,000
- 평균단가(1차) : (₩2,000 + ₩6,000 + ₩4,000)/400개 = ₩30
- 평균단가(2차) : (100개 × ₩30 + 100개 × ₩50)/200개 = ₩40

13 영업 첫 해인 20x1년 말 현재 (주)대한이 보유하고 있는 재고자산에 관한 자료는 다음과 같다.

구분	수량	단위당 원가	단위당 현행대체원가 혹은 순실현가능가치
원재료	1,000단위	₩500	₩350
제품	2,000단위	2,700	3,000
상품	1,500단위	2,500	2,350

(주)대한은 원재료를 사용하여 제품을 직접 생산판매하며, 상품의 경우 다른 제조업자로부터 취득하여 적절한 이윤을 덧붙여 판매하고 있다. 20x1년도 (주)대한이 인식해야 할 재고자산평가손실은?

[2013 감정평가사]

① ₩0
② ₩225,000
③ ₩275,000
④ ₩325,000
⑤ ₩375,000

답 ②

▌정답해설▐
- (상품) 평가손실 : (₩2,350 − ₩2,500) × 1,500단위 = ₩225,000
- 원재료는 완성될 제품이 원가 이상으로 판매될 것이므로 감액하지 않는다.

---

14 (주)관세의 20x1년 12월 31일 현재 재고자산(상품)에 대한 자료는 다음과 같다.

수량	장부상 단가	단위당 예상 판매가격	단위당 예상 판매비용
1,000단위	₩100	₩110	₩30

(주)관세가 20x1년 말 보유하고 있는 재고자산 중 200단위는 20x2년 1월 1일의 (주)무역에게 단위당 ₩130에 판매하기로 확정계약 되어있다. (주)관세가 20x1년도에 인식할 재고자산평가손실은 얼마인가?

[2014 관세사]

① ₩0
② ₩8,000
③ ₩10,000
④ ₩16,000
⑤ ₩20,000

답 ④

▌정답해설▐
- 재고자산평가손실 = 800단위 × {₩100 − (₩110 − ₩30)} = ₩16,000
- 확정판매계약을 맺은 200개의 경우 순실현가능가치가 원가보다 높으므로 평가손실이 없다.

15 (주)관세의 기말 재고자산 현황은 다음과 같다. 품목별 시가법을 적용할 경우 기말 재고자산 금액은 얼마인가? (단, 원재료 A를 투입하여 제품 A가 생산되고, 원재료 B를 투입하여 제품 B가 생산된다.)

[2014 관세사]

품목	취득원가	순실현가능가치
원재료 A	₩100,000	₩80,000
제품 A	130,000	120,000
원재료 B	80,000	70,000
제품 B	110,000	120,000

① ₩370,000

② ₩375,000

③ ₩380,000

④ ₩385,000

⑤ ₩390,000

답 ⑤

┃정답해설┃

(1) 원재료 A : ₩80,000(완성될 제품 A가 원가 이하로 판매되므로 감액한다.)

(2) 제 품 A : ₩120,000

(3) 원재료 B : ₩80,000

(4) 제 품 B : ₩110,000(완성될 제품 B가 원가 이상으로 판매될 것이므로 감액하지 않는다.)

• 기말재고자산 : (1) + (2) + (3) + (4) = ₩390,000

16 (주)관세는 재고자산 평가방법으로 저가기준 선입선출소매재고법을 사용하고 있다. 재고자산과 관련된 자료가 다음과 같을 때, 기말재고자산원가와 매출원가는? [2020 관세사]

	원가	판매가
기초재고액	₩7,000	₩10,000
당기매입액	20,000	40,000
순인상액		200
순인하액		300
당기매출액		30,000
정상파손		100
비정상파손	100	400

	기말재고자산원가	매출원가
①	₩8,560	₩18,440
②	₩9,500	₩16,800
③	₩9,500	₩16,900
④	₩9,700	₩17,200
⑤	₩9,700	₩17,300

답 ④

▌정답해설 ▌

(1) (매가)기말재고자산 : ₩10,000 + ₩40,000 + ₩200 − ₩300 − ₩30,000 − ₩100 − ₩400 = ₩19,400

(2) 원가율 : (₩20,000 − ₩100)/(₩40,000 + ₩200 − ₩400) = 50%

(3) (원가)기말재고 : ₩19,400(1) × 50%(2) = ₩9,700

(4) 매출원가 : ₩7,000 + ₩20,000 − ₩100 − ₩9,700(3) = ₩17,200

17 12월 1일 화재로 인하여 창고에 남아있던 (주)관세의 재고자산이 전부 소실되었다. (주)관세는 모든 매입과 매출을 외상으로 하고 있으며 이용 가능한 자료는 다음과 같다. 매출총이익률이 30%라고 가정할 때 화재로 인한 추정재고손실액은? **[2021 관세사]**

---

(1) 기초 재고자산 : ₩1,000
(2) 기초 매출채권 : ₩3,000
    12월 1일 매출채권 : ₩2,000
(3) 기초부터 12월 1일까지 거래
    • 매입액 : ₩80,000(FOB 선적지인도조건으로 매입하여 12월 1일 현재 운송 중인 상품 ₩100 포함)
    • 매출채권 현금 회수액 : ₩100,000
    • 매출할인 : ₩200

---

① ₩11,600

② ₩12,600

③ ₩13,600

④ ₩51,200

⑤ ₩52,200

답 ①

┃ 정답해설 ┃
(1) 외상매출액 : ₩100,000 + ₩2,000 - ₩3,000 = ₩99,000
(2) 매출원가 : ₩99,000(1) × 70% = ₩69,300
(3) 기말재고추정치 : ₩1,000 + ₩80,000 - ₩69,300(2) = ₩11,700
(4) 화재손실 : ₩11,700(3) - ₩100(미착품) = ₩11,600

18 다음은 (주)관세의 20x1년 기말상품과 관련된 자료이다. (주)관세는 재고자산감모손실과 재고자산평가손실(환입)을 매출원가에서 조정한다. 재고자산평가충당금 기초잔액이 ₩100 존재할 때, 20x1년 재고자산감모손실과 재고자산평가손실(환입)이 매출원가에 미치는 순 영향은?　　　　**[2021 관세사]**

장부재고	실지재고	단위당 원가	단위당 순실현가능가치
200개	180개	₩10	₩9

① ₩80 증가 　　　　　　　　　　② ₩100 증가

③ ₩180 증가 　　　　　　　　　　④ ₩280 증가

⑤ ₩380 증가

답 ④

▌정답해설▐
- 재고자산감모손실 : 20개 × ₩10 = ₩200
- 재고자산평가손실 : 180개 × (₩10 − ₩9) − ₩100(기초잔액) = ₩80
- 매출원가에 미치는 순 영향 : ₩200 + ₩80 = ₩280 증가

19 '농림어업'에 관한 회계처리로 옳지 <u>않은</u> 것은?　　　　**[2015 감정평가사]**

① 생물자산은 최초 인식시점과 매 보고기간말에 공정가치에서 추정 매각부대원가를 차감한 금액(순공정가치)으로 측정하여야 한다. 다만, 공정가치를 신뢰성 있게 측정할 수 없는 경우는 제외한다.

② 생물자산에서 수확된 수확물은 수확시점에 순공정가치로 측정하여야 한다.

③ 생물자산을 최초 인식시점에 순공정가치로 인식하여 발생하는 평가손익과 생물자산의 순공정가치변동으로 발생하는 평가손익은 발생한 기간의 당기손익에 반영한다.

④ 수확물을 최초 인식시점에 순공정가치로 인식하여 발생하는 평가손익은 발생한 기간의 기타포괄손익에 반영한다.

⑤ 순공정가치로 측정하는 생물자산과 관련된 정부보조금에 다른 조건이 없는 경우에는 이를 수취할 수 있게 되는 시점에만 당기손익으로 인식한다.

답 ④

▌정답해설▐
④ 수확물을 최초 인식시점에 순공정가치로 인식하여 발생하는 평가손익은 발생한 기간의 당기손익에 반영한다.

유형자산1

제1절 취득원가의 결정

1. 유형자산의 의의

(1) 유형자산의 정의

유형자산은 회사가 사용목적으로 보유한 자산으로서 1년을 초과하여 사용할 것이 예상되는 물리적 실체가 있는 자산을 유형자산이라 한다.(예 토지, 건물, 기계장치, 차량운반구, 사무용비품)

① 유형자산은 사용목적으로 보유한 자산이라는 특징에서 재고자산(판매목적)과 투자부동산(투자목적)과 구분된다.

② 유형자산은 물리적인 실체가 있다는 점에서 무형자산과 구분된다.

③ 유형자산은 실물자산에 속하므로 비금융자산이고, 시간이 경과함에 따라 가액이 변할 수 있는 비화폐성 자산이다.

(2) 유형자산의 분류

① 유형자산의 계정과목으로 토지, 설비자산(건물, 구축물, 기계장치), 건설 중인 자산 및 기타의 유형자산으로 구분한다.

② 일반적으로 중요성 기준에 의거하여 공구기구 비품, 차량운반구 및 선박 등의 계정과목을 통합하여 기타의 유형자산으로 분류한다.

(3) 유형자산의 인식기준

유형자산으로 인식되기 위해서는 유형자산의 정의 및 다음의 인식기준을 모두 충족하여야 한다.

① 자산으로부터 발생하는 미래경제적효익이 기업에 유입될 가능성이 높다.

② 자산의 원가를 신뢰성 있게 측정할 수 있다.

2. 유형자산의 원가

(1) 최초원가

① 유형자산을 최초 취득할 때 구입하거나 건설하기 위하여 제공한 대가의 공정가치를 말한다.

② 안전 또는 환경상의 이유로 취득하는 유형자산은 그 자체로는 직접적인 미래경제적효익을 얻을 수 없지만, 다른 자산에서 미래경제적효익을 얻기 위하여 필요할 수 있다.

(2) 후속원가

① **수익적 지출(비용으로 처리)** : 일상적인 수선·유지와 관련하여 발생하는 원가는 해당 유형자산의 장부금액에 포함하여 인식하지 아니한다. 이러한 원가는 발생시점에 당기손익으로 인식한다. 이러한 지출의 목적은 보통 유형자산의 '수선과 유지'로 설명된다.

② 정기적 교체(인식기준 충족시 자산으로 처리) : 유형자산의 주요부품이나 구성요소를 대체할 때 발생하는
원가가 자산의 인식기준을 충족하면 해당 유형자산의 장부금액에 포함하여 인식한다.(예 용광로의 내화
벽돌의 교체, 항공기의 내부설비 교체, 건물 인테리어 교체)

③ 정기적인 종합검사(인식기준 충족시 자산으로 처리) : 정기적인 종합검사(예 항공기의 결함 검사)과정에
서 발생하는 원가가 유형자산의 인식기준을 충족하는 경우에는 유형자산의 일부가 대체되는 것으로 보아
해당 유형자산의 장부금액에 포함하여 인식한다.

④ 설비에 대한 비반복적인 교체에서 발생하는 원가라도 자산인식기준을 충족하면 자산으로 인식한다.

3. 취득원가

(1) 의의

당해 유형자산을 사용가능한 상태에 이르게 할 때까지 발생한 모든 지출이 포함된다.

(2) 취득원가의 구성요소

① 관세 및 환급 불가능한 취득 관련 세금을 가산하고 매입할인과 리베이트 등을 차감한 구입가격

② 경영진이 의도하는 방식으로 자산을 가동하는데 필요한 장소와 상태에 이르게 하는 데 직접 관련되는
원가

> **더 알아보기** **직접관련원가의 예**
>
> ㉠ 유형자산의 매입 또는 건설과 직접적으로 관련되어 발생한 종업원급여
> ㉡ 설치장소 준비원가(예 토지정지비용, 건물철거비용)
> ㉢ 최초의 운송 및 취급 관련 원가
> ㉣ 설치원가 및 조립원가
> ㉤ 유형자산 취득과 관련된 세금
> ㉥ 유형자산이 정상적으로 작동되는지 여부를 시험하는 과정에서 발생하는원가(시운전비) 단, 시험과정에서 생산된 재화의
> 순매각금액은 당해 원가에서 차감
> ㉦ 전문가에게 지급하는 수수료

③ 기타 유형자산의 원가에 포함하는 항목

㉠ 자산을 해체, 제거하거나 또는 부지를 복원하는 데 소요될 것으로 최초에 추정되는 원가

㉡ 자본화되는 차입원가

㉢ 자산을 취득할 때 국・공채를 불가피하게 구입하는 경우, 채무증권의 구입가액과 그 채무증권의 현재
가치의 차액

(3) 원가에 포함되지 않는 요소

유형자산이 경영진이 의도하는 방식으로 가동될 수 있는 장소와 상태에 이른 후에는 원가를 더 이상 인식하지
않는다.

① 새로운 시설을 개설하는데 소요되는 원가

② 새로운 상품과 서비스를 소개하는 데 소요되는 원가(광고선전비)

③ 새로운 지역에서 또는 새로운 고객층을 대상으로 영업을 하는데 소요되는 원가(교육훈련비)

④ 관리 및 기타 일반간접원가

⑤ 완전조업도 수준에 미치지 못하는 경우 발생하는 원가

⑥ 초기가동손실 및 재배치, 재편성원가

1. 현금가격상당액

유형자산의 원가는 인식시점의 현금가격상당액이다. 현금가격상당액이란 자산의 취득을 위해 제공한 자산의 공정가치를 의미한다. 만약, 제공한 자산의 공정가치가 불분명한 경우에는 취득한 자산의 공정가치를 사용한다.

> ☑ 정리　**유형자산의 취득원가**
>
> • 원칙 : 매입액 + 취득부대비용 − 매입할인 = 제공한 자산의 공정가치 = 현금가격상당액
> • 예외(제공한 자산의 공정가치가 불분명한 경우) : 취득한 자산의 공정가치

2. 자산별 취득원가

(1) 토지

아래 비용이 토지 취득원가에 포함된다.
① 구입가액 및 구입을 위하여 지출한 중개수수료, 취득세, 등록면허세와 같은 소유권 이전비용
② 본래의 목적에 사용하기 위하여 지출하는 정지비용과 개발부담금, 토지측량비용

(2) 건물

① 건물을 구입하는 경우 : 건물을 사용하기 위하여 토지와 건물을 일괄구입한 경우 구입가액과 공통부대비용의 합계액을 공정가액의 비율에 따라 배분하여야 한다. 다만, 건물의 취득과 개별적으로 관련된 취득세와 등록면허세 같은 부대비용은 건물의 취득원가이다.
② 건물을 신축하기 위하여 건설회사에 도급을 주는 경우 : 도급액에 기초공사비와 설계비와 같은 부대비용이 건물의 취득원가에 포함된다.
③ 자가건설에 의한 취득
　㉠ 취득원가 = 제작원가(직접재료비, 직접노무비, 변동제조간접비, 고정제조간접비) + 부대비용
　㉡ 자가건설에 따른 내부이익, 자가건설 과정에서 원재료, 인력 및 기타 자원의 낭비로 인한 비정상적인 원가는 자산의 원가에 포함되지 않는다.
　㉢ 건물신축을 위하여 사용하던 기존건물을 철거하는 과정에서 발생하는 철거비용은 당기 기간비용으로 처리하여야 한다. 다만, 새 건물의 신축을 위하여 구 건물이 있는 토지를 구입한 경우 구 건물을 포함한 구입가액 전체를 토지의 취득원가로 보아야 하며, 기존건물을 철거하는 경우 기존건물의 철거관련 비용에서 철거된 건물의 부산물을 판매하여 수취한 금액을 차감한 가액은 토지의 취득원가에서 차감한다.

(3) 기계장치 등

① 취득원가에 포함하는 항목 : 매입가액 및 이를 사용 가능한 상태에 이를 때까지 지출된 운임, 설치비, 시운전비와 같은 부대비용을 가산한다.
② 취득원가에 포함시키지 않는 항목 : 유형자산을 취득 또는 사용 가능한 상태로 준비하는 과정과 직접 관련이 없는 일반관리비, 경비 등은 포함하지 않는다.

3. 일괄구입에 의한 취득

일괄구입이란 두 종류 이상의 자산을 일괄하여 합계금액으로 동시에 취득하는 것을 말한다.

(1) 일괄구입하여 모두 사용하는 경우

> 개별 자산의 취득원가 = 일괄취득원가 × (개별 자산의 공정가치/개별 자산들의 공정가치의 합계)

유형자산을 일괄구입하여 개별자산의 취득원가를 알 수 없는 경우에는 일괄취득원가를 개별자산들의 공정가치의 비율을 기준으로 하여 개별자산에 배분한다. 유형자산 중 어느 하나의 공정가치만 신뢰성 있게 추정할 수 있는 경우에는 당해 자산은 공정가치를 원가로 하고, 나머지 자산은 잔액을 원가로 한다.

(2) 새 건물의 신축을 위하여 구 건물이 있는 토지를 구입한 경우(토지만 사용할 목적)

구 건물을 포함한 구입가액 전체를 토지의 취득원가로 보아야 하며, 기존건물을 철거하는 경우 기존건물의 철거관련비용에서 철거된 건물의 부산물을 판매하여 수취한 금액을 차감한 가액은 토지의 취득원가에서 차감한다.

예시문제

토지의 취득원가에 포함해야 할 항목을 모두 고른 것은?　　　　　**[2020년 감정평가사]**

ㄱ. 토지 중개수수료 및 취득세
ㄴ. 직전 소유자의 체납재산세를 대납한 경우, 체납재산세
ㄷ. 회사가 유지, 관리하는 상하수도 공사비
ㄹ. 내용연수가 영구적이지 않은 배수공사비용 및 조경공사비용
ㅁ. 토지의 개발이익에 대한 개발부담금

① ㄱ, ㄴ, ㄷ　　　　　　　　　② ㄱ, ㄴ, ㅁ
③ ㄱ, ㄷ, ㄹ　　　　　　　　　④ ㄱ, ㄷ, ㅁ
⑤ ㄴ, ㄹ, ㅁ

[오답해설]
회사가 유지, 관리하는 상하수도 공사비나 내용연수가 영구적이지 않은 배수 공사비용 및 조경공사비용은 별도의 자산으로 인식한다.

정답 ②

---

4. 교환에 의한 취득

교환에 의한 취득이란 하나 이상의 비화폐성자산 또는 화폐성자산과 비화폐성자산이 결합된 대가와 교환하여 하나 이상의 유형자산을 취득하는 것을 말한다.

(1) 원칙 : 교환거래에 있어서 상업적 실질이 있는 경우

> 취득원가 = 제공자산의 공정가액 + 현금지급액 − 현금수령액

유형자산의 취득원가는 제공한 자산의 공정가치에 현금지급액은 가산하고, 현금수령액은 차감하여 측정하며, 제공한 자산의 장부가액과 공정가치의 차액을 교환손익으로 인식한다. 상업적 실질이 있다는 것은 교환으로 현금흐름의 크게 변동되는 것을 말한다.

(2) 예외

① 교환거래에 있어서 상업적 실질이 결여되어 있거나, 공정가치를 신뢰성 있게 측정할 수 없는 경우 : 취득한 자산의 원가는 제공한 자산의 장부금액에 현금지급액은 가산하고, 현금수령액은 차감하여 측정한다.

> 취득원가 = 제공자산의 장부가액 + 현금지급액 − 현금수령액

② 교환거래에 있어서 상업적 실질이 있고, 제공한 자산의 공정가치를 알 수 없지만 취득한 자산의 공정가치를 신뢰성 있게 측정할 수 있는 경우 : 유형자산의 취득원가는 취득한 자산의 공정가치로 한다. 이때, 현금지급액과 수취액은 취득원가에 반영하지 않는다.

더 알아보기 | 교환거래의 취득원가

상업적 실질이 있는 경우	공정가치 측정 O	원칙 : 제공한 자산의 공정가치
		취득한 자산의 공정가치가 더 명백한 경우 취득한 자산의 공정가치(현금 고려하지 않음)
	공정가치 측정 ×	제공한 자산의 장부금액
상업적 실질이 결여된 경우		제공한 자산의 장부금액
현금수수액이 있는 경우		현금지급액은 취득원가에 가산하고 현금수취액은 차감

예시문제

(주)감평은 (주)한국과 다음과 같은 기계장치를 상호 교환하였다.

구분	(주)감평	(주)한국
취득원가	₩800,000	₩600,000
감가상각누계액	340,000	100,000
공정가치	450,000	480,000

교환과정에서 (주)감평은 (주)한국에게 현금을 지급하고, 기계장치 취득원가 ₩470,000, 처분손실 ₩10,000을 인식하였다. 교환과정에서 (주)감평이 지급한 현금은? (단, 교환거래에 상업적 실질이 있고 각 기계장치의 공정가치는 신뢰성 있게 측정된다.) **[2020년 감정평가사]**

① ₩10,000　　　　　　　　　② ₩20,000
③ ₩30,000　　　　　　　　　④ ₩40,000
⑤ ₩50,000

현금 = ₩470,000(기계장치) + 340,000 + 10,000(처분손실) − 800,000 = ₩20,000

정답 ②

5. 국공채 매입

유형자산의 취득과 관련하여 국공채 등을 불가피하게 매입하는 경우 국공채의 매입가액과 공정가치(채권의 현재가치)와의 차액을 취득관련 직접관련원가로 보아 당해 유형자산의 취득원가에 가산한다.

6. 무상취득

증여 등 무상으로 취득한 경우 취득한 자산의 공정가치를 취득원가로 한다. 이 때 취득한 자산의 공정가치는 자산수증이익의 과목으로 하여 당기손익(수익)으로 처리한다.

(차) 자산	×××	(대) 자산수증이익	×××	

7. 현물출자에 의한 취득

현물출자란 기업이 주식을 발행하여 주고 대가로 유형자산을 취득하는 것으로, 취득원가는 자산의 공정가치로 측정한다.

8. 장기연불조건에 의한 구입

(1) **취득원가** : 장기연불조건을 적용하지 않은 취득시점의 현금구입가격으로 한다. 장기후불조건으로 구입하거나, 대금지급기간이 일반적인 신용기간보다 긴 경우에 해당한다.

(2) **현금구입가격과 실제 총지급액과의 차액처리** : 현재가치할인차금계정으로 처리한다.

(3) **현재가치할인차금** : 유효이자율법에 따라 만기까지의 기간에 걸쳐 이자비용으로 인식한다.

9. 복구비용

(1) 복구비용은 유형자산의 경제적 사용이 종료된 후에 그 자산을 해체 또는 제거하거나 부지를 복구하는 데 사용될 것으로 추정되는 비용을 말한다.

(2) 자산의 취득, 건설, 개발에 따른 복구비용에 대한 충당부채는 유형자산을 취득하는 시점에서 해당유형자산의 취득원가에 반영하는 것을 원칙으로 한다.

(3) 회계처리

① 유형자산의 취득시

(차) 유형자산	×××	(대) 현금	×××	
		복구충당부채	×××	

② 결산시

(차) 이자비용*	×××	(대) 복구충당부채	×××	
		*이자비용 = 복구충당부채의 기초장부금액 × 유효이자율		

10. 정부보조금

(1) 의의

기업의 영업활동과 관련하여 과거나 미래에 일정한 조건을 충족하였거나 충족할 경우 정부에서 기업에 자원을 이전하는 형태의 정부지원을 의미한다.

(2) 인식

정부보조금에 부수되는 조건의 준수와 보조금 수취에 대한 합리적인 확신이 있을 경우에만 인식하며, 보조금을 수취하는 방법은 보조금에 적용되는 회계처리방법에 영향을 미치지 않는다.

> • 상환의무 ○ : 부채
> • 상환의무 × : 수익

(3) 종류

① 자산관련 보조금

ㄱ) 자산차감법 : 자산의 장부가액을 결정할 때 보조금을 차감하는 방법이다. 정부보조금을 수령할 때에 이를 자산의 차감계정으로 처리하고 해당 자산의 내용연수에 걸쳐 감가상각비와 상계하여 감소시키는 방식으로 보조금을 수익으로 인식한다.

ⓐ 취득시

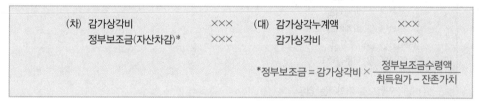

ⓑ 결산시

ㄴ) 이연수익법 : 보조금을 이연수익으로 인식하여 자산의 내용연수에 걸쳐 체계적이고 합리적인 방법으로 수익을 배분하는 방법으로, 보조금 수령시 이연수익(부채)으로 처리한다.

ⓐ 취득시

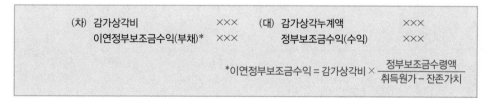

ⓑ 결산시

ⓒ 당기손익에 미치는 영향은 자산차감법과 이연수익법이 동일하며, 유형자산의 순 장부금액은 달라진다.

구분	표시방법	사후처리
자산차감법	자산의 차감계정으로 표시	자산의 내용연수에 걸쳐 감가상각비(비용)를 감소시킴
이연수익법	부채로 인식	자산의 내용연수에 걸쳐 당기손익(수익)으로 인식

② 수익관련 보조금 : 별도의 계정으로 혹은 기타수익과 같은 일반계정에 포함시켜 수익으로 인식하거나 관련비용에서 차감하여 인식한다.

자산관련 보조금	관련원가를 비용으로 인식하는 기간에 걸쳐 체계적인 기준에 따라 정부보조금을 당기손익으로 인식
수익관련 보조금	정부보조금을 수취할 권리가 발생하는 기간에 당기손익으로 인식

☑ 정리

• **자산차감법**
  감가상각비 = {(취득원가 − 정부보조금수령액) − 잔존가치} ÷ 내용연수
  자산의 장부금액 = (취득원가 − 정부보조금수령액) − 감가상각비의 합계

• **이연수익법**
  감가상각비 = (취득원가 − 잔존가치) ÷ 내용연수
  자산의 장부금액 = 취득원가 − 감가상각누계액

예시문제

(주)감평은 20x1년 1월 1일 기계장치를 ₩10,000에 취득하면서(내용연수는 5년, 잔존가치 없음, 정액법) 자산관련 정부보조금 ₩8,000을 수령하였다. 각 물음에 답하시오.

[1] 자산차감법으로 처리하는 경우
  ① 20x1년 초 회계처리
  ② 20x1년 말 회계처리
  ③ 20x1년 손익계산서
  ④ 20x1년 말 재무상태표

[2] 이연수익법으로 처리하는 경우
  ① 20x1년 초 회계처리
  ② 20x1년 말 회계처리
  ③ 20x1년 손익계산서
  ④ 20x1년 말 재무상태표

[1] 자산차감법으로 처리하는 경우
　① 20x1년 초

(차) 기계장치	₩10,000	(대) 정부보조금(자산차감)	₩8,000
		현금	₩2,000

　② 20x1년 말

(차) 감가상각비〈*1〉	₩2,000	(대) 감가상각누계액	₩2,000
(차) 정부보조금	1,600	(대) 감가상각비〈*2〉	1,600

　〈*1〉 ₩10,000 ÷ 5년 = ₩2,000
　〈*2〉 ₩2,000 × ₩8,000/₩10,000 = ₩1,600

　③ 20x1년 손익계산서

손익계산서		20x1
감가상각비	₩(400)	

　④ 20x1년 말 재무상태표

재무상태표		20x1.12.31	
기계장치	₩10,000		
감가상각누계액	(2,000)		
정부보조금	(6,400)		
	1,600		

[2] 이연수익법으로 처리하는 경우
　① 20x1년 초

(차) 기계장치	₩10,000	(대) 이연정부보조금수익(부채)	₩8,000
		현금	2,000

　② 20x1년 말

(차) 감가상각비〈*1〉	₩2,000	(대) 감가상각누계액	₩2,000
(차) 이연정부보조금수익	₩1,600	(대) 정부보조금수익(수익)〈*2〉	₩1,600

　〈*1〉 ₩10,000 ÷ 5년 = ₩2,000
　〈*2〉 ₩2,000 × ₩8,000/₩10,000 = ₩1,600

　③ 20x1년 손익계산서

손익계산서		20x1
감가상각비	₩(2,000)	
정부보조금수익	1,600	

　④ 20x1년 말 재무상태표

재무상태표		20x1.12.31	
기계장치	₩10,000	이연정부보조금수익	₩6,400
감가상각누계액	(2,000)		
	8,000		

11. 차입원가

(1) 의의

일반적으로 당기비용으로 인식하지만 적격자산의 취득, 건설 또는 제조와 직접 관련되는 차입원가는 해당 자산의 취득원가에 산입한다.

(2) 적격자산

① 적격자산이란 의도된 용도로 사용하거나 판매가능한 상태에 이르게 하는데 상당한 기간을 필요로하는 자산을 말한다. 다음 자산은 경우에 따라 적격자산이 될 수 있다.

> 재고자산, 제조설비자산, 무형자산, 투자부동산, 전력생산설비

② 금융자산과 단기간 내에 제조되거나 다른 방법으로 생산되는 재고자산은 적격자산에 해당하지 아니한다. 취득시점에 의도된 용도로 사용할 수 있거나 판매가능한 상태에 있는 자산인 경우에도 적격자산에 해당하지 아니한다.

(3) 자본화대상 차입원가

차입원가란 자금의 차입과 관련하여 발생하는 이자 및 기타원가를 말한다. 차입원가는 다음과 같은 항목을 포함할 수 있다.

① 당좌차월과 장·단기차입금에 대한 이자
② 차입과 관련된 할인·할증차금의 상각(환입)액
③ 차입약정과 관련하여 발생하는 부대원가의 상각액
④ 금융리스 관련 금융원가
⑤ 외화차입금과 관련되는 외환차이 중 이자원가의 조정으로 볼 수 있는 부분

단, 복구충당부채에서 유효이자율법으로 인식한 이자비용은 당기비용으로 인식하며, 자본화하지 않는다.

(4) 자본화 기간

① **자본화 개시** : 차입원가는 자본화 개시일에 적격자산 원가로 처리한다. 자본화 개시일은 최초로 다음 조건을 모두 충족시키는 날이다.

　㉠ 적격자산에 대한 지출이 있다.
　㉡ 차입원가가 발생되고 있다.
　㉢ 적격자산을 의도된 용도로 사용하거나 판매가능한 상태에 이르게 하는데 필요한 활동이 수행중이다. 적격자산을 의도된 용도로 사용(또는 판매) 가능하게 하는 데 필요한 활동은 당해 자산의 물리적인 제작뿐만 아니라 그 이전단계에서 이루어진 기술 및 관리상의 활동도 포함한다.

② **자본화의 중단** : 적격자산에 대한 적극적인 개발활동을 중단한 때이다. 그러나 상당한 기술 및 관리활동을 진행하고 있는 기간에는 차입원가의 자본화를 중단하지 아니한다.

③ **자본화의 종료** : 적격자산을 의도된 용도로 사용하거나 판매가능한 상태에 이르게 하는 데 필요한 대부분의 활동이 완료된 시점에 차입원가의 자본화를 종료한다.

(5) 자본화 차입금

자본화 자산의 평균지출액은 특정차입금으로 취득하였으며, 특정차입금으로 부족한 부분은 일반차입금이 있는 경우 일반차입금으로 차입하여 취득한 것으로 간주한다.

① 특정차입금
  ㉠ 적격자산을 취득하기 위한 목적으로 특정하여 차입한 자금이다.
  ㉡ 회계기간동안 그 차입금으로부터 실제 발생한 차입원가에서 당해 차입금의 일시적 운용에서 생긴 투자수익을 차감한 금액을 자본화가능차입원가로 결정한다. 특정차입금의 차입기간과 자본화기간이 다른 경우에는 자본화기간에 해당하는 차입원가만 자본화한다.
  ㉢ 특정차입금의 자본화 차입원가

> {특정차입금 차입금액 × (자본화기간/12월) × 특정차입금이자율} − 일시투자수익*
>
> *일시투자수익 = 일시투자액 × 이자율 × (자본화기간 중 투자기간/12월)

② 일반차입금
  ㉠ 일반적인 목적으로 자금을 차입하고 이를 적격자산의 취득을 위해 사용하는 경우의 차입금이다.
  ㉡ 자본화이자율은 회계기간 동안 차입한 자금(적격자산을 취득하기 위해 특정 목적으로 차입한 자금 제외)으로부터 발생한 차입원가를 가중평균하여 산정한다. 회계기간동안 자본화한 차입원가는 당해 기간동안 실제 발생한 차입원가를 초과할 수 없다.
  ㉢ 일반차입금의 자본화 차입원가

> 일반차입금의 자본화 차입원가* = (적격자산의 연평균지출액 − 특정차입금지출액) × 자본화이자율
>
> *한도 : 실제발행차입원가

(6) 자본화 차입원가의 계산

> 자본화 차입원가 = 특정차입금 이자 + 일반차입금 이자

① 연평균 지출액의 계산 : 지출액 × 지출한 기간/12
② 특정차입금 이자계산 : (특정차입금 × 차입월수/12) × 특정차입금 이자율 − 일시투자수익
③ 일반차입금 이자계산* : (연평균지출액 − 평균특정차입금) × 일반차입금 이자율

> *한도 : 일반차입금 실제발생이자

(주)감평은 20x1년 1월 1일에 공장건물을 신축하여 20x2년 9월 30일에 완공하였다. 공장건물 신축 관련 자료가 다음과 같을 때, (주)감평이 20x1년도에 자본화할 차입원가는? **[2017년 감정평가사]**

(1) 공사비 지출

일자	20x1. 1. 1.	20x1. 7. 1.	20x2. 3. 1.
금액	₩600,000	500,000	500,000

(2) 차입금 현황

종류	차입금액	차입기간	연이자율
특정차입금	₩300,000	20x1. 4. 1. ~ 20x1. 12. 31.	3%
일반차입금 A	500,000	20x1. 7. 1. ~ 20x2. 12. 31.	4%
일반차입금 B	1,000,000	20x1. 10. 1. ~ 20x3. 12. 31.	5%

① ₩29,250
② ₩31,500
③ ₩34,875
④ ₩37,125
⑤ ₩40,125

(1) 연평균 지출액 : ₩600,000 + ₩500,000 × (6/12) = ₩850,000
(2) 특정차입금 이자비용 : ₩300,000 × 0.03 × (9/12) = ₩6,750
(3) 자본화이자율 : ₩22,500/(₩250,000 + 250,000) = 4.5%
(4) 일반차입금 이자비용 : ₩22,500
  • 한도 : 실제 이자비용 ₩22,500
  • 일반차입금 이자비용 : (₩850,000 − ₩300,000) × 0.045 = ₩28,215
(5) 자본화 차입원가 = (2) + (4) = ₩29,250

정답 ①

CHAPTER 02 확인학습문제

01 유형자산의 취득원가에 관한 설명으로 옳은 것은?　　　　　**[2014 관세사]**

① 새로운 상품과 서비스를 소개하는데 소요되는 원가는 취득원가에 포함한다.

② 기업의 영업 전부 또는 일부를 재배치하거나 재편성하는 과정에서 발생하는 원가는 유형자산의 장부금액에 포함하지 않는다.

③ 유형자산 취득 과정에서 전문가에게 지급한 수수료는 취득원가에 포함하지 않는다.

④ 유형자산이 정상적으로 작동되는지 여부를 시험하는 과정에서 발생하는 원가는 전액 비용처리한다.

⑤ 유형자산의 매입 또는 건설과 직접 관련되어 발생한 종업원급여는 취득원가에 포함하지 않는다.

답 ②

┃오답해설┃

① 새로운 상품과 서비스를 소개하는 데 소요되는 원가는 취득원가에 포함되지 않는다.

③ 유형자산 취득 과정에서 전문가에게 지급한 수수료는 취득원가에 포함한다.

④ 유형자산이 정상적으로 작동되는지 여부를 시험하는 과정에서 발생하는 원가는 유형자산 취득원가에 포함한다.

⑤ 유형자산의 매입 또는 건설과 직접 관련되어 발생하는 종업원급여는 유형자산 취득원가에 포함된다.

02 (주)감평은 재화의 생산을 위하여 기계장치를 취득하였으며, 관련 자료는 다음과 같다. 동기계장치의 취득원가는? **[2016 감정평가사]**

• 구입가격(매입할인 미반영)	₩1,000,000
• 매입할인	15,000
• 설치장소 준비원가	25,000
• 정상작동여부 시험과정에서 발생한 원가	10,000
• 정상작동여부 시험과정에서 생산된 시제품 순매각금액	5,000
• 신제품을 소개하는데 소요되는 원가	3,000
• 신제품 영업을 위한 직원 교육훈련비	2,000
• 기계 구입과 직접적으로 관련되어 발생한 종업원 급여	2,000

① ₩1,015,000　　　　　② ₩1,017,000

③ ₩1,020,000　　　　　④ ₩1,022,000

⑤ ₩1,027,000

답 ②

┃정답해설┃

₩1,000,000 − ₩15,000 + ₩25,000 + ₩10,000 − ₩5,000 + ₩2,000 = ₩1,017,000

03 유형자산 관련된 다음 자료를 이용하여 계산된 유형자산 금액은? (단, 각 항목들은 상호독립적이다.)

[2018 관세사]

• 구입한 토지 위에 있는 구건물 철거비용	₩1,500,000
• 토지의 취득세	600,000
• 토지의 재산세	600,000
• 공장설비 설치시 발생한 시운전비	2,000,000
• 구축물의 내용연수 종료 후 발생할 복구원가의 현재가치	300,000
• 신축건물 특정차입금의 자본화 차입원가	200,000
• 지금까지 본사 건물로 사용해 오던 건물의 철거비용	1,000,000
• 철거당시 본사건물의 미상각장부금액	5,000,000
• 중고자동차 취득시 정상적 운행을 위해 지출한 수리비용	300,000

① ₩2,900,000   ② ₩3,400,000

③ ₩4,600,000   ④ ₩4,900,000

⑤ ₩5,500,000

답 ④

▌ 정답해설 ▌

₩1,500,000 + ₩600,000 + ₩2,000,000 + ₩300,000 + ₩200,000 + ₩300,000 = ₩4,900,000

04 (주)감평은 당해 연도 초에 설립한 후 유형자산과 관련하여 다음과 같은 지출을 하였다.

• 건물이 있는 토지 구입대금	₩2,000,000
• 토지취득 중개수수료	80,000
• 토지 취득세	160,000
• 공장건축허가비	10,000
• 신축공장건물 설계비	50,000
• 기존건물 철거비	150,000
• 기존건물 철거 중 수거한 폐건축자재 판매대금	100,000
• 토지 정지비	30,000
• 건물신축을 위한 토지굴착비용	50,000
• 건물 신축원가	3,000,000
• 건물 신축용 차입금의 차입원가(전액 자본화기간에 발생)	10,000

위 자료를 이용할 때 토지와 건물 각각의 취득원가는? (단, 건물은 당기 중 완성되었다.)

[2014 감정평가사]

	토지	건물
①	₩2,220,000	₩3,020,000
②	₩2,320,000	₩3,110,000
③	₩2,320,000	₩3,120,000
④	₩2,420,000	₩3,120,000
⑤	₩2,420,000	₩3,220,000

답 ③

┃정답해설┃

• 토지 : ₩2,320,000 = ₩2,000,000 + ₩80,000 + ₩160,000 + ₩150,000 − ₩100,000 + ₩30,000
• 건물 : ₩3,120,000 = ₩10,000 + ₩50,000 + ₩50,000 + ₩3,000,000 + ₩10,000

05 유형자산의 교환거래시 취득원가에 관한 설명으로 옳지 <u>않은</u> 것은? **[2017 감정평가사]**

① 교환거래의 상업적 실질이 결여된 경우에는 제공한 자산의 장부금액을 취득원가로 인식한다.

② 취득한 자산과 제공한 자산의 공정가치를 모두 신뢰성 있게 측정할 수 없는 경우에는 취득한 자산의 장부금액을 취득원가로 인식한다.

③ 유형자산을 다른 비화폐성자산과 교환하여 취득하는 경우 제공한 자산의 공정가치를 신뢰성 있게 측정할 수 있다면 취득한 자산의 공정가치가 더 명백한 경우를 제외하고는 취득원가는 제공한 자산의 공정가치로 측정한다.

④ 취득한 자산의 공정가치가 제공한 자산의 공정가치보다 더 명백하다면 취득한 자산의 공정가치를 취득원가로 한다.

⑤ 제공한 자산의 공정가치를 취득원가로 인식하는 경우 현금을 수령하였다면 이를 취득원가에서 차감하고, 현금을 지급하였다면 취득원가에 가산한다.

답 ②

┃정답해설┃

② 취득한 자산과 제공한 자산의 공정가치를 모두 신뢰성 있게 측정할 수 없는 경우에는 <u>제공한</u> 자산의 장부금액을 취득원가로 인식한다.

---

06 (주)감평은 (주)한국과 다음과 같은 기계장치를 상호 교환하였다.

구분	(주)감평	(주)한국
취득원가	₩800,000	₩600,000
감가상각누계액	340,000	100,000
공정가치	450,000	480,000

교환과정에서 (주)감평은 (주)한국에게 현금을 지급하고, 기계장치 취득원가 ₩470,000, 처분손실 ₩10,000을 인식하였다. 교환과정에서 (주)감평이 지급한 현금은? (단, 교환거래에 상업적 실질이 있고 각 기계장치의 공정가치는 신뢰성 있게 측정된다.) **[2020 감정평가사]**

① ₩10,000
② ₩20,000
③ ₩30,000
④ ₩40,000
⑤ ₩50,000

답 ②

┃정답해설┃

₩470,000 = ₩450,000 + ₩20,000

07 (주)감평은 20x8년 3월 1일 사용 중이던 기계장치를 (주)대한의 신형 기계장치와 교환하면서 ₩4,000의 현금을 추가로 지급하였다. (주)감평이 사용하던 기계장치는 20x5년에 ₩41,000에 취득한 것으로 교환 당시 감가상각누계액은 ₩23,000이고 공정가치는 ₩21,000이다. 한편, 교환시점 (주)대한의 신형 기계 장치의 공정가치는 ₩26,000이다. 동 교환거래가 상업적 실질이 있으며 (주)감평의 사용중이던 기계장 치의 공정가치가 더 명백한 경우 (주)감평이 교환거래로 인해 인식할 처분손익은?

[2018 감정평가사]

① 이익 ₩3,000

② 이익 ₩4,000

③ 손실 ₩3,000

④ 손실 ₩4,000

⑤ 이익 ₩1,000

답 ①

▎정답해설▎

(차) (신형)기계장치〈*〉	25,000	(대) 기계장치(장부가액)	18,000
		현금	4,000
		처분이익	3,000

〈*〉 ₩21,000 + ₩4,000 = ₩25,000

08 (주)대한은 자사가 소유하고 있는 기계장치를 (주)세종이 소유하고 있는 차량운반구와 교환하였다. 두 기업의 유형자산에 관한 정보와 세부거래 내용은 다음과 같다.

- 이 교환은 상업적 실질이 있는 거래이다.
- (주)대한의 기계장치 공정가치가 더 명백하다.
- (주)세종은 (주)대한에게 공정가치의 차이인 ₩5,000원을 지급하였다.

	(주)대한 기계장치	(주)세종 차량운반구
취득원가	₩50,000	₩50,000
감가상각누계액	30,000	20,000
공정가치	30,000	25,000
현금지급액	0	5,000
현금수취액	5,000	0

이 거래와 관련한 설명 중 옳은 것은? **[2014 감정평가사]**

① (주)대한은 이 교환거래와 관련하여 유형자산처분이익 ₩5,000을 인식해야 한다.
② (주)대한은 새로 취득한 차량운반구의 취득원가는 ₩30,000이다.
③ (주)세종은 이 교환거래와 관련하여 유형자산처분이익 ₩5,000을 인식해야 한다.
④ (주)세종이 새로 취득한 기계장치의 취득원가는 ₩30,000이다.
⑤ (주)대한과 (주)세종 모두 유형자산처분손익을 인식하지 않는다.

답 ④

┃정답해설┃

- (주)대한

(차) 차량운반구〈*1〉	25,000	(대) 기계장치	50,000
감가상각누계액	30,000	유형자산처분이익	10,000
현금	5,000		

〈*1〉 ₩30,000 − ₩5,000 = ₩25,000

- (주)세종

(차) 기계장치〈*2〉	30,000	(대) 차량운반구	50,000
감가상각누계액	20,000	현금	5,000
유형자산처분손실	5,000		

〈*2〉 취득한 자산의 공정가치

09 다음은 (주)관세의 유형자산 취득 관련 자료이다. 20x2년 12월 31일의 정부보조금 잔액(A)과 20x1년과 20x2년의 2년간 감가상각비 합계액(B)은 각각 얼마인가? (단, 정부보조금에 부수되는 조건의 준수에 대한 합리적인 확신이 있다고 가정한다.)

[2014 관세사]

- (주)관세는 20x1년 1월 1일에 전기자동차 생산용 최신설비를 ₩250,000,000(내용연수 5년, 잔존가치 ₩0, 정액법 상각)에 취득하고 정부로부터 ₩50,000,000을 지원받았다.
- 정부보조금은 자산에서 차감하는 형식으로 회계처리한다.

	(A)	(B)
①	₩30,000,000	₩50,000,000
②	₩30,000,000	₩100,000,000
③	₩30,000,000	₩80,000,000
④	₩50,000,000	₩80,000,000
⑤	₩50,000,000	₩100,000,000

답 ③

▍정답해설▍

- 20x2년 12월 31일 정부보조금 잔액(A) : ₩50,000,000 − ₩50,000,000 × 2/5 = ₩30,000,000
- 20x1년과 20x2년의 2년간 감가상각비 합계액(B) : (₩250,000,000 − ₩50,000,000) × 2/5 = ₩80,000,000

10 (주)감평은 20x1년 1월 1일 설비자산을 ₩2,000,000에 취득하면서 구입자금의 일부인 ₩600,000을 정부로부터 보조받았다. 설비자산의 내용연수는 5년, 잔존가치는 없으며, 감가상각방법은 정액법으로 한다. 정부보조금에 부수되는 조건은 이미 충족되었고, 상환의무는 없다. (주)감평이 정부보조금을 이연수익으로 처리하는 경우 20x3년 12월 31일 재무상태표에 보고할 정부보조금과 관련된 이연수익은?

[2012 감정평가사]

① ₩120,000

② ₩220,000

③ ₩240,000

④ ₩360,000

⑤ ₩440,000

답 ③

┃정답해설┃

₩600,000 − (₩600,000 × 3/5) = ₩240,000

---

11 (주)대한은 20x1년 초 정부보조금 ₩3,000,000을 지원받아 기계장치(내용연수 3년, 잔존가치 ₩1,000,000)를 ₩10,000,000에 취득하였다. (주)대한은 기계장치에 대해 원가모형을 적용하며, 연수합계법으로 감가상각한다. (주)대한이 정부보조금을 기계장치의 차감항목으로 회계처리하였다면, 20x2년 말 기계장치의 장부금액은?

[2013 감정평가사]

① ₩1,000,000

② ₩1,500,000

③ ₩2,000,000

④ ₩2,500,000

⑤ ₩3,000,000

답 ③

┃정답해설┃

• 20x2년 말

  (1) 감가상각누계액 : (₩10,000,000 − ₩1,000,000) × 5/6 = ₩7,500,000

  (2) 정부보조금 : ₩3,000,000 − ₩3,000,000 × ₩7,500,000/₩9,000,000 = ₩500,000

  (3) 기계장치 장부금액 : ₩10,000,000 − ₩7,500,000 − ₩500,000 = ₩2,000,000

12 (주)관세는 공장을 신축하기로 하고 (주)한국과 도급계약을 체결하였다. 공사는 20x6년 1월 1일 착공하여 20x7년 9월 30일에 완공될 예정이다. (주)관세는 공장건설을 위해 20x6년 1월 1일에 ₩50,000,000원과 7월 1일에 ₩100,000,000을 각각 지출하였다. (주)관세의 차입금 내역은 다음과 같다.

항목	특정차입금 A	일반차입금 B	일반차입금 C
차입액	₩20,000,000	₩30,000,000	₩60,000,000
차입일	20x6.1.1.	20x5.8.1.	20x6.9.1.
상환일	20x7.12.31.	20x7.6.31.	20x8.10.31.
연이자율	9%	9%	10%

특정차입금 A ₩20,000,000 중 ₩3,000,000을 20x6년에 4개월 동안 연 2% 투자수익률로 투자하였다. (주)관세가 건설 중인 신축공사에 대하여 20x6년도에 자본화할 차입원가는? (단, 계산 시 월할로 하며 이자율은 모두 단리이다.)

[2017 관세사]

① ₩4,700,000　　　　　　　　② ₩6,480,000

③ ₩6,500,000　　　　　　　　④ ₩7,614,000

⑤ ₩9,414,000

답 ②

┃정답해설┃

- 연평균지출액 : ₩50,000,000 × 12/12 + ₩100,000,000 × 6/12 = ₩100,000,000
- 특정차입금이자 : ₩20,000,000 × 12/12 × 9% − ₩3,000,000 × 4/12 × 2% = ₩1,780,000
- 일반차입금이자 : {₩100,000,000 − (₩20,000,000 × 12/12)} × 9.4%⟨*⟩ = 7,520,000

$$\langle * \rangle \ \frac{₩30,000,000 \times 12/12 \times 9\% + ₩60,000,000 \times 4/12 \times 10\% = ₩4,700,000}{₩30,000,000 \times 12/12 + ₩60,000,000 \times 4/12 = ₩50,000,000} = 9.4\%$$

- 한도 : ₩4,700,000
- 자본화이자비용 : ₩1,780,000 + ₩4,700,000 = ₩6,480,000

13 (주)관세는 20x1년 초 유류저장 시설물을 취득(취득원가 ₩1,200,000, 내용연수 5년, 잔존가치 ₩0, 정액법 상각)하였다. 동 시설물은 내용연수 종료시점에 원상복구 의무가 있고, 그 비용은 ₩200,000으로 추정된다. 이에 대하여 연 8% 할인율을 적용하며, 실제복구비용은 ₩210,000이 발생하였다. 20x1년 초에 인식할 동 시설물의 취득원가와 20x1년 복구충당부채에 전입할 이자비용은? (단, 동 시설물은 원가모형을 적용하고, 단일금액 ₩1의 현재가치는 0.6806(5기간, 8%)이다.) **[2021 관세사]**

	취득원가	이자비용
①	₩1,336,120	₩10,890
②	₩1,336,120	₩16,000
③	₩1,342,926	₩10,890
④	₩1,342,926	₩16,000
⑤	₩1,342,929	₩16,800

답 ①

▌정답해설▐

• 20x1년 초 취득원가 : ₩1,200,000 + ₩200,000 × 0.6806 = ₩1,336,120
• 20x1년 이자비용 : ₩200,000 × 0.6806 × 8% = ₩10,890

CHAPTER 03 유형자산2

제1절 감가상각

1. 감가상각의 의의

수익에 대응될 적절한 비용을 산정하기 위한 유형자산을 비용으로 배분하는 절차이다. (자산의 평가과정이 아님)

2. 감가상각의 결정요소

(1) 취득원가

자산을 취득하기 위하여 자산의 취득시점이나 건설시점에서 지급한 현금 및 현금성자산 또는 제공하거나 부담할 기타 대가의 공정가액을 말한다.

(2) 내용연수

기업에서 자산이 사용가능할 것으로 기대되는 기간 또는 자산에서 얻을 것으로 기대되는 생산량이나 이와 유사한 단위 수량이다.

(3) 잔존가치

자산이 이미 오래되어 내용연수 종료시점에 도달하였다는 가정 하에 자산의 처분으로부터 현재 획득할 금액에서 추정 처분부대원가를 차감한 금액의 추정치이다.

3. 감가상각액의 인식

감가상각대상금액은 유형자산의 내용연수 동안 인식될 총감가상각비로서 유형자산의 취득원가에서 잔존가치를 차감한 금액을 말한다.

(1) 각 기간의 감가상각액은 다른 자산의 장부금액에 포함되는 경우가 아니라면 당기손익으로 인식한다.

(2) 유형자산에 내재된 미래경제적 효익이 다른 자산을 생성하는 데 사용되는 경우가 있는데, 이 경우 유형자산의 감가상각액은 해당 자산의 원가의 일부가 된다.

4. 감가상각의 시작과 중지

(1) 감가상각의 시작

유형자산의 감가상각은 자산이 사용가능한 때부터 시작한다.(즉, 경영진이 의도하는 방식으로 자산을 가동하는 데 필요한 장소와 상태에 이른 때부터 시작)

(2) 감가상각의 중지

유형자산이 가동되지 않거나 유휴상태가 되더라도, 감가상각이 완전히 이루어지기 전까지는 감가상각을 중단하지 않는다.

5. 감가상각비의 회계처리

(차) 감가상각비	×××	(대) 감가상각누계액(자산차감)	×××

감가상각누계액계정을 평가계정이라 하고 재무상태표에 표시할 때에는 해당 유형자산에서 차감하는 형식으로 표시한다. 즉, 유형자산의 감가상각은 간접법을 국제회계기준에서 인정하고 있다.

(1) 감가상각방법은 변경될 수 있으며, 이러한 변경은 회계추정의 변경으로 회계처리한다.(회계정책의 변경이 아님)

(2) 구성요소별 감가상각

유형자산을 구성하는 일부의 원가가 당해 유형자산의 전체원가에 비교하여 유의적이라면, 해당 유형자산을 감가상각할 때 그 부분은 별도로 구분하여 감가상각한다.(예 항공기를 소유하고 있는지 금융리스하고 있는지에 관계없이, 항공기 동체와 엔진을 별도로 구분하여 감가상각하는 것이 적절할 수 있다.)

(3) 유형자산의 일부를 별도로 구분하여 감가상각하는 경우에는 동일한 유형자산을 구성하고 있는 나머지 부분도 별도로 구분하여 감가상각한다. 유형자산의 전체원가에 비교하여 해당 원가가 경미한 부분도 별도로 분리하여 감가상각 할 수 있다.

(4) 토지와 건물을 동시에 취득하는 경우에도 이들은 분리 가능한 자산이므로 별개의 자산으로 회계처리한다.

(5) 토지의 원가에 해체, 제거 및 복구원가가 포함된 경우에는 그러한 원가를 관련 경제적효익이 유입되는 기간에 감가상각한다.

6. 감가상각방법

감가상각 방법은 자산의 미래경제적 효익이 소비되는 형태를 반영하며, 매 회계기간에 일관성 있게 적용한다.

(1) 정액법(균등상각법)

자산의 가치는 시간경과에 의하여 감소하는 것으로 보고 매년 동일한 금액을 감가상각비로 인식하는 방법으로, 간편하다는 장점이 있는 반면, 수익비용대응원칙이 합리적이지 않다.

감가상각비 = (취득원가 - 잔존가치) ÷ 내용연수

(2) 체감잔액법(가속상각법)

체감잔액법은 감가상각비를 상각대상 기간의 초기에 많이 인식하고 후반기에 적게 인식하는 것으로 자산의 내용연수 동안 감가상각액이 매 기간 감소하는 방법이다. 수익비용대응의 원칙에 보다 현실적이다.

① 정률법 : 매 회계기간마다 기초장부금액 미상각잔액에 대하여 동일한 비율의 금액을 감가상각비로 계산하는 방법이다.

> 연도별 감가상각비 = 미상각잔액* × 상각률
>
> *미상각잔액 = 취득원가 − 기초감가상각누계액

② 이중체감법 : 상각률이 정액법의 2배가 되는 방법으로 상각률에 의해 정률법처럼 상각하는 방법이다.

$$상각률 = \frac{1}{내용연수} \times 2$$

③ 연수합계법

$$감가상각비 = (취득원가 − 잔존가치) \times \frac{잔여내용연수}{내용연수합계}$$

(3) 생산량비례법

생산량비례법은 자산의 예정조업도 혹은 예상생산량에 근거하여 감가상각비를 계상하는 방법이다. 생산량비례법은 다음의 산식으로 감가상각비를 계산한다.

$$감가상각비 = (취득원가 − 잔존가치) \times \frac{실제생산량}{예상총생산량}$$

예시문제

(주)감평은 20x1년 4월 1일 제품제조에 필요한 기계장치를 ₩750,000에 취득(잔존가치 ₩30,000, 내용연수 5년)하여 연수합계법으로 감가상각한다. 동 기계장치와 관련하여 20x2년 12월 31일 재무상태표에 보고할 감가상각누계액은? (단, 감가상각은 월할 계산한다.)

① ₩192,000   ② ₩204,000
③ ₩212,500   ④ ₩384,000
⑤ ₩400,000

• 20x1년 4월 1일	(차) 기계장치	750,000	(대) 현금	750,000
• 20x1년 12월 31일	(차) 감가상각비	180,000	(대) 감가상각누계액⟨*1⟩	180,000
• 20x2년 12월 31일	(차) 감가상각비	204,000	(대) 감가상각누계액⟨*2⟩	204,000

⟨*1⟩ (₩750,000 − ₩30,000) × (5/15) × (9/12) = ₩180,000
⟨*2⟩ (₩750,000 − ₩30,000) × (5/15) × (3/12) + (₩750,000 − ₩30,000) × (4/15) × (9/12) = ₩204,000

• 12월 31일 재무상태표에 보고할 감가상각누계액 : ⟨*1⟩ + ⟨*2⟩ = ₩384,000

정답 ④

1. 유형자산의 제거

(1) 제거시점

유형자산의 장부금액은 처분하는 때, 사용이나 처분을 통하여 미래경제적 효익이 기대되지 않을 때 제거한다.

(2) 제거로 인한 손익

$$유형자산처분손익 = 순매각금액^* - 장부금액$$

$$^*순매각금액 = 매각금액 - 매각부대비용$$

유형자산의 제거로 인하여 발생하는 손익은 자산을 제거할 때 당기손익으로 인식한다.

(3) 장부금액 변경시 계산

유형자산의 잔존가치, 내용연수, 감가상각방법, 자본적지출, 손상차손 혹은 재평가로 장부금액의 변경 시, 새로운 감가상각비를 전진법으로 계산한다.

2. 유형자산의 손상차손

자산의 장부금액이 회수가능액을 초과할 때 자산은 손상된 것이며, 매 보고기간말마다 자산손상을 시사하는 징후가 있는지를 검토한다.

(1) 손상징후의 검토

자산 손상을 시사하는 징후가 있는지를 검토할 때는 외부정보와 내부정보 및 종속기업, 공동기업 또는 관계기업으로부터의 배당금을 모두 고려하여야 한다.

1) 외부정보

① 회계기간 중에 자산의 시장가치가 시간의 경과나 정상적인 사용에 따라 하락할 것으로 기대되는 수준보다 중요하게 더 하락하였다.

② 기업 경영상의 기술·시장·경제·법률·환경이나 해당 자산을 사용하여 재화나 용역을 공급하는 시장에서 기업에 불리한 영향을 미치는 중요한 변화가 회계기간 중에 발생하였거나 가까운 미래에 발생할 것으로 예상된다.

③ 시장이자율이 회계기간 중에 상승하여 자산의 사용가치를 계산하는데 사용되는 할인율에 영향을 미쳐 자산의 회수가능액을 중요하게 감소시킬 가능성이 있다.

④ 기업의 순자산 장부금액이 당해 시가총액보다 크다.

2) 내부정보

① 자산이 진부화되거나 물리적으로 손상된 증거가 있다.

② 회계기간 중에 기업에 불리한 영향을 미치는 중요한 변화가 자산의 사용범위 및 사용방법에서 발생하였거나 가까운 미래에 발생할 것으로 예상된다.

③ 자산의 경제적 성과가 기대수준에 미치지 못하거나 못할 것으로 예정되는 증거를 내부보고를 통해 얻을 수 있다.

(2) 회수가능액의 측정

① 회수가능액

> 회수가능액 : Max[순공정가치, 사용가치]

② 순공정가치

> 순공정가치 = 자산의 매각으로 수취할 수 있는 금액 − 처분부대원가

③ 사용가치(기업특유가치) : 자산의 계속적 사용으로부터 그리고 내용연수 종료시점에 처분으로부터 발생할 것으로 기대되는 현금흐름의 현재가치이다.

(3) 손상차손의 인식

> 손상차손(비용) = 유형자산 장부금액 − 유형자산의 회수가능액

매 보고기간 말에 자산손상을 시사하는 징후가 있는지를 검토하고, 그러한 징후가 있다면 당해 자산의 회수가능액을 추정한다. 이때 회수가능액이 장부금액에 미달하는 경우 자산의 장부금액을 회수가능액으로 감소시키고 손상차손을 인식한다.

> (차) 손상차손(비용)　　×××　　(대) 손상차손누계액(자산차감)*　×××
> *유형자산을 회수가능액으로 손상처리하는 경우 감가상각비를 먼저 인식하고 손상차손을 나중에 인식한다.

(4) 손상차손 후의 감가상각

수정된 장부금액에서 잔존가치를 차감한 금액을 자산의 잔여내용연수에 걸쳐 체계적인 방법으로 배분하기 위해서, 손상차손을 인식한 후에 감가상각액 또는 상각액을 조정한다.

(5) 손상차손환입

손상처리한 자산의 회수가능액이 차기 이후에 장부금액을 초과하는 경우에는 당해 자산이 손상되기 전의 장부금액의 감가상각 후 잔액을 한도로 환입한다.

> (차) 손상차손누계액(자산차감)　×××　　(대) 손상차손환입(수익)　　×××

(주)감평은 20x1년 초 기계장치(취득원가 ₩6,000,000, 내용연수 5년, 잔존가치 ₩0)를 취득하여 정액법으로 감가상각하고 있다. 20x1년 말 이 기계장치에 손상징후가 존재하여 회수가능액을 추정한 결과 회수가능액이 ₩2,232,000으로 추정되었다. (주)감평은 동 금액과 장부금액 간의 차이가 중요한 것으로 판단하여 손상차손을 인식하였다. 한편, 20x2년 말 기계장치의 회수가능액이 ₩4,000,000으로 회복된 것으로 추정될 경우, (주)감평이 20x2년 말 인식할 손상차손환입액은? (단, 기계장치에 대하여 원가모형을 적용한다.) **[2019년 감정평가사]**

① ₩1,574,000   ② ₩1,926,000

③ ₩2,138,000   ④ ₩2,326,000

⑤ ₩2,568,000

- 손상 전 장부가액 = ₩6,000,000 × 3/5 = ₩3,600,000
- 손상 후 장부가액 = ₩2,232,000 × 3/4 = ₩1,674,000
- 손상차손환입액 = ₩3,600,000 − 1,674,000 = ₩1,926,000

정답 ②

제3절   유형자산의 측정

1. 측정방법

유형자산을 취득원가로 인식한 이후의 측정방법으로 원가모형과 재평가모형 중 하나를 회계정책으로 선택하여 유형자산 분류별로 동일하게 적용할 수 있다.(자산별적용 ×)

(1) 원가모형

유형자산의 취득원가에서 감가상각누계액과 손상차손누계액을 차감한 금액으로 공시하는 방법이다.

(2) 재평가모형

최초 인식 후에 공정가치를 신뢰성 있게 측정할 수 있는 유형자산을 재평가일의 공정가치에서 이후의 감가상각누계액과 손상차손누계액을 차감한 재평가금액을 장부금액으로 기록하여 보고하는 방법이다.

구분	상각	손상	평가
원가모형	○	○	×
재평가모형	○	○	○

2. 재평가모형

(1) 재평가 빈도

① 재평가는 보고기간 말에 자산의 장부금액이 공정가치와 중요하게 차이가 나지 않도록 주기적으로 수행해야 하며 재평가의 빈도는 재평가되는 유형자산의 공정가치 변동에 따라 달라진다.

② 공정가치의 변동이 빈번하고 그 금액이 중요하다면 매년 재평가할 필요가 있으나, 공정가치의 변동이 중요하지 않아서 빈번한 재평가가 필요하지않는 경우에는 3년이나 5년마다 재평가할 수 있다.(매년 ×)

(2) 재평가 분류

특정 유형자산을 재평가 할 때, 해당 자산이 포함되는 유형자산 분류 전체를 재평가한다. 유형자산은 영업상 유사한 성격과 용도로 분류하며, 동일한 분류 내의 유형자산은 동시에 재평가 한다. 그러나 재평가가 단기간에 수행되며 계속적으로 갱신된다면, 동일한 분류에 속하는 자산을 순차적으로 재평가 할 수 있다.

(3) 원가모형과 재평가모형의 적용

① **재평가모형의 최초적용(전진법)** : 재평가모형의 최초 적용연도의 유형자산 장부금액을 공정가치로 수정한다.

② **최초적용이 아닌 경우(소급법)** : 재평가모형에서 원가모형으로 변경 (또는 평가모형 변경후 다시 재평가모형으로 변경)하는 경우, 최초로 재평가 모형을 적용하지 않는 경우 회계정책의 변경에 해당하므로 과거 기간의 재무제표를 소급하여 재작성한다.

3. 재평가모형 회계처리

(1) 공정가치 > 장부금액

① 재평가로 인한 평가이익을 기타포괄손익누계액(재평가잉여금)으로 인식하여 재평가잉여금의 과목으로 자본에 가산한다.

(차) 유형자산	×××	(대) 재평가잉여금(자본)	×××

② 그러나 동일한 자산에 대하여 이전에 당기손익으로 인식한 재평가감소액(재평가손실)이 있다면 그 금액을 한도로 재평가증가액만큼 당기손익(재평가이익)으로 인식하여야 한다.

(차) 유형자산	×××	(대) 재평가이익(수익)	×××
		재평가잉여금(자본)	×××

(2) 공정가치 < 장부금액

① 재평가감이 발생한 경우 전기이전에 발생한 재평가잉여금을 우선 감소시키고 나머지는 재평가손실로 당기손익으로 처리한다.

(차) 재평가손실(비용)	×××	(대) 유형자산	×××

② 그러나 과거에 기타포괄이익으로 인식한 재평가잉여금이 있는 경우 우선상계 후 당기손실로 인식한다.

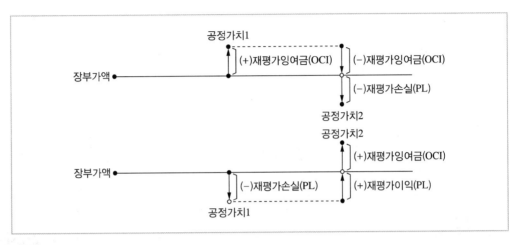

예시문제

(주)감평은 20x1년 초 기계장치(취득원가 ₩100,000, 내용연수 5년, 잔존가치 ₩0)를 취득하여 정액법으로 감가상각하고 있다. 20x1년 말 기계장치의 공정가치가 ₩100,000인 경우, 재평가모형 적용 시 인식할 재평가잉여금은?

[2019년 감정평가사]

① ₩20,000   ② ₩30,000
③ ₩40,000   ④ ₩50,000
⑤ ₩60,000

재평가잉여금 = ₩100,000(공정가치) − 80,000(장부가액) = ₩20,000

정답 ①

(3) 재평가일의 감가상각누계액

① 비례수정법 : 자산 장부금액의 재평가와 일치하는 방식으로 자산의 총장부금액을 비례적으로 조정하는 방법이다.
② 누계액 제거법 : 자산의 총장부금액에서 감가상각누계액을 제거하여 순장부가액이 재평가금액이 되도록 수정하는 방법이다.

(4) 재평가 이후 감가상각

재평가모형을 선택하여 공정가치로 재평가한 이후의 회계연도에는 감가상각을 하여야 한다. 재평가를 인식한 후에 감가상각액 또는 상각액을 조정한다.

(5) 재평가잉여금의 회계처리

재평가잉여금은 이익조작가능성을 방지하기 위해 당기손익을 거치지 않고 직접 이익잉여금으로 대체되어야 하기 때문에 유형자산과 관련하여 자본에 계상된 재평가잉여금은 그 자산이 제거될 때 이익잉여금으로 대체한다. 재평가잉여금을 이익잉여금으로 대체하는 경우 그 금액은 당기손익으로 인식하지 않는다.

① **자산이 제거되는 경우** : 자산이 폐기되거나 처분될 때에는 재평가잉여금 전부를 이익잉여금으로 대체한다.

② **자산을 사용하는 경우** : 기업이 그 자산을 사용함에 따라 재평가잉여금의 일부를 이익잉여금으로 대체할 수 있다. 이러한 경우 재평가된 금액에 근거한 감가상각액과 최초원가에 근거한 감가상각액의 차이가 이익잉여금으로 대체되는 금액이 될 것이다.

더 알아보기 기타포괄손익의 처리

기타포괄손익	자산제거시	이익잉여금
재분류조정대상 ○	당기손익으로 분류 ○	손익계산서 마감을 통해 이익잉여금에 반영
재분류조정대상 ×	당기손익으로 분류 ×	당기손익을 거치지 않고 이익잉여금에 직접대체

예시문제

(주)감평은 20x1년 1월 1일 영업활동에 사용할 목적으로 다음과 같은 건물을 취득하였다. 다음 자료를 이용하여 (주)감평이 20x2년에 인식해야 할 재평가손실(당기손실)은? **[2014년 감정평가사]**

- 취득원가 : ₩1,000,000
- 내용연수 : 5년
- 잔존가치 : ₩0
- 감가상각방법 : 정액법
- 재평가모형 적용 : 매년 말 감가상각 후 재평가
- 장부금액수정방법 : 기존의 감가상각누계액 전액제거
- 재평가잉여금의 처리 : 당해 자산 제거시 일괄적으로 이익잉여금으로 대체
- 손상차손은 고려하지 않음
- 공정가치 : 20x1년 말 ₩900,000, 20x2년 말 ₩500,000

① ₩75,000   ② ₩100,000
③ ₩175,000   ④ ₩200,000
⑤ ₩275,000

- 20x1년
  재평가잉여금 : ₩900,000 − ₩1,000,000 × 1/5 = ₩100,000

- 20x2년
  감가상각비 : ₩900,000 ÷ 4 = ₩225,000
  재평가 전 기말 장부금액 : ₩900,000 − ₩225,000 = ₩675,000
  재평가 감소액 : ₩500,000 − ₩675,000 = ₩175,000
  재평가손실(당기손실) : ₩175,000 − ₩100,000(재평가잉여금) = ₩75,000

정답 ①

(주)감평은 20x1년 초 기계장치를 취득(취득원가 ₩1,000,000, 내용연수 5년, 잔존가치 ₩0, 정액법 상각)하였으며, 재평가모형을 적용함과 동시에 손상징후가 있을 경우 자산손상 기준을 적용하고 있다. 공정가치와 회수가능액이 다음과 같을 때, 20x3년 말 감가상각액을 제외한 당기이익은? (단, 처분부대비용은 무시할 수 없을 정도이며, 재평가잉여금은 이익잉여금으로 대체하지 않는다.)

	20x1년 말	20x2년 말	20x3년 말
공정가치	₩900,000	₩650,000	₩460,000
회수가능액	900,000	510,000	450,000

① ₩10,000
③ ₩55,000
⑤ ₩110,000
② ₩45,000
④ ₩65,000

20x3년 재평가 후 손상차손을 이전에 당기손실로 인식한 금액 65,000만큼 당기이익 처리한다. 재평가를 우선 적용한 다음 손상차손 여부를 판단한다. 자산의 손상차손은 재평가잉여금에 해당하는 금액까지는 기타포괄손익으로, 초과액은 당기손익으로 인식한다. 한편 자산의 손상차손환입은 기타포괄손익으로 인식한다. 다만, 이전에 손상차손을 당기손익으로 인식한 금액이 있는 경우 그 금액까지는 손상차손환입도 당기손익으로 인식한다.

• 20x1년 말 장부금액
 (1) 감가상각 후 : 800,000 = 1,000,000 − (1,000,000/5년)
 (2) 재평가 후 : 900,000(재평가잉여금 100,000)

• 20x2년 말 장부금액
 (1) 감가상각 후 : 675,000 = 900,000 − (900,000/4년)
 (2) 재평가 후 : 650,000(재평가잉여금 −25,000)
 (3) 손상차손 후 : 510,000(재평가잉여금 −75,000, 손상차손 −65,000)

• 20x3년 말 장부금액
 (1) 감가상각 후 : 340,000 = 510,000 − (510,000/3년)
 (2) 재평가 후 : 460,000(손상차손환입 65,000⟨*⟩, 재평가잉여금 55,000)
  ⟨*⟩ 손상차손을 이전에 당기손실로 인식한 금액
 (3) 손상차손 후 : 450,000(재평가잉여금 −10,000)

정답 ④

01 유형자산에 관한 설명으로 옳지 <u>않은</u> 것은?　　　　　　　　　　　　　　**[2018 관세사]**

① 건설시작 전에 건설용지를 주차장으로 사용함에 따라 획득한 수익은 건설원가에 포함하지아니한다.

② 재평가는 보고기간말 장부금액이 공정가치와 중요하게 차이가 나지 않도록 주기적으로 수행한다.

③ 유형자산에 내재된 미래경제적효익이 다른 자산의 생산에 사용된다면 감가상각액은 해당자산 원가의 일부가 된다.

④ 항공기를 감가상각할 경우 동체와 엔진을 별도로 구분하여 감가상각하는 것이 적절할 수 있다.

⑤ 자산에 내재된 미래경제적효익의 예상 소비형태가 유의적으로 달라졌다면 감가상각방법을 변경하고 회계정책의 변경으로 처리한다.

답 ⑤

▌정답해설▌

⑤ 자산에 내재된 미래경제적효익의 예상 소비형태가 유의적으로 달라졌다면 감가상각방법을 변경하고 회계추정의 변경으로 처리한다.

02 유형자산의 감가상각에 관한 설명으로 옳지 <u>않은</u> 것은?　　　　　　　　**[2017 감정평가사]**

① 건물이 위치한 토지의 가치가 증가할 경우 건물의 감가상각대상금액이 증가한다.

② 유형자산을 수선하고 유지하는 활동을 하더라도 감가상각의 필요성이 부인되는 것은 아니다.

③ 유형자산의 사용정도에 따라 감가상각을 하는 경우에는 생산활동이 이루어지지 않을 때 감가상각액을 인식하지 않을 수 있다.

④ 유형자산의 잔존가치는 해당 자산의 장부금액과 같거나 큰 금액으로 증가할 수 있다.

⑤ 유형자산의 공정가치가 장부금액을 초과하더라도 잔존가치가 장부금액을 초과하지 않는 한 감가상각액을 계속 인식한다.

답 ①

▌정답해설▌

① 건물이 위치한 토지의 가치가 증가할 경우 건물의 감가상각대상금액은 증가하지 않는다.

03 (주)관세는 20x1년 5월 초 영업활동에 사용할 목적으로 기계장치(취득원가 ₩210,000, 잔존가치 ₩10,000, 내용연수 5년, 정률법 상각)를 구입하였다. 20x2년 말 재무상태표에 인식할 감가상각누계액은? (단, 상각률은 45%로 가정하며, 월할 상각한다.) **[2020 관세사]**

① ₩51,975
② ₩66,150
③ ₩94,500
④ ₩129,150
⑤ ₩146,475

답 ④

┃ 정답해설 ┃

₩210,000 × 0.45 + ₩21,000 × 0.55 × 0.45 × 8/12 = ₩129,150

04 (주)관세는 20x1년 1월 1일 기계장치를 취득(취득원가 ₩620,000, 내용연수 5년, 잔존가치 ₩20,000)하고 이를 정액법으로 감가상각하였다. 20x3년 1월 1일 감가상각방법을 정액법에서 연수합계법으로 변경하였으나, 내용연수와 잔존가치는 변함이 없다. 20x3년 감가상각비는? **[2021 관세사]**

① ₩176,000
② ₩180,000
③ ₩186,000
④ ₩190,000
⑤ ₩196,000

답 ②

┃ 정답해설 ┃

• 20x3년 1월 1일 장부금액 : ₩620,000 − (₩620,000 − ₩20,000) × 2/5 = ₩380,000
• 20x3년 감가상각비 : (₩380,000 − ₩20,000) × 3/6 = ₩180,000

05 20x1년 7월 1일 (주)관세는 항공기A를 해외로부터 취득 후 즉시 영업활동에 사용하였다. (주)관세가 항공기A에 대해 원가모형을 적용하면, 항공기A의 20x2년 말 장부금액은 얼마인가? (단, 손상은 발생하지 않았으며, 감가상각은 월할 계산한다.) **[2013 관세사]**

- 내용연수 3년
- 매입대금 ₩150,000
- 잔존가치 ₩0
- 관세 ₩10,000
- 당기 재산세 ₩10,000
- 취득 직후 해당 항공기의 성능개선을 위한 지출 ₩50,000
- 감가상각방법 : 연수합계법

① ₩70,000   ② ₩87,500

③ ₩122,500   ④ ₩140,000

⑤ ₩157,500

답 ①

┃ 정답해설 ┃

- 취득원가 : ₩150,000 + ₩10,000 + ₩50,000 = ₩210,000
- 감가상각비(x1년 7월 1일~x2년 6월 30일) : ₩210,000 × 3/6 = ₩105,000
- 감가상각비(x2년 7월 1일~x2년 12월 31일) : ₩210,000 × 2/6 × 6/12 = ₩35,000
- 20x2년 말 장부금액 : ₩210,000 − (₩105,000 + ₩35,000) = ₩70,000

06 (주)관세는 20x1년 7월 1일 기계장치(내용연수 5년, 잔존가치 ₩200,000)를 ₩2,000,000에 취득하여 연수합계법으로 상각하였다. (주)관세는 20x3년 1월 1일 감가상각방법을 정액법으로 변경하였으며, 잔존가치는 ₩0, 잔여내용연수는 4년으로 추정하였다. 이러한 변경은 모두 정당한 회계변경이다. 20x4년 1월 1일 (주)관세가 기계장치를 ₩1,000,000에 처분할 경우 인식할 손익은? **[2017 관세사]**

① 처분이익 ₩100,000

② 처분이익 ₩130,000

③ 처분이익 ₩200,000

④ 처분손실 ₩120,000

⑤ 처분손실 ₩160,000

답 ②

┃정답해설┃

• 20x2년
  감가상각누계액 : (₩2,000,000 − ₩200,000) × 5/15 + (₩2,000,000 − ₩200,000) × 4/15 × 6/12 = ₩840,000

• 20x3년
  기초장부금액 : ₩2,000,000 − ₩840,000 = ₩1,160,000
  감가상각비 : ₩1,160,000 ÷ 4 = ₩290,000

• 20x4년
  기초장부금액 : ₩1,160,000 − ₩290,000 = ₩870,000
  처분손익 : ₩1,000,000 − ₩870,000 = ₩130,000

07 (주)관세는 20x1년 초에 기계장치를 현금 ₩20,000에 구입하여 이를 즉시 생산에 이용하기 시작하였다. 취득 당시 이 기계장치의 잔존가치는 ₩2,000으로 추정하였다. (주)관세는 기계장치에 의해 원가모형을 적용하고 있으며 정률법으로 감가상각을 하고 있다. 이 기계 장치를 구입하기 이전에는 다른 기계장치를 보유하고 있지 않았으며, 이 기계장치를 취득한 이후에 추가로 취득한 기계장치도 있다. 20x2년 말 수정 전시산표의 일부가 다음과 같은 경우, 20x2년 말 재무상태표상 기계장치의 장부금액은 얼마인가? (단, 기계장치에 대한 취득시점 이후 자산손상은 없었다.)

[2011 관세사]

수정전시산표

현금	₩15,000	매입채무	₩3,000
...		...	
기계장치	20,000	기계장치 감가상각누계액	8,000
...		...	
		자본금	400,000
		...	

① ₩1,800　　　　　　　　　　② ₩4,800

③ ₩7,200　　　　　　　　　　④ ₩9,800

⑤ ₩10,200

답 ③

┃정답해설┃

- 20x1년 감가상각비 : ₩8,000/₩20,000 = 0.4 → 40%
- 20x2년 감가상각비 : (₩20,000 − ₩8,000) × 40% = ₩4,800
- 20x2년 말 장부가액 : ₩20,000 − ₩8,000 − ₩4,800 = ₩7,200

08 (주)관세는 보유 중인 유형자산에 대해 원가모형을 적용하고 있다. 20x1년 초 ₩100,000에 취득한 건물에 대해서 정액법(내용연수 10년, 잔존가치 ₩0)으로 감가상각하고 있다. 이 건물의 사용가치, 공정가치, 처분부대원가에 관한 자료가 다음과 같을 때, 건물에 대한 20x2년 감가상각비와 20x2년 말 장부금액은 각각 얼마인가? **[2015 관세사]**

구분	사용가치	공정가치	처분부대원가
20x1년 말	₩81,000	₩85,000	₩10,000
20x2년 말	₩64,000	₩75,000	₩3,000

	감가상각비	장부금액
①	₩10,000	₩72,000
②	₩10,000	₩80,000
③	₩9,000	₩64,000
④	₩9,000	₩72,000
⑤	₩9,000	₩81,000

답 ④

┃정답해설┃

• 20x1년

감가상각비 : ₩100,000 ÷ 10년 = ₩10,000

기말 손상전 장부금액 : ₩100,000 − ₩10,000 = ₩90,000

기말 회수가능액 : Max[₩81,000, (₩85,000 − ₩10,000)] = ₩81,000

• 20x2년

감가상각비 : ₩81,000 ÷ 9년 = ₩9,000

기말 장부금액 : ₩81,000 − ₩9,000 = ₩72,000

기말 회수가능액 : Max[₩64,000, (₩75,000 − ₩3,000)] = ₩72,000

09 (주)관세는 20x1년 초 기계장치를 취득(취득원가 ₩3,600, 잔존가치 ₩0, 내용연수 5년, 정액법 상각)하고 원가모형을 적용하였다. 20x1년 말 동 기계장치에 손상징후를 검토한 결과, 사용가치와 순공정가치가 각각 ₩1,500, ₩1,600으로 추정되어 손상차손을 인식하였으며, 20x2년 말 회수가능액이 ₩2,200으로 회복되었다. 동 자산에 대한 회계처리 중 옳지 <u>않은</u> 것은? **[2021 관세사]**

① 20x1년도 감가상각비는 ₩720이다.

② 20x1년 말 회수가능액은 ₩1,600이다.

③ 20x1년 손상차손은 ₩1,280이다.

④ 20x2년도 감가상각비는 ₩400이다.

⑤ 20x2년도 손상차손환입액은 ₩1,000이다.

 답 ⑤

┃정답해설┃

• 20x1년

감가상각비 : ₩3,600/5 = ₩720

기말 손상전 장부금액 : ₩3,600 − ₩3,600/5 = ₩2,880

기말 회수가능액 : Max[₩1,500, ₩1,600] = ₩1,600

손상차손 : ₩1,600 − ₩2,880 = ₩1,280

• 20x2년

감가상각비 : ₩1,600/4 = ₩400

기말 장부금액 : ₩81,000 − ₩9,000 = ₩72,000

기말 환입 전 장부금액 : ₩1,600 − ₩400 = ₩1,200

손상차손환입 한도 : Min[₩3,600 − 3,600 × 2/5 = ₩2,160, ₩2,200] = ₩2,160

손상차손환입 : ₩2,160 − ₩1,200 = ₩960

10 (주)감평은 20x1년 1월 1일 영업활동에 사용할 목적으로 다음과 같은 건물을 취득하였다. 다음 자료를 이용하여 (주)감평이 20x2년에 인식해야 할 재평가손실(당기손실)은? **[2014 감정평가사]**

- 취득원가 : ₩1,000,000
- 내용연수 : 5년
- 잔존가치 : ₩0
- 감가상각방법 : 정액법
- 재평가모형 적용 : 매년 말 감가상각 후 재평가
- 장부금액수정방법 : 기존의 감가상각누계액 전액제거
- 재평가잉여금의 처리 : 당해 자산 제거시 일괄적으로 이익잉여금으로 대체
- 손상차손은 고려하지 않음
- 공정가치 : 20x1년 말 ₩900,000, 20x2년 말 ₩500,000

① ₩75,000
② ₩100,000
③ ₩175,000
④ ₩200,000
⑤ ₩275,000

답 ①

▌정답해설▐

- 20x1년
  재평가잉여금 : ₩900,000 − ₩1,000,000 × 1/5 = ₩100,000

- 20x2년
  감가상각비 : ₩900,000 ÷ 4 = ₩225,000
  기말 장부금액(재평가 전) : ₩900,000 − ₩225,000 = ₩675,000
  재평가 감소액 : ₩500,000 − ₩675,000 = ₩175,000
  재평가손실(당기손실) : ₩175,000 − ₩100,000(재평가잉여금) = ₩75,000

11 (주)감평은 20x3년 초 토지를 ₩1,500,000에 취득하고 매년 말 공정가치로 평가하는 재평가모형을 적용한다. 또한 재평가잉여금을 자산의 처분시점에 이익잉여금으로 직접 대체하기로 하였다. 동 토지의 매년 말 공정가치는 다음과 같다.

20x3년 말	20x4년 말
₩1,200,000	₩1,600,000

(주)감평이 20x5년 말에 동 토지를 ₩1,100,000에 처분했을 때, 토지의 보유 및 처분과 관련하여 다음의 설명 중 옳지 <u>않은</u> 것은? **[2015 감정평가사]**

① 20x3년 초부터 20x5년 말까지 이익잉여금이 총 ₩400,000 감소한다.

② 20x3년 당기순이익이 ₩300,000 감소한다.

③ 20x4년 당기순이익이 ₩200,000 증가한다.

④ 20x4년 기타포괄이익이 ₩100,000 증가한다.

⑤ 20x5년 유형자산처분손실이 ₩500,000 인식된다.

답 ③

┃정답해설┃

• 20x3년
  재평가손실(손익) : ₩1,200,000 − ₩1,500,000 = ₩300,000

• 20x4년
  재평가이익(손익) : ₩1,500,000 − ₩1,200,000 = ₩300,000
  재평가잉여금(자본) : ₩1,600,000 − ₩1,500,000 = ₩100,000

• 20x5년
(차) 현금	1,100,000	(대) 토지	1,600,000
유형자산처분손실	500,000		
(차) 재평가잉여금	100,000	(대) 이익잉여금	100,000

12 (주)감평은 20x4년 초 ₩5,000,000(잔존가치 ₩1,000,000, 내용연수 5년, 정액법감가상각)에 건물을 취득하였다. (주)감평은 20x4년 말 건물을 공정가치 ₩6,300,000으로 재평가하고, 자산의 장부금액이 재평가금액과 일치하도록 감가상각누계액과 총장부금액을 일치하도록 감가상각누계액과 총장부금액을 비례적으로 수정하였다. (주)감평이 20x4년 말 재무상태표에 보고할 건물의 감가상각누계액은?

[2015 감정평가사]

① ₩600,000　　　　　　　　　　② ₩800,000

③ ₩1,200,000　　　　　　　　　　④ ₩1,300,000

⑤ ₩2,100,000

🔲 ③

┃ 정답해설 ┃

- **재평가전**
  취득원가 : ₩5,000,000
  감가상각누계액 : (₩5,000,000 − ₩1,000,000) × 1/5 = ₩800,000
  장부금액 : ₩4,200,000

- **재평가후**
  취득원가 : ₩5,000,000 × 1.5 = ₩7,500,000
  감가상각누계액 : ₩800,000 × 1.5 = ₩1,200,000
  장부금액 : ₩6,300,000 = ₩4,200,000 × 1.5

13 (주)서울은 20x1년 1월 1일 ₩1,000,000에 기계장치를 취득하여 사용하기 시작하였다. 기계장치의 내용연수는 5년이고 잔존가치 없이 정액법으로 상각하며 원가모형을 적용한다. (주)서울은 20x2년부터 기계장치에 대해서 재평가모형을 최초 적용하기로 하였다. 또한 내용연수를 재검토한 결과 당초 내용연수를 5년이 아니라 6년으로 재추정하였다. 20x2년 12월 31일 기계장치의 공정가치는 ₩700,000이다. (주)서울이 20x2년에 인식할 기계장치의 감가상각비와 20x2년 12월 31일 재평가잉여금의 잔액은?

[2012 감정평가사]

① 감가상각비 ₩133,333 재평가잉여금 ₩33,333
② 감가상각비 ₩133,333 재평가잉여금 ₩0
③ 감가상각비 ₩166,667 재평가잉여금 ₩66,667
④ 감가상각비 ₩160,000 재평가잉여금 ₩60,000
⑤ 감가상각비 ₩160,000 재평가잉여금 ₩0

답 ④

┃ 정답해설 ┃

• 20x1년
  감가상각비 : ₩1,000,000 ÷ 5년 = ₩200,000

• 20x2년
  감가상각비 : ₩800,000 ÷ 5년 = ₩160,000
  기말 재평가전 장부금액 : ₩1,000,000 − ₩200,000 − ₩160,000 = ₩640,000
  재평가변동분 : ₩700,000 − ₩640,000 = ₩60,000
  기말 재평가잉여금 : ₩60,000

14 (주)관세는 20x1년 1월 1일에 사무용비품(내용연수 5년, 잔존가치 ₩0, 정액법 상각)을 ₩300,000에 취득하여 사용하고 있다. (주)관세는 매년 말 주기적으로 유형자산에 대해서 재평가를 수행하고 있으며, 장부금액을 재평가금액으로 수정할 때 감가상각누계액을 우선 제거하는 방법을 사용한다. 또한 사무용비품을 사용함에 따라 재평가잉여금의 일부를 이익잉여금으로 대체하는 회계정책을 채택하고 있다. 20x1년 말과 20x2년 말 사무용비품의 공정가치는 각각 ₩280,000과 ₩160,000이다. 위 사무용비품과 관련하여 (주)관세가 20x2년도 포괄손익계산서상 당기비용으로 인식해야할 금액은 얼마인가? (단, 자산손상은 없다.)

[2013 관세사]

① ₩20,000
② ₩60,000
③ ₩70,000
④ ₩90,000
⑤ ₩120,000

답 ④

┃정답해설┃

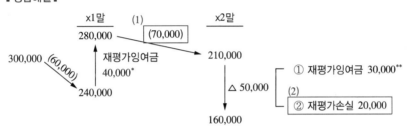

- 사용함에 따라 일부대체
  40,000* ÷ 4(잔존내용연수) = 10,000
  ∴ 재평가잉여금 잔액 : 40,000 − 10,000(대체) = 30,000**
- 당기손익에 미치는 영향
  (1) 감가상각비 70,000
  (2) 재평가손실 20,000
  ∴ (1) + (2) = 90,000

15 다음은 (주)세관의 기계장치에 관한 자료이다. 20x3년도 감가상각비(A), 손상차손환입액(B)은 각각 얼마인가? (단, (주)세관은 기계장치에 대하여 원가모형을 채택하고 있다고 가정한다.)

[2014 관세사]

- 20x1년 1월 1일에 취득원가 ₩10,000,000(내용연수 5년, 잔존가치 ₩0, 정액법 상각)인 기계장치를 취득하였다.
- 20x2년 말에 기계장치를 이용하여 생산한 제품의 수요가 급감하고 시장가격이 급락하였다. 20x2년 말 기계장치의 매각가격은 ₩3,000,000, 매각수수료는 ₩200,000으로 추정되고, 기계장치의 계속 사용가치는 ₩3,720,000으로 추정되었다.
- 20x3년 말에 기계장치를 이용하여 생산한 제품의 수용의 시장가격이 유의적으로 회복될 것으로 기대되어 기계장치의 회수가능액이 ₩3,000,000으로 추정되었다.

	(A)	(B)
①	₩1,040,000	₩420,000
②	₩1,240,000	₩520,000
③	₩1,360,000	₩580,000
④	₩1,320,000	₩1,210,000
⑤	₩1,860,000	₩1,520,000

답 ②

┃정답해설┃

- 20x3년
  감가상각비(A) : ₩3,720,000 ÷ 3 = ₩1,240,000
  기말 장부금액 : ₩3,720,000 − ₩1,240,000 = ₩2,480,000
  회수가능액 : Min[₩3,000,000, ₩4,000,000⟨*⟩] = ₩3,000,000
  ⟨*⟩ ₩10,000,000 − ₩10,000,000 × 3/5 = ₩4,000,000
  손상차손환입(B) : ₩3,000,000 − ₩2,480,000 = ₩520,000

16 (주)감평은 20x7년 초 기계장치를 ₩5,000(내용연수 5년, 잔존가치 ₩0, 정액법 상각)에 취득하였다. 20x7년 말과 20x8년 말 기계장치에 대한 공정가치는 각각 ₩7,000과 ₩5,000이다. (주)감평은 동 기계장치에 대해 공정가치로 재평가하고 있으며, 기계장치를 사용함에 따라 재평가이익잉여금 중 실현된 부분을 이익잉여금으로 직접 대체하는 정책을 채택하고 있다. 20x8년에 재평가잉여금 중 이익잉여금으로 대체되는 금액은? **[2018 감정평가사]**

① ₩500
② ₩750
③ ₩1,500
④ ₩1,750
⑤ ₩2,500

답 ②

┃정답해설┃
- 20x7년 말 재평가잉여금 : ₩7,000 − (₩5,000 − ₩5,000 × 1/5) = ₩3,000
- 20x8년 재평가잉여금 중 이익잉여금 대체되는 금액 : ₩3,000 ÷ 4년 = ₩750

17 (주)관세는 20x1년 초에 본사건물을 ₩2,000,000에 취득(정액법 상각, 내용연수 5년, 잔존가치 없음)하여 사용하고 있으며, 매년 말 공정가치로 재평가한다. 한편 본사건물의 20x1년 말 공정가치는 ₩1,800,000이며, 20x2년 말 공정가치는 ₩1,050,000이다. 동 본사건물과 관련된 회계처리가 (주)관세의 20x2년도 당기순이익에 미치는 영향은? (단, 재평가잉여금은 이익잉여금으로 대체하지 않는다.) **[2018 관세사]**

① ₩200,000 감소
② ₩350,000 감소
③ ₩400,000 감소
④ ₩550,000 감소
⑤ ₩600,000 감소

답 ④

┃정답해설┃
- 20x1년
  기말 장부금액 : ₩2,000,000 − ₩2,000,000 × 1/5 = ₩1,600,000
  재평가잉여금 : ₩1,800,000 − ₩1,600,000 = ₩200,000

- 20x2년
  감가상각비 : ₩1,800,000 ÷ ₩4 = ₩450,000
  기말 장부금액 : ₩1,800,000 − ₩450,000 = ₩1,350,000
  재평가감소 : ₩1,050,000 − ₩1,350,000 = ₩300,000
    ① 재평가감소(기타포괄손익) : ₩200,000
    ② 재평가감소(당기손익) : ₩300,000 − ₩200,000 = ₩100,000
  당기손익 : ₩450,000(감가상각비) + ₩100,000(재평가감소 중 당기손익분) = ₩550,000

18 (주)감평은 20x1년 초 ₩100,000인 건물(내용연수 10년, 잔존가치 ₩0, 정액법 상각)을 취득하였다. (주)감평은 동 건물에 대하여 재평가모형을 적용하며, 20x1년 말과 20x2년 말 현재 건물의 공정가치는 각각 ₩99,000과 ₩75,000이다. 동 건물 관련 회계처리가 (주)감평의 20x2년도 당기순이익에 미치는 영향은? (단, 건물을 사용함에 따라 재평가잉여금의 일부를 이익잉여금으로 대체하지 않는다.)

[2018 감정평가사]

① ₩11,000 감소
② ₩15,000 감소
③ ₩20,000 감소
④ ₩24,000 감소
⑤ ₩29,000 감소

답 ②

┃ 정답해설 ┃

• 20x1년
  기말 재평가 전 장부금액 : ₩100,000 − ₩100,000 × 1/10 = ₩90,000
  기말 재평가잉여금 : ₩99,000 − ₩9,000 = ₩9,000

• 20x2년
  감가상각비 : ₩99,000 ÷ 9년 = ₩11,000
  기말 재평가 전 장부금액 : ₩99,000 − ₩11,000 = ₩88,000
  재평가감소 : ₩75,000 − ₩88,000 = ₩13,000
    ① 재평가감소(기타포괄손익) : ₩9,000
    ② 재평가감소(당기손익) : ₩4,000
  당기손익에 미치는 영향 : ₩11,000 + ₩4,000 = ₩15,000

19 (주)감평은 20x1년 초 기계장치를 ₩100,000에 취득하고 재평가모형을 적용하기로 하였다. 기계장치의 내용연수는 5년, 잔존가치는 ₩0이며 정액법으로 감가상각한다. 다음은 연도별 기계장치의 공정가치와 회수가능액이다.

	20x1년 말	20x2년 말
공정가치	₩88,000	₩60,000
회수가능액	₩90,000	₩48,000

(주)감평은 20x2년 말에 기계장치에 대해서 손상이 발생하였다고 판단하였다. 기계장치와 관련하여 20x2년도 포괄손익계산서 상 당기순이익과 기타포괄이익에 미치는 영향은 각각 얼마인가? (단, 기계장치를 사용함에 따라 재평가잉여금의 일부를 이익잉여금으로 대체하지 않는다.)

[2018 감정평가사]

	당기순이익에 미치는 영향	기타포괄이익에 미치는 영향
①	₩10,000 감소	₩2,000 증가
②	₩10,000 감소	₩8,000 감소
③	₩32,000 감소	₩2,000 감소
④	₩32,000 감소	₩2,000 증가
⑤	₩32,000 감소	₩8,000 감소

답 ⑤

┃ 정답해설 ┃

• 20x1년
  재평가전 장부금액 : ₩100,000 − ₩100,000 × 1/5 = ₩80,000
  재평가잉여금 : ₩88,000 − ₩80,000 = ₩8,000

• 20x2년
  감가상각비 : ₩88,000 ÷ 4 = ₩22,000
  재평가전 장부금액 : ₩88,000 − ₩22,000 = ₩66,000
  손상차손 : ₩48,000(회수가능액) − ₩66,000 = ₩18,000
    ① 손상차손(기타포괄손익) : ₩8,000
    ② 손상차손(당기손익) : ₩10,000
  당기순이익에 미치는 영향 : ₩22,000 + ₩10,000 = ₩32,000

CHAPTER 04 무형자산

1. 개요

무형자산은 물리적 형체가 없지만 '식별가능'하고, 기업이 '통제'하고 있으며, '미래경제적 효익'이 발생하는 비화폐성자산이다.

기업은 과학적·기술적 지식, 새로운 공정이나 시스템의 설계와 실행, 라이선스, 지적재산권, 시장에 대한 지식과 상표(브랜드명 및 출판표제 포함) 등의 무형자원을 취득, 개발, 유지하거나 개선한다. 이러한 예에는 컴퓨터소프트웨어, 특허권, 저작권, 영화필름, 고객목록, 모기지관리용역권, 어업권, 수입할당량, 프랜차이즈, 고객이나 공급자와의 관계, 고객충성도, 시장점유율과 판매권 등이 있다.

2. 무형자산의 정의

식별가능성	그 자산이 기업실체나 다른 자산으로부터 분리될 수 있거나 법적 권리를 창출할 수 있는 경우 등을 의미
통제	숙련된 종업원, 고객충성도 등은 통제가 어려우므로 일반적으로 무형자산으로 인식하지 않고 당기비용으로 처리
미래경제적효익	제품의 매출, 용역수익, 원가절감 또는 자산의 사용에 따른 기타 효익의 형태로 발생할 수 있다.

(1) 식별가능성

그 자산이 기업실체나 다른 자산으로부터 분리될수 있거나 법적 권리를 창출할 수 있는 경우 등을 의미한다. 영업권을 제외한 무형자산은 다음 중 하나에 해당하는 경우에 식별가능하다. 영업권은 사업결합에서 개별적으로 식별하여 별도로 인식하는 것이 불가능한 미래경제적효익을 나타내는 자산이다.

① 자산이 분리가능하다. 즉, 기업의 의도와는 무관하게 기업에서 분리하거나 분할할 수 있고, 개별적으로 또는 관련된 계약, 식별 가능한 자산이나 부채와 함께 매각, 이전, 라이선스, 임대, 교환할 수 있다.

② 자산이 계약상 권리 또는 기타 법적 권리로부터 발생한다. 이 경우 그러한 권리가 이전가능한지 여부 또는 기업이나 기타 권리와 의무에서 분리가능한지 여부는 고려하지 아니한다.

(2) 통제

자원에서 유입되는 미래경제적효익을 확보할 수 있고 그 효익에 대한 제3자의 접근을 제한할 수 있다면 기업이 자산을 통제하고 있는 것이다. 무형자산의 미래경제적효익에 대한 통제능력은 일반적으로 법적 권리에서 나오며, 법적 권리가 없는 경우에는 통제를 제시하기 어렵다. 그러나 다른 방법으로도 미래경제적효익을 통제할 수 있기 때문에 권리의 법적 집행가능성이 통제의 필요조건은 아니다.

① **숙련된 종업원 및 특정 경영능력** : 기업은 숙련된 종업원을 보유하여 미래경제적효익을 가져다 줄 수 있는 기술 향상을 식별할 수 있으며, 이를 계속 이용할 수 있을 것으로 기대할 수 있다. 그러나 숙련된 종업원이나 교육훈련으로부터 발생하는 미래경제적효익은 일반적으로 충분한 통제를 가지고 있지 않으므로, 무형자산으로 인식할 수 없다. 또한 특정 경영능력이나 기술적 재능도 그것을 사용하여 미래경제적효익을 확보하는 것이 법적권리에 의하여 보호되지 않거나 무형자산 정의의 기타 요건을 충족하지 않는다면 일반적으로 무형자산의 정의를 충족할 수 없다.

② **시장에 대한 지식과 기술적 지식** : 시장에 대한 지식과 기술적 지식에서도 미래경제적효익이 발생할 수 있다. 이러한 지식이 저작권, 계약상의 제약이나 법에 의한 종업원의 기밀유지의무 등과 같은 법적 권리에 의하여 보호된다면, 기업은 그러한 지식에서 얻을 수 있는 미래경제적효익을 통제하고 있는 것이다.

③ **고객충성도에 대한 통제** : 기업은 고객구성이나 시장점유율에 근거하여 고객관계와 고객충성도를 잘 유지함으로써 고객이 계속하여 거래할 것이라고 기대할 수 있다. 그러나 일반적으로 고객관계나 고객충성도에서 창출될 미래경제적효익에 대해서는 기업이 충분한 통제를 가지고 있지 않으므로, 무형자산으로 인식할 수 없다.

④ **고객관계의 교환거래** : 고객관계를 보호할 법적 권리가 없는 경우에도 동일하거나 유사한, 비계약적 고객관계를 교환하는 거래(사업결합 과정에서 발생한 것이 아닌)는 고객관계로부터 기대되는 미래경제적효익을 통제할 수 있다는 증거를 제공한다. 그러한 교환거래는 고객관계가 분리가능하다는 증거를 제공하므로, 무형자산의 정의를 충족한다.

(3) 미래경제적효익

무형자산의 미래경제적효익은 제품의 매출, 용역수익, 원가절감 또는 자산의 사용에 따른 기타 효익의 형태로 발생할 수 있다. 예를 들면, 제조과정에서 지적재산을 사용하면 미래수익을 증가시키기보다는 미래 제조원가를 감소시킬 수 있다.

3. 무형자산의 인식

(1) 인식요건

무형자산으로 인식하기 위해서는 다음의 조건을 모두 충족하여야 한다.

① **무형자산의 정의** : 식별가능성, 통제, 미래경제적 효익

② **무형자산의 인식기준**

　㉠ 자산에서 발생하는 미래 경제적 효익이 기업에 유입될 가능성이 높다.

　㉡ 자산의 취득원가를 신뢰성 있게 측정할 수 있다.

미래경제적효익이 기업에 유입될 가능성은 무형자산의 내용연수 동안에 경제적 상황에 대한 경영자의 최선의 추정치를 반영하는 합리적이고 객관적인 가정에 근거하여 평가하여야 한다. 미래경제적효익의 유입에 대한 확실성 정도에 대한 평가는 무형자산을 최초로 인식하는 시점에서 이용 가능한 증거에 근거하며, 외부 증거에 비중을 더 크게 둔다.

(2) 비용으로 인식하는 지출

① 미래경제적효익을 얻기 위해 지출이 발생하더라도 인식할 수 있는 무형자산이나 다른 자산이 획득 또는 창출되지 않는다면, 그 지출은 발생시점에 비용으로 인식한다. 최초에 비용으로 인식한 무형항목에 대한 지출은 그 이후에 무형자산의 취득원가로 인식할 수 없다.

② 비용으로 인식하는 지출의 예는 다음과 같다.
  ㉠ 연구활동을 위한 지출
  ㉡ 사업개시원가, 기업의 전부나 일부 이전 또는 조직 개편에 관련된 지출
  ㉢ 교육 훈련을 위한 지출
  ㉣ 광고 및 판매촉진 활동을 위한 지출
  ㉤ 경영자가 의도하는 방식으로 운용될 수 있으나 사용이 시작되지 않은 기간에 발생한 원가
  ㉥ 자산의 산출물에 대한 수요가 확립되기 전까지 발생하는 손실과 같은 초기 영업손실

제2절 무형자산의 취득원가

무형자산의 취득원가 = 구입원가 + 직접 관련된 지출

---

1. 개별취득

무형자산을 최초로 인식할 때에는 취득원가로 측정한다. 개별 취득하는 무형자산은 미래경제적효익의 유입 가능성 조건을 항상 충족하는 것으로 본다.

(1) 취득원가에 포함되는 항목

① 구입가격(매입할인과 리베이트를 차감, 수입관세와 환급받을 수 없는 제세금 포함)
② 자산을 의도한 목적에 사용할 수 있도록 준비하는 데 직접 관련된 원가(종업원급여, 전문가 수수료, 검사 비용 등)

(2) 취득원가에 포함되지 않는 항목의 예

① 새로운 제품이나 용역의 홍보원가(광고와 판매촉진활동 원가 포함)
② 새로운 지역에서 또는 새로운 계층의 고객을 대상으로 사업을 수행하는데 발생하는 원가
③ 관리원가와 기타 일반경비원가

(3) 취득원가 인식의 중지

무형자산 취득원가의 인식은 그 자산을 경영자가 의도하는 방식으로 운용될 수 있는 상태에 이르면 중지한다. 따라서 무형자산을 사용하거나 재배치하는데 발생하는 원가는 자산의 장부금액에 포함하지 않는다.

2. 사업결합에 의한 취득

사업결합으로 취득하는 무형자산의 원가는 사업결합일의 공정가액으로 한다. 사업결합과정에서 인정되어 대가를 지급한 무형자산의 공정가액은 인식기준(미래경제적 효익 및 신뢰성 있는 측정)을 항상 충족하는 것으로 본다. 또한 사업결합 전에 그 자산을 피취득자가 인식하였는지 여부에 관계없이, 피취득자가 진행하고 있는 연구·개발 프로젝트가 무형자산의 정의를 충족한다면 영업권과 분리하여 별도의 자산으로 인식해야 한다.

3. 정부보조에 의한 취득

무형자산을 정부보조로 무상 또는 공정가치보다 낮은 대가로 취득할 수 있다. 자산관련정부보조금(공정가치로 측정되는 비화폐성 보조금 포함)은 재무상태표에 이연수익으로 표시하거나 자산의 장부금액을 결정할 때 차감하여 표시한다.

4. 교환에 의한 취득

교환에 의한 취득의 경우 무형자산의 원가는 제공한 자산의 공정가치로 측정하며, 다음 중 하나에 해당하는 경우 제공한 자산의 장부금액으로 측정한다.
- 교환거래에 상업적 실질이 결여된 경우
- 취득한 자산과 제공한 자산의 공정가치를 둘 다 신뢰성 있게 측정할 수 없는 경우

제3절　내부적으로 창출한 무형자산(영업권 제외)

1. 의의

내부적으로 창출된 무형자산이 인식기준을 충족하는지를 평가하기 위하여 무형자산의 창출과정을 연구단계와 개발단계로 구분한다. 무형자산을 창출하기 위한 내부 프로젝트를 연구단계와 개발단계로 구분할 수 없는 경우에는 그 프로젝트에서 발생한 지출은 모두 연구단계에서 발생한 것으로 본다.

(1) 연구단계(비용)

① 연구단계에 대한 지출은 발생시점에 비용으로 인식한다.(무형자산 ×)
② 연구활동의 예로는 다음과 같다.
　㉠ 새로운 지식을 얻고자 하는 활동
　㉡ 연구결과나 기타 지식을 탐색, 평가, 최종 선택, 응용하는 활동
　㉢ 재료, 장치, 제품, 공정, 시스템이나 용역에 대한 여러 가지 대체안을 탐색하는 활동
　㉣ 새롭거나 개선된 재료, 장치, 제품, 공정, 시스템이나 용역에 대한 여러 가지 대체안을 제안, 설계, 평가, 최종 선택하는 활동

(2) 개발단계

① 개발단계는 연구단계보다 훨씬 더 진전되어 있는 상태이기 때문에 어떤 경우에는 내부프로젝트의 개발단계에서는 무형자산을 식별할 수 있으며, 그 무형자산이 미래경제적효익을 창출할 것임을 제시할 수 있다. 따라서 개발단계에서 발생한 지출은 다음 사항을 모두 제시할 수 있는 경우에만 무형자산으로 인식하고 그 외의 경우에는 발생한 기간의 비용으로 인식한다.

- ㉠ 무형자산을 사용하거나 판매하기 위해 그 자산을 완성할 수 있는 기술적 실현가능성
- ㉡ 무형자산을 완성하여 사용하거나 판매하려는 기업의 의도
- ㉢ 무형자산을 사용하거나 판매할 수 있는 기업의 능력
- ㉣ 무형자산이 미래경제적효익을 창출하는 방법. 무형자산의 산출물이나 무형자산 자체를 거래하는 시장이 존재함을 제시할 수 있거나 또는 무형자산을 내부적으로 사용할 것이라면 그 유용성을 제시할 수 있다.
- ㉤ 무형자산의 개발을 완료하고 그것을 판매하거나 사용하는 데 필요한 기술적, 재정적 자원 등의 입수가능성
- ㉥ 개발과정에서 발생한 무형자산 관련 지출을 신뢰성 있게 측정할 수 있는 능력

② 개발활동의 예로는 다음과 같다.

- ㉠ 생산이나 사용 전의 시제품과 모형을 설계, 제작, 시험하는 활동
- ㉡ 새로운 기술과 관련된 공구, 지그, 주형, 금형 등을 설계하는 활동
- ㉢ 상업적 생산 목적으로 실현가능한 경제적 규모가 아닌 시험공장을 설계, 건설, 가동하는 활동
- ㉣ 신규 또는 개선된 재료, 장치, 제품, 공정, 시스템이나 용역에 대하여 최종적으로 선정된 안을 설계, 제작, 시험하는 활동

2. 기타 무형자산으로 인식할 수 없는 항목

① **내부적으로 창출된 영업권** : 무형자산으로 인식하지 아니한다. 내부적으로 창출한 영업권은 원가를 신뢰성 있게 측정할 수 없고 기업이 통제하고 있는 식별가능한 자원이 아니다.

② **내부적으로 창출한 브랜드, 제호, 출판표제, 고객 목록과 이와 실질이 유사한 항목** : 무형자산으로 인식하지 아니한다. 사업을 전체적으로 개발하는 데 발생한 원가와 구별할 수 없기 때문이다.

③ **사업개시에 따른 지출** : 무형자산으로 인식하지 않는다. 사업개시원가는 법적 실체를 설립하는 데 발생한 법적비용과 사무비용과 같은 설립원가, 새로운 시설이나 사업을 개시하기 위하여 발생한 지출(개업원가), 또는 새로운 영업을 시작하거나 새로운 제품이나 공정을 시작하기 위하여 발생하는 지출(신규영업준비원가)로 구성된다.

④ 교육 훈련을 위한 지출, 광고 및 판매촉진 활동을 위한 지출, 기업의 전부나 일부의 이전 또는 조직 개편에 관련된 지출은 무형자산으로 인식할 수 없다.

⑤ 특정 소프트웨어가 없으면 기계장치의 가동이 불가능한 경우 그 소프트웨어는 기계장치의 일부로 회계처리한다.

예시문제

다음은 (주)감평의 20x1년 연구 및 개발활동 지출내역이다. 연구활동에 해당하는 금액은 얼마인가?

- 제품에 대한 여러 가지 대체안을 탐색하는 활동 : ₩10,000
- 생산이나 사용전의 시제품과 모형을 제작하는 활동 : ₩50,000
- 상업적 생산 목적으로 실현가능한 경제적 규모가 아닌 시험공장을 건설하는 활동 : ₩20,000
- 연구결과나 기타지식을 응용하는 활동 : ₩80,000
- 새로운 기술과 관련된 공구를 설계하는 활동 : ₩60,000
- 신규 제품에 대하여 최종적으로 선정된 안을 시험하는 활동 : ₩10,000
- 개선된 재료에 대한 여러 가지 대체안을 설계하는 활동 : ₩90,000
- 새로운 지식을 얻고자 하는 활동 : ₩70,000

- 제품에 대해 여러 가지 대체안을 탐색하는 활동 : ₩10,000
- 연구결과나 기타지식을 응용하는 활동 : ₩80,000
- 개선된 재료에 대한 여러 가지 대체안을 설계하는 활동 : ₩90,000
- 새로운 지식을 얻고자 하는 활동 : ₩70,000

정답 ₩250,000

제4절 무형자산의 평가

1. 의의

무형자산의 회계정책으로 원가모형이나 재평가모형을 선택할 수 있다.

(1) 원가모형

최초 인식 후에 무형자산은 취득원가에서 상각누계액과 손상차손누계액을 차감한 금액을 장부금액으로 한다.

(2) 재평가모형

① 무형자산을 재평가일의 공정가액에서 이후의 상각누계액을 차감한 재평가금액을 장부금액으로 기록하는 것을 말한다.(무형자산의 재평가는 유형자산과 동일)

② 재평가모형을 적용하여 무형자산을 회계처리하는 경우에는, 같은 분류의 기타 모든 자산도 그에 대한 활성시장이 없는 경우를 제외하고는 동일한 방법을 적용한다.

③ 무형자산은 영업상 유사한 성격과 용도로 분류한다. 자산을 선택적으로 재평가하거나 재무제표에서 서로 다른 기준일의 취득원가와 가치가 혼재된 금액을 보고하는 것을 방지하기 위하여 같은 분류내의 무형자산 항목들은 동시에 재평가한다.

2. 원가모형

취득원가
(−) 상각누계액
(−) 손상차손누계액
= 장부금액

(1) 내용연수

무형자산은 내용연수에 따라 다음과 같이 회계처리된다. 그 자산이 순현금유입을 창출할 것으로 기대되는 기간에 대하여 예측 가능한 제한이 없을 경우, 무형자산의 내용연수가 비한정인 것으로 본다.

① **내용연수가 유한한 경우** : 내용연수가 유한한 경우, 상각을 수행한다.

② **내용연수가 비한정인 경우** : 내용연수가 비한정인 경우, 상각하지 않으며 매년 또는 무형자산의 손상을 시사하는 징후가 있을 때 손상검사를 수행하여야 한다. 내용연수가 비한정이라는 용어는 무한을 의미하지 않는다.

③ 내용연수가 비한정인 무형자산의 내용연수를 유한으로 변경하는 것은 회계추정의 변경으로 회계처리한다.

(2) 상각기간

① **상각시작** : 자산이 사용가능한 때부터 시작한다. 즉, 자산이 경영자가 의도하는 방식으로 운영할 수 있는 위치와 상태에 이르렀을 때부터 시작한다.(취득시점 ×)

② **상각중지**

㉠ 자산이 매각예정으로 분류되는 날과 자산이 재무상태표에서 제거되는 날 중 이른날에 중지한다.

㉡ 내용연수가 유한한 무형자산은 그 자산을 더 이상 사용하지 않을 때도 상각을 중지하지 아니한다. 다만, 완전히 상각하거나 매각예정으로 분류되는(또는 매각예정으로 분류되는 처분자산집단에 포함되는) 경우에는 상각을 중지한다.

(3) 상각방법

① 무형자산의 상각은 공정가액 또는 회수가능가액이 증가하더라도 취득원가에 기초하여 상각한다.

② 무형자산의 상각방법은 자산의 경제적 효익이 소비되는 형태를 반영한 방법(정액법, 체감잔액법과 생산량비례법 등)이어야 한다. 다만, 소비되는 형태를 신뢰성 있게 결정할 수 없는 경우에는 정액법을 사용한다. 상각방법은 자산에 내재된 기대 미래경제적효익의 예상되는 소비형태를 반영하여 선택하고, 미래경제적효익의 예상되는 소비행태가 변동하지 않는다면 매 회계기간에 일관성 있게 적용한다.

③ 무형자산의 상각이 다른 자산의 제조와 관련된 경우에는 관련 자산의 제조원가로, 그 밖의 경우에는 판매비와 관리비로 계상한다.

(4) 상각액의 회계처리

(차) 무형자산상각비	×××	(대) 무형자산상각누계액	×××
(비용 또는 제조원가)		(자산차감)	

(5) 잔존가치

내용연수가 유한한 무형자산의 잔존가치는 다음의 ①과 ②중 하나에 해당하는 경우를 제외하고는 영(0)으로 본다.

① 내용연수 종료 시점에 제3자가 자산을 구입하기로 한 약정이 있다.

② 무형자산의 활성시장이 있고 다음을 모두 충족한다.

　　㉠ 잔존가치를 그 활성시장에 기초하여 결정할 수 있다.

　　㉡ 그러한 활성시장이 내용연수 종료 시점에 존재할 가능성이 높다.

무형자산의 잔존가치는 적어도 매 회계기간 말에 검토하며, 잔존가치의 변동은 회계추정의 변경으로 처리한다. 무형자산의 잔존가치는 해당 자산의 장부금액과 같거나 큰 금액으로 증가할 수도 있다. 이 경우에는 자산의 잔존가치가 이후에 장부금액보다 작은 금액으로 감소될 때까지는 무형자산의 상각액은 영(0)이 된다.

(6) 상각방법 변경

내용연수가 유한한 무형자산의 상각기간과 상각방법은 적어도 매 회계연도 말에 검토한다. 자산의 예상내용연수가 과거의 추정치와 다르다면 상각기간을 이에 따라 변경한다. 자산에 내재된 미래경제적효익의 예상소비형태가 변동된다면, 변동된 소비형태를 반영하기 위하여 상각방법을 변경한다. 그러한 변경은 회계추정의 변경으로 처리한다.

(7) 손상차손 및 손상차손환입

① 무형자산의 회수가능액*이 장부금액에 미달하는 경우 : 손상차손(비용) 인식

*회수가능액 : Max[순공정가치, 사용가치]

② 손상이 회복된 경우 : 손상차손환입(수익) 인식

손상차손 환입시 환입액은 손상차손을 인식하지 않았을 경우의 장부금액을 초과할 수 없다. 단, 손상차손을 인식한 영업권은 추후에 회복할 수 없다.

3. 무형자산의 폐기와 처분

무형자산을 처분하거나 사용이나 처분으로부터 미래경제적효익이 기대되지 않는 경우(폐기)에 재무상태표에서 제거한다. 무형자산의 제거로 인하여 발생하는 이익이나 손실은 판매 후 리스거래인 경우를 제외하고 자산을 제거할 때 당기손익으로 인식한다. 그리고 무형자산은 여러 방법으로 처분할 수 있다. 무형자산의 처분일은 수령자가 해당 자산을 통제하게 되는 날이다.

1. 의의

영업권이란 기업전체와 분리되어 독립적으로 거래되거나 식별될 수 없는 자산으로서, 기업실체의 개별적인 자산 가치를 초과하는 기업전체의 가치를 의미한다. 이러한 영업권은 기업 내부적으로 창출된 영업권과 외부에서 매입한 영업권으로 구분할 수 있다.

> 영업권(권리금) = 대가 − 순자산공정가치

(1) 내부창설영업권

무형자산으로 인식하지 않는다.

(2) 외부에서 구입한 영업권

외부에서 구입한 영업권으로 합병, 영업양수 등의 경우에 유상으로 취득한 것을 말하며 합병 등의 대가가 합병 등으로 취득하는 순자산의 공정가액을 초과하는 금액이 영업권에 해당한다.

[영업권 인식]				
(차) 자산	100	(대) 부채	40	
영업권〈*1〉	20	이전대가	80	

[염가매수차익]				
(차) 자산	100	(대) 부채	40	
		이전대가	50	
		염가매수차익〈*1〉	10	

〈*1〉 영업권(염가매수차익) = 합병 등의 대가로 지급한 금액〈*2〉 − 취득한 순자산의 공정가치〈*3〉
〈*2〉 제공한 자산 FV + 현금
〈*3〉 자산 FV − 부채 FV

2. 상각 (×)

영업권은 내용연수가 비한정하므로 상각하지 아니한다. 그러나 매년 혹은 손상을 시사하는 징후가 있을 때 회수가능액과 장부금액을 비교하여 내용연수가 비한정인 무형자산의 손상검사를 수행한다.

3. 손상 (O)

회수가능액이 장부금액에 미달하여 손상된 경우에는 장부금액을 회수가능액으로 조정하고 그 차액은 손상차손(당기비용)으로 처리한다.

4. 손상차손환입 (×)

영업권의 경우 손상차손은 인정하나 손상차손환입은 인정하지 아니한다.

5. 현금창출단위의 손상차손

현금창출단위의 회수가능액이 장부금액에 미달하는 경우에는 손상차손을 인식한다. 손상차손은 다음과 같은 순서로 배분하여 현금창출단위에 속하는 자산의 장부금액을 감소시킨다.

- 우선 현금창출단위에 배분된 영업권의 장부금액을 감소시킨다.
- 그 다음 현금창출단위에 속하는 다른 자산에 각각 장부금액에 비례하여 배분한다.

6. 현금창출단위의 손상차손환입

현금창출단위의 손상차손환입은 현금창출단위를 구성하는 자산들(영업권 제외)의 장부금액에 비례하여 배분한다. 이러한 장부금액의 증가는 개별자산의 손상차손환입으로 회계처리한다.

예시문제

(주)감평은 20x1년 초 (주)대한을 합병하면서 이전대가로 현금 ₩1,500,000과 (주)감평이 보유한 토지(장부금액 ₩200,000, 공정가치 ₩150,000)를 (주)대한의 주주에게 지급하였다. 합병일 현재 (주)대한의 식별 가능한 자산의 공정가치는 ₩3,000,000, 부채의 공정가치는 ₩1,500,000이며, 주석으로 공시한 우발부채는 현재의무이며 신뢰성 있는 공정가치 ₩100,000이다. 합병 시 (주)감평이 인식할 영업권은?　　　　　　　　　**[2018년 감정평가사]**

① ₩150,000　　　　　　　　　　　② ₩200,000
③ ₩250,000　　　　　　　　　　　④ ₩350,000
⑤ ₩400,000

---

(1) 이전대가 = (현금) ₩1,500,000 + (토지공정가치) ₩150,000 = ₩1,650,000
(2) 순자산공정가치 = (자산공정가치)₩3,000,000 − (부채공정가치)₩1,500,000 − ₩100,000 = ₩1,400,000
- 영업권 = (1) − (2) = ₩250,000

정답 ③

확인학습문제

01 무형자산에 관한 설명으로 옳지 <u>않은</u> 것은?　　　　　　　　**[2016 감정평가사]**

① 내부적으로 창출한 영업권은 자산으로 인식하지 않는다.

② 사업결합으로 인식하는 영업권은 사업결합에서 획득하였지만 개별적으로 식별하여 별도로 인식하는 것이 불가능한 그 밖의 자산에서 발생하는 미래경제적효익을 나타내는 자산이다.

③ 무형자산을 창출하기 위한 내부 프로젝트를 연구단계와 개발단계로 구분할 수 없는 경우에는 그 프로젝트에서 발생한 지출은 모두 연구단계에서 발생한 것으로 본다.

④ 자산에서 발생하는 미래경제적효익이 기업에 유입될 가능성이 높고 자산의 원가를 신뢰성있게 측정할 수 있는 경우에만 무형자산을 인식한다.

⑤ 경영자가 의도하는 방식으로 운용될 수 있으나 아직 사용하지 않고 있는 기간에 발생한 원가는 무형자산의 장부금액에 포함한다.

답 ⑤

┃정답해설┃

⑤ 경영자가 의도하는 방식으로 운용될 수 있으나 아직 사용하지 않고 있는 기간에 발생한 원가는 무형자산의 장부금액에 포함하지 않는다.

02 무형자산에 관한 설명으로 옳지 <u>않은</u> 것은? [2015 관세사]

① 내용연수가 비한정인 무형자산은 상각하지 아니한다.

② 내용연수가 유한한 무형자산의 상각대상금액은 내용연수동안 체계적인 방법으로 배분하여야 한다.

③ 무형자산의 종류로는 물리적 실체는 없지만 식별가능한 비화폐성자산과 사업결합으로 인해 발생하는 영업권이 있다.

④ 최초에 비용으로 인식한 무형항목에 대한 지출은 그 이후에 기업의 회계정책변경의 경우에 한하여 무형자산의 원가로 인식할 수 있다.

⑤ 개별 취득하는 무형자산과 사업결합으로 취득하는 무형자산은 인식 조건 중 미래경제적효익의 유입가능성은 항상 충족되는 것으로 본다.

답 ④

▌정답해설▐

④ 최초에 비용으로 인식한 무형항목에 대한 지출은 그 이후에 무형자산의 원가로 인식할 수 없다.

03 무형자산에 관한 설명으로 옳지 <u>않은</u> 것은? [2013 감정평가사]

① 무형자산을 최초로 인식할 때에는 공정가치로 측정한다.

② 최초에 비용으로 인식한 무형항목에 대한 지출은 그 이후에 무형자산의 원가로 인식할 수 없다.

③ 자산에서 발생하는 미래경제적효익이 기업에 유입될 가능성이 높고 자산의 원가를 신뢰성있게 측정할 수 있을 때에만 무형자산을 인식한다.

④ 자산을 사용가능한 상태로 만드는데 직접적으로 발생하는 종업원 급여와 같은 직접 관련되는 원가는 무형자산의 원가에 포함한다.

⑤ 새로운 지역에서 또는 새로운 계층의 고객을 대상으로 사업을 수행하는데서 발생하는 원가 등은 무형자산 원가에 포함하지 않는다.

답 ①

▌정답해설▐

① 무형자산을 최초로 인식할 때에는 취득원가로 측정한다.

04 유 · 무형자산에 관한 설명으로 옳지 **않은** 것은? **[2020 관세사]**

① 무형자산은 자산에서 발생하는 미래 경제적 효익이 기업에 유입될 가능성이 높고, 자산의 원가를 신뢰성 있게 측정할 수 있는 경우에만 인식한다.

② 내부적으로 창출한 무형자산이 인식기준을 충족하는지를 평가하기 위하여 무형자산의 창출 과정을 연구단계와 개발단계로 구분한다.

③ 유형자산에 대한 재평가의 빈도는 재평가되는 유형자산의 공정가치 변동에 따라 달라진다.

④ 특정 유형자산을 재평가 할 때, 해당 자산이 포함되는 유형자산 유형 전체를 재평가한다.

⑤ 무형자산에 대해 재평가모형을 적용할 경우에는 매 보고기간 말에 공정가치로 측정한다.

답 ⑤

▌정답해설▌
⑤ 재평가모형을 적용할 경우에는 매 보고기간 말 혹은 3년에서 5년마다 할 수 있다.

---

05 무형자산의 회계처리에 관한 설명으로 옳지 **않은** 것은? **[2014 관세사]**

① 기업이 터널이나 교량을 건설하여 정부에 기부하는 대가로 취득하는 용역운영권은 무형자산의 일종이다.

② 사업개시활동에 대한 지출, 교육훈련비에 대한 지출은 무형자산으로 인식할 수 없다.

③ 시장에 대한 지식에서 미래경제효익이 발생하고 이것이 법적 권리에 의해서 보호된다면 그러한 지식은 무형자산으로 인식할 수 있다.

④ 계약상 또는 기타 법적 권리가 갱신될 것이 명백한 경우에만 그 갱신기간을 무형자산의 내용연수에 포함한다.

⑤ 내용연수가 유한한 무형자산의 잔존가치가 장부금액을 초과할 경우에는 과거 무형자산 상각액을 소급하여 수정한다.

답 ⑤

▌정답해설▌
⑤ 내용연수가 유한한 무형자산의 잔존가치가 장부금액을 초과할 경우에는 자산의 잔존가치가 이후에 장부금액보다 작은 금액으로 감소될 때까지 무형자산의 상각액은 영(0)이 된다.

06 무형자산에 관한 설명으로 옳지 <u>않은</u> 것은? [2017 관세사]

① 새로운 계층의 고객을 대상으로 사업을 수행하는 데서 발생하는 원가는 무형자산으로 인식한다.
② 내용연수가 비한정인 무형자산은 상각하지 아니한다.
③ 내부적으로 창출한 영업권은 무형자산으로 인식하지 않는다.
④ 무형자산을 최초로 인식할 때에는 원가로 측정한다.
⑤ 무형자산 취득원가의 인식은 그 자산을 경영자가 의도하는 방식으로 운용될 수 있는 상태에 이르면 중지한다.

답 ①

▌정답해설▐
① 새로운 계층의 고객을 대상으로 사업을 수행하는 데서 발생하는 원가는 무형자산으로 인식하지 않는다.

---

07 무형자산에 관한 설명으로 옳지 <u>않은</u> 것은? [2018 관세사]

① 무형자산을 최초로 인식할 때에는 원가로 측정한다.
② 최초로 비용으로 인식한 무형항목에 대한 지출은 그 이후에 무형자산의 원가로 인식할 수 있다.
③ 무형자산에 대한 대금지급기간이 일반적 신용기간보다 긴 경우 무형자산 원가는 현금가격상당액이 된다.
④ 제조과정에서 무형자산을 사용하면 수익을 증가시킬 수도 있지만 제조원가를 감소시킬 수도 있다.
⑤ 특정 소프트웨어가 없으면 기계장치의 가동이 불가능한 경우 그 소프트웨어는 기계장치의 일부로 회계처리한다.

답 ②

▌정답해설▐
② 최초로 비용으로 인식한 무형항목에 대한 지출은 그 이후에 무형자산의 원가로 인식할 수 없다.

08 다음은 (주)감평의 당기 거래 내역이다. (주)감평이 무형자산으로 보고할 수 있는 상황들로만 모두 고른 것은? **[2014 감정평가사]**

ㄱ. 경영진이 미래효익을 기대하고 있는 고객관계 개선 관련 프로젝트에 ₩3,000 지출
ㄴ. (주)부산의 장부에 자산으로 기록하지 않았던 품질향상 제조기법을 배타적 통제가능성과 함께 획득하고 ₩2,000 지급
ㄷ. 기계를 ₩30,000에 구입하면서 기계제어 소프트웨어프로그램 구입을 위해 ₩3,000 추가 지급
ㄹ. 신제품에 대한 광고비 ₩20,000 지급
ㅁ. (주)대한의 식별가능한 순자산의 공정가치는 ₩4,000인데, (주)감평은 (주)대한의 주식 전부를 인수하기 위해 ₩7,000 지급
ㅂ. (주)감평은 다른 회사로부터 실용신안권을 ₩5,000에 인수하였으며, 이 권리를 활용하여 얻은 수익 ₩10,000의 10%인 ₩1,000을 로열티로 지급하기로 약정
ㅅ. (주)세종의 장부상 금액 ₩1,000인 디자인권을 ₩5,000에 구입

① ㄱ, ㄴ, ㄷ
② ㄴ, ㄷ, ㅅ
③ ㅁ, ㅂ, ㅅ
④ ㄴ, ㅁ, ㅂ, ㅅ
⑤ ㄱ, ㄴ, ㄷ, ㄹ, ㅁ, ㅂ, ㅅ

답 ④

▌오답해설▐
ㄱ. 통제요건을 충족하기 어렵다.
ㄷ. 기계제어를 위한 소프트웨어이므로 하드웨어의 일부로 본다.
ㄹ. 통제 및 미래경제적효익요건을 충족하기 어렵다.

09 다음은 (주)감평의 20x1년 연구 및 개발활동 지출에 관한 자료이다. (주)감평이 20x1년에 연구활동으로 분류해야 하는 금액은?

[2015 감정평가사]

- 새로운 지식을 얻고자 하는 활동 : ₩100,000
- 연구결과나 기타 지식을 최종 선택하는 활동 : ₩200,000
- 생산이나 사용 전의 시제품과 모형을 제작하는 활동 : ₩350,000
- 상업적 생산 목적으로 실현가능한 경제적 규모가 아닌 시험공장을 건설하는 활동 : ₩400,000

① ₩300,000 ② ₩450,000

③ ₩500,000 ④ ₩550,000

⑤ ₩600,000

답 ①

┃정답해설┃

₩100,000 + ₩200,000 = ₩300,000

10 (주)관세는 20x1년 초 (주)대한을 흡수합병하였으며, 합병일 현재 (주)대한의 식별가능한 순자산 장부금액과 공정가치는 아래와 같다. 합병 시 (주)관세가 흡수합병의 이전대가로 (주)관세의 보통주 10,000주(주당 액면금액 ₩500, 주당 공정가치 ₩3,000)를 발행하여 지급하였다면, 합병으로 인해 (주)관세가 인식할 영업권 혹은 염가매수차익은? **[2016 관세사]**

재무상태표

(주)대한	20x1년 합병일 현재				(단위 : 원)
	장부금액	공정가치		장부금액	공정가치
현금	7,000,000	7,000,000	부채	5,000,000	7,000,000
재고자산	6,000,000	9,000,000	자본금	10,000,000	
유형자산	15,000,000	18,000,000	자본잉여금	20,000,000	
무형자산	8,500,000	6,500,000	이익잉여금	1,500,000	
자산총계	36,500,000		부채·자본 총계	36,500,000	

① 염가매수차익 ₩3,500,000

② 염가매수차익 ₩1,500,000

③ 영업권 ₩3,500,000

④ 영업권 ₩10,500,000

⑤ 영업권 ₩28,500,000

답 ①

▌정답해설▐

• 합병대가 : 10,000주 × ₩3,000 = ₩30,000,000

• 순자산공정가치
 (₩7,000,000 + ₩9,000,000 + ₩18,000,000 + ₩6,500,000) − ₩7,000,000 = ₩33,500,000

• 염가매수차익 : ₩30,000,000 − ₩33,500,000 = ₩3,500,000

11 (주)감평은 20x1년 1월 1일에 (주)민국을 흡수합병하였다. 합병시점에 (주)감평과 (주)민국의 식별가능한 자산과 부채의 장부금액 및 공정가치는 다음과 같다. (주)감평이 합병대가로 보통주(액면금액 ₩3,000, 공정가치 ₩3,500)를 (주)민국에 발행교부 하였을 경우, 영업권으로 인식할 금액은?

[2017 감정평가사]

구 분	(주)감평		(주)민국	
	장부금액	공정가치	장부금액	공정가치
유동자산	₩2,000	₩1,900	₩1,800	₩1,300
유형자산	3,000	2,700	2,100	1,600
특허권	300	0	100	200
유동부채	400	400	200	200
장기차입금	600	600	600	660

① ₩760
② ₩960
③ ₩1,260
④ ₩1,360
⑤ ₩1,460

답 ③

┃ **정답해설** ┃

- 합병대가 : ₩3,500
- 순자산공정가치 : (₩1,300 + ₩1,600 + ₩200 − ₩200 − ₩660) = ₩2,240
- 영업권 : ₩3,500 − ₩2,240 = ₩1,260

12 상품매매기업인 (주)감평은 20x1년 1월 1일 특허권(내용연수 5년, 잔존가치 ₩0)과 상표권(비한정적 내용연수, 잔존가치 ₩0)을 각각 ₩100,000과 ₩200,000에 취득하였다. (주)감평은 무형자산에 대해 원가모형을 적용하며, 정액법에 의한 월할상각을 한다. 특허권과 상표권 회수가능액 자료가 다음과 같을 때, 20x2년도 포괄손익계산서에 인식할 당기비용은? (단, 20x2년 말 모든 무형자산의 회수가능액 감소는 손상징후에 해당된다.)　**[2017 감정평가사]**

	특허권	상표권
20x1년 말 회수가능액	₩90,000	₩200,000
20x2년 말 회수가능액	35,000	120,000

① ₩45,000
② ₩105,000
③ ₩120,000
④ ₩125,000
⑤ ₩145,000

답 ④

┃정답해설┃

• 특허권
　20x2년 당기손익에 미치는 효과 : ₩45,000
　① 감가상각비 : ₩100,000 ÷ 5 = ₩20,000
　② 손상차손 : ₩35,000 − ₩60,000 = ₩25,000

• 상표권
　20x2년 당기손익에 미치는 효과 : 80,000
　① 감가상각비 : 내용연수가 비한정하므로 상각하지 않음
　② 손상차손 : ₩120,000 − ₩200,000 = ₩80,000

• 그러므로, 20x2년 당기손익에 미치는 효과 : −₩20,000 − ₩25,000 − ₩80,000 = ₩125,000(손실)

13 도 · 소매인 (주)관세는 20x1년 초 무형자산인 산업재산권을 취득(취득원가 ₩1,000,000, 내용연수 5년, 잔존가치 ₩0, 정액법 상각)하고 사용을 시작하였다. (주)관세는 산업재산권에 재평가모형을 적용하고 있으며, 20x1년 말과 20x2년 말 산업재산권의 공정가치는 각각 ₩780,000과 ₩610,000이다. 산업재산권 평가와 관련하여 20x2년도에 인식할 당기손익과 기타포괄손익은? (단, 재평가잉여금의 이익잉여금 대체는 없다.)

[2021 관세사]

① 당기손실 ₩20,000,　기타포괄손익 ₩5,000

② 당기손실 ₩25,000,　기타포괄손익 ₩0

③ 당기손익 ₩0,　　　기타포괄손실 ₩25,000

④ 당기이익 ₩25,000,　기타포괄손익 ₩0

⑤ 당기이익 ₩20,000,　기타포괄이익 ₩5,000

답 ⑤

━━━

┃ 정답해설 ┃

• 20x1년
  기말 재평가 전 장부금액 : ₩1,000,000 − ₩1,000,000/5 = ₩800,000
  재평가손실(당기손익) : ₩780,000 − ₩800,000 = (−)₩20,000

• 20x2년
  기말 재평가 전 장부금액 : ₩780,000 − ₩780,000/4 = ₩585,000
  재평가증가액 : ₩610,000 − ₩585,000 = ₩25,000
  평가이익(당기이익) : ₩20,000
  평가이익(기타포괄이익) : ₩25,000 − ₩20,000 = ₩5,000

14 (주)관세는 (주)대한의 지분 100%를 현금으로 인수(사업결합)하였는데, 인수일 현재 (주)대한의 식별가능한 자산과 부채의 장부금액과 공정가치는 다음과 같다. 다음 설명 중 옳지 <u>않은</u> 것은?

[2018 관세사]

	장부금액	공정가치
현금	₩200,000	₩200,000
재고자산	500,000	200,000
유형자산	600,000	1,000,000
특허권	–	100,000
유동부채	100,000	100,000
순자산	₩1,200,000	₩1,400,000

① ₩3,000,000에 인수하였다면 인식하는 자산총액은 ₩3,100,000이다.

② ₩400,000에 인수하였다면 인식하는 염가매수차익은 당기이익으로 인식한다.

③ ₩400,000에 인수하였다면 인식하는 자산총액은 ₩1,500,000이다.

④ ₩400,000에 인수하면서 인식하는 무형자산의 금액은 ₩3,000,000에 인수하면서 인식하는 무형자산의 금액과 달라지게 된다.

⑤ ₩3,000,000에 인수하였다면 인식하는 영업권은 ₩1,700,000이다.

답 ⑤

┃정답해설┃

₩3,000,000에 인수한 경우 영업권 : ₩3,000,000 − ₩1,400,000⟨*⟩ = ₩1,600,000

⟨*⟩ 순자산 공정가치 : (₩200,000 + ₩200,000 + ₩1,000,000 + ₩100,000) − ₩100,000 = ₩1,400,000

투자부동산, 매각예정비유동자산

CHAPTER
05

제1절 투자부동산

1. 의의

투자부동산은 임대수익이나 시세차익 또는 두 가지 모두를 얻기 위하여 소유자나 금융리스의 이용자가 보유하고 있는 부동산을 의미한다.

더 알아보기	자산의 분류

• 재화의 생산이나 용역의 제공 또는 관리에 사용하는 목적으로 보유하는 부동산 : 유형자산
• 정상적인 영업과정에서의 판매목적으로 보유하는 부동산 : 재고자산

투자부동산	• 장기 시세차익을 얻기 위하여 보유하고 있는 토지(정상적인 영업과정에서 단기간에 판매하기 위하여 보유하는 토지는 제외) • 장래 사용목적을 결정하지 못한 채로 보유하고 있는 토지(만약 토지를 자가사용할지 또는 정상적인 영업과정에서 단기간에 판매할지를 결정하지 못한 경우 당해 토지는 시세차익을 얻기위하여 보유하고 있는 것으로 본다.) • 직접 소유(또는 금융리스를 통해 보유)하고 있는 운용리스로 제공하고 있는 건물 • 운용리스로 제공하기 위하여 보유하고 있는 미사용 건물 • 미래에 투자부동산으로 사용하기 위하여 건설 또는 개발 중인 부동산
유형자산	• 금융리스로 제공한 부동산 • 자기사용부동산
재고자산	• 정상적인 영업과정에서 판매하기 위한 부동산이나 이를 위하여 건설 또는 개발 중인 부동산 • 제3자를 위하여 건설 또는 개발 중인 부동산

2. 투자부동산의 회계처리

(1) 부동산 일부는 투자목적이며, 일부는 자가사용목적인 경우

부동산 중 일부분은 임대수익이나 시세차익을 얻기 위하여 보유하고, 일부분은 재화의 생산이나 용역의 제공 또는 관리목적에 사용하기 위하여 보유할 수 있다. 이 경우 다음과 같이 회계처리 한다.

① 부분별로 매각(또는 금융리스로 제공)할 수 있으며 각 부분을 분리하여 회계처리한다.
② 분리매각이 불가능하면 자가사용목적으로 보유하는 부분이 경미한 경우에만 당해 부동산을 투자부동산으로 분류한다.

(2) 부동산 소유자가 부동산 사용자에게 부수적인 용역을 제공하는 경우

① 전체 계약에서 용역의 비중이 중요하지 않은 경우 : 투자부동산으로 분류(例 사무실 건물의 소유자가 그 건물을 사용하는 리스이용자에게 보안과 관리용역을 제공하는 경우)

② 부동산 사용자에게 제공하는 용역이 중요한 경우 : 자가사용부동산으로 분류(例 호텔을 소유하고 직접 경영하는 경우, 투숙객에게 제공하는 용역의 경우)

3. 인식기준과 측정

(1) 인식기준

투자부동산은 투자부동산에서 발생하는 미래경제적 효익의 유입 가능성이 높고, 투자부동산의 원가를 신뢰성 있게 측정할 수 있을 때 자산으로 인식하며, 인식요건을 충족하지 못하는 경우 관련지출은 발생 시 비용으로 처리한다.

(2) 측정

투자부동산은 최초 인식시점에 원가로 측정한다. 이때 발생하는 거래원가는 최초의 측정원가에 포함한다.

① 취득원가

> **취득원가 = 구입금액 + 구입에 직접 관련이 있는 지출***
>
> *직접관련이 있는 지출의 예 : 법률용역의 대가로 전문가에게 지급하는 수수료, 부동산 구입과 관련된 세금 및 그 밖의 거래원가 등

한편, 투자부동산을 후불조건으로 취득하는 경우의 원가는 취득시점의 현금가격상당액으로 한다. 현금가격상당액과 실제 총지급액의 차액은 신용기간 동안의 이자비용으로 인식한다.

② 다음 항목은 투자부동산의 원가에 포함하지 아니한다.

㉠ 경영진이 의도하는 방식으로 부동산을 운영하는 데 필요한 상태에 이르게 하는 데 직접 관련이 없는 초기원가

㉡ 계획된 사용수준에 도달하기 전에 발생하는 부동산의 운영손실

㉢ 건설이나 개발 과정에서 발생한 비정상인 원재료, 인력 및 기타 자원의 낭비 금액

4. 인식 후의 측정

최초인식시점에 원가로 측정한 후 보고기간 말에 공정가치측정모형과 원가측정모형 중 하나를 선택하여 모든 투자부동산에 적용한다. 최초인식 이후 보고기간 말에 공정가치모형과 원가모형 중 하나를 선택하여 모든 투자부동산에 적용해야 하므로 일부 투자부동산에 대하여 공정가치모형을 적용하고 일부에 대하여는 원가모형을 적용할 수 없다.

(1) 원가모형(공정가치 ×)

당초 취득원가에서 감가상각누계액과 손상차손누계액을 차감한 금액을 장부금액으로 보고하는 방법으로, 최초 인식 후 투자부동산의 평가방법으로 원가모형을 선택한 경우에는 모든 투자부동산에 대하여 원가모형으로 측정한다.

(2) 공정가치모형

최초 측정 시 원가로 기록한 후 감가상각을 하지 않고 회계연도 말에 공정가치로 평가하여 평가손익을 당기손익에 반영하는 방법으로, 공정가치 모형을 선택한 경우 최초 인식 후 모든 투자부동산은 공정가치로 측정한다. 후속적으로 신뢰성 있는 공정가치 적용이 어려운 경우 원가모형을 이용하여 측정한다.

예시문제

(주)감평은 20x1년 초 임대목적으로 건물(취득원가 ₩1,000, 내용연수 10년, 잔존가치 ₩0, 정액법 감가상각)을 취득하여 이를 투자부동산으로 분류하였다. 20x1년 말 건물의 공정가치가 ₩930일 때 (A)공정가치모형과 (B)원가모형을 각각 적용할 경우 (주)감평의 20x1년도 당기순이익에 미치는 영향은?(단, 해당 건물은 매각예정으로 분류되어 있지 않다)

[2022년 감정평가사]

	(A)	(B)
①	₩70 감소	₩100 감소
②	₩70 감소	₩70 감소
③	₩30 감소	₩100 감소
④	₩30 증가	₩70 감소
⑤	₩30 증가	₩30 증가

- (A) 평가손익 = 930원 − 1,000원 = −70원(감소)
- (B) 감가상각비 = 1,000원 ÷ 10년 = 100원(감소)

정답 ①

---

5. 투자부동산의 제거

(1) 제거

① 제거 : 투자부동산을 처분하거나, 투자부동산의 사용을 영구히 중지하고 처분으로도 더 이상의 경제적 효익을 기대할 수 없는 경우에는 제거하여야 한다.

② 처분손익 : 투자부동산의 폐기나 처분으로 발생하는 손익은 순처분금액과 장부금액의 차액이며, 폐기나 처분이 발생한 기간에 당기손익으로 인식한다.

(2) 계정대체

① 자가사용의 개시 : 투자부동산을 자가사용부동산으로 대체

② 정상적인 영업과정에서 판매하기 위한 개발시작 : 투자부동산을 재고자산으로 대체

③ 자가사용의 종료 : 자가사용부동산을 투자부동산으로 대체

④ 제3자에게 운용리스 제공 : 재고자산을 투자부동산으로 대체

(3) 대체손익

① 투자부동산 → 자가사용부동산 또는 재고자산

사용목적 변경시점의 공정가치로 대체하고 장부금액과의 차액은 당기손익으로 인식한다.

② 자가사용부동산 → 투자부동산

사용목적 변경시점의 공정가치와 장부금액의 차액은 유형자산 재평가모형의 재평가손익 처리방법과 동일하게 처리한다.

③ 재고자산 → 투자부동산

사용목적 변경시점의 공정가치와 장부금액의 차액은 당기손익으로 인식한다.

④ 건설중인자산 → 투자부동산

대체시점의 공정가치와 장부금액의 차액은 당기손익으로 인식한다.

제2절 **매각예정비유동자산**

1. 의의

비유동자산 또는 처분자산집단이 계속사용이 아닌 매각거래(통상 1년 이내)를 통하여 회수될 것으로 예상되는 자산을 말하며, 다른 자산과 별도로 재무상태표에 표시해야 한다.

2. 요건

매각예정으로 분류하기 위해서는 보고기간 말 현재 당해 자산이 현재의 상태에서 통상적이고 관습적인 거래조건만으로 즉시 매각가능하여야 하며, 매각될 가능성이 매우 높아야 한다.

3. 매각예정으로 분류할 수 없는 경우

(1) 보고기간 후 요건을 충족하는 경우에는 당기의 재무제표에 매각예정으로 분류할 수 없다.

(2) 폐기될 비유동자산 및 일시적으로 사용을 중단한 비유동자산은 매각예정으로 분류할 수 없다.

4. 매각예정비유동자산의 측정

(1) Min[순공정가치, 장부금액]

(2) 매각예정으로 분류된 비유동자산은 감가상각하지 아니한다.

(3) 금융상품, 투자부동산(공정가치모형), 이연법인세자산, 생물자산과 수확물 등은 매각예정 비유동자산의 측정기준을 적용하지 않고 관련 기준서에 따라 측정한다.

5. 손상차손과 손상차손환입의 인식

(1) 손상차손의 인식

자산(또는 처분자산집단)의 최초 또는 향후 순공정가치가 하락한 경우에는 손상차손을 인식한다. 손상차손은 당기비용으로 인식한다.

(2) 손상차손환입의 인식

자산의 순공정가치의 증가하는 경우 손상차손환입은 당기수익으로 인식한다. 다만, 과거에 인식하였던 손상차손누계액을 초과할 수 없다.

6. 매각계획의 변경

매각예정으로 분류할 수 없게 된 자산은 '매각예정으로 분류하지 않았을 경우의 장부금액'과 '매각하지 않기로 결정한 날의 회수가능액' 중 적은 금액으로 측정한다.

확인학습문제

01 '투자부동산'의 회계처리에 관한 설명으로 옳지 <u>않은</u> 것은? **[2011 관세사]**

① 장래 사용목적을 결정하지 못한 채로 보유하고 있는 토지는 자가사용부동산으로 회계처리한다.

② 투자부동산을 정상적인 영업과정에서 판매하기 위해 개발을 시작하면 재고자산으로 대체한다.

③ 운용리스에서 리스이용자가 보유하고 있는 부동산에 대한 권리를 투자부동산으로 분류하는 경우, 최초 인식 후에는 공정가치모형만 적용한다.

④ 건설이나 개발이 완료되어 건설중인 자산을 공정가치로 평가하는 투자부동산으로 대체하는 경우, 부동 산의 장부금액과 대체 시점의 공정가치의 차액은 당기손익으로 인식한다.

⑤ 재고자산을 공정가치로 평가하는 투자부동산으로 대체하는 경우, 재고자산의 장부금액과 대체시점의 공정가치의 차액은 당기손익으로 한다.

답 ①

──────────────────────────

▌정답해설▐

① 장래 사용목적을 결정하지 못한 채로 보유하고 있는 토지는 투자부동산으로 회계처리한다.

02 투자부동산에 해당되는 항목을 모두 고른 것은? [2015 감정평가사]

> ㄱ. 장래 사용목적을 결정하지 못한 채로 보유하고 있는 토지
> ㄴ. 직접 소유(또는 금융리스를 통해 보유)하고 운용리스로 제공하고 있는 건물
> ㄷ. 제3자를 위하여 건설 또는 개발 중인 부동산
> ㄹ. 자가사용부동산
> ㅁ. 처분예정인 자가사용부동산
> ㅂ. 금융리스로 제공한 부동산
> ㅅ. 운용리스로 제공하기 위하여 보유하고 있는 미사용 건물
> ㅇ. 미래에 투자부동산으로 사용하기 위하여 건설 또는 개발 중인 부동산

① ㄱ, ㄴ, ㄹ   ② ㄱ, ㄴ, ㅅ, ㅇ

③ ㄱ, ㄷ, ㅁ, ㅂ   ④ ㄴ, ㄷ, ㅂ, ㅇ

⑤ ㄱ, ㄴ, ㄷ, ㅁ, ㅅ, ㅇ

답 ②

┃오답해설┃

ㄷ : 재고자산

ㄹ : 유형자산

ㅁ : 매각예정비유동자산

ㅂ : 자산으로 인식하지 않음

03 (주)감평은 20x1년 초 투자목적으로 건물을 ₩2,000,000에 취득하여 공정가치모형을 적용하였다. 건물의 공정가치 변동이 다음과 같을 때, (주)감평의 20x2년도 당기순이익에 미치는 영향은? (단, 필요할 경우 건물에 대해 내용연수 8년, 잔존가치 ₩0, 정액법으로 감가상각한다.) **[2018 감정평가사]**

	20x1년 말	20x2년 말
공정가치	₩1,900,000	₩1,800,000

① 영향 없음　　　　　　　　　　　　② ₩100,000 감소
③ ₩200,000 감소　　　　　　　　　 ④ ₩350,000 감소
⑤ ₩450,000 감소

답 ②

▌정답해설▐
₩1,800,000 − ₩1,900,000 = (−)₩100,000(평가손실)

---

04 자동차부품 제조업을 영위하고 하고 있는 (주)감평은 20x1년 초 임대수익 목적으로 건물(취득원가 ₩1,000,000, 잔여내용연수 5년, 잔존가치 ₩0, 정액법 감가상각)을 취득하였다. 한편, 20x1년 말 동 건물의 공정가치는 ₩1,200,000이다. 다음 설명 중 옳지 <u>않은</u> 것은? (단, 해당 건물은 매각예정으로 분류되어 있지 않다.) **[2017 감정평가사]**

① 원가모형을 적용할 경우, 20x1년 감가상각비는 ₩200,000이다.
② 공정가치모형을 적용할 경우, 20x1년 감가상각비는 ₩200,000이다.
③ 공정가치모형을 적용할 경우, 20x1년 평가이익은 ₩200,000이다.
④ 공정가치모형을 적용할 경우, 20x1년 당기순이익은 ₩200,000만큼 증가한다.
⑤ 공정가치모형을 적용할 경우, 20x1년 기타포괄손익에 미치는 영향은 ₩0이다.

답 ②

▌정답해설▐
② 공정가치모형을 적용할 경우 감가상각하지 않는다.

05 (주)서울은 투자부동산에 대하여는 공정가치모형을, 유형자산에 대하여는 재평가모형을 사용하여 후속측정을 하고 있다. 다음의 자료에 의하여 20x2년에 후속측정과 관련하여 당기손익과 기타포괄손익으로 계상할 금액은? **[2011 감정평가사]**

구분	20x1년 초 취득원가	20x1년 말 공정가치	20x2년 말 공정가치
건물(투자부동산)	₩1,000,000	₩1,200,000	₩1,100,000
토지(유형자산)	5,000,000	4,750,000	5,050,000

	당기손익	기타포괄손익
①	₩50,000 손실	₩0
②	₩150,000 이익	₩50,000 손실
③	₩150,000 이익	₩50,000 이익
④	₩200,000 이익	₩0
⑤	₩100,000 이익	₩50,000 손실

답 ③

정답해설

	당기순이익	기타포괄손익	총포괄손익
건물	(₩100,000)⟨*1⟩		(₩100,000)
토지	₩250,000⟨*2⟩	₩50,000⟨*3⟩	₩300,000
계	₩150,000	₩50,000	₩200,000

⟨*1⟩ ₩1,100,000 − ₩1,200,000 = (₩100,000)
⟨*2⟩ ₩5,000,000 − ₩4,750,000 = ₩250,000
⟨*3⟩ ₩5,050,000 − ₩5,000,000 = ₩50,000

CHAPTER 06 금융자산1

제1절 현금 및 현금성자산

1. 의의

현금 및 현금성자산 : 현금, 요구불예금, 현금성자산

(1) 현금

① 통화 : 지폐와 동전(외화포함)

② 통화대용증권 : 수표, 우편환, 만기가 도래된 공사채이자표, 배당금지급통지서, 국세환급통지서, 전도금

(2) 요구불예금

당좌예금, 보통예금 : 예금으로써 사용제한 되지 않을 것

(3) 현금성자산

단기금융상품 : 단기금융상품 중 취득일로부터 만기가 3월 이내인 것(단, 지분상품(주식)은 제외)

> **더 알아보기 현금 및 현금성자산이 아닌 항목**
>
> 정기예금, 정기적금, 사용이 제한된 당좌예금 및 보통예금, 우표·수입인지, 선일자수표, 부도수표, 당좌차월, 당좌개설보증금, 매출채권 및 기타채권, 주식, 가불금, 차용증서, 결산일로부터 만기 3개월 이내의 금융상품, 만기미도래 어음

2. 현금

> **현금 = 통화⟨*1⟩ + 통화대용증권⟨*2⟩**
>
> ⟨*1⟩ 통화 : 한국은행이 발행한 지폐와 주화(외화포함)
> ⟨*2⟩ 통화대용증권 : 타인발행수표(타사발행 당좌수표, 자기앞수표, 가계수표, 송금수표), 우편환증서(송금환), 배당금지급통지표, 만기가 도래한 국공채의 이자표, 국세환급통지서 등

> **더 알아보기 현금 분류 시 주의할 항목**
>
> • 우표, 수입인지는 수수료에 대한 선지급이므로 선급비용에 해당한다.
> • 선일자수표는 형식은 수표이나 경제적 실질은 어음에 해당하므로 수취채권으로 분류한다.
> • 급여가불금과 차용증서는 대여금에 해당한다.
> • 사용제한예금은 취득당시 만기가 3개월 이내라 할지라도 현금 및 현금성자산에 해당하지 않는다.
> • 외화는 보고기간 말 환율(마감환율)에 의해 환산한 가액으로 재무상태표에 공시한다.

3. 요구불예금

사용제한이 없는 보통예금과 당좌예금

(1) 보통예금

입출금이 자유로운 예금을 말하며, 일반적인 예금에 해당한다.

(2) 당좌예금과 당좌차월

① 당좌예금 : 기업이 은행과 당좌거래약정을 맺고 당좌수표를 발행할 수 있는 계좌
② 당좌차월 : 당좌예금 거래자는 은행과 차월계약을 체결하면 예금잔액 이상으로 수표를 발행하여도 자금을 받을 수 있다. 이때 예금잔액을 초과한 금액이 부채계정인 당좌차월(단기차입금)에 해당한다.

4. 현금성자산

큰 거래비용 없이 현금전환이 용이하고 시장이자율 변동에 따른 가치변동의 위험이 적은 단기투자자산으로 취득 당시 만기 또는 상환일이 3개월 이내인 것을 말한다.

더 알아보기 현금성자산의 예

- 취득 당시 만기가 3개월 이내에 도래하는 채권
- 취득 당시 만기일이 3개월 이내인 초단기 수익증권
- 3개월 이내 환매조건의 환매채
- 취득 당시 만기가 3개월 이내에 도래하는 단기금융상품

예시문제

현금 및 현금성자산으로 재무상태표에 표시될 수 없는 것을 모두 고른 것은? (단, 지분상품은 현금으로 전환이 용이하다.)

[2021년 감정평가사]

ㄱ. 부채상환을 위해 12개월 이상 사용이 제한된 요구불예금
ㄴ. 사용을 위해 구입한 수입인지와 우표
ㄷ. 상환일이 정해져 있고 취득일로부터 상환일까지 기간이 2년인 회사채
ㄹ. 취득일로부터 1개월 내에 처분할 예정인 상장기업의 보통주
ㅁ. 재취득한 자기지분상품

① ㄱ, ㄴ, ㄹ   ② ㄱ, ㄷ, ㄹ
③ ㄴ, ㄷ, ㅁ   ④ ㄱ, ㄴ, ㄷ, ㅁ
⑤ ㄱ, ㄴ, ㄷ, ㄹ, ㅁ

취득일로부터 3개월 이내 만기가 도래하는 채무증권이나 상환우선주 등이 현금성자산으로 분류된다. 지분상품은 만기가 없기 때문에 현금성자산에 해당하지 않는다.

정답 ⑤

5. 현금과부족

현금계정의 차변잔액은 실제 잔액과 일치하여야 한다. 그러나 기록의 착오나 실수, 현금의 분실, 도난 등으로 일치하지 않을 수 있다. 이러한 경우에 차이의 원인을 밝혀낼 때까지 일시적으로 처리하는 임시계정이 현금 과부족계정이다.

(1) 실제현금 잔액이 장부잔액보다 부족한 경우 (실제 < 장부)

현금과부족계정 차변과 현금계정 대변에 기입하였다가 원인이 밝혀지면 해당계정을 대체하고 결산일까지 원인이 밝혀지지 않으면 잡손실계정으로 대체한다.

(차) 현금과부족	×××	(대) 현금	×××

(2) 실제현금 잔액이 장부잔액보다 많은 경우 (실제 > 장부)

현금계정 차변과 현금과부족계정대변에 기입하였다가 원인이 밝혀지면 해당계정으로 대체하고 결산일까지 원인이 밝혀지지 않으면 잡이익계정으로 대체한다.

(차) 현금	×××	(대) 현금과부족	×××

제2절　은행계정조정

1. 의의

일정시점의 회사의 예금계정잔액과 은행의 예금계좌의 잔액이 어느 한쪽의 기장오류로 인하여 일치하지 않는 경우가 발생하는 경우 금액의 불일치 원인을 파악하여 수정하는데, 이때 작성하는 표가 은행계정조정표이다.

2. 불일치 조정

(1) 은행측 조정

① 미기입예금 → 은행 측에 가산

회사에서는 입금기록을 하였으나 은행 측에서 입금기록을 하지 않는 경우(예 회사가 은행 마감 후 입금한 경우)

② 기발행 미인출(결제)수표 → 은행 측에 차감

회사는 수표를 발행하여 당좌예금이 감소하였지만 동 수표가 은행에 지급제시되지 않아 은행 측에서는 당좌예금의 출금처리가 되지 않은 경우

③ 은행측 기장오류 → 은행 측에 가감

은행에서 장부기입의 누락이나 금액의 착오를 일으킨 경우

(2) 회사측 조정

① 미통지예금 → 회사 측에 가산

은행에서 입금으로 기록하였으나 회사 측에서는 입금처리가 되지 않는 경우

② 부도수표 → 회사 측에 차감

회사가 입금한 수표가 부도수표인데 회사가 알지 못한 경우

③ 회사측 오류사항 → 회사 측에 조정

회사에서 장부기입의 누락이나 금액의 착오를 일으킨 경우

더 알아보기   **은행계정조정표**

	회사		은행측
조정 전	×××	≠	×××
(+)	미통지예금 이자수익		미기입예금
(−)	부도수표(부도어음) 수수료비용 이자비용		기발행미인출수표
조정 후	×××	=	×××

예시문제

(주)감평은 20x1년 12월 31일 주거래은행으로부터 당좌예금잔액증명서상 잔액이 ₩7,810,000이라는 통지를 받았으나, 회사의 12월 31일 현재 총계정원장상 당좌예금 잔액과 불일치하였다. (주)감평이 이러한 불일치의 원인을 조사한 결과 다음과 같은 사항을 발견하였다. 이들 자료를 활용하여 (주)감평의 수정 전 당좌예금계정 잔액(A)과 수정 후 재무상태표에 당좌예금으로 계상할 금액(B)은?   **[2019년 감정평가사]**

- (주)감평이 발행하고 인출 기록한 수표 ₩2,100,000이 은행에서 아직 지급되지 않았다.
- 매출거래처로부터 받아 예금한 수표 ₩1,500,000이 부도 처리되었으나, (주)감평의 장부에 기록되지 않았다.
- 주거래은행에 추심의뢰한 받을어음 ₩500,000이 (주)감평의 당좌예금 계좌로 입금 처리되었으나, 통보받지 못하였다.
- 지난 달 주거래은행에 현금 ₩190,000을 당좌예입하면서 회계직원의 실수로 장부상 ₩910,000으로 잘못 기장된 것이 확인되었다.

	A	B
①	₩5,990,000	₩5,210,000
②	₩5,990,000	₩5,710,000
③	₩7,430,000	₩5,710,000
④	₩7,430,000	₩6,430,000
⑤	₩9,530,000	₩7,310,000

- A = ₩5,710,000 + ₩1,500,000 − ₩500,000 + 720,000 = ₩7,430,000
- B = ₩7,810,000 − 2,100,000 = ₩5,710,000

	회사		은행측
조정 전	(A) ₩7,430,000	≠	₩7,810,000
(+)	500,000		
(−)	1,500,000		2,100,000
	720,000		
조정 후	(B) ₩5,710,000	=	(B) ₩5,710,000

정답 ③

제3절 채권과 채무

1. 의의

(1) 채권

일반적으로 기업이 고객에게 외상으로 재화나 용역을 제공하거나 자금을 대여하여 발생하는 미래에 현금을 수취할 권리를 말한다.

(2) 채무

일반적으로 기업이 외상으로 재화나 용역을 구입하거나 운영에 필요한 자금을 차입하여 발생하는 미래에 현금을 지급할 의무를 말한다.

더 알아보기 채권과 채무

채권	상거래에서 발생	매출채권(외상매출금, 받을어음)
	상거래 이외에서 발생	기타채권(미수금, 대여금)
채무	상거래에서 발생	매입채무(외상매입금, 지급어음)
	상거래 이외에서 발생	기타채무(미지급금, 차입금)

2. 매출채권과 매입채무

(1) 외상매출금

① 외상매출금은 일반적인 상거래에서 발생한 채권으로 다음과 같이 회계처리한다.

[외상판매 시]

(차) 매출채권(외상매출금)　　×××　　(대) 매출　　　　　　×××

[대금회수 시]

(차) 현금　　　　　　　　×××　　(대) 매출채권(외상매출금)　×××

② 외상매출금의 조정항목

　　㉠ 매매할인 및 수량할인(회계처리 ×) : 매매할인 및 수량할인은 이미 매출 시 매출액에 반영되어 있기 때문에 별도의 회계처리는 필요 없다.

　　㉡ 매출환입 및 매출에누리(차감) : 매출환입은 매출된 재고자산이 반품되는 경우를 말하며, 매출에누리는 고객이 구입한 재고자산의 파손 또는 결함 등으로 인하여 고객에게 가격을 할인하여 주는 것이다. 모두 매출과 매출채권을 감소시키는 회계처리를 한다.

　　㉢ 매출할인(차감) : 상품매출대금을 회수일 이전에 회수한 때 거래처에 그 대금 중 일정률을 할인해주는 것을 말한다.

(2) 외상매입금

① 외상매입금은 상거래에서 발생하는 지급채무로 다음과 같이 회계처리한다.

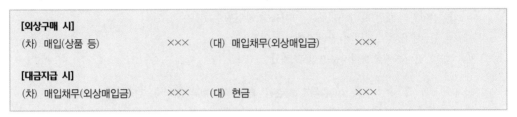

[외상구매 시]
(차) 매입(상품 등)　　　　　×××　　　(대) 매입채무(외상매입금)　　　×××

[대금지급 시]
(차) 매입채무(외상매입금)　　×××　　　(대) 현금　　　　　　　　　　×××

② 매입 시에도 매출과 동일하게 할인이나 에누리가 발생할 수 있으며 이때는 재고자산에서 조정한다.

3. 받을어음과 지급어음

(1) 개요

어음이란 채무자가 액면금액을 만기일에 지급하겠다는 내용을 일정한 법적 요건에 따라 기재한 증권을 말한다.

① 받을어음 : 상거래로 인하여 발생한 어음상의 채권을 처리하는 계정으로서 어음상의 채권이 발생하면 받을어음 계정의 차변에 기입하고 어음상의 채권이 소멸하면 받을어음 계정의 대변에 기입한다.

② 지급어음 : 일반적 상거래로 인하여 발생한 어음상의 채무를 처리하는 계정으로서 어음상의 채무가 발생하면 지급어음 계정의 대변에 기입하고, 어음상의 채무가 소멸하면 지급어음 계정의 차변에 기입한다.

(2) 어음의 배서

만기 이전에 어음상의 권리를 타인에게 양도할 때 양도인이 어음권면상에 양도의사를 기명날인하는 것이다.

(3) 어음의 부도

어음상의 채무자가 자금부족을 이유로 거래처로부터 받아 보유하고 있던 받을어음의 만기일에 어음대금을 지급하지 못하는 것이다.

(4) 채권을 통한 자금조달 시 회계처리

매출채권을 양도하거나 받을어음을 할인할 때, 금융자산의 제거요건을 충족하면 채권의 매각거래에 해당하며 그렇지 못한 경우에는 차입거래에 해당한다.

① 매각거래 : 일반적인 자산의 매각과 유사하게 재무제표에서 금융자산을 제거한다. 이때 선이자를 차감한 금액을 수령하므로 이러한 수수료(이자비용)만큼 차이가 발생하여 이를 매출채권처분손실로 인식한다.

[어음의 할인시점]			
(차) 보통예금	×××	(대) 매출채권	×××
매출채권처분손실	×××		
[어음의 만기 시점]			
– 분개없음 –			

　㉠ 어음할인 시 현금수령액의 계산
　　ⓐ 채권의 만기가액 = 액면가액 + 액면표시이자 × 보유기간/12
　　ⓑ 선이자 = 채권의 만기가액 × 이자율 × 차입월수/12
　　ⓒ 현금수령액 = 채권의 만기가액 − 선이자
　㉡ 어음할인 시 매출채권처분손실의 계산

> 매출채권처분손실 = 액면금액 + 보유기간이자 − 현금수령액

② 차입거래 : 금융자산의 제거요건을 충족하지 못하면 차입거래에 해당하는데, 채권을 담보제공하여 자금을 차입한 것으로 본다. 자산은 재무제표에 그대로 인식하며 해당 금액만큼 부채인 차입금을 인식한다. 차입거래 시에는 차입금에 대한 이자비용이 발생한다.

[어음의 할인시점]			
(차) 보통예금	×××	(대) 단기차입금	×××
이자비용	×××		
[어음의 만기 시점]			
(차) 현금	×××	(대) 매출채권	×××

③ 무이자부 어음 : 어음에 이자가 부여되어 있지 않은 어음을 말한다. 그러므로 어음의 만기시에는 원금만 회수하게 된다.

[어음의 할인시점의 회계처리](매각거래인 경우)			
(차) 현금	×××	(대) 매출채권	×××
매출채권처분손실	×××		
[어음의 할인시점의 회계처리](차입거래인 경우)			
(차) 현금	×××	(대) 단기차입금	×××
이자비용	×××		

④ 이자부 어음 : 어음에 이자가 부여된 어음을 말한다. 그러므로 어음의 만기시에는 원금과 이자를 회수하게 된다.

[어음의 할인시점의 회계처리](매각거래인 경우)

(차) 현금	×××	(대) 매출채권	×××
매출채권처분손실	×××	이자수익	×××

[어음의 할인시점의 회계처리](차입거래인 경우)

(차) 현금	×××	(대) 단기차입금	×××
이자비용	×××	이자수익	×××

예시문제

(주)감평은 20x1년 4월 1일에 거래처에 상품을 판매하고 그 대가로 이자부약속어음(3개월 만기, 표시이자율 연 5%, 액면금액 ₩300,000)을 수취하였다. 동 어음을 1개월 보유하다가 주거래은행에서 연 8%이자율로 할인할 경우, 어음할인액과 금융자산처분손실은? (단, 어음할인은 금융자산 제거요건을 충족함)　　**[2017년 감정평가사]**

	할인액	처분손실
①	₩4,000	₩1,550
②	₩4,000	₩2,500
③	₩4,000	₩4,000
④	₩4,050	₩1,550
⑤	₩4,050	₩2,500

- 만기금액 : ₩300,000 + (₩300,000 × 0.05 × 3/12) = ₩303,750
- 할인액 : 303,750 × 0.08 × 2/12 = ₩4,050
- 현금수령액 : ₩303,750 − ₩4,050 = ₩299,700
- 금융자산처분손익 : 현금수령액 ₩299,700 − 할인일 장부가액{₩300,000 + (₩300,000 × 0.05 × 1/12)} = −₩1,550(손실)

정답 ④

(5) 외화채권·채무의 외화환산

외화로 측정된 거래를 기능통화(영업활동의 주요 통화)로 환산하는 과정을 말한다. 국제회계기준에서는 화폐성항목(채권·채무)에 대해서 보고기간말 시점 환율에 의해서 외화를 기능통화로 환산하며, 환산손익을 당기손익에 반영한다.

① **외화거래가 발생하는 경우** : 외화금액에 대하여 발생시점의 환율을 적용한다.(역사적환율)

② **기말평가(미실현)** : 외화채권, 외화채무는 보고기간 말 현재의 환율로 환산한다.(현행환율) 기말평가에 따른 외화환산손익은 손익계산서에 당기손익으로 반영한다.

③ **채권채무의 소멸(실현)** : 이 경우 현금 수수시의 환율의 변동으로 인한 외화차이가 발생하며, 이를 외환차익, 외환차손이라 한다. 채권채무의 소멸에 의한 외환차손익은 당기손익에 반영한다.

1. 대손의 의의

대손이란 기업의 매출채권 및 기타채권 등의 채권이 채무자의 파산 등의 사유로 회수가 불가능하게 된 경우를 말한다.

(1) 대손 인식방법

금융자산의 손상 발생에 대한 객관적인 증거가 있는지를 매 보고기간 말에 검토하고, 그러한 증거가 있는 경우 손상차손(대손상각비)을 인식한다. 금융자산을 최초로 인식한 후 손상되었다는 객관적인 증거가 있으며 그 손상사건이 신뢰성 있게 추정할 수 있는 경우, 당해 금융자산은 손상된 것이며 손상차손이 발생한 것이다.

(2) 손상발생의 객관적인 증거

① 금융자산의 발행자나 지급의무자의 유의적인 재무적 어려움

② 이자지급이나 원금상환의 불이행이나 지연과 같은 계약위반

③ 재무적 어려움으로 당해 금융자산에 대한 활성시장의 소멸

④ 차입자의 파산이나 기타 재무구조조정의 가능성이 높은 상태가 됨

⑤ 차입자의 재무적 어려움에 관련된 경제적 또는 법률적 이유로 인한 당초 차입조건의 불가피한 완화

예시문제

(주)서울은 20x1년 2월 1일 (주)LA에 상품을 $2,000에 외상으로 판매하였고, 20x1년 2월 10일에 대금을 수취하였다. 관련 환율이 다음과 같을 때 20x1년 2월 10일의 회계처리를 하시오.

ㄱ. 20x1년 2월 1일 : ₩1,100/$
ㄴ. 20x1년 2월 10일 : ₩1,200/$

각 일자별 회계처리는 다음과 같다.

ㄱ. 20x1년 2월 1일 : (₩1,100/$)

(차) 매출채권	₩2,200,000	(대) 매출	₩2,200,000

ㄴ. 20x1년 2월 10일 : (₩1,200/$)

(차) 현금	₩2,400,000	(대) 매출채권	₩2,200,000
		외환차익	₩200,000

2. 대손회계

(1) 충당금설정법

대손 관련한 회계처리방법에는 직접상각법과 충당금설정법이 있으며, 국제회계기준에서는 충당금설정법을 사용할 것을 규정하고 있다. 이는 합리적으로 추정이 가능한 채권의 대손금액에 대해서 미리 충당금을 설정하고 이후에 관련 대손이 발생 시 충당금과 상계하는 방법이다.

(2) 회계처리

결산 시 채권의 회수가능성을 검토하여 대손추정금액을 대손상각비로 인식하는 동시에 대손충당금을 설정한 이후에 실제대손이 발생하면 미리 설정한 대손충당금과 채권금액을 상계한다.

더 알아보기 당기 대손상각비의 계산
기말충당금잔액 − 기초충당금잔액 + 당기대손액 − 추심액(대손처리하였으나 회수된 금액)

① 대손충당금의 설정(기말 결산시) : 일반적 상거래에서 발생한 매출채권에 대한 대손상각비는 대손상각비로 하며, 기타의 채권에서 발생한 대손상각비는 기타의 대손상각비로 기타비용으로 처리한다.

[대손추산액 > 설정 전 충당금잔액의 경우]
(차) 대손상각비(비용)   ×××   (대) 대손충당금(자산차감)   ×××

[대손추산액 < 설정 전 충당금잔액의 경우]
(차) 대손충당금(자산차감)   ×××   (대) 대손충당금환입   ×××

② 대손의 확정 : 대손이 발생한 경우에는 대손충당금과 먼저 상계하여야 하며, 대손충당금이 부족한 경우에는 대손상각비로 처리한다.

[대손확정액 ≤ 대손충당금잔액의 경우]
(차) 대손충당금(자산차감)   ×××   (대) 매출채권   ×××

[대손확정액 ≥ 대손충당금잔액의 경우]
(차) 대손충당금(자산차감)   ×××   (대) 매출채권   ×××
　　대손상각비(비용)   ×××

③ 대손처리한 채권의 회수 : 전기 이전에 대손이 확정되어 대손처리했던 채권을 당기에 다시 회수한 경우에는 대손충당금을 증가시킨다.

(차) 현금   ×××   (대) 대손충당금(자산차감)   ×××

3. 대손예상액의 추정방법

IFRS에서는 기대신용손실모형을 사용하여 금융자산의 손상여부를 판단한다. 전체기간 기대신용손실의 반영을 위해 다음의 방법을 동시에 고려하여 대손예상액을 추정할 수 있다.

(1) 개별법

기말 매출채권 총액을 구성하는 각각 항목별로 회수가능 여부를 파악하여 회수가 불확실한 채권금액을 대손추산액으로 보는 방법이다.

(2) 경험률법

기말 매출채권잔액에 과거 발생하였던 대손발생경험률을 곱하여 대손추산액을 산출하는 방법이다.

> 기말 대손충당금잔액 = 매출채권 기말잔액 × 대손경험률

(3) 연령분석법

오랜 기간이 경과한 매출채권잔액일수록 많은 금액을 대손추산액으로 설정하고, 최근에 발생한 채권일수록 작은 비율의 금액만큼 대손추산액으로 설정하는 방법이다.

CHAPTER 06

확인학습문제

01 (주)관세의 20x1년 말 금융자산 등의 내역이다. 20x1년 말 재무상태표의 현금 및 현금성자산에 포함될 항목을 모두 고른 것은? **[2020 관세사]**

> ㄱ. 송금환
> ㄴ. 타인발행약속어음
> ㄷ. 우표
> ㄹ. 만기가 도래한 국채 이자표
> ㅁ. 20x1년 2월 초에 취득한 만기가 2개월 남은 정기예금

① ㄱ, ㄴ   ② ㄱ, ㄷ
③ ㄱ, ㄹ   ④ ㄴ, ㅁ
⑤ ㄷ, ㄹ

답 ③

┃정답해설┃

③ 송금환, 만기가 도래한 국채 이자표가 현금 및 현금성자산에 해당한다.

02 (주)관세의 20x1년 말 재무상태표의 현금 및 현금성자산은 ₩30,000이다. 다음 자료를 이용할 때 20x1년 말 (주)관세의 외국환통화($)는? (단, 20x1년 말 기준환율은 $1 = ₩1,100이다.) [2021 관세사]

• 지점전도금	₩500
• 우편환	3,000
• 당좌예금	400
• 선일자수표	1,000
• 만기가 도래한 국채 이자표	500
• 외국환통화	(?)
• 배당금지급통지표	7,500
• 차용증서	1,000
• 양도성예금증서(취득 : 20x1년 12월 1일, 만기 : 20x2년 1월 31일)	500

① $10   ② $16

③ $20   ④ $26

⑤ $30

답 ②

▌정답해설▌

₩30,000(현금 및 현금성자산) = ₩500(지점전도금) + ₩3,000(우편환) + ₩400(당좌예금) + ₩500(만기가 도래한 국채 이자표) + ₩7,500(배당금지급통지표) + ₩500(양도성예금증서) + 외국환통화

∴ 외국환통화 = ₩17,600/1,100 = $16

03 (주)관세의 20x1년 말 재무상태표 상의 현금 및 현금성자산 금액은 ₩7,000이다. 다음 자료를 이용할 때 20x1년 말 (주)관세의 당좌예금 잔액은 얼마인가? (단, 자료에 제시되지 않은 현금 및 현금성자산 항목은 없으며, 20x1년 말 기준환율은 €1 = ₩1,500 $1 = ₩1,000이다.) **[2013 관세사]**

• 국내통화	₩100
• 외국환 통화	€2
• 외국환 통화	$1
• 보통예금	200
• 수입인지	300
• 우편환	400
• 양도성예금증서(취득20x1년 12월 1일, 만기 : 20x2년 1월 31일)	500
• 당좌예금	(?)

① ₩1,800

② ₩2,200

③ ₩2,300

④ ₩2,700

⑤ ₩4,800

답 ①

┃정답해설┃

국내통화(₩100) + 보통예금(₩200) + 외국환(€2 × ₩1,500 + $1 × ₩1,000) + 우편환(₩400) + 양도성예금증서 (₩500) + 당좌예금 = ₩7,000

∴ 당좌예금 : ₩1,800

04 (주)현대의 20x1년 말 현재 은행계좌조정표와 관련된 다음 자료를 이용하여 기발행 미인출수표 금액을 계산하면 얼마인가?

[2011 관세사]

- 은행의 예금잔액증명서상 금액 : ₩10,000
- (주)관세의 장부상 금액 : ₩15,000
- 은행의 예금잔액증명서에 반영되어 있으나 (주)관세의 장부에 반영되지 않는 금액
  - 예금이자 : ₩700
  - 부도수표 : ₩8,600
- 은행은 (주)미래의 발행수표 ₩3,000을 (주)관세의 발행수표로 착각하여 (주)관세의 당좌예금계좌에서 인출하여 지급하였다.

① ₩1,300
② ₩2,900
③ ₩5,900
④ ₩6,300
⑤ ₩9,900

답 ③

┃ 정답해설 ┃

	회사		은행
조정 전	₩15,000	≠	₩10,000
예금이자	+700		
부도수표	(−)8,600		
기발행미인출수표			(−)5,900
			+3,000
조정 후	₩7,100	=	₩7,100

05 다음 자료는 20x1년 12월 31일 기준 (주)세관의 은행계정 조정에 관한 자료이다. 이 자료를 이용하여 20x1년 12월 31일 조정 전 은행 측 잔액(A)과 조정 전 회사 측 잔액(B)을 계산하면 각각 얼마인가? (단, 조정 후 (주)세관의 잔액은 ₩100,000이라고 가정한다.) **[2014 관세사]**

- 예금이자 ₩5,000이 (주)세관의 장부에 반영되지 않았다.
- 은행이 부도처리한 ₩24,000의 수표가 (주)세관에게 통지되지 않았다.
- (주)세관에 통지되지 않은 거래처 매출채권 추심액은 ₩13,000이다.
- (주)세관이 입금한 ₩4,000이 은행에서 입금 처리되지 않았다.
- (주)세관이 거래처에 발행한 수표 중 ₩16,000이 인출되지 않았다.

	(A)	(B)
①	₩88,000	₩94,000
②	₩93,000	₩89,000
③	₩112,000	₩106,000
④	₩117,000	₩101,000
⑤	₩118,000	₩102,000

답 ③

┃ 정답해설 ┃

	회사		은행
조정 전	₩106,000(B)	≠	₩112,000(A)
예금이자	+5,000		
부도수표	(−)24,000		
미기입예금			+4,000
기발행미인출수표			(−)16,000
매출채권추심액	+13,000		
조정 후	₩100,000	=	₩100,000

06 (주)관세는 당좌예금 장부잔액 ₩320,000에 대하여 주거래은행에 확인을 요청한 결과, 은행 측 잔액과 일치하지 않는 것을 발견하였다. 불일치 내용은 다음과 같으며, 이러한 차이를 조정한 후 (주)관세와 주거래은행의 당좌예금 잔액은 일치하였다. 이에 관한 설명으로 옳지 <u>않은</u> 것은? **[2021 관세사]**

- (주)관세가 거래처 A에게 발행한 수표 ₩30,000이 주거래은행의 당좌예금계좌에서 아직 인출되지 않았다.
- (주)관세가 기중에 주거래은행에 예입한 수표 ₩73,000이 전산장애로 아직 입금처리 되지 않았다.
- 거래처 B가 (주)관세의 주거래은행측 당좌예금 계좌로 수표 ₩50,000을 입금하였으나 (주)관세에는 통보되지 않았다.
- 거래처 C에게 상품매입 대가 ₩23,000을 수표발행 결제하였으나, (주)관세의 직원이 이를 ₩32,000으로 잘못 기록하였다.
- 주거래은행은 당좌거래 수수료 ₩1,000을 부과하고 당좌예금 계좌에서 차감하였으나, (주)관세에는 통보되지 않았다.

① 거래처 A에게 발행한 수표에 대하여 (주)관세가 조정할 내용은 없다.

② 거래처 B가 입금한 수표에 대하여 주거래은행이 조정할 내용은 없다.

③ 거래처 C에게 발행한 수표에 대하여 (주)관세는 당좌예금 계정에 ₩9,000을 가산해야 하지만, 주거래은 행이 조정할 내용은 없다.

④ 주거래은행이 부과한 당좌거래 수수료에 대하여 (주)관세는 당좌예금 계정에서 차감하는 조정을 해야 한다.

⑤ 당좌예금 조정 전 잔액은 (주)관세가 주거래은행보다 ₩15,000이 더 많다.

탑 ⑤

▌정답해설▐

	회사		은행
조정 전	₩320,000	≠	₩335,000
기발행미인출수표			(−)30,000
미기입예금			+73,000
미통보예금	+50,000		
오류	+9,000		
당좌거래수수료	△1,000		
조정 후	₩378,000	=	₩378,000

07 (주)한국은 20x2년 10월 1일 (주)세종에 상품을 매출하고, 동일자에 액면금액 ₩1,000,000, 표시이자율 연 6%, 만기일 20x3년 1월 31일인 받을어음을 수취하였다. (주)한국은 동 받을어음을 20x2년 11월 1일에 대한은행에서 연 8%로 할인하는 차입거래로 자금을 조달하였다. (주)한국이 20x2년 11월 1일에 수령할 현금수취액과 이 거래로 20x2년에 이자비용(할인료)으로 인식할 금액은? (단, 이자는 월할 계산한다.)

[2014 감정평가사]

	현금수취액	이자비용
①	₩984,600	₩15,400
②	₩999,600	₩5,400
③	₩999,600	₩15,400
④	₩1,000,000	₩15,000
⑤	₩1,000,000	₩20,000

답 ②

▌정답해설▌

(1) 만기 수취액 : ₩1,000,000 + ₩1,000,000 × 6% × 4/12 = ₩1,020,000

(2) 할인액 : ₩1,020,000 × 8% × 3/12 = ₩20,400

(3) 수취액 : (1) − (2) = ₩999,600

• 회계처리

(차) 현금	999,600	(대) 단기차입금	1,000,000
이자비용	5,400	이자수익⟨*⟩	5,000

⟨*⟩ ₩1,000,000 × 6% × 1/12 = ₩5,000

08 (주)관세는 거래처로부터 받은 이자부어음(액면금액 ₩120,000, 만기 6개월, 이자율 연 10% 만기 시 지급)을 2개월간 보유한 후 금융기관에 연 12% 이자율로 할인하였다. 동 거래로 어음과 관련된 위험과 보상은 모두 금융기관에 이전되었다. (주)관세가 동 어음과 관련하여 인식할 당기손익은? (단, 이자는 월할 계산한다.) **[2020 관세사]**

① 당기이익 ₩960
② 당기이익 ₩1,200
③ 당기손실 ₩840
④ 당기손실 ₩1,040
⑤ 당기손실 ₩4,800

답 ①

▌정답해설▐
• 금융자산처분손실 : ₩126,000 × 12% × 4/12 − ₩120,000 × 10% × 4/12 = ₩1,040
• 이자수익 : ₩120,000 × 10% × 2/12 = ₩2,000
• 당기이익 : ₩2,000 − ₩1,040 = ₩960

09 20x1년에 설립된 (주)관세의 매출채권과 대손에 관한 자료가 다음과 같을 때, (주)관세의 20x2년도 포괄손익계산서에 표시될 대손상각비(손상차손)는? **[2016 관세사]**

> • 20x1년 12월 31일의 매출채권잔액은 ₩1,000,0000이고 이 금액 중 ₩100,0000이고 이 금액 중 ₩100,0000이 회수불가능하다고 추정되었다.
> • 20x2년 6월 29일에 전기에 매출한 ₩250,000의 매출채권이 회수불가능하다고 판명되었다.
> • 20x2년 8월 16일에는 6월 29일에 대손확정된 ₩250,000 중 ₩70,0000이 현금으로 회수되었다.
> • 20x2년 12월 31일의 매출채권잔액은 ₩700,0000이며, 이 금액 중 ₩85,0000이 회수불가능하다고 추정되었다.

① ₩150,000
② ₩165,000
③ ₩235,000
④ ₩265,000
⑤ ₩335,000

답 ②

▌정답해설▐
• 설정전 대손충당금 : ₩100,000 − ₩250,000 + ₩70,000 = −₩80,000
• 설정후 대손충당금 : ₩85,000
• 대손상각비 : ₩85,000 + ₩80,000 = ₩165,000

10 (주)관세의 20x1년 말과 20x2년 말 재무상태표의 매출채권 관련 부분이다.

구분	20x1년 말	20x2년 말
매출채권	₩100,000	₩300,000
손실충당금	(5,000)	(6,000)

(주)관세는 20x2년 7월 초 매출채권 ₩7,000이 회수불능으로 확정되어 장부에서 제각하였으나, 동년도 12월 초 제각한 매출채권 중 ₩3,000을 회수하였다. (주)관세의 매출채권과 관련한 20x2년도 손상차손은?

[2020 관세사]

① ₩2,000   ② ₩3,000

③ ₩5,000   ④ ₩6,000

⑤ ₩8,000

답 ③

▌정답해설 ▌

- 설정전 대손충당금 : ₩5,000 − ₩7,000 + ₩3,000 = ₩1,000
- 설정후 대손충당금 : ₩6,000
- 20x2년 손상차손 : ₩6,000 − ₩1,000 = ₩5,000

금융자산2

1. 의의

거래당사자 일방에게 금융자산을 발생시키고 동시에 다른 거래상대방에게 금융부채나 지분상품을 발생시키는 모든 계약을 말한다.

> **더 알아보기**
>
> • 지분상품 : 기업의 자산에서 모든 부채를 차감한 후의 잔여지분을 나타내는 모든 계약
> • 채무상품 : 발행자에 대하여 금전을 청구할 수 있는 권리를 표시한 금융상품

(1) 금융자산

① 현금
② 다른 기업의 지분상품
③ 거래상대방에게서 현금 등 금융자산을 수취할 계약상의 권리
④ 잠재적으로 유리한 조건으로 거래상대방과 금융자산이나 금융부채를 교환하기로 한 계약상의 권리
⑤ 기업 자신의 지분상품(자기지분상품)으로 결제되거나 결제될 수 있는 일정 계약

(2) 금융부채

① 거래상대방에게 현금 등 금융자산을 인도하기로 한 계약상 의무(매입채무, 사채 등)
② 잠재적으로 불리한 조건으로 거래상대방과 금융자산이나 금융부채를 교환하기로 한 계약상 의무
③ 자기지분상품으로 결제되거나 결제될 수 있는 파생상품 등

(3) 지분상품

기업의 자산에서 모든 부채를 차감한 후의 잔여지분을 나타내는 모든 계약을 말한다.

2. 비금융자산 및 비금융부채

(1) 비금융자산

재고자산, 유형자산, 리스자산, 무형자산, 생물자산, 투자부동산, 선급금, 선급비용은 금융자산이 아니다.

(2) 비금융부채

충당부채, 미지급법인세, 선수금, 선수수익은 금융부채가 아니다.

1. 금융자산의 분류

금융자산은 금융자산의 관리를 위한 계약상 현금흐름 특성, 사업모형 모두에 근거하여 후속적으로 상각후원가, 기타포괄손익 – 공정가치, 당기손익 – 공정가치로 측정되도록 분류한다.

(1) **매도목적 : 당기손익 – 공정가치측정금융자산**

(2) **계약상 현금을 수취(원리금 회수)하기 위한 목적 : 상각후원가측정금융자산**

(3) **매도와 계약상 현금을 수취(원리금 회수)하기 위한 목적 : 기타포괄손익 – 공정가치측정금융자산**

2. 투자지분상품의 분류

(1) **원칙 : 당기손익 – 공정가치측정금융자산**

(2) **예외 : 기타포괄손익 – 공정가치측정금융자산**

3. 투자채무상품의 분류

(1) **상각후원가측정금융자산(AC)**

다음 두 가지 조건을 모두 충족한다면 금융자산을 상각후원가로 측정한다.
① 계약상 현금흐름을 수취하기 위해 보유하는 것이 목적인 사업모형 하에서 금융자산을 보유한다.(원리금 회수목적)
② 금융자산의 계약 조건에 따라 특정일에 원금과 원금잔액에 대한 이자 지급만으로 구성되어 있는 현금흐름이 발생한다.

(2) **기타포괄손익 – 공정가치측정금융자산(FVOCI)**

다음 두 가지 조건을 모두 충족한다면 금융자산을 기타포괄손익 – 공정가치로 측정한다.
① 계약상 현금흐름의 수취와 금융자산의 매도 둘 다를 통해 목적을 이루는 사업모형 하에서 금융자산을 보유한다.(원리금회수 + 매도목적)
② 금융자산의 계약조건에 따라 특정일에 원리금 지급만으로 구성되어 있는 현금흐름이 발생한다.

(3) **당기손익 – 공정가치측정금융자산(FVPL)**

금융자산은 상각후원가로 측정하거나 기타포괄손익 – 공정가치로 측정하는 경우가 아니라면, 당기손익 – 공정가치로 측정한다. 그러나 당기손익 – 공정가치로 측정되는 '지분상품에 대한 특정 투자'에 대하여는 후속적인 공정가치 변동을 기타포괄손익으로 표시하도록 최초 인식시점에 선택할 수도 있다. 다만, 한 번 선택하면 이를 취소할 수 없다.

4. 파생상품의 분류

(1) **원칙 : 당기손익 – 공정가치측정금융자산**

(2) **예외 : 기타포괄손익 – 공정가치측정금융자산(현금흐름 위험회피에 효과적)**

1. 금융자산의 최초인식

(1) 원칙 : 계약당사자가 되는 때

(2) 예외 : 매매일 또는 결제일(정형화된 매입의 경우)

2. 금융자산의 최초측정

최초 인식시점에 금융자산을 공정가치로 측정한다.(제공한 대가의 공정가치)

3. 거래원가

당해 금융자산의 취득과 직접 관련되는 거래원가는 아래와 같이 측정한다.

(1) 원칙 : 최초 인식하는 공정가치에 가산

(2) 예외 : 당기손익 – 공정가치측정금융자산의 경우 당기비용 처리

더 알아보기　공정가치

① 공정가치의 의의 : 시장참여자 사이의 정상거래에서 자산을 매도하면서 수취하거나 부채를 이전하면서 지급하게 될 가격을 말한다.

② 공정가치의 목적
　㉠ 공정가치는 시장에 근거한 측정치이며 기업 특유의 측정치가 아니다.
　㉡ 동일한 자산이나 부채의 가격이 관측가능하지 않을경우 관련된 관측가능한 투입변수의 사용을 최대화하고 관측가능하지 않은 투입변수의 사용을 최소화하는 다른 가치평가기법을 이용하여 공정가치를 측정한다.

③ 주된 시장 : 자산이나 부채의 공정가치를 측정하기 위하여 사용되는 주된 시장의 가격에서 거래원가를 조정하지는 않는다.

예시문제

지분상품(공정가치 ₩50,000원)을 취득하면서 거래원가 ₩1,000을 지급한 경우, 다음 분류에 따른 취득원가는 얼마인가?

> [1] 당기손익 – 공정가치측정금융자산으로 분류한 경우
> [2] 기타포괄손익 – 공정가치측정금융자산으로 분류한 경우

[1] ₩50,000 (거래원가 제외)
[2] ₩51,000 (거래원가 포함)

예시문제

20x1년 말 당기손익공정가치측정금융자산(장부금액 ₩10,000)을 ₩15,000에 처분하면서 처분관련 수수료 ₩1,000이 발생한 경우 처분손익은 얼마인가?

처분이익 ₩4,000 = 처분가액 (₩15,000 – ₩1,000) – 장부금액 ₩10,000

4. 금융자산의 후속측정

(1) 당기손익 – 공정가치측정금융자산 : 공정가치로 측정하고, 공정가치 변동을 당기손익으로 인식

(2) 기타포괄손익 – 공정가치측정금융자산 : 공정가치로 측정하고, 공정가치변동을 기타포괄손익으로 인식

(3) 상각후원가측정금융자산 : 상각후원가로 측정

더 알아보기

- 상각후원가 : 최초 인식시점에 측정한 자산이나 부채에서 상환된 금액을 차감하고, 최초 인식금액과 만기금액의 차액에 유효이자율법을 적용하여 계산한 상각누계액을 가감한 금액
- 유효이자율 : 금융자산이나 금융부채의 기대존속기간에 추정 미래현금지급액이나 수취액의 현재가치를 금융자산의 총 장부금액이나 금융부채의 상각후원가와 정확히 일치시키는 이자율
- 유효이자율법 : 금융자산이나 금융부채의 상각후원가를 계산하고 관련 기간에 이자수익이나 이자비용을 당기손익으로 인식하고 배분하는 방법

예시문제

(주)감평은 20x1년 초 주당 액면금액이 ₩150인 (주)한국의 보통주 20주를 주당 ₩180에 취득하였고, 총거래원가 ₩150을 지급하였다. (주)감평은 동 주식을 기타포괄손익 – 공정가치 측정 금융자산으로 분류하였고 20x1년 말 동 주식의 공정가치는 주당 ₩240이다. 동 금융자산과 관련하여 20x1년 인식할 기타포괄이익은? **[2021년 감정평가사]**

① ₩1,050
② ₩1,200
③ ₩1,350
④ ₩1,600
⑤ ₩1,950

기타포괄이익 ₩1,050 = (20주 × ₩240) − (20주 × ₩180 + ₩150)

정답 ①

예시문제

(주)감평은 20x1년 1월 1일에 액면금액 ₩500,000(표시이자율 연 10%, 만기 3년, 매년 말 이자 지급)의 사채를 ₩475,982에 취득하고, 당기손익 – 공정가치 측정 금융자산으로 분류하였다. 동 사채의 취득 당시 유효이자율은 연 12%이며, 20x1년 말 공정가치는 ₩510,000이다. 상기 금융자산(사채) 관련 회계처리가 (주)감평의 20x1년도 당기순이익에 미치는 영향은? (단, 단수차이로 인한 오차가 있다면 가장 근사치를 선택한다) **[2022년 감정평가사]**

① ₩84,018 증가
② ₩70,000 증가
③ ₩60,000 증가
④ ₩34,018 증가
⑤ ₩10,000 증가

---

(1) 이자수익 : 475,982원 × 12% = 57,118원
(2) 20x1년 말 장부가액 : 475,982원 × 1.12 − 50,000 = 483,100원
(3) 금융자산평가이익 = 510,000원 − 483,100원 = 26,900원
∴ 당기순이익 = (1) + (3) = 84,018원(증가)

정답 ①

5. 금융자산의 처분

(1) 제거기준

① 금융자산의 정형화된 매입 또는 매도는 매매일이나 결제일에 인식하거나 제거한다.

② 금융자산 전체를 제거하는 경우에는 장부금액(제거일에 측정)과 수취한 대가(새로 획득한 모든 자산에서 새로 부담하게 된 모든 부채를 차감한 금액 포함)의 차액을 당기손익으로 인식한다.

③ 금융자산 전체나 일부의 회수를 합리적으로 예상할 수 없는 경우에는 그 자산의 장부금액을 직접 줄이며, 제각은 금융자산을 제거하는 사건으로 본다.

(2) 계속인식하는 경우

① 양도자가 양도자산의 소유에 따른 위험과 보상의 대부분을 보유하지도 이전하지도 않고, 양도자가 양도자산을 통제하고 있다면, 그 양도자산에 지속적으로 관여하는 정도까지 그 양도자산을 계속 인식한다.

② 양도자산을 계속 인식하는 경우에 그 양도자산과 관련 부채는 상계하지 아니한다. 이와 마찬가지로 양도자산에서 생기는 모든 수익은 관련 부채에서 생기는 어떤 비용과도 상계하지 아니한다.

(3) 기타포괄손익 – 공정가치측정금융자산의 제거

① 기타포괄손익 – 공정가치측정금융자산에 해당하는 지분상품의 평가손익은 처분하더라도 당기손익으로 분류하지 않는다. 그 외 금융자산은 처분 시 당기손익으로 처리한다.

② 기타포괄손익 – 공정가치측정금융자산에 해당하는 지분상품의 평가손익 누계액은 자본항목으로 표시하며 후속적으로 당기손익으로 이전하지 않는다. 다만, 자본 내에서 이익잉여금으로 대체할 수 있다. 이익잉여금으로 대체할 때는 다음과 같이 회계처리한다.

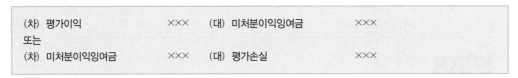

(차) 평가이익	×××	(대) 미처분이익잉여금	×××
또는			
(차) 미처분이익잉여금	×××	(대) 평가손실	×××

③ 선평가 후처분 : 기타포괄손익 – 공정가치측정금융자산에 해당하는 지분상품을 처분할 때는 공정가치(처분금액)로 먼저 평가한 후에 처분관련 회계처리를 한다. 따라서 기타포괄손익 – 공정가치측정금융자산에 해당하는 지분상품을 처분할 때는 처분손익을 인식하지 않는다. 다만, 처분 시에 거래원가가 있다면 처분손익이 발생할 수 있다.

(주)관세는 20x1년 초 지분상품을 거래원가 ₩2,000을 포함하여 ₩52,000에 구입하였고, 이 지분상품의 20x1년 말 공정가치는 ₩49,000이다. (주)관세는 20x2년 4월 초 공정가치인 ₩51,000에 지분상품을 처분하였다. 이 지분상품을 (A)당기손익 – 공정가치측정금융자산으로 인식했을 때와 (B)기타포괄손익 – 공정가치측정금융자산으로 최초 선택하여 인식했을 때 처분으로 인한 당기손익은? (단, 처분 시 거래원가는 발생하지 않았다)

	(A)	(B)
①	₩0 손실	₩1,000
②	₩0	₩0
③	₩0	이익 ₩2,000
④	이익 ₩2,000	₩0
⑤	이익 ₩2,000	이익 ₩1,000

기타포괄손익 – 공정가치측정금융자산에 해당하는 지분상품 처분 시 선평가 후처분의 과정을 따른다. 따라서 처분 시 처분손익을 인식하지 않는다. 다만, 처분 시에 거래원가가 있다면 처분손익이 발생할 수 있다.

회계처리는 다음과 같다.
(1) 당기손익 – 공정가치
    ① 20x1년 초
    (차) 금융자산   52,000   (대) 현금   52,000

    ② 20x1년 말
    (차) 평가손실   3,000   (대) 금융자산   3,000

    ③ 20x2년 4월 초
    (차) 현금   51,000   (대) 금융자산   49,000
                                              처분이익   2,000

(2) 기타포괄손익 – 공정가치
    ① 20x1년 초
    (차) 금융자산   52,000   (대) 현금   52,000

    ② 20x1년 말
    (차) 기타포괄손실   3,000   (대) 금융자산   3,000

    ③ 20x2년 4월 초
    ㉠ 선평가
    (차) 금융자산   2,000   (대) 기타포괄손실   2,000
    ㉡ 후처분
    (차) 현금   51,000   (대) 금융자산   51,000

정답 ④

(주)관세는 20x1년 초 채무상품(액면금액 ₩100,000, 표시이자율 연 15%, 매년 말 이자지급, 5년 만기)을 ₩110,812에 구입하여 기타포괄손익 – 공정가치 측정 금융자산으로 분류하였다. 취득 당시 유효이자율은 연 12%이고, 20x1년 말 동 채무상품의 공정가치가 ₩95,000이다. 20x1년 (주)관세가 이 금융자산과 관련하여 인식할 기타포괄손실은? (단, 화폐금액은 소수점 첫째 자리에서 반올림한다.)

① ₩10,812   ② ₩14,109
③ ₩15,812   ④ ₩17,434
⑤ ₩17,515

• 20x1년 초
  (차) 금융자산   110,812   (대) 현금   110,812

• 20x1년 말
  (차) 현금〈*1〉   15,000   (대) 이자수익〈*2〉   13,297
                                          금융자산   1,703

  (차) 기타포괄손실〈*3〉   14,109   (대) 금융자산   14,109

〈*1〉 ₩100,000 × 15% = ₩15,000
〈*2〉 ₩110,812 × 12% = ₩13,297
〈*3〉 상각후원가(₩110,812 – ₩1,703) – 공정가치 ₩95,000 = ₩14,109

정답 ②

제4절   금융자산손상

1. 손상인식

(1) 손상대상 자산

① 손상의 대상이 되는 금융자산은 채무상품에 해당하는 상각후원가측정금융자산과 기타포괄손익 – 공정가치측정금융자산만 해당된다.

② 금융자산 중 투자지분상품은 신용손실위험이 없으므로 손상의 대상이 아니며, 투자채무상품 중 당기손익 – 공정가치측정금융자산의 경우 평가손익을 당기손익으로 처리하므로 손상의 대상이 아니다.

(2) 금융자산의 손상 회계처리

신용이 손상되지는 않았지만 신용위험이 발생한 금융자산과 신용이 손상된 금융자산으로 구분한다.

① 신용위험이 발생한 금융자산 : 미래의 현금흐름의 감소는 없으나, 신용위험의 증가로 미래예상현금이 감소한 것이다.

② 신용이 손상된 금융자산 : 미래현금흐름이 감소한 것이다.

2. 손상모형

(1) 신용손실

> 신용손실 = 현금부족액을 최초 유효이자율로 현재가치한 금액

현금부족액을 최초 유효이자율로 할인한 금액이다. 다만, 취득시 신용이 손상되어 있는 금융자산은 신용조정 유효이자율로 할인한 금액이다. 유효이자율을 계산할 때 기대존속기간에 걸친 모든 계약조건(예 중도상환옵션, 연장옵션, 콜옵션 등)을 고려해야 한다.

(2) 기대신용손실

> 기대신용손실 = 신용손실 × 개별채무불이행 발생확률

개별 채무불이행 발생 위험으로 가중평균한 신용손실이다. 미래 전망 정보를 포함하는 합리적이고 뒷받침될 수 있는 모든 정보를 고려하여 기대신용손실을 인식한다.

신용손상정도에 따라 기대손실 측정대상 기간을 다음과 같이 구분한다.
① 신용위험이 유의적으로 증가하지 않은 경우 : 12개월 기대신용손실
② 신용위험이 유의적으로 증가하지 않은 경우 : 전체기간 기대신용손실

보고기간 말에 인식해야 하는 금액으로 손실충당금을 조정하기 위해 기대신용손실액 혹은 기대신용손실환입액을 손상차손 또는 손상차손환입으로 당기손익으로 처리한다. 상각후원가측정금융자산의 경우 손실충당금(자산차감)계정을 사용한다.

[수정전 손실충당금 < 수정후 손실충당금]
(차) 금융자산손상차손(비용)　　×××　　(대) 손실충당금(자산차감)　　×××

[수정전 손실충당금 > 수정후 손실충당금]
(차) 손실충당금(자산차감)　　×××　　(대) 금융자산손상차손환입(수익)　×××

3. 손상평가

금융자산 최초 인식 후에 금융상품의 신용위험이 유의적으로 증가했는지를 보고기간 말마다 평가한다.

4. 손상징후

금융자산의 추정미래현금흐름에 악영향을 미치는 사건이 생긴 경우 해당 금융자산의 신용이 손상된 것이다. 신용손상을 일으킨 단일 사건을 특정하여 식별하는 것이 불가능할 수 있으며, 오히려 여러 사건의 결합된 효과가 신용손상을 초래할 수도 있다. 손상징후의 예시는 다음과 같다.

- 발행자나 차입자의 유의적인 재무적 어려움
- 채무불이행이나 연체 같은 계약 위반
- 차입자의 재무적 어려움에 관련된 경제적이나 계약상 이유로 당초 차입조건의 불가피한 완화
- 차입자의 파산 가능성이 높아지거나 그 밖의 재무구조조정 가능성이 높아짐
- 재무적 어려움으로 해당 금융자산에 대한 활성시장의 소멸
- 이미 발생한 신용손실을 반영하여 크게 할인한 가격으로 금융자산을 매입하거나 창출하는 경우

보고기간 말에 신용이 손상된 금융자산의 기대신용손실은 해당 자산의 총장부금액과 추정미래현금흐름을 최초 유효이자율로 할인한 현재가치로 측정하며, 조정금액은 손상차손으로 당기손익에 인식한다.

> **[신용이 손상된 금융자산의 기대신용손실]**
> 자산의 총장부금액* − 추정미래현금흐름을 최초 유효이자율로 할인한 현재가치
>
> *자산의 총장부금액 = 손실충당금 차감전 금액

5. 집합평가여부

(1) 개별 금융자산의 최초 인식 후에 신용위험의 유의적 증가여부를 원칙적으로 개별평가한다.

(2) 다만, 다음과 같은 경우 집합기준으로도 신용위험의 유의적 증가를 판단하는 것이 가능하다.

① 개별 수준에서는 신용위험의 유의적 증가에 대한 증거가 없더라도 집합적으로 신용위험의 유의적 증가를 판단할 필요가 있는 경우
② 개별평가를 수행하기 위해 과도한 원가나 노력이 필요한 경우
③ 공통의 신용위험 특성으로 묶어서 판단할 필요가 있는 경우

6. 이자수익

(1) 원칙 : 총장부금액 × 최초의 유효이자율

(2) 예외

- 신용이 손상된 금융자산의 후속인식시 : 상각후원가 × 최초의 유효이자율
- 신용이 손상된 금융자산의 최초인식시 : 상각후원가 × 신용조정 유효이자율

1. 의의

(1) 금융자산을 관리하는 사업모형을 변경하는 경우에만 영향받는 모든 금융자산을 재분류한다. 그러므로 투자지분상품은 재분류 할 수 없고, 투자채무상품이 재분류 대상이 된다.

(2) 금융자산의 재분류하는 경우에 그 재분류는 재분류일부터 전진적으로 적용한다. 따라서 재분류 전에 인식한 손익이나 이자는 소급 작성하지 않는다.

(3) 다음은 재분류에 해당하지 않는다.
① 현금흐름위험회피 또는 순투자의 위험회피에서 위험회피수단으로 지정되고 위험회피에 효과적이었던 항목이 더는 위험회피회계의 적용조건을 충족하지 않는 경우
② 특정 항목이 현금흐름위험회피 또는 순투자의 위험회피에서 위험회피수단으로 지정되고 위험회피에 효과적이 되는 경우
③ 신용 익스포저를 당기손익 – 공정가치측정 항목으로 지정함에 따른 측정의 변화

2. 당기손익 – 공정가치측정의 재분류

당기손익 – 공정가치 → 상각후원가(또는 기타포괄손익 – 공정가치)

(1) **새로운 총장부금액 : 재분류일 공정가치**

(2) **유효이자율 : 재분류일의 금융자산 공정가치에 기초하여 산정(재분류시점의 현행시장이자율)**

3. 상각후원가측정의 재분류

(1) **상각후원가 → 당기손익 – 공정가치**
① 새로운 총장부금액 : 재분류일 공정가치 → 재분류 전 상각후원가와 공정가치의 차이에 따른 손익은 당기손익으로 인식
② 유효이자율 : 최초의 유효이자율을 재분류 이후에도 계속적으로 적용

(2) **상각후원가 → 기타포괄손익 – 공정가치**
① 새로운 총장부금액 : 재분류일 공정가치 → 재분류 전 상각후원가와 공정가치의 차이에 따른 손익은 기타포괄손익으로 인식
② 유효이자율 : 최초의 유효이자율을 재분류 이후에도 계속적으로 적용

4. 기타포괄손익 – 공정가치 측정의 재분류

(1) 기타포괄손익 – 공정가치 → 당기손익 – 공정가치

① 새로운 총장부금액 : 계속 공정가치로 측정 → 재분류 전에 인식한 기타포괄손익누계액은 재분류일에 재분류조정으로 자본에서 당기손익으로 재분류

② 유효이자율 : 최초의 유효이자율을 재분류 이후에도 계속적으로 적용

(2) 기타포괄손익 – 공정가치 → 상각후원가

① 새로운 총장부금액 : 재분류일 공정가치 → 그러나 재분류 전에 인식한 기타포괄손익누계액은 자본에서 제거하고 재분류일의 금융자산 공정가치에서 조정한다. 따라서 최초 인식시점부터 상각후원가로 측정했었던 것처럼 재분류일에 금융자산을 측정한다. 이러한 조정은 기타포괄손익에 영향을 미치지만 당기손익에 영향을 미치지 않으므로 재분류조정에 해당하지 않는다.

② 유효이자율 : 최초의 유효이자율을 재분류 이후에도 계속적으로 적용

확인학습문제

01 다음 중 금융자산에 관한 설명으로 옳지 <u>않은</u> 것은?

① 당기손익 – 공정가치측정금융자산의 취득과 직접 관련되는 거래원가는 당기손익으로 처리한다.

② 기타포괄손익 – 공정가치측정금융자산의 취득과 직접 관련되는 거래원가는 공정가치에 가산한다.

③ 금융자산의 관리를 위한 사업모형이 매도목적이면 기타포괄손익 – 공정가치측정금융자산으로 분류한다.

④ 금융자산의 관리를 위한 사업모형이 계약상 현금을 수취하기 위한 목적이면 상각후원가 측정금융자산으로 분류한다.

⑤ 투자지분상품의 경우 단기매매항목이 아니고, 일정요건이 충족되는 경우 후속적인 공정가치변동을 기타포괄손익으로 표시하도록 최초 인식시점에 선택할 수도 있다.

답 ③

▌정답해설▐

③ 금융자산의 관리를 위한 사업모형이 매도목적이면 당기손익 – 공정가치측정금융자산으로 분류한다.

02 금융상품에 해당하는 것을 모두 고른 것은? **[2015 감정평가사]**

ㄱ. 국공채를 기초자산으로 발행된 약속어음	ㄴ. 대여금
ㄷ. 매출채권	ㄹ. 선급비용
ㅁ. 투자사채	ㅂ. 산업재산권
ㅅ. 선수수익	ㅇ. 미지급법인세
ㅈ. 충당부채	

① ㄱ, ㄴ, ㄹ
② ㄱ, ㄴ, ㄷ, ㅁ
③ ㄱ, ㄷ, ㅁ, ㅅ
④ ㄴ, ㄷ, ㅁ, ㅇ
⑤ ㄴ, ㄹ, ㅂ, ㅇ, ㅈ

답 ②

▌정답해설▐

국공채를 기초자산으로 발행된 약속어음, 대여금, 매출채권, 투자사채가 금융상품에 해당한다.

CHAPTER 07 | 확인학습문제 **153**

03 (주)관세의 20x1년 말 재무상태표의 금융자산은 ₩3,000이고, 금융부채는 ₩500이다. 다음 자료를 이용할 때 20x1년 말 (주)관세의 매출채권(A)과 매입채무(B)는? **[2021 관세사]**

자산			부채		
매출채권		(A)	매입채무		(B)
대여금		₩500	선수수익		₩100
선급비용		500	차입금		100
투자사채		1,000	사채		200

	(A)	(B)
①	₩1,000	₩100
②	₩1,000	₩200
③	₩1,000	₩300
④	₩1,500	₩100
⑤	₩1,500	₩200

답 ⑤

▌정답해설▌

- 금융자산 : ₩3,000 = ₩500 + ₩1,000 + ₩1,500
- 금융부채 : ₩500 = ₩100 + ₩200 + ₩200

04 (주)서울은 20x1년 중에 ₩10,100을 지급하고 지분상품을 취득하였는데, 지급액 중 ₩100은 매매수수료이다. 20x1년 말 현재 지분상품의 공정가치는 ₩11,000이며, (주)서울은 20x2년 초에 지분상품전체를 ₩11,200에 처분하였다. (주)서울이 이 지분상품을 당기손익 – 공정가치측정금융자산으로 인식할 경우, 이에 대한 회계처리가 20x1년과 20x2년 당기순이익에 미치는 영향은? **[2012 감정평가사 수정]**

	20x1년	20x2년
①	₩100 감소	₩1,200 증가
②	₩900 증가	₩200 증가
③	₩900 증가	₩900 증가
④	₩1,000 증가	₩200 증가
⑤	₩1,000 증가	₩1,200 증가

답 ②

▌정답해설▐

• 20x1년 : ₩900 증가
  매매수수료 : (₩100)
  당기손익 – 공정가치측정금융자산평가손익 : ₩11,000 − ₩10,000 = ₩1,000

• 20x2년 : ₩200 증가
  당기손익 – 공정가치측정금융자산처분손익 : ₩11,200 − ₩11,000 = ₩200

05 (주)관세는 20x1년 중 (주)대한의 보통주 100주, 200주, 400주를 각각 1주당 ₩100, ₩200, ₩500에 순차적으로 취득하고, 기타포괄손익 – 공정가치 측정 금융자산으로 선택하여 분류하였다. 20x1년 말 (주)대한의 보통주 1주당 공정가치는 ₩400이다. (주)관세가 20x2년 중 보유하고 있던 (주)대한의 보통주 100주를 1주당 ₩300(공정가치)에 매각하였을 때 처분손익은? **[2021 관세사]**

① ₩20,000 손실
② ₩10,000 손실
③ ₩0
④ ₩10,000 이익
⑤ ₩20,000 이익

답 ③

┃ 정답해설 ┃

③ 처분수수료가 없으면 FVOCI투자지분상품처분손익의 경우 처분손익은 ₩0이다.

06 (주)관세는 20x1년 초에 지분상품 ₩10,000을 취득하여 기타포괄손익 – 공정가치측정금융자산으로 분류하였다. 해당 지분상품의 공정가치는 20x1년 말에 ₩14,000, 20x2년 말에 ₩8,000이었다. 20x2년도 포괄손익계산서상 기타포괄손익과 20x2년 말 재무상태표상의 기타포괄손익누계액은 각각 얼마인가? (단, 손상발생의 객관적인 증거는 없다.) **[2011 관세사 수정]**

	기타포괄손익	기타포괄손익누계액
①	₩0	₩0
②	(−)₩2,000	(−)₩2,000
③	(−)₩6,000	(−)₩6,000
④	(−)₩2,000	(−)₩6,000
⑤	(−)₩6,000	(−)₩2,000

답 ⑤

┃ 정답해설 ┃

• 20x2년도 포괄손익계산서상 기타포괄손익 : ₩8,000 − ₩14,000 = (₩6,000)
• 20x2년 말 재무상태표상의 기타포괄손익누계액 : ₩8,000 − ₩10,000 = (₩2,000)

07 (주)관세는 (주)한국이 20x1년 1월 1일에 발행한 사채(액면금액 ₩100,000, 표시이자율 13%, 매년 말 이자지급, 만기 3년)를 발행시점에 ₩95,434에 취득하여 장부금액과 공정가치의 차이를 기타포괄손익으로 인식하는 금융자산으로 분류하였다. 취득당시 유효이자율은 15%이었다. 20x1년 12월 31일 현재 금융자산의 공정가치 ₩95,000이다. (주)관세가 금융자산과 관련하여 20x1년도에 인식할 총포괄이익은? (단, 계산 시 화폐금액은 소수점 첫째자리에서 반올림하며, 단수차이로 인한 오차가 있다면 가장 근사치를 선택한다.)　**[2017 관세사 수정]**

① ₩1,749

② ₩12,566

③ ₩13,000

④ ₩14,315

⑤ ₩16,064

답 ②

┃ 정답해설 ┃

(₩95,000 − ₩95,434) + ₩100,000 × 13% = ₩12,566

---

08 (주)관세는 20x1년 1월 1일 (주)한국이 발행한 사채(액면금액 ₩50,000, 만기 5년, 표시이자율 연 5% 매년 말 지급)를 ₩45,900에 취득하고, 이를 기타포괄손익 – 공정가치 측정 금융자산으로 분류하였다. 사채의 20x1년 말 공정가치는 ₩47,000이고, 20x2년 말 공정가치는 ₩48,000이다. (주)관세가 동 금융자산과 관련하여 20x2년도에 인식할 이자수익은? (단, 취득 당시 유효이자율은 연 7%이며, 계산 시 화폐금액은 소수점 첫째자리에서 반올림한다.)　**[2020 관세사]**

① ₩3,263

② ₩3,290

③ ₩3,360

④ ₩3,649

⑤ ₩3,886

답 ①

┃ 정답해설 ┃

(₩45,900 × 1.07 − ₩50,000 × 5%) × 7% = ₩3,263

09 (주)감평은 20x1년 1월 1일 (주)한국이 동 일자에 발행한 액면금액 ₩1,000,000, 표시이자율 연 10%(이자는 매년 말 지급)의 3년 만기의 사채를 ₩951,963에 취득하였다. 동 사채의 취득시 유효이자율은 연 12%이었으며, (주)감평은 동 사채를 상각후원가로 측정하는 금융자산으로 분류하였다. 동 사채의 20x1년 12월 31일 공정가치는 ₩975,123이었으며, (주)감평은 20x2년 7월 1일에 경과이자를 포함하여 ₩980,000에 전부 처분하였다. 동 사채관련 회계처리가 (주)감평의 20x2년도 당기순이익에 미치는 영향은? (단, 단수차이로 인한 오차가 있으면 가장 근사치를 선택한다.) **[2018 감정평가사 변형]**

① ₩13,801 증가   ② ₩14,842 감소

③ ₩4,877 증가   ④ ₩34,508 감소

⑤ ₩48,310 증가

답 ①

▌정답해설▐

• 20x2년
 (1) 기초 상각후원가 : ₩951,963 × 1.12 − ₩100,000 = ₩966,199
 (2) 이자수익 : ₩966,199 × 12% × 6/12 = (+)₩57,972
 (3) 처분손익 : ₩930,000 − ₩974,171 = (−)₩44,171
  ① 처분가액 : ₩980,000 − ₩1,000,000 × 10% × 6/12 = ₩930,000
  ② 상각후원가 : ₩966,199(1) + ₩966,199 × 12% × 6/12 − ₩1,000,000 × 10% × 6/12 = ₩974,171
 (4) 당기순이익에 미치는 영향 : ₩57,972 − ₩44,171 = ₩13,801

10 (주)관세는 20x1년 1월 1일에 채무상품(액면금액 ₩1,000,000, 표시이자율 연 5%, 매년 말 이자 지급, 만기 3년)을 ₩915,000에 취득하고 이를 상각후원가로 측정하는 금융자산으로 분류하였다. 20x1년 12월 31일 상각후원가측정금융자산의 장부금액이 ₩938,200인 경우 (주)관세가 채무상품 취득 시 적용한 연간 유효이자율은? **[2017 관세사 수정]**

① 6%   ② 7%

③ 8%   ④ 9%

⑤ 10%

답 ③

▌정답해설▐

[₩915,000 × (1 + x)] − (₩1,000,000 × 5%) = ₩938,200
∴ 유효이자율(x) = 0.08 → 8%

11 (주)관세는 20x1년 10월 31일 상장회사인 (주)대한의 주식을 매도 목적으로 ₩6,000에 취득하면서 거래수수료 ₩100을 추가로 지출하였다. (주)관세는 20x1년 12월 20일 보유 중인 (주)대한의 주식 중 50%를 ₩3,200에 처분하였으며, 20x1년 말 현재 (주)관세가 보유 중인 (주)대한의 주식의 공정가치는 ₩3,600이다. 동 주식과 관련된 거래가 (주)관세의 20x1년도 포괄손익계산서의 당기순이익에 미치는 효과는?

[2016 관세사 수정]

① ₩100 감소
② ₩0
③ ₩200 증가
④ ₩600 증가
⑤ ₩700 증가

답 ⑤

▌정답해설▐

- 거래원가 : (−)₩100
- 처분손익 : ₩3,200 − ₩6,000 × 50% = ₩200
- 평가손익 : ₩3,600 − ₩6,000 × 50% = ₩600
- 당기손익 : (−)₩100 + ₩200 + ₩600 = ₩700

12 (주)서울은 20x1년 초에 액면금액 ₩100,000(액면이자율 8%, 만기 3년, 매년 말 이자지급 조건)의 회사채를 ₩95,000에 취득하여 FVOCI금융자산으로 분류하였다. 20x1년 말에 동 회사채에 대해서 현금으로 이자를 수취하였으며 이자수익으로는 ₩9,500을 인식하였다. 동 회사채를 20x1년 말 공정가치 ₩97,000이었으며, (주)서울은 이 회사채를 20x2년 초에 ₩97,500에 매각하였다. 이 회사채의 20x1년 기말 평가손익과 20x2년 초 처분손익이 두 회계기간의 당기순이익에 미치는 영향으로 옳은 것은?

	20x1년	20x2년
①	영향없음	₩500 증가
②	영향없음	₩1,000 증가
③	₩500 증가	₩500 증가
④	₩500 증가	₩1,000 증가
⑤	영향없음	영향없음

답 ②

▌정답해설▐

(1) FVOCI금융자산이므로 평가손익은 기타포괄손익으로 인식하여 당기순이익에 미치는 효과는 없다.
(2) 20x2년 처분손익 = ₩97,500 − (₩95,000 + ₩9,500 − ₩8,000) = ₩1,000

13 다음 중 금융자산손상에 관한 국제회계기준으로 옳지 <u>않은</u> 것은?

① 금융자산 중 투자지분상품은 신용손실위험이 없으므로 손상의 대상이 아니다.

② 보고기간 말에 인식해야 하는 금액으로 손실충당금을 조정하기 위해 기대신용손실액 혹은 기대신용손실환입액을 손상차손 또는 손상차손환입으로 당기손익으로 처리한다.

③ 보고기간 말에 신용이 손상된 금융자산의 기대신용손실은 해당 자산의 총 장부금액과 추정 미래현금흐름을 현행시장이자율로 할인한 현재가치로 측정하며, 조정금액은 손상차손으로 당기손익에 인식한다.

④ 원칙적으로 이자수익은 금융자산의 총장부금액에 유효이자율을 적용하여 인식한다.

⑤ 신용이 손상된 금융자산의 경우 상각후원가에 이자수익을 적용하여 인식한다.

답 ③

━━━

┃ 정답해설 ┃

③ 보고기간 말에 신용이 손상된 금융자산의 기대신용손실은 해당 자산의 총 장부금액과 추정미래현금흐름을 <u>최초</u> <u>유효이자율로</u> 할인한 현재가치로 측정하며, 조정금액은 손상차손으로 당기손익에 인식한다.

14 금융자산의 재분류에 관한 설명으로 옳지 <u>않은</u> 것은?　　　　　　　　**[2020 관세사]**

① 금융자산을 상각후원가 측정 범주에서 당기손익 – 공정가치 측정 범주로 재분류하는 경우에 재분류일의 공정가치로 측정하고, 금융자산의 재분류 전 상각후원가와 공정가치의 차이에 따른 손익은 당기손익으로 인식한다.

② 금융자산을 당기손익 – 공정가치 측정 범주에서 상각후원가 측정 범주로 재분류하는 경우에 재분류일의 공정가치가 새로운 총장부금액이 된다.

③ 금융자산을 기타포괄손익 – 공정가치 측정 범주에서 상각후원가 측정 범주로 재분류하는 경우에 재분류일의 공정가치로 측정하고, 재분류 전에 인식한 기타포괄손익누계액은 재분류일에 당기손익으로 인식한다.

④ 금융자산을 상각후원가 측정 범주에서 기타포괄손익 – 공정가치 측정 범주로 재분류하는 경우에 재분류일의 공정가치로 측정하고, 금융자산의 재분류 전 상각후원가와 공정가치의 차이에 따른 손익은 기타포괄손익으로 인식한다.

⑤ 금융자산을 당기손익 – 공정가치 측정 범주에서 기타포괄손익 – 공정가치 측정 범주로 재분류 하는 경우에 계속 공정가치로 측정한다.

답 ③

───

❚ 정답해설 ❚

③ 금융자산을 기타포괄손익 공정가치 측정범주에서 상각후원가 측정 범주로 재분류하는 경우에 재분류일의 공정가치로 측정한다. 그러나 재분류 전에 인식한 기타포괄손익누계액은 <u>자본에서 제거하고 재분류일의 금융자산 공정가치에서 조정</u>한다.

금융부채 및 사채

CHAPTER 08

제1절 부채

1. 부채

(1) 부채의 의의

과거의 거래나 사건의 결과로서 현재 기업실체가 부담하고 다른 실체에게 자산을 이전하거나 용역의 제공을 위해 미래에 자원의 유출이 예상되는 의무이다.

(2) 부채의 인식 및 측정

① **부채의 인식** : 과거사건의 결과로 현재의무가 존재하며, 이로 인한 자원을 유출할 가능성이 높고, 관련 금액을 신뢰성 있게 추정할 수 있다면 부채를 인식한다.

② **의무**

   ⊙ 법적의무 : 명시적 또는 암묵적 조건에 따른 계약이나 법률, 그 밖의 법적 효력에 따라 발생하는 의무이다.

   ⊙ 의제의무 : 과거의 관행, 구체적이고 유효한 약속 등으로 기업이 특정 책임을 부담할 것이라고 상대방에게 표명하고, 그 결과로 기업이 해당 책임을 이행할 것이라는 정당한 기대를 상대방이 가지면 의제의무가 성립된다.

③ **부채의 측정**

   ⊙ 최초인식 : 공정가치

     부채의 공정가치는 미래현금흐름지출액을 부채 발생시점의 시장이자율로 할인한 현재가치로 한다.

   ⊙ 장기선수금, 이연법인세부채는 현재가치로 평가하지 않는다.

(3) 분류

보고기간 말로부터 1년 이내(정상영업주기 이내) 혹은 1년 이후(정상영업주기 이후)에 상환할 조건에 따라서 유동부채와 비유동부채로 구분한다.

① **유동부채** : 외상매입금, 지급어음, 단기차입금, 미지급금, 선수금, 예수금, 당좌차월, 미지급비용, 미지급법인세, 관계회사 단기차입금, 주주·임원·종업원 단기차입금, 유동성장기부채, 선수수익, 단기충당부채, 기타의 유동부채

② **비유동부채** : 장기미지급금, 장기차입금, 사채, 이연법인세부채, 장기충당부채

2. 금융부채

(1) 의의

거래상대방에게 현금 등 금융자산을 지급할 계약상 의무나 잠재적으로 불리한 조건으로 거래상대방과 금융자산이나 금융부채를 교환하기로 한 계약상 의무를 말한다. (예 차입금이나 사채 등)

(2) 금융부채의 분류

① 당기손익 – 공정가치측정금융부채 : 다음 중 하나의 조건을 충족하는 경우에 당기손익 – 공정가치측정금융부채항목으로 분류된다.

    ㉠ 단기매매항목으로 분류된다.

    ㉡ 최초 인식시점에 당기손익인식항목으로 지정한다.

② 상각후원가측정금융부채 : 당기손익 – 공정가치측정금융부채를 제외한 금융부채이다.

(3) 금융부채의 인식과 측정

① 금융부채는 금융상품의 계약당사자가 되는 때에만 재무상태표에 인식한다.

② 최초인식시점의 공정가치에 의해 측정

③ 금융부채를 발행하는데 직접관련원가(거래원가)

    ㉠ 상각후원가측정금융부채 : 공정가치에서 차감

    ㉡ 당기손익공정가치측정금융부채 : 당기비용

④ 금융부채의 후속측정

    ㉠ 상각후원가측정금융부채 : 상각후원가(유효이자율법)

    ㉡ 당기손익공정가치측정금융부채 : 공정가치로 평가(변동분은 당기손익)

    ㉢ 금융부채는 재분류하지 아니한다.

(4) 금융부채의 제거

① 금융부채는 계약상 의무가 이행, 취소 또는 만료된 경우와 같이 의무가 소멸한 경우 재무상태표에서 제거한다.

② 기존 차입자와 대여자가 실질적으로 다른 조건으로 채무상품을 교환하거나 기존 금융부채의 조건이 실질적으로 변경된 경우에는 최초의 금융부채를 제거하고 새로운 금융부채를 인식한다. 소멸하거나 제3자에게 양도한 금융부채의 장부금액과 지급한 대가의 차액은 당기손익으로 인식한다.

1. 사채의 의의

회사가 장기에 걸쳐 거액의 자금을 조달하기 위해 증권을 발행하여 일정기간에 표시이자를 지급함과 동시에 만기에 원금을 상환하는 조건으로 차입한 채무를 말한다.

(1) 발행자의 입장

사채(비유동부채)로 인식하며, 이자비용(당기비용)을 지급해야 한다.

(2) 투자자 입장

채무증권(금융자산)으로 인식하며, 이자수익(당기수익)을 받을 권리가 있다.

2. 사채 용어정리

(1) 만기

사채발행자가 원금을 상환하기로 약속한 날

(2) 액면가액(원금)

사채발행자가 만기에 상환하기로 약속한 금액

(3) 액면이자(표시이자)

사채발행자가 일정기간마다 이자로 지급하기로 약속한 금액

액면가액 × 액면이자율(또는 표시이자율)

---

(4) 발행가액

사채를 발행하여 조달한 순현금유입액(사채 발행 시 부담한 사채발행비는 제외된 금액)

(5) 사채발행비

① 사채를 발행할 때 사채발행과 관련하여 발생한 비용(인쇄비, 발행수수료, 증권거래소의 부과금이나 세금 등)

② 사채발행비는 사채의 발행금액에서 직접 차감하여 처리하므로, 사채할인발행차금이 증가하거나 사채할증발행차금이 감소한다.

(6) 유효이자율

① 유효이자율이란 사채의 발행가액(순현금유입액)과 사채를 발행함으로써 지급해야 하는 미래 현금흐름(순현금유출액)의 현재가치를 일치시켜 주는 이자율을 의미한다.

② 일반적으로 시장이자율과 유효이자율은 일치하지만, 사채발행비용이 있는 경우 유효이자율과 시장이자율은 불일치하며 이때는 사채발행비용을 고려한 유효이자율을 다시 계산해야 한다.

③ 사채발행비용이 있는 경우 발행시점의 유효이자율은 시장이자율보다 높다.

3. 사채발행 시 회계처리

(1) 액면발행(액면이자율 = 시장이자율)

사채의 발행가액은 만기 금액과 일치한다.

(차) 현금	100,000	(대) 사채	100,000

(2) 할인발행(액면이자율 < 시장이자율)

액면가액와 발행가액의 차액을 사채할인발행차금으로 하여 사채의 차감형식으로 기재한다.

☑ 사례

- 사채의 발행일 : 20x1년 1월 1일
- 사채의 상환일 : 20x3년 12월 31일
- 액면금액 : ₩100,000
- 액면이자율 : 10%, 매년 말 지급
- 시장이자율 : 11%
- 발행금액 : ₩97,556

(차) 현금	97,556	(대) 사채	100,000
사채할인발행차금	2,444		

(3) 할증발행(액면이자율 > 시장이자율)

액면가액와 발행가액의 차액을 사채할증발행차금으로 하여 사채의 가산형식으로 기재한다.

☑ 사례

- 사채의 발행일 : 20x1년 1월 1일
- 사채의 상환일 : 20x3년 12월 31일
- 액면금액 : ₩100,000
- 액면이자율 : 10%, 매년 말 지급
- 시장이자율 : 9%
- 발행금액 : ₩102,531

(차) 현금	102,531	(대) 사채	100,000
		사채할증발행차금	2,531

4. 이자지급시 회계처리

사채발행기간 동안 매기 인식할 이자비용은 사채할인발행의 경우는 액면이자나 사채할인발행차금상각액을 가산한 금액이 되며, 사채할증발행 시 사채할증발행차금상각액을 액면이자에서 차감한 금액이 된다. 최초인식 후 유효이자율법을 사용하여 상각후원가로 측정한다.

(1) 액면발행

(차) 이자비용	10,000	(대) 현금	10,000

(2) 할인발행

① 당해연도의 이자비용 = 사채의 기초장부금액 × 유효이자율
② 이자비용(유효이자액)과 각 이자지급일에 실제로 지급할 이자액(표시이자액)의 차이만큼 할인액을 상각
③ 사채할인발행차금을 사채의 상환기간에 걸쳐 일정한 방법으로 상각하여 이자비용에 가산

(차) 이자비용(유효이자액)	×××	(대) 현금(표시이자액)	×××
		사채할인발행차금*	×××

*사채할인발행차금 = 유효이자액 − 표시이자액

[유효이자율법에 의한 상각표]

연도	기초부채	총이자비용 (유효이자)	현금지급이자 (액면이자)	할인액상각	부채증가액	기말부채
	①	①×11% = ②	③	②−③ = ④	④	①+④
20x1	₩97,556	₩10,731	₩10,000	₩731	₩731	₩98,287
20x2	98,287	10,812	10,000	812	812	99,099
20x3	99,099	10,901	10,000	901	901	100,000
계		₩32,444	₩30,000	₩2,444	₩2,444	

[이자비용의 인식 회계처리]

• 20x1년 12월 31일

(차) 이자비용	10,731	(대) 현금	10,000
		사채할인발행차금	731

• 20x2년 12월 31일

(차) 이자비용	10,812	(대) 현금	10,000
		사채할인발행차금	812

• 20x3년 12월 31일

(차) 이자비용	10,901	(대) 현금	10,000
		사채할인발행차금	901

(3) 할증발행

사채할증발행차금을 사채의 상환기간에 걸쳐 일정한 방법으로 상각하여 이자비용에서 차감한다.

[유효이자율법에 의한 상각표]

연도	기초부채	총이자비용 (유효이자)	현금지급이자 (액면이자)	할증액상각	부채감소	기말부채
20x1	₩102,531	₩9,228	₩10,000	₩772	₩772	₩101,759
20x2	101,759	9,158	10,000	842	842	100,917
20x3	100,917	9,083	10,000	917	917	100,000
계		₩27,469	₩30,000	₩2,531	₩2,531	

[이자비용의 인식 회계처리]

- 20x1년 12월 31일

  (차) 이자비용   9,228   (대) 현금   10,000

       사채할증발행차금   772

- 20x2년 12월 31일

  (차) 이자비용   9,158   (대) 현금   10,000

       사채할증발행차금   842

- 20x3년 12월 31일

  (차) 이자비용   9,083   (대) 현금   10,000

       사채할증발행차금   917

더 알아보기 사채발행에 따른 장부금액, 이자비용, 상각액의 변동

구분	사채 장부금액	이자비용	사채할인(할증)발행차금상각액
할인발행	증가	증가	증가
액면발행	일정	일정	일정
할증발행	감소	감소	증가

더 알아보기 사채로 인한 총이자비용

총이자비용 = 현금지급액 − 현금수취액(발행가액)

(주)감평은 20x1년 초 상각후원가(AC)로 측정하는 금융부채에 해당하는 회사채(액면금액 ₩1,000,000, 액면이자율 연 10%, 만기 3년, 매년 말 이자지급)를 발행하였다. 회사채 발행시점의 시장이자율은 연 12%이나 유효이자율은 연 13%이다. (주)감평이 동 회사채 발행과 관련하여 직접적으로 부담한 거래원가는? (단, 계산금액은 소수점 첫째 자리에서 반올림하며, 단수차이로 인한 오차가 있으면 가장 근사치를 선택한다) **[2020년 감정평가사]**

기간	단일금액 ₩1의 현재가치			정상연금 ₩1의 현재가치		
	10%	12%	13%	10%	12%	13%
3	0.7513	0.7118	0.6931	2.4868	2.4018	2.3612

① ₩22,760
③ ₩48,020
⑤ ₩70,780

② ₩30,180
④ ₩52,130

(1) 시장이자율(12%)로 할인한 현재가치 : (1,000,000 × 0.7118) + (100,000 × 2.4018) = ₩951,980
(2) 유효이자율(13%)로 할인한 현재가치 : (1,000,000 × 0.6931) + (100,000 × 2.3612) = ₩929,220
• 사채발행비 : (1) − (2) = ₩22,760

정답 ①

(주)관세는 다음과 같은 조건의 3년 만기 일반사채를 발행하고, 동 사채를 상각후원가로 후속 측정하는 금융부채로 분류하였다.

• 액면금액 : ₩1,000,000(사채발행비는 발생하지 않음)
• 표시이자율 : 연 5%(표시이자는 매년 12월 31일 연간 1회 지급)
• 권면상 발행일 : 20x1년 1월 1일(권면상 발행일의 시장이자율 : 연 10%)
• 실제 발행일 : 20x1년 7월 1일(실제 발행일의 시장이자율 : 연 8%)

사채의 현재가치 계산은 아래의 표를 이용한다 (단, 이자 및 상각액은 월할계산하며, 화폐금액은 소수점 첫째자리에서 반올림한다.)

기간	단일금액 ₩1의 현재가치		정상연금 ₩1의 현재가치	
	8%	10%	8%	10%
3	0.7938	0.7513	2.5771	2.4868

동 사채발행으로 인해 20x1년 7월 1일에 증가한 (주)관세의 부채금액은?
① ₩875,640
③ ₩922,655
⑤ ₩959,561

② ₩913,204
④ ₩934,561

5. 사채의 상환

(1) 만기상환

사채발행차금이 전액 상각되어 그 잔액이 '0'이므로 사채의 장부가액과 액면가액이 동일하여 사채상환으로 인한 상환손익은 발생하지 않는다.

(차) 사채(액면금액)	×××	(대) 현금	×××

(2) 조기상환

사채를 만기 전에 상환하는 조기상환 시에는 사채상환손익이 발생한다. 사채상환손익은 손익계산서의 당기손익으로 분류한다.

① 사채 발행시점보다 시장이자율이 상승 → 사채상환이익 발생

② 사채 발행시점보다 시장이자율이 하락 → 사채상환손실 발생

③ 이자 지급전에 사채가 상환되는 경우, 장부가액에 경과이자를 반영 후 사채상환손익을 계산한다.

　㉠ 액면발행이며, [장부가액 = 상환가액]

(차) 사채	×××	(대) 현금	×××

㉡ 할인발행이며, [장부가액 > 상환가액]

(차) 사채	×××	(대) 현금	×××
		사채할인발행차금	×××
		사채상환이익	×××

㉢ 할인발행이며, [장부가액 < 상환가액]

(차) 사채	×××	(대) 현금	×××
사채상환손실	×××	사채할인발행차금	×××

(주)감평은 20x1년 1월 1일 액면금액 ₩1,000,000(만기 3년, 표시이자율 연 6%, 매년 말 이자지급)의 사채를 발행하였으며, 사채의 발행 당시 유효이자율은 연 8%였다. (주)감평은 20x2년 6월 30일 사채를 조기상환하였다. 조기상환 시 발생한 사채상환손실은 ₩32,000이다. (주)감평이 유효이자율법을 적용할 때, 상환일까지의 경과이자를 포함한 사채조기상환금액은? (단, 이자비용은 월할계산하고, 계산금액은 소수점 첫째 자리에서 반올림하며, 단수차이로 인한 오차가 있으면 가장 근사치를 선택한다)　　　　　　　　　　　　　　　　　　　　　　　　　　　　　　　　　　　　　**[2019년 감정평가사]**

기간	단일금액 ₩1의 현재가치		정상연금 ₩1의 현재가치	
	6%	8%	6%	8%
1	0.9434	0.9259	0.9434	0.9259
2	0.8900	0.8574	1.8334	1.7833
3	0.8396	0.7938	2.6730	2.5771

① ₩970,872　　　　　　　　　　　　　　　② ₩996,300
③ ₩1,004,872　　　　　　　　　　　　　　④ ₩1,034,872
⑤ ₩1,073,444

- 상환일 장부금액 = ₩964,300 + (₩964,300 × 8% × 6/12) = ₩1,002,872
- 사채조기상환금액 − 상환일 장부금액 ₩1,002,872 = −₩32,000(사채상환손실)
- 사채조기상환금액 = ₩1,034,872

정답 ④

(3) 자기사채

회사가 발행한 사채를 회사가 취득하는 경우를 말하며, 자기사채의 경우에도 사채의 상환으로 본다.

(4) 연속상환사채

연속상환사채란 사채의 특수한 형태로 만기이전에 원금을 부분상환하는 형태로 발행한 사채이다.

제3절　사채의 특수한 형태

1. 기중발행 또는 1년에 2회 이상 이자지급하는 경우

(1) 이자지급기간의 기준에 의한 이자비용을 각 회계기간에 배분하여 인식한다.

(2) 유효이자율법에 의한 이자비용은 이자지급기간을 기준으로 계산하여 이자지급기간별 이자 비용을 각 회계기간에 안분하고 액면이자 중 직전 이자지급일로부터 결산일까지의 금액은 미지급이자로 인식한다.

2. 이자지급일 사이의 사채발행

(1) 이자지급일 사이에 발행된 사채는 권면상발행일로부터 실제발행일까지 이자가 발생되었으므로, 해당 이자 만큼은 사채의 순수발행금액에 더하여 현금을 받게 되며, 발생된 이자는 미지급사채 이자로 처리한다.

(2) 사채를 이자지급일 사이에 발행하는 경우의 사채의 시장가치는 직전 이자지급일부터 발행일까지의 경과이자가 포함되어 있다. 즉, 사채발행에 따른 현금수령액에서 직전 이자지급일부터 발행일까지 경과이자를 차감한 금액이 사채의 시장가치이다. 이때 적용하는 이자율은 권면상 발행일의 시장이자율을 적용하는 것이 아니라 실제 발행일의 시장이자율을 적용하여야 한다.

이자지급일 사이에 사채를 발행하는 경우 다음과 같은 절차에 따라 사채발행금액을 결정한다.

> 사채 발행가액(시장가치) = 현금수취액* − 직전 이자지급일부터 발행일까지 표시이자
>
> *현금수취액 = 권면상 발행일의 현재가치(실제 발행일의 시장이자율) + 직전 이자지급일부터 발행일까지 유효이자(미지급이자)

예시문제

(주)시대는 액면금액 ₩100,000(액면이자율 10%, 매년 말 이자지급, 만기 20x3. 12. 31. 사채권면상 발행일 20x1. 1. 1.)의 사채를 20x1. 7. 1.에 발행하였다. 사채발행일의 유효이자율은 12%일 때, 아래 물음에 답하시오.(12% 3기 현가계수 : 0.72, 12% 3기 연금현가계수 : 2.41)

> [1] 사채 발행일의 회계처리
> [2] 20x1. 12. 31.의 회계처리

[1] 사채 발행일의 회계처리

	권면상발행일의 사채 현재가치	₩96,100
(+)	사채가치증가액(₩96,100 × 12% × 6/12)	5,766
	현금수취액	₩101,866
(−)	액면사채발생이자(₩100,000 × 10% × 6/12)	(5,000)
	사채의 순수발행금액	₩96,866
	사채할인발행차금	( )

(차) 현금	₩101,866	(대) 사채	₩100,000
사채할인발행차금⟨*⟩	3,134	미지급이자	5,000

⟨*⟩ ₩100,000 − ₩96,866 = ₩3,134

[2] 20x1. 12. 31.의 회계처리

(차) 미지급이자	₩5,000	(대) 현금	₩10,000
이자비용⟨*1⟩	5,812	사채할인발행차금⟨*2⟩	812

⟨*1⟩ ₩96,866 × 0.12 × 6/12 = ₩5,812
⟨*2⟩ ₩5,812 − ₩5,000 = ₩812

확인학습문제

01 사채의 할증발행에 관한 설명으로 옳은 것은? 　　　　　　　　　　　　　　　　**[2013 관세사]**

① 표시이자율보다 시장에서 요구하는 수익률이 높은 경제 상황에서 발생한다.

② 유효이자율법에 의해 상각할 경우 기간경과에 따라 할증발행차금 상각액은 매기 감소한다.

③ 기간경과에 따른 이자비용은 매기 증가한다.

④ 매기 현금이자 지급액보다 낮은 이자비용이 인식된다.

⑤ 사채의 장부금액은 매기 할증발행차금의 상각액만큼 증가한다.

답 ④

▌오답해설▐

① 표시이자율보다 시장에서 요구하는 수익률이 낮은 경제 상황에서 발생한다.

② 유효이자율법에 의해 상각할 경우 기간경과에 따라 할증발행차금 상각액은 매기 증가한다.

③ 기간경과에 따른 이자비용은 매기 감소한다.

⑤ 사채의 장부금액은 매기 할증발행차금의 상각액만큼 감소한다.

02 (주)관세는 20x1년 초에 액면가액 ₩100,000(액면이자율 연 10%, 만기 3년, 매년 말 이자지급조건)인 사채를 발행하였다. 이 회사는 사채발행차금을 유효이자율법으로 회계 처리하고 있다. 사채발행일의 시장이자율은 연 12%라고 할 때, (주)관세가 동 사채와 관련하여 3년간 포괄손익계산서에 인식할 총이자 비용은 얼마인가? (단, 사채발행일의 시장이자율과 유효이자율은 일치한다.) **[2011 관세사]**

기간	기간 말 ₩1의 현재가치		정상연금 ₩1의 현재가치	
	10%	12%	10%	12%
1	0.9091	0.8929	0.9091	0.8929
2	0.8264	0.7972	1.7355	1.6901
3	0.7513	0.7118	2.4868	2.4018

① ₩24,018

② ₩30,000

③ ₩34,802

④ ₩36,000

⑤ ₩36,802

답 ③

▌정답해설▌

총이자비용 ₩34,802 = 명목상 현금흐름 ₩130,000 − 발행시점의 현재가치 ₩95,198

03 (주)한국은 사채권면상 발행일이 20x1년 1월 1일인 액면금액 ₩20,000,000의 사채를 20x1년 7월 1일에 발행하였다. 사채의 액면이자율은 연 10%(매년 말 후급)이고 사채의 만기는 20x3년 12월 31일이다. 사채권면상 발행일과 실제발행일의 시장이자율이 각각 연 12%로 동일하다면, 이 사채와 관련하여 (주)한국이 20x1년 포괄손익계산서에 인식할 이자비용은 얼마인가? (단, 사채의 발행과 관련한 거래비용은 없으며, 3기간, 12% 단일금액 ₩1과 정상연금 ₩1의 현가계수는 각각 0.7118과 2.4018이다.) **[2012 관세사]**

① ₩1,000,000

② ₩1,056,498

③ ₩1,112,996

④ ₩1,142,376

⑤ ₩1,284,752

답 ④

▌정답해설▌

• 20x1년 7월 1일 발행가액 : ₩20,000,000 × 0.7118 + ₩20,000,000 × 10% × 2.4018 = ₩19,039,600
• 20x1년 이자비용 : ₩19,039,600 × 12% × 6/12 = ₩1,142,376

04 (주)감평은 20x1년 초 상각후원가(AC)로 측정하는 금융부채에 해당하는 회사채(액면금액 ₩1,000,000, 액면이자율 연 10%, 만기 3년, 매년 말 이자지급)를 발행하였다. 회사채 발행시점의 시장이자율은 연 12%이나 유효이자율은 연 13%이다. (주)감평이 동 회사채 발행과 관련하여 직접적으로 부담한 거래원가는? (단, 계산 금액은 소수점 첫째자리에서 반올림하며, 단수차이로 인한 오차가 있으면 가장 근 사치를 선택한다.)

[2020 감정평가사]

기간	단일금액 ₩1의 현재가치			정상연금 ₩1의 현재가치		
	10%	12%	13%	10%	12%	13%
3	0.7513	0.7118	0.6931	2.4868	2.40118	2.3612

① ₩22,760   ② ₩30,180

③ ₩48,020   ④ ₩52,130

⑤ ₩70,780

답 ①

┃정답해설┃

• 공정가치 : ₩1,000,000 × 0.7118 + ₩1,000,000 × 10% × 2.40118 = ₩951,918
• 순공정가치 : ₩1,000,000 × 0.6931 + ₩1,000,000 × 10% × 2.3612 = ₩929,220
• 직접관련원가 : ₩951,918 − ₩929,220 = 22,698

05 (주)관세는 다음과 같은 조건으로 사채를 발생하였다.

> • 사채권면의 발행일이 20x1년 1월 1일인 사채를 20x1년 7월 1일에 발행하였다.
> • 사채의 액면금액은 ₩1,000,000, 표시이자율은 8%(이자는 매년 12월 31일 지급), 만기는 3년이다.
> • 20x1년 1월 1일의 유효이자율은 10%, 실제 및 발행일 20x1년 7월 1일의 유효이자율은 12%이다.

기간	단일금액 ₩1의 현재가치			정상연금 ₩1의 현재가치		
	8%	10%	12%	8%	10%	12%
1	0.9259	0.9091	0.8929	0.9259	0.9091	0.8929
2	0.8573	0.8264	0.7972	1.7833	1.7355	1.6901
3	0.7938	0.7513	0.7118	2.5771	2.4868	2.4018

상기의 사채를 20x2년 4월 1일 경과이자를 포함하여 ₩1,000,000에 상환한 경우 사채 상환손익으로 인식할 금액은 얼마인가? (단, 소수 첫째자리 이하는 반올림한다.) **[2014 관세사]**

① 손실 ₩10,600

② 이익 ₩10,600

③ 손실 ₩39,610

④ 이익 ₩39,610

⑤ ₩0

답 ③

▌정답해설▐

• 상환손익 : ₩940,390 − ₩980,000 = (−)₩39,610
• 상환금액 : ₩1,000,000 − ₩1,000,000 × 8% × 3/12 = ₩980,000

• 20x1년
  기초 장부금액 : ₩1,000,000 × 0.7118 + ₩80,000 × 2.4018 = ₩903,944
  기말 장부금액 : ₩903,944 × 1.12 − ₩80,000 = ₩932,417
• 20x2년
  4월 1일 장부금액 : ₩932,417 + 932,417 × 12% × 3/12 − ₩80,000 × 3/12 = ₩940,390

06 상각후원가로 후속 측정하는 일반사채에 관한 설명으로 옳지 않은 것은?

① 사채를 할인발행하고 중도상환 없이 만기까지 보유한 경우, 발행자가 사채발행시점부터 사채만기까지 포괄손익계산서에 인식한 이자비용의 총합은 발행시점의 사채할인발행차금과 연간 액면이자 합계를 모두 더한 값과 일치한다.

② 사채발행비가 존재하는 경우, 발행시점의 발행자의 유효이자율은 발행시점의 시장이자율보다 낮다.

③ 사채를 할증발행한 경우, 중도상환이 없다면 발행자가 포괄손익계산서에 인식하는 사채 관련 이자비용은 매년 감소한다.

④ 사채를 할인발행한 경우, 중도상환이 없다면 발행자가 재무상태표에 인식하는 사채의 장부금액은 매년 체증적으로 증가한다.

⑤ 사채를 중도상환 할 때 거래비용이 없고 시장가격이 사채의 내재가치를 반영하는 경우, 중도상환시점의 시장이자율이 사채발행시점의 유효이자율보다 크다면 사채발행자 입장에서 사채상환이익이 발생한다.

답 ②

┃ 정답해설 ┃

② 사채발행비가 존재하는 경우, 발행시점의 발행자의 유효이자율은 발행시점의 시장이자율보다 높다.

07 (주)관세는 20x1년 1월 1일 다음과 같은 조건의 사채를 발행하여 만기에 상환할 예정이다. 다음 설명 중 옳지 않은 것은? (단, 동 사채는 상각후원가로 후속 측정하는 금융부채이다. 또한 다음의 현가계수를 이용하며, 계산시 화폐금액은 소수점 첫째자리에서 반올림한다.) **[2018 관세사]**

- 액면금액 : ₩1,000,000
- 표시이자율 : 연 7%(이자는 매년 말 지급)
- 발행시점의 유효이자율 : 연 10%
- 만기 : 4년

기간	단일금액 ₩1의 현재가치		정상연금 ₩1의 현재가치	
	7%	10%	7%	10%
1	0.9346	0.9091	0.9346	0.9091
2	0.8734	0.8264	1.8080	1.7355
3	0.8163	0.7513	2.6243	2.4868
4	0.7629	0.6830	3.3872	3.1699

① 20x1년 초 사채의 발행가액은 ₩904,893이다.

② 20x1년 말 사채의 장부금액은 ₩925,382이다.

③ 20x1년도에 인식하는 이자비용은 ₩90,489이다.

④ 20x2년도에 인식하는 이자비용은 ₩92,538이다.

⑤ 20x3년도에 인식하는 이자비용은 ₩95,792이다.

답 ⑤

┃ 정답해설 ┃

- 20x1년
  기초 사채의 발행가액 : ₩1,000,000 × 0.6830 + ₩70,000 × 3.1699 = ₩904,893
  기말 사채의 장부금액 : ₩904,893 × 1.1 − ₩70,000 = ₩925,382
  이자비용 : ₩904,893 × 10% = ₩90,489

- 20x2년
  이자비용 : ₩925,382 × 10% = ₩92,538

- 20x3년
  이자비용 : (₩925,382 × 1.1 − ₩70,000) × 10% = ₩94,792

08 (주)대한은 다음의 사채를 사채권면에 표시된 발행일(20x1년 1월 1일)이 아닌 20x1년 4월 1일에 실제 발행하였다.

- 만기일 : 20x3년 12월 31일
- 액면금액 : ₩100,000
- 표시이자율 : 연 10%
- 이자는 매년 말에 지급한다.

20x1년 4월 1일 (주)대한의 시장이자율이 연 12%일 경우, 20x1년 4월 1일의 사채발행이 동 시점의 (주)대한의 부채총액에 미치는 영향은? (단, 현가계수는 아래의 표를 이용하며, 이자는 월할 계산한다. 단수차이로 인한 오차가 있으면 가장 근사치를 선택한다.) **[2013 감정평가사]**

〈현가계수표〉

(3년 기준)	10%	12%
단일금액 ₩1의 현가계수	0.7513	0.7118
정상연금 ₩1의 현가계수	2.4868	2.4018

① ₩95,554 증가
② ₩97,698 증가
③ ₩98,054 증가
④ ₩100,000 증가
⑤ ₩102,500 증가

답 ③

┃정답해설┃
- 20x1년 1월 1일 : ₩100,000 × 0.7118 + ₩100,000 × 10% × 2.4018 = ₩95,198
- 20x1년 4월 1일 발행가액 : ₩95,198 + ₩95,198 × 12% × 3/12 = ₩98,054

09 (주)대한은 20x2년 1월 1일에 액면가액 ₩500,000의 사채를 만기 3년, 표시이자율 연 10%, 이자 연말 후불조건으로 발행하였다. 이 사채의 유효이자율은 발행시점에서 연 12%이며, ₩475,990으로 할인발행되었다. (주)대한은 이 사채를 20x3년 7월 1일에 ₩490,000(미지급이자 포함)에 조기상환하였다. 유효이자율법을 적용하여 할인발행액을 상각할 경우 이 사채의 조기상환에 따른 사채상환손익은 얼마인가? (계산금액은 소수점 첫째자리에서 반올림하며, 단수차이로 인한 오차가 있으면 가장 근사치를 선택하시오.) [2010 관세사]

기간	기간 말 ₩1의 현재가치		정상연금 ₩1의 현재가치	
할인율	10%	12%	10%	12%
1	0.9091	0.8929	0.9091	0.8929
2	0.8264	0.7972	1.7355	1.6901
3	0.7513	0.7118	2.4868	2.4018

① 사채상환손실 ₩2,904
② 사채상환손실 ₩3,320
③ 사채상환손실 ₩22,096
④ 사채상환이익 ₩2,904
⑤ 사채상환이익 ₩22,096

답 ⑤

▌정답해설▐

- 20x2년 기말 장부금액 : ₩475,990 × 1.12 − ₩500,000 × 10% = ₩483,109
- 20x3년 7월 1일 장부금액 : ₩483,109 + (483,109 × 12% × 6/12 − ₩500,000 × 10% × 6/12) = ₩487,096
- 취득금액 : ₩490,000 − ₩500,000 × 10% × 6/12 = ₩465,000
- 사채상환손익 : ₩487,096 − ₩465,000 = ₩22,096 (사채상환이익)

10 (주)관세는 20x1년 1월 1일에 액면금액이 ₩40,000, 3년 만기 사채를 ₩36,962에 할인발행하였다. 사채 발행 시 유효이자율은 연 9%이고, 이자는 매년 말 후급한다. 20x2년 1월 1일 현재 사채 장부금액이 ₩37,889이라고 하면 사채의 표시이자율은? (단, 계산 시 화폐금액은 소수점 첫째자리에서 반올림한다.) **[2016 관세사]**

① 5.8%　　　　　　　　　　　② 6.0%

③ 6.2%　　　　　　　　　　　④ 6.5%

⑤ 7.0%

답 ②

▌정답해설▌

₩36,962 × 1.09 − ₩40,000 × 표시이자율 = ₩37,889

∴ 표시이자율 = 6%

---

11 (주)관세는 20x1년 1월 1일에 채무상품(액면금액 ₩1,000,000, 표시이자율 연 5%, 매년 말 이자 지급, 만기 3년)을 ₩915,000에 취득하고 이를 만기보유금융자산(상각후 원가로 측정하는 금융자산)으로 분류하였다. 20x1년 12월 31일 만기보유금융자산의 장부 금액이 ₩938,200인 경우 (주)관세가 채무상품 취득 시 적용한 연간 유효이자율은? **[2017 관세사]**

① 6%　　　　　　　　　　　② 7%

③ 8%　　　　　　　　　　　④ 9%

⑤ 10%

답 ③

▌정답해설▌

$[₩915,000 × (1 + x)] − (₩1,000,000 × 5\%) = ₩938,200$

∴ 유효이자율(x) = 0.08 → 8%

12 (주)관세는 20x1년 1월 1일 다음과 같은 조건으로 전환사채를 액면발행하였다.

> • 액면금액 : ₩200,000
> • 만기일 : 20x3년 12월 31일
> • 표시이자 : 연 5%(매년 12월 31일 지급)
> • 전환조건 : 사채 액면금액 ₩2,000당 보통주(주당 액면금액 ₩1,000) 1주로 전환
> • 사채발행시점의 유효이자율 : 연 8%
> • 원금상환방법 : 상환기일에 액면금액을 일시상환

20x2년 1월 1일 전환사채 중 액면금액 ₩80,000이 보통주로 전환되었을 때, 20x2년도 인식해야 할 이자비용은? (단, 계산시 화폐금액은 소수점 첫째자리에서 반올림하고 단일 금액 ₩1의 현재가치는 0.7938(3년, 8%), 정상연금 ₩1의 현재가치는 2.5771(3년, 8%)이다.) **[2017 관세사]**

① ₩6,000
② ₩6,424
③ ₩9,086
④ ₩10,000
⑤ ₩15,144

답 ③

▌ 정답해설 ▌

• 20x1년
  기초 발행가액 : ₩200,000 × 0.7938 + ₩200,000 × 5% × 2.5771 = ₩184,531

• 20x2년
  기초 장부금액 : (₩184,531 × 1.08 − ₩10,000) × ₩120,000/₩200,000 = ₩113,576
  이자비용 : ₩113,576 × 8% = ₩9,086

13 (주)관세는 20x1년 1월 1일에 사채(액면금액 ₩1,000,000, 표시이자율 연 10%, 매년 말 이자지급, 만기 3년)를 ₩885,840에 발행하였다. (주)관세는 동 사채를 20x3년 1월 1일에 전액 상환하였으며 발행시점 부터 상환직전까지 인식한 총 이자비용은 ₩270,680이었다. 사채상환시 사채상환이익이 ₩1,520인 경 우 (주)관세가 지급한 현금은? (단, 계산 시 화폐금액은 소수점 첫째자리에서 반올림한다.)

[2017 관세사]

① ₩953,480

② ₩954,000

③ ₩955,000

④ ₩956,000

⑤ ₩958,040

답 ③

┃정답해설┃

- 20x1년
  사채할인발행차금 총액 : ₩1,000,000 − ₩885,840 = ₩114,160

- 20x3년 기초
  사채할인발행차금 : ₩270,680 − (₩1,000,000 × 10% × 2) = ₩70,680
  사채할인발행차금잔액 : ₩114,160 − ₩70,680 = ₩43,480
  장부금액 : ₩1,000,000 − ₩43,480 = ₩956,520
  지급한 현금 : ₩956,520 − x = ₩1,520
  x = ₩955,000

CHAPTER 09 부채

1. 충당부채 (부채 ○)

과거사건으로 생긴 현재의무로서, 기업이 가진 경제적 효익이 있는 자원의 유출을 통해 그 이행이 예상되지만 그 지출시기 또는 금액이 불확실한 부채이다. 다음의 인식요건을 모두 충족하는 경우에 충당부채를 인식한다.

(1) 과거사건이나 거래의 결과로 현재의무가 존재하여야 한다.

(2) 당해 의무를 이행하기 위하여 자원의 유출가능성이 높아야 한다.

(3) 그 의무의 이행에 소요되는 금액을 신뢰성 있게 추정할 수 있어야 한다.

2. 우발부채 (부채 ×)

지출의 시기 또는 금액이 불확실한 부채로써 다음의 (1) 또는 (2)에 해당하는 잠재적인 부채를 말한다.

(1) 과거사건은 발생하였으나 기업이 전적으로 통제할 수 없는 하나 또는 그 이상의 불확실한 미래사건의 발생 여부에 의해서만 그 존재 여부가 확인되는 잠재적인 의무

(2) 과거사건이나 거래의 결과로 발생한 현재의무이지만 그 의무를 이행하기 위하여 자원이 유출될 가능성이 매우 높지 않거나, 또는 그 가능성은 매우 높으나 당해 의무를 이행하여야 할 금액을 신뢰성 있게 추정할 수 없는 경우

> **더 알아보기** 확정부채와 추정부채
> • 확정부채 : 지급시기와 지급금액이 확정된 부채
> • 추정부채 : 지급시기와 지급금액이 미확정된 부채(충당부채와 우발부채)

3. 충당부채의 종류

(1) 제품보증충당부채

일정기간 동안 품질을 보증하여 제품을 판매하고, 그 보증기간 동안 발생하는 하자에 대하여 예상되는 보증수리비용을 추정하여 매출시점에 속하는 기간에 비용으로 처리하고 충당부채로 인식

> 제품보증충당부채 = 매출액 × 경험률 − 당해보증비용발생액

예시문제

(주)감평은 x1년 중 판매한 제품에 대하여 판매일로부터 2년간 무상수리해주기로 하였으며 매출액의 5%가 제품보증비용으로 발생할 것으로 추정하고 있다. 이와 관련하여 다음 물음에 답하시오.

회계연도	매출액	실제보증비용 발생액	
		x2년	x3년
x1년	₩500,000	₩10,000	₩20,000
x2년	₩900,000	0	₩15,000

[1] (주)감평이 x2년 말 재무상태표에 제품보증충당부채로 보고할 금액
[2] 제품보증이 (주)감평의 x2년 당기순이익에 미친 영향

[1] (₩500,000 × 5%) + (900,000 × 5%) − 10,000 = ₩60,000

[2]
(1) x2년 초 제품보증충당부채 = ₩500,000 × 5% − 0 = ₩25,000
(2) 제품보증충당부채 증가액 = ₩60,000 − 25,000 = ₩35,000
   제품보증비용 = ₩10,000(현금지급액) + 35,000(충당부채증가액) = ₩45,000

정답 [1] ₩60,000 [2] ₩45,000(비용)

(2) 복구충당부채

토양, 수질오염 등을 유발할 가능성이 있는 유형자산에 대해서는 경제적 사용이 종료된 후에 환경보전을 위하여 원상을 회복시켜야 하는 경우 충당부채로 인식

> 복구충당부채 = 복구비용의 현재가치

(주)관세는 20x1년 초 내용연수 종료시점에 복구조건이 있는 구축물을 취득(취득원가 ₩1,000,000, 잔존가치 ₩0, 내용연수 5년, 정액법 상각)하였다. 내용연수 종료시점의 복구비용은 ₩200,000으로 추정되었으나, 실제 복구비용은 ₩230,000이 지출되었다. 복구비용에 적용되는 할인율은 연 8%(5기간 단일금액 ₩1의 미래가치 1.4693, 현재가치 0.6806)이며, 이 할인율은 변동되지 않는다. 동 구축물의 복구비용은 충당부채 인식요건을 충족하고 원가모형을 적용하였을 경우, 다음 중 옳은 것은? (계산 시 화폐금액은 소수점 첫째 자리에서 반올림한다.)

① 20x1년 초 복구충당부채는 ₩156,538이다.
② 20x1년 초 취득원가는 ₩863,880이다.
③ 20x1년 말 감가상각비는 ₩227,224이다.
④ 20x1년 말 복구충당부채에 대한 차입원가(이자비용)는 ₩23,509이다.
⑤ 내용연수 종료시점에서 복구공사손익은 발생되지 않는다.

③ 20x1년 말 감가상각비 = (₩1,000,000 + ₩136,120)/5 = ₩227,224

[오답해설]
① ₩200,000 × 0.6806 = ₩136,120
② ₩1,000,000 + ₩136,120 = ₩1,136,120
④ ₩136,120 × 8% = ₩10,890
⑤ ₩230,000 − ₩200,000 = ₩30,000

정답 ③

(3) 경품충당부채

상품의 판매를 촉진하기 위하여 환불정책, 경품, 포인트 적립, 마일리지제도를 시행하는 경우 관련비용에 대한 최선의 추정치를 경품충당부채로 인식

경품충당부채 = 차기이후 발생할 경품액

4. 충당부채의 인식

(1) 현재의무

① 의무이행에 대한 상대방은 불특정 다수가 될 수도 있으므로 상대방이 누구인지 반드시 알아야 하는 것은 아니다. 입법 예고된 법률의 세부 사항이 아직 확정되지 않은 경우에는 해당법안대로 제정될 것이 거의 확실한 때에만 의무가 생긴 것으로 본다.

② 현재의무는 과거사건의 결과로 인하여 존재한다. 이러한 과거사건을 의무발생사건이라고 하는데, 의무발생사건이 되기 위해서는 당해 사건으로부터 발생된 의무를 이행하는 것 외에는 실질적인 대안이 없어야 한다. 그리고 충당부채로 인식되기 위해서는 과거사건으로 인한 의무가 기업의 미래행위와 독립적이어야 한다. 예를 들어 환경오염으로 인한 범칙금은 기업의 미래행위에 관계없이 당해의무를 이행하기 위하여 경제적 효익이 내재된 자원의 유출이 수반되므로 충당부채를 인식할 대상이다. 반면, 환경관련 법규가 새롭게 시행되어 기업이 환경오염방지장치를 설치해야 한다면, 이러한 설치에 필요한 미래의 지출은 공장운영방식을 바꾸는 등의 기업의 미래 행위에 따라 회피할 수 있기 때문에 충당부채를 인식할 대상이 아니다.

③ 어떤 사건은 발생 당시에는 현재의무를 발생시키지 않지만 추후에 의무를 발생시킬 수도 있다. 예를 들어 환경오염이 발생되었는데 현재는 당장 복구할 의무가 없더라도 추후에 관련 법규가 신설되어 환경오염복구 의무가 발생될 수도 있고, 기업이 복구의무를 의제의무로서 공식적으로 수용할 수도 있다. 이러한 경우에는 충당부채의 인식 대상이 된다.

(2) 자원의 유출가능성

① 보고기간 말에 현재의무가 존재할 가능성이 존재하지 않을 가능성보다 높으면 과거사건이 현재의무를 생기게 한 것으로 본다.(50% 초과)

② 제품보증이나 이와 비슷한 계약 등 비슷한 의무가 다수 있는 경우에 의무 이행에 필요한 자원의 유출가능성은 해당 의무 전체를 고려하여 판단한다. 비록 개별 항목에서 의무 이행에 필요한 자원의 유출가능성이 높지 않더라도 전체적인 의무 이행에 필요한 자원의 유출 가능성이 높을 경우(기타 인식기준이 충족된다면)에는 충당부채를 인식한다.

(3) 신뢰성 있는 추정

① 추정치를 사용하는 것은 재무제표 작성의 필수적인 과정이며 재무제표의 신뢰성을 손상시키지 아니한다. 충당부채의 성격상 다른 재무상태표 항목에 비하여 불확실성이 더 크므로 그에 대한 추정치의 사용은 특히 필수적이다.

② 극히 드문 경우를 제외하고는 가능한 결과의 범위를 결정할 수 있으므로 충당부채를 인식할 때 충분히 신뢰성 있는 금액을 추정할 수 있다. 극히 드문 경우로 신뢰성 있는 금액의 추정이 불가능한 경우에는 부채로 인식하지 아니하고 우발부채로서 공시한다.

5. 충당부채의 측정

(1) 최선의 추정치

충당부채로 인식하는 금액은 현재의무를 보고기간 말에 이행하기 위하여 소요되는 지출에 대한 최선의 추정치이어야 한다.

(2) 현재가치

① 충당부채는 미래의 예상되는 지출이므로 화폐의 시간가치가 중요한 경우 예상되는 지출액의 현재가치로 평가한다.(예 복구충당부채)

② 할인율은 부채의 고유한 위험과 화폐의 시간가치에 대한 현행 시장의 평가를 반영한 세전 이율이다. 이 할인율에 반영되는 위험에는 미래 현금흐름을 추정할 때 고려된 위험은 반영하지 아니한다.

③ 현재의무를 이행하기 위하여 소요되는 지출 금액에 영향을 미치는 미래사건이 발생할 것이라는 충분하고 객관적인 증거가 있는 경우에는 그러한 미래사건을 감안하여 충당부채 금액을 추정한다.

(3) 자산의 예상처분이익

충당부채와 관련된 의무의 이행과 관련하여 자산처분이 예상되는 경우 자산의 예상처분이익은 충당부채를 측정하는데 고려하지 않는다.

6. 인식과 측정기준의 적용

(1) 미래의 예상 영업손실 : 충당부채로 인식하지 아니한다.

(2) 손실부담계약 : 손실부담계약은 계약상 의무의 이행에 필요한 회피 불가능 원가가 그 계약에서 받을 것으로 예상되는 경제적 효익을 초과하는 계약이다. 취소 불가능한 손실부담계약을 체결하고 있는 경우에는 관련된 현재의무를 충당부채로 인식하고 측정한다.

7. 조정

(1) 매 보고기간 말마다 충당부채의 잔액을 검토하고, 보고기간 말 현재 최선의 추정치를 반영하여 조정한다.

(2) 충당부채를 현재가치로 평가하여 표시하는 경우에는 장부금액을 기간 경과에 따라 증가시키고 해당 증가금액은 차입원가로 인식한다.

(3) 충당부채는 최초 인식과 관련 있는 지출에만 사용한다.

8. 제3자가 변제할 것이 예상되는 경우

(1) 충당부채를 결제하기 위하여 필요한 지출액의 일부 또는 전부를 제3자가 변제할 것이 예상되는 경우 기업이 의무를 이행한다면 변제받을 것이 거의 확실시 되는 때에 한하여 예상변제금액을 별도의 자산으로 인식한다.

(차) 비용	10	(대) 충당부채	10
(차) 별도자산	7	(대) 수익	7

(2) 자산으로 인식하는 예상변제금액은 관련 충당부채 금액을 초과할 수 없다. 회사는 전체 의무금액을 충당부채로 인식하므로 예상변제금액의 자산 인식금액과 충당부채를 상계표시하지 않는다. 그러나 충당부채와 관련하여 포괄손익계산서에 인식한 비용은 제3자의 변제와 관련하여 인식한 수익과 상계표시할 수 있다.

(3) 한편 어떤 의무에 대하여 제3자와 연대하여 의무를 지는 경우에는 이행해야 할 전체의무 중에서 제3자가 이행할 것으로 기대되는 부분에 한하여 우발부채로 공시하고, 회사가 부담해야 할 의무 중에서 경제적효익이 내재된 자원의 유출가능성이 높은 부분에 대해서 충당부채를 인식한다.

9. 인식과 측정기준의 적용

(1) 미래의 예상 영업손실 : 충당부채로 인식하지 아니한다.

(2) 손실부담계약 : 충당부채로 인식한다.

손실부담계약이란 계약상의 의무이행에서 발생하는 회피 불가능한 원가가 그 계약에 의하여 받을 것으로 기대되는 경제적효익을 초과하는 계약이다.

> 회피불능원가 = Min[A, B]
>
> A : 계약이행을 위하여 소요되는 원가
> B : 계약을 이행하지 못했을 때 지급해야 할 보상금 또는 위약금

(3) 구조조정

의제의무가 부채의 인식요건을 충족한 경우 충당부채로 인식한다.

구조조정에 대한 의제의무는 구조조정에 대한 공식적이며 구체적인 계획에 의해 그 내용을 확인할 수 있어야 하고, 구조조정 계획의 이행에 착수하였거나 기업이 구조조정을 이행할 것이라는 정당한 기대를 가져야 한다.

예시문제

미래의 예상 영업손실과 손실부담계약에 대한 설명으로 옳지 <u>않은</u> 것은?

① 미래의 예상 영업손실은 충당부채로 인식하지 아니한다.
② 손실부담계약은 계약상의 의무에 따라 발생하는 회피 불가능한 원가가 당해 계약에 의하여 얻을 것으로 기대되는 경제적 효익을 초과하는 계약이다.
③ 손실부담계약을 체결하고 있는 경우에는 관련된 현재의무를 충당부채로 인식하고 측정한다.
④ 손실부담계약에 대한 충당부채를 인식하기 전에 당해 손실부담계약을 이행하기 위하여 사용하는 자산에서 발생한 손상차손을 먼저 인식한다.
⑤ 손실부담계약의 경우 계약상의 의무에 따른 회피 불가능한 원가는 계약을 해지하기 위한 최소순원가로서 계약을 이행하기 위하여 소요되는 원가와 계약을 이행하지 못하였을 때 지급하여야 할 보상금(또는 위약금) 중에서 큰 금액을 말한다.

⑤ 이행하기 위하여 소요되는 원가와 계약을 이행하지 못하였을 때 지급하여야 할 보상금(또는 위약금) 중에서 작은 금액을 말한다.

정답 ⑤

10. 우발자산

과거사건에 의해 발생하였으나 기업이 전적으로 통제할 수 없는 하나 이상의 불확실한 미래사건의 발생여부에 의해서만 그 존재가 확인되는 잠재적 자산을 말한다. 우발자산은 미래에 전혀 실현되지 않을 수 있으므로 자산으로 인식하지 아니한다.

확인학습문제

01 충당부채 및 우발부채에 관한 설명으로 옳지 <u>않은</u> 것은?　　　　　　　　　**[2015 관세사]**

① 현재의무의 존재여부가 불분명한 경우에는 이용할 수 있는 모든 증거를 고려하여 보고기간 말 기준으로 충당부채의 인식여부를 판단해야 한다.

② 충당부채로 인식되기 위해서는 과거사건으로 인한 의무가 기업의 미래행위(즉, 미래 사업행위)와 독립적이어야 한다.

③ 충당부채로 인식하기 위해서는 현재의무가 존재하여야 할 뿐만 아니라 당해 의무의 이행을 위하여 경제적효익을 갖는 자원의 유출가능성이 높아야 한다.

④ 충당부채의 성격상 다른 재무상태표 항목에 비하여 불확실성이 더 크므로 그에 대한 추정치의 사용은 특히 필수적이다.

⑤ 과거에 우발부채로 처리하였다면 미래경제적효익의 유출가능성이 높아진 경우에도 충당부채로 인식할 수 없다.

답 ⑤

┃ 정답해설 ┃

⑤ 과거에 우발부채로 처리했더라도 미래경제적효익의 유출가능성이 높아진 경우 그러한 가능성의 변화가 발생한 기간의 재무제표에 충당부채로 인식한다.

02 다음 중 충당부채 및 우발부채에 대한 회계처리 내용으로 옳지 <u>않은</u> 것은? **[2012 관세사]**

① 충당부채로 인식되기 위해서는 과거사건으로 인한 의무가 기업의 미래행위와 관련되어야 한다.

② 충당부채에 대한 화폐의 시간가치가 중요한 경우에는 현재가치로 평가하고, 장부금액을 기간 경과에 따라 증가시키고 해당 증가금액은 차입원가로 인식한다.

③ 어떤 의무에 대하여 제3자와 연대하여 의무를 지는 경우에 이행하여야 하는 전체 의무 중에서 제3자가 이행할 것으로 기대되는 부분에 한하여 우발부채로 처리한다.

④ 손실부담계약을 체결하고 있는 경우에는 관련된 현재의무를 충당부채로 인식하고 측정한다.

⑤ 충당부채를 결제하기 위하여 필요한 지출액의 일부 또는 전부를 제3자가 변제할 것이 예상되는 경우 기업이 의무를 이행한다면 변제는 받을 것이 거의 확실하게 되는 때에 한하여 변제금액을 인식하고 별도의 자산으로 회계처리 한다.

답 ①

▌정답해설▐
① 충당부채로 인식되기 위해서는 기업의 미래행위와 독립적이어야 한다.

---

03 충당부채와 우발부채에 관한 설명으로 옳지 <u>않은</u> 것은? **[2017 감정평가사]**

① 제3자와 연대하여 의무를 지는 경우에는 이행할 전체의무 중 제3자가 이행할 것으로 예상되는 부분을 우발부채로 인식한다.

② 충당부채로 인식되기 위해서는 과거사건의 결과로 현재의무가 존재하여야 한다.

③ 충당부채를 현재가치로 평가할 때 할인율은 부채의 특유한 위험과 화폐의 시간가치에 대한 현행시장의 평가를 반영한 세전 이율을 적용한다.

④ 충당부채와 관련하여 포괄손익계산서에 인식한 비용은 제3자의 변제와 관련하여 인식한 금액과 상계하여 표시할 수 있다.

⑤ 과거에 우발부채로 처리하였다면 이후 충당부채의 인식조건을 충족하더라도 재무제표의 신뢰성 제고를 위해서 충당부채로 인식하지 않는다.

답 ⑤

▌정답해설▐
⑤ 과거에 우발부채로 처리하였다면 이후 충당부채의 인식조건을 충족하는 경우 충당부채로 인식한다.

04 충당부채, 우발부채 및 우발자산에 관한 설명으로 옳지 <u>않는</u> 것은? **[2012 감정평가사]**

① 소송이 진행 중인 경우는 보고기간 말에 현재의무가 존재하지 아니할 가능성이 높더라도 경제적효익이 내재된 자원의 유출가능성이 아주 낮지 않는 한 충당부채로 공시한다.

② 우발부채는 경제적효익이 내재된 자원의 유출을 초래할 현재의무가 있는지의 여부가 아직 확인되지 아니한 잠재적 의무이다.

③ 충당부채는 현재의무이고 이를 이행하기 위하여 경제적효익이 내재된 자원이 유출될 가능성이 높고 당해 금액을 신뢰성 있게 추정할 수 있으므로 부채로 인식한다.

④ 충당부채로 인식하는 금액은 현재의무를 보고기간 말에 이행하기 위하여 소요되는 지출에 대한 최선의 추정치이어야 한다.

⑤ 미래에 전혀 실현되지 아니할 수도 있는 수익을 인식하는 결과를 초래할 수 있기 때문에 우발자산은 재무제표에 인식하지 아니한다.

답 ①

┃정답해설┃

① 경제적효익이 내재된 자원의 유출가능성이 높아야 충당부채로 인식할 수 있다.

05 충당부채 회계처리에 관한 설명으로 옳지 <u>않은</u> 것은? **[2021 관세사]**

① 미래의 예상 영업손실은 충당부채로 인식한다.

② 충당부채는 최초 인식과 관련 있는 지출에만 사용한다.

③ 예상되는 자산 처분이익은 충당부채를 측정하는 데 고려하지 아니한다.

④ 화폐의 시간가치 영향이 중요한 경우에 충당부채는 의무를 이행하기 위하여 예상되는 지출액의 현재가 치로 평가한다.

⑤ 충당부채로 인식하는 금액은 현재의무를 보고기간 말에 이행하기 위하여 필요한 지출에 대한 최선의 추정치이어야 한다.

답 ①

┃정답해설┃

① 미래의 예상 영업손실은 충당부채로 인식하지 않는다.

06 다음 중 충당부채의 내용으로 옳지 <u>않은</u> 것은? [2010 관세사]

① 예상되는 자산처분이 충당부채를 발생시킨 사건과 밀접하게 관련되었다면 당해 자산의 예상처분이익은 충당부채에서 차감한다.

② 충당부채로 인식하는 금액은 현재의무를 보고기간 말에 이행하기 위하여 소요되는 지출에 대한 최선의 추정치이어야 한다.

③ 화폐의 시간가치 효과가 중요한 경우 충당부채는 의무를 이행하기 위하여 예상되는 지출액의 현재가치로 평가한다.

④ 충당부채는 현재의무이고 이를 이행하기 위하여 경제적효익을 갖는 자원이 유출될 가능성이 높고 당해 금액을 신뢰성 있게 추정할 수 있으므로 부채로 인식한다.

⑤ 불법적인 환경오염으로 인한 환경정화비용의 경우에는 기업의 미래행위에 관계없이 당해 의무의 이행에 경제적효익을 갖는 자원의 유출이 수반되므로 충당부채를 인식한다.

답 ①

▌정답해설▌

① 자산의 예상처분이익은 충당부채를 측정하는데 고려하지 않는다.

07 충당부채와 우발부채에 관한 설명으로 옳지 <u>않은</u> 것은? [2016 감정평가사]

① 충당부채를 인식하기 위해서는 당해 의무를 이행하기 위하여 경제적효익을 갖는 자원이 유출될 가능성이 매우 높아야 한다.

② 우발부채는 경제적효익을 갖는 자원의 유출을 초래할 현재의무가 있는지의 여부가 아직 확인되지 아니한 잠재적 의무이므로 부채로 인식하지 않는다.

③ 재무제표는 미래 시점의 예상 재무상태가 아니라 보고기간말의 재무상태를 표시하는 것이므로, 미래영업을 위하여 발생하게 될 원가에 대하여는 충당부채를 인식하지 않는다.

④ 충당부채로 인식되기 위해서는 과거사건으로 인한 의무가 기업의 미래행위(즉, 미래 사업행위)와 독립적이어야 한다.

⑤ 상업적 압력 때문에 공장에 특정 정화장치를 설치하기 위한 비용 지출을 계획하고 있는 경우 공장운영방식을 바꾸는 등의 미래행위를 통하여 미래의 지출을 회피할 수 있으므로 당해 지출은 현재의무가 아니며 충당부채도 인식하지 아니한다.

답 ①

▌정답해설▌

① 충당부채를 인식하기 위해서는 당해 의무를 이행하기 위하여 경제적효익을 갖는 자원이 유출될 가능성이 높아야 한다. (매우 ×)

08 (주)감평은 제품 구입 후 1년 이내에 발생하는 제품의 결함에 대하여 제품보증을 실시하고 있다. 20x3년에 판매된 제품에 대하여 중요하지 않은 결함이 발생한다면 ₩50,000의 수리비용이 발생하고, 치명적인 결함이 발생하면 ₩200,000의 수리비용이 발생한다. 과거경험률에 따르면 70%는 결함이 없으며, 20%는 중요하지 않은 결함이 발생하며, 10%는 치명적인 겸함이 발생한다고 할 때 20x3년 말에 제품보증충당부채로 인식할 금액은? (단, 20x3년 말까지 발생한 수리비용은 없다.) **[2015 감정평가사]**

① ₩10,000

② ₩20,000

③ ₩30,000

④ ₩200,000

⑤ ₩250,000

답 ③

▌정답해설▐

(₩50,000 × 20%) + (₩200,000 × 10%) = ₩30,000

09 다음 20x1년 말 (주)감평의 자료에서 재무상태표에 표시될 충당부채 금액은? (단, 현재가치 계산은 고려하지 않는다.) **[2017 감정평가사]**

- 20x1년 초에 취득한 공장건물은 정부와의 협약에 의해 내용연수가 종료되면 부속토지를 원상으로 회복시켜야 하는데, 그 복구비용은 ₩500,000이 발생될 것으로 추정된다.
- 20x1년 말에 새로운 회계시스템의 도입으로 종업원들에 대한 교육훈련이 20x2년에 진행될 예정이며, 교육훈련비용으로 ₩300,000의 지출이 예상된다.
- 20x1년 초에 구입한 기계장치는 3년마다 한번씩 대대적인 수리가 필요한데, 3년 후 ₩600,000의 수리비용이 발생 될 것으로 추정된다.

① ₩0

② ₩500,000

③ ₩600,000

④ ₩800,000

⑤ ₩1,100,000

답 ②

▌정답해설▐

- 복구충당부채에 해당하며, 충당부채로 인식한다.
- 미래에 예상되는 지출이므로 부채로 인식하지 않는다.
- 미래의 행위에 따라 회피될 수 있으므로 부채로 인식하지 않는다.

10 20x1년 말 현재 (주)관세는 판매된 제품의 하자로 인해 고객들에게 배상의무를 이행해야 할 확률이 매우 높으며, 의무 이행을 위해서는 ₩500,000이 지출될 것으로 신뢰성 있게 추정된다. 한편, 이러한 하자 원인은 부품 공급처 중 한 회사로부터 제공받은 부품의 불량과도 무관하지 않다. 따라서 (주)관세가 의무를 이행한다면 불량부품을 공급한 거래처로부터 이행금액의 30%를 변제받을 수 있을 것이 확실하다. 동 하자와 관련하여 (주)관세가 20x1년 말 재무상태표에 인식할 충당부채와 20x1년도 포괄손익계산서의 당기순이익에 미치는 영향은? **[2020 관세사]**

	충당부채	당기순이익
①	₩350,000	₩150,000 증가
②	₩350,000	₩350,000 증가
③	₩350,000	₩500,000 증가
④	₩500,000	₩350,000 감소
⑤	₩500,000	₩500,000 감소

답 ④

▌정답해설▐

• 20x1년 말 충당부채 : ₩500,000
• 20x1년 당기순이익에 미치는 영향 : ₩500,000 − ₩500,000 × 30% = ₩350,000(감소)

11 충당부채, 우발부채 및 우발자산에 관한 설명으로 옳지 않은 것은? **[2018 감정평가사]**

① 충당부채는 현재의무이고 이를 이행하기 위하여 경제적 효익이 있는 자원을 유출할 가능성이 높고 해당 금액을 신뢰성 있게 추정할 수 있으므로 부채로 인식한다.

② 제품보증이나 이와 비슷한 계약 등 비슷한 의무가 다수 있는 경우에 의무 이행에 필요한 자원의 유출 가능성은 해당 의무 전체를 고려하여 판단한다.

③ 재무제표는 미래 시점의 예상 재무상태가 아니라 보고기간 말의 재무상태를 표시하는 것이므로, 미래 영업에서 생길 원가는 충당부채로 인식한다.

④ 손실부담계약은 계약상 의무의 이행에 필요한 회피 불가능 원가가 그 계약에서 받을 것으로 예상되는 경제적 효익을 초과하는 계약을 말한다.

⑤ 우발자산은 과거사건으로 생겼으나, 기업이 전적으로 통제할 수는 없는 하나 이상의 불확실한 미래 사건의 발생 여부로만 그 존재 유무를 확인할 수 있는 잠재적 자산을 말한다.

답 ③

▌정답해설▐

③ 재무제표는 미래 시점의 예상 재무상태가 아니라 보고기간 말의 재무상태를 표시하는 것이므로, 미래영업에서 생길 원가는 충당부채로 인식하지 않는다.

12 우발부채 및 우발자산에 관한 설명으로 옳지 <u>않은</u> 것은? **[2018 관세사]**

① 우발부채와 우발자산은 재무상태표에 자산이나 부채로 인식하지 않는다.

② 제삼자와 연대하여 의무를 지는 경우, 이행할 전체 의무 중 제삼자가 이행할 것으로 예상되는 부분에 대해서는 우발부채로 처리한다.

③ 과거에 우발부채로 처리한 항목에 대해서는, 미래경제적효익의 유출가능성이 높아지고 해당 금액을 신뢰성 있게 추정할 수 있는 경우라 하더라도, 재무제표에 충당부채로 인식할 수 없다.

④ 우발자산이란 과거사건으로 생겼으나, 기업이 전적으로 통제할 수는 없는 하나 이상의 불확실한 미래사건의 발생 여부로만 그 존재 유무를 확인할 수 있는 잠재적 자산을 말한다.

⑤ 기업은 관련 상황의 변화가 적절하게 재무제표에 반영될 수 있도록 우발자산을 지속적으로 평가하여야 한다.

답 ③

▍정답해설▍

③ 과거에 우발부채로 처리한 항목에 대해서는, 미래경제적효익의 유출가능성이 높아지고 해당 금액을 신뢰성있게 추정할 수 있는 경우 재무제표에 충당부채로 인식한다.

CHAPTER 10 자본

제1절 자본의 의의 및 구분

1. 자본의 의의

> 자본 = 자산 − 부채 = 순자산

(1) 회사의 자산은 크게 두 가지 원천으로 조달된다.
   ① 채권자가 제공하는 자금 : 부채(타인자본)
   ② 소유주가 제공하는 자금 : 자본(자기자본)

(2) 자본은 회사에 자금을 투자한 소유주의 몫을 나타낸다.

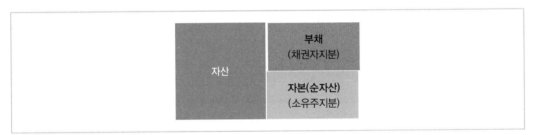

2. 자본의 분류

자본금	발행주식수 × 액면금액	보통주자본금, 우선주자본금
자본잉여금	자본거래로 인한 이익(+)	주식발행초과금, 감자차익, 자기주식처분이익
자본조정	자본거래로 인한 손실(−)	주식할인발행차금, 감자차손, 자기주식처분손실, 자기주식
기타포괄손익누계액	손익거래 중 미실현 손익	재평가잉여금, 기타포괄손익 − 공정가치측정금융자산평가손익, 해외사업환산손익, 파생상품평가손익, 순확정급여부채(자산)의 재측정손익
이익잉여금	손익거래 중 실현된 손익	법정적립금, 임의적립금, 미처분이익잉여금

> ☑ **정리**   **주식회사의 자본**
>
> • 자본 = 자본금 + 자본잉여금 + 자본조정 + 기타포괄손익누계액 + 이익잉여금
> • 발생원천에 따라 다음과 같이 구분
>   ① 자본거래에서 발생 → 자본잉여금
>   ② 손익거래에서 발생 → 이익잉여금

1. 자본금

자본금 = 발행주식수 × 1주당 액면가액

주식회사의 자본금은 법정자본금이라 하며, 발행주식수 1주당 액면가액을 곱한 금액으로 한다. 자본금은 보통주자본금과 우선주자본금으로 구성된다.

2. 주식의 종류

(1) 보통주

보통주를 소유한 보통주주는 주주총회에서 임원의 선임 및 기타사항에 대하여 주식의 소유비율만큼 의결권을 행사할 수 있으며, 이익배당을 받을 권리가 있다.

(2) 우선주

보통주에 우선하여 배당금을 받을 권리가 부여되거나 회사를 청산하는 경우 청산시점의 부채를 상환하고 남는 잔여재산에 대하여 보통주에 우선하는 청구권이 인정되는 주식을 말한다.

① **누적적우선주** : 특정연도에 이익배당을 지급받지 못한 경우에는 차후 연도에 지급받지 못한 이익배당액을 누적하여 우선적으로 지급받을 수 있는 권리가 부여된 주식

② **참가적우선주** : 정해진 우선주 배당률의 배당을 초과하여 보통주와 함께 일정한 한도까지 이익배당에 참여할 권리가 부여된 우선주

③ **전환우선주** : 보통주식으로 전환할 수 있는 권리가 인정된 우선주식

④ **상환우선주** : 주식발행회사가 미리 약정한 상환가격으로 우선주를 상환할 수 있는 선택권을 갖고 있는 우선주

　　㉠ 회사가 상환청구권을 갖는 경우 : 자본으로 분류

　　㉡ 주주가 상환청구권을 갖는 경우 : 금융부채로 분류

3. 자본잉여금과 자본조정

(1) 자본잉여금

주식발행초과금, 감자차익, 자기주식처분이익

(2) 자본조정

주식할인발행차금, 감자차손, 자기주식처분손실, 자기주식, 미교부주식배당금, 신주청약증거금

2027년 12월 31일 현재 A사, B사, C사의 자본금과 관련된 내용은 다음과 같다. 단, B사의 경우 2025년도분과 2026년도분의 배당금이 연체되어 있으며, C사의 경우 2026년도분의 배당금이 연체되어 있다.

구분	A사	B사	C사
보통주자본금	₩10,000,000	₩10,000,000	₩10,000,000
발행주식수	2,000주	2,000주	2,000주
액면금액	₩5,000	₩5,000	₩5,000
우선주자본금	₩5,000,000	₩5,000,000	₩5,000,000
발행주식수	1,000주	1,000주	1,000주
액면금액	₩5,000	₩5,000	₩5,000
우선주배당률	5%	5%	5%
우선주 종류	완전참가적 비누적적	비참가적 누적적	8% 부분참가적 누적적

주주총회에서 A사, B사, C사는 각각 ₩1,350,000씩의 배당금 지급을 결의한 경우 우선주에 배분할 배당금은 각각 얼마인가?

(1) A사 : ₩1,350,000 × 5/15(자본금비율) = ₩450,000
(2) B사 : ₩5,000,000 × 5% × 2회(연체분) + ₩5,000,000 × 5% × 1회(당기분) = ₩750,000
(3) C사 : ₩616,667
　　① 연체분 : ₩5,000,000 × 5% × 1회(연체분) = ₩250,000
　　② 당기분 : Min[₩5,000,000 × 8%, (₩1,350,000 − ₩250,000) × 5/15] = ₩366,667

정답 A사 : ₩450,000　B사 : ₩750,000　C사 : ₩616,667

제3절　증자와 감자

1. 증자와 감자

(1) 증자 : 자본금을 증가시키는 것

① 실질적 증자(유상증자) : 신주를 발행하여 주금을 납입받아 자본금을 조달하는 방법
② 형식적 증자(무상증자) : 자본금 증가가 있지만 자산이 증가하지 않아 형식적으로만 자본금이 증가하는 것(예 자본잉여금이나 이익잉여금의 자본금전입, 전환사채의 전환, 주식배당 등)

(2) 감자 : 자본금을 감소시키는 것

① 실질적 감자(유상감자)(예 주식소각, 주금의 환급)
② 형식적 감자(무상감자) : 결손금을 자본금으로 보전하는 것으로, 액면금액 또는 주식수를 감소시키는 것

2. 주식발행(유상증자)

(1) 주식을 발행하게 되면 회사는 자금을 확보하며, 주식수가 증가하므로 자본금과 자본이 증가하게 된다.

(2) 주식발행가액은 신주발행수수료 등 신주발행을 위하여 직접 발생한 기타의 비용을 차감한 후의 금액을 말한다.

(3) 주식발행초과금과 주식할인발행차금은 상호간 우선적으로 상계한다.

(4) 회계처리

① 액면발행(액면금액 = 발행가액) : 주식을 액면발행하는 경우에는 액면금액 전액을 자본금계정으로 기록

(차) 현금	×××	(대) 자본	×××
(자산증가)		(자본증가)	

② 할증발행(액면금액 < 발행가액) : 액면금액은 자본금으로 처리하고, 이를 초과하는 금액은 주식발행초과금(자본잉여금)으로 처리

(차) 현금	×××	(대) 자본금(자본)	×××
		주식발행초과금(자본)	

③ 할인발행(액면금액 > 발행가액) : 액면금액에 해당하는 금액은 자본금으로 처리하고, 납입금액이 액면금액에 미달하는 부분은 주식할인발행차금(자본조정)으로 처리

(차) 현금	×××	(대) 자본금(자본)	×××
주식할인발행차금(자본)	×××		

3. 기타 증자

(1) 현물출자

주식의 대금을 현금이외의 자산으로 납입하는 것을 현물출자라 한다. 현물출자가 이루어지면 차변에 현금이 증가하는 것이 아니라 현금 이외의 자산이 증가한다. 자산의 취득원가는 발행가액을 적용하나, 현물출자의 경우에는 발행가액이 불분명하므로, 자산의 취득원가는 취득한 자산의 공정가치와 발행한 주식의 공정가치 중 명확한 가액으로 한다.

(차) 유형자산	×××	(대) 자본금(자본)	×××
		주식발행초과금(자본)	×××

(2) 무상증자

실질적인 증자가 아니라 형식적인 증자로, 자본잉여금이나 법정적립금을 재원으로 하여 자본에 전입하고 신주를 발행, 교부하는 것

(차) 자본잉여금(자본)	×××	(대) 자본금(자본)	×××
법정적립금(자본)	×××		

(3) 출자전환

출자전환을 통하여 발행된 지분상품은 금융부채가 소멸된 날에 최초로 인식하고 측정한다.

(차) 금융부채	×××	(대) 자본금	×××
		주식발행초과금	×××
		채무조정이익	×××

4. 주식의 소각

보통주의 소각과 상환우선주의 상환 등이 있으며 취득가액과 액면금액의 차액은 감자차익과 감자차손으로 계상된다.

5. 자기주식

(1) 의의

회사가 이미 발행하여 유통되고 있는 주식 중에서 매입 또는 증여 등에 의하여 취득된 주식

(2) 회계처리

자기주식은 취득원가로 자본조정의 차감항목으로 처리한다.

① 취득 시

(차) 자기주식(취득원가)	×××	(대) 현금	×××

② 처분 시

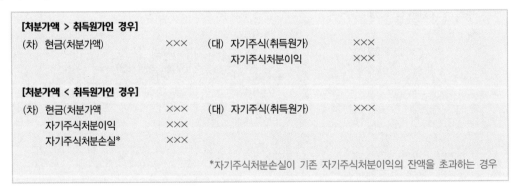

[처분가액 > 취득원가인 경우]

(차) 현금(처분가액)	×××	(대) 자기주식(취득원가)	×××
		자기주식처분이익	×××

[처분가액 < 취득원가인 경우]

(차) 현금(처분가액)	×××	(대) 자기주식(취득원가)	×××
자기주식처분이익	×××		
자기주식처분손실*	×××		

*자기주식처분손실이 기존 자기주식처분이익의 잔액을 초과하는 경우

③ 소각 시

[액면가액 > 취득원가인 경우]

(차) 자본금(액면가액)　　　　×××　　(대) 자기주식(취득원가)　　×××
　　　　　　　　　　　　　　　　　　　　 감자차익　　　　　　　　×××

[액면가액 < 취득원가인 경우]

(차) 자본금(액면가액)　　　　×××　　(대) 자기주식(취득원가)　　×××
　　 감자차손　　　　　　　 ×××

예시문제

(주)감평은 20x1년 초 보통주 100주를 주당 ₩5,000(액면가액 ₩5,000)에 발행하고 회사를 설립하였다. 그 후 다음과 같은 거래가 발생하였다고 할 때, 해당 거래를 분개하시오.

(1) 2/1 보통주 20주를 주당 ₩7,000에 재취득하였다.
(2) 3/1 보통주 20주를 주당 ₩4,500에 재취득하였다.
(3) 4/1 ₩7,000에 취득한 자기주식 10주를 ₩8,000에 처분하였다.
(4) 5/1 ₩4,500에 취득한 자기주식 10주를 ₩3,000에 처분하였다.
(5) 6/1 ₩7,000에 취득한 자기주식을 소각하였다.
(6) 7/1 ₩4,500에 취득한 자기주식을 소각하였다.

---

(1) 2/1
　　(차) 자기주식　　　　140,000　　(대) 현금　　　　　　140,000

(2) 3/1
　　(차) 자기주식　　　　 90,000　　(대) 현금　　　　　　 90,000

(3) 4/1
　　(차) 현금　　　　　　 80,000　　(대) 자기주식　　　　 70,000
　　　　　　　　　　　　　　　　　　　　 자기주식처분이익　 10,000

(4) 5/1
　　(차) 현금　　　　　　 30,000　　(대) 자기주식　　　　 45,000
　　　　 자기주식처분이익　10,000
　　　　 자기주식처분손실　 5,000

(5) 6/1
　　(차) 자본금　　　　　　5,000　　(대) 자기주식　　　　　7,000
　　　　 감자차손　　　　　2,000

(6) 7/1
　　(차) 자본금　　　　　　5,000　　(대) 자기주식　　　　　4,500
　　　　　　　　　　　　　　　　　　　　 감자차손　　　　　　 500

1. 자본잉여금

주식발행에 의한 주금의 납입 또는 주주와의 자본거래에서 발생한 잉여금으로써 주식발행초과금, 감자차익, 자기주식처분이익 등이 이에 해당한다.

2. 자본조정

주식발행에 의한 주금의 납입 또는 주주와의 자본거래에서 발생한 자본거래 손실의 누계액으로써 주식할인발행차금, 감자차손, 자기주식처분손실, 자기주식, 미교부주식배당금, 신주청약증거금 등이 이에 해당한다.

3. 기타포괄손익누계액

(1) 의의

손익계산서의 미실현손익인 기타포괄손익의 항목은 재무상태표의 기타포괄손익누계액에 집계된다. 기타포괄손익항목은 차후 자산(부채)이 제거될 경우 소멸하며 당기순이익에 영향을 미치는 재분류조정대상항목이 있고, 기타포괄손익이 소멸하면서 당기 순이익에 영향을 미치지 않는 이익잉여금 대체항목이 있다.

(2) 종류

당기손익으로 재분류하지 않는 경우	당기손익으로 재분류하는 경우
① 재평가잉여금	① 기타포괄손익 – 공정가치측정 투자채무상품의 평가손익
② 순확정급여부채(자산)의 재측정요소	② 해외사업환산손익
③ 기타포괄손익 – 공정가치측정 투자지분상품의 평가손익	③ 파생상품평가손익 현금위험회피 평가손익

(3) 당기손익으로 재분류

① 당기손익으로 재분류하지 않는 항목(자산제거시 기타포괄손익누적금액이 이익잉여금으로 직접대체)
   재평가잉여금, 순확정급여부채(자산)의 재측정요소, 기타포괄손익 – 공정가치측정 투자지분상품의 평가손익

② 당기손익으로 재분류하는 항목(자산제거시 기타포괄손익누적금액이 당기손익으로 재분류)
   기타포괄손익 – 공정가치측정 투자채무상품의 평가손익, 해외사업환산손익

③ 단, 관계기업 기타포괄손익과 현금흐름위험회피에서 위험회피에 효과적인 파생상품평가손익은 아래와 같이 처리한다.

구분	관계기업 기타포괄손익	현금흐름위험회피에서 위험회피에 효과적인 파생상품평가손익
당기손익으로 재분류하지 않는 경우	관계기업의 기타포괄손익이 재분류하지 않는 항목인 경우	관계기업의 기타포괄손익이 재분류하는 항목인 경우
당기손익으로 재분류하는 경우	예상거래로 비금융자산(부채)를 인식하게 되거나 확정계약인 경우	그 외의 경우

1. 이익잉여금

이익잉여금은 회사의 정상적인 영업활동, 영업외 활동에 의한 손익거래에서 발생한 이익을 원천으로 하여
회사 내에 유보된 부분이다.

☑ 정리	이익잉여금 구성항목
법정적립금	이익준비금, 기타법정적립금
임의적립금	사업확장적립금, 감채적립금, 배당평균적립금, 결손보전 적립금 등
미처분이익잉여금	이익 중 배당이나 다른 잉여금으로 처분되지 않고 남아있는 이익잉여금

(1) 법정적립금

법률의 규정에 의하여 요건이 충족되면 적립이 강제되는 적립금으로, 대표적인 예는 이익준비금이이다.
① 이익준비금 : 상법의 규정에 의하여 회사가 강제적으로 기업내부에 유보하여야 하는 법정준비금을 말한
다. 주식회사는 그 자본금의 2분의 1에 달할 때까지 매 결산기의 금전에 의한 이익배당액의 10분의 1
이상의 금액을 이익준비금으로 적립하여야 한다.
② 기타법정적립금 : 상법이외의 다른 법령의 규정에 의하여 적립된 금액이다.

(2) 임의적립금

강제적으로 적립되는 것이 아니라 회사가 특정 목적을 달성하기 위하여 정관이나 주주총회의 결의에 의해서
이익잉여금 중 사내에 유보된 적립금을 의미한다. 예를 들어 사업확장적립금, 감채적립금, 배당평균적립금,
결손보전 적립금 등이 있다.

(3) 미처분이익잉여금

회사가 벌어들인 이익 중 배당이나 다른 잉여금으로 처분되지 않고 남아있는 이익잉여금을 말한다.

2. 배당

회사가 투자에 대한 대가로 주주에게 순이익의 일부를 분배하는 금액이다.

(1) 현금배당

현금으로 배당금을 지급하는 것으로 일반적인 형태의 배당이며, 미처분이익잉여금잔액의 범위 내에서 배당
이 이루어져야 한다. 한편, 중간배당의 경우 현금배당에 의해서만 지급할 수 있다.
① 배당결의일

(차) 미처분이익잉여금(자본)	×××	(대) 미지급배당금(부채)	×××

② 배당지급일

(차) 미지급배당금(부채)	×××	(대) 현금	×××

(2) 주식배당

주식을 발행하여 배당하는 것으로, 이익잉여금은 감소하고 자본금은 증가하지만 전체자본은 불변한다.

① 배당결의일

(차) 미처분이익잉여금(자본)	×××	(대) 미교부주식배당금(자본)	×××

② 배당지급일

(차) 미교부주식배당금(자본)	×××	(대) 자본금(자본)	×××

3. 무상증자, 주식분할, 주식병합

(1) 무상증자

무상증자는 현금의 유입이 없으므로 자본의 구성내용만 변경될 뿐 자본총계에는 영향을 미치지 아니한다. 이익잉여금(혹은 자본잉여금)이 자본금으로 대체 되는 것이다. 그러므로 이익잉여금 혹은 자본잉여금이 감소하며 자본금은 증가하지만 전체자본은 불변한다.

(2) 주식분할

하나의 주식을 여러 개의 동일주식으로 분할하는 것을 말한다.

(3) 주식병합

여러 개의 동일 주식을 하나의 주식으로 병합하는 것을 말한다.

더 알아보기 무상증자, 주식배당, 주식분할 및 주식병합 비교

구분	총자본(순자산)	주식 수	액면가액
주식배당	불변	증가	불변
무상증자	불변	증가	불변
주식분할	불변	증가	감소
주식병합	불변	감소	증가

(주)관세의 20x1년 자본거래내역이다. 20x1년 초 (주)관세의 자본총계가 ₩290,000일 경우 20x1년 말 자본총계는? (단, (주)관세는 주당액면금액 ₩500인 보통주만 발행하고 있으며, 20x1년 배당시 이익준비금 설정은 고려하지 않는다.)

[2020년 관세사]

일자	내역
3. 30.	이익잉여금을 재원으로 ₩100,000의 현금배당과 100주의 주식배당을 결의하고 실시하였다.
6. 9.	자기주식 50주를 주당 ₩800에 취득하였다.
7. 13.	6월 9일 취득한 자기주식 중 20주를 주당 ₩900에 재발행하였다.
12. 13.	유상증자를 실시하고, 보통주 50주를 주당 ₩1,000에 발행하였다.

① ₩166,000   ② ₩168,000
③ ₩202,000   ④ ₩216,000
⑤ ₩218,000

₩290,000 − ₩100,000 − 50주 × ₩800 + 20주 × ₩900 + 50주 × ₩1,000 = ₩218,000

정답 ⑤

4. 자본변동표

(1) 의의

자본의 크기와 그 변동에 관한 정보를 제공하는 재무보고서이다. 자본을 구성하고 있는 각 항목별 기초잔액, 변동사항 및 기말잔액을 표시한다.

(2) 자본잉여금의 변동

유상증자(감자), 무상증자(감자), 결손금처리 등에 의하여 발생하며, 주식발행초과금과 기타자본잉여금으로 구분하여 표시한다.

5. 배당의 계산

(1) 순서

① 1단계 : 우선주배당금 계산
② 2단계 : 보통주배당금 계산 = 배당액 − 우선주 배당금

(2) 우선주 배당의 계산

① 당기분 우선주배당 = 우선주자본금 × 배당율
② 누적적우선주배당금(연체배당) = 우선주자본금 × 최소배당률 × 미수령기간
③ 당기분 보통주배당 = 보통주자본금 × 배당율
④ 참가적 우선주배당
    ㉠ 비참가적인 경우 : 계산하지 않는다.
    ㉡ 완전참가적 우선주 : 잔여배당* × {우선주자본금/(우선주자본금 + 보통주자본금)}

*잔여배당 = 전체배당 − 우선주당기배당 및 연체배당 − 보통주당기배당

    ㉢ 부분참가적우선주 : Min[우선주자본금 × 최대배당률, 완전참가적을 가정한 경우 배당금]

다음은 (주)감평의 20x3년 12월 31일의 자본금 현황이다.

- 보통주 자본금 : ₩1,500,000
- 우선주 자본금 : ₩1,000,000

(주)감평은 20x1에 설립한 이후 지금까지 배당금을 지급하지 못했고, 20x3년 12월 31일로 종료되는 회계연도의 주주총회일 (20x4년 2월)에 ₩600,000의 현금배당을 하기로 결의하였다. 우선주 배당률이 8%일 때, 보통주와 우선주 배당금을 각각 배분하시오.

[1] 비누적, 비참가적 우선주
[2] 비누적, 완전참가적 우선주
[3] 누적, 비참가적 우선주
[4] 누적, 완전참가적 우선주
[5] 누적, 부분참가적(12%) 우선주

[1] 비누적, 비참가적 우선주

	우선주	보통주	합계
당기	80,000	520,000	600,000

[2] 비누적, 완전참가적 우선주

	우선주	보통주	합계
당기	80,000	120,000	200,000
완전참가	160,000	240,000	400,000

[3] 누적, 비참가적 우선주

	우선주	보통주	합계
누적(2회)	160,000	–	160,000
당기	80,000	360,000	440,000

[4] 누적, 완전참가적 우선주

	우선주	보통주	합계
누적(2회)	160,000	–	160,000
당기	80,000	120,000	360,000
완전참가	96,000	144,000	240,000

[5] 누적, 부분참가적(12%) 우선주

	우선주	보통주	합계
누적(2회)	160,000	–	160,000
당기	80,000	120,000	360,000
부분참가	40,000	200,000	240,000

1. 주당이익의 의의

주당이익(Earnings Per Share)이란 주식 1주당 이익(또는 손실)이 얼마인가를 나타내는 수치로서 주식 1주에 귀속되는 이익(또는 손실)이다. 주당이익은 투자의사결정에 유용한 정보를 제공하며 재무제표에 공시하여야 한다.

2. 주당이익의 구분

유통되고 있는 보통주를 기준으로 산정한 주당이익을 기본주당이익이라 하고, 잠재적보통주까지 고려하여 산정한 주당이익을 희석주당이익이라 한다. 기업은 기본주당순이익과 희석주당순이익을 동시에 재무제표에 공시하여야 한다.

3. 기본주당이익

$$기본주당이익 = \frac{보통주\ 당기순이익}{가중평균유통보통주식수}$$

(1) 보통주 당기순이익

$$보통주\ 당기순이익 = 당기순이익 - 우선주배당금$$

당기순손익에서 차감할 세후 우선주 배당금은 다음과 같다.
① 당해 회계기간과 관련하여 배당 결의된 비누적적 우선주에 대한 세후 배당금
② 배당결의 여부와 관계없이 당해 회계기간과 관련한 누적적 우선주에 대한 세후배당금(전기 이전의 기간과 관련하여 당기에 지급되거나 결의된 누적적 우선주 배당금은 제외)

(2) 가중평균유통보통주식수

- 유상증자(자기주식의 처분) : +주식수 × 발행기간/12
- 자기주식의 취득(유상감자) : -주식수 × 자기주식취득기간/12
- 무상증자(주식배당) : [ ] × (1 + 무상증자비율)

① 기간에 따른 가중치를 반영한 주식 수로서, 기초의 유통보통주식수에 회계기간 중 취득된 자기주식수 또는 신규 발행된 보통주식 수 각각의 유통기간에 따른 가중치를 고려한다.
② 유상증자 또는 자기주식을 매각한 경우 주식발행일(납입일)을 기산일로 하여 가중평균하여 가산이다.

③ 무상증자, 주식배당, 주식분할, 주식합병이 실시된 경우에는 기초에 실시된 것으로 간주한다. 따라서 당해 사건이 있기 전의 유통보통주식수를 최초기간의 개시일에 그 사건이 일어난 것처럼 비례적으로 조정한다.

④ 자기주식의 취득 또는 유상감자가 실시된 경우, 가중평균하여 차감한다.

⑤ 시가이하로 유상증자한 경우(유상증자＋무상증자) : 유상증자 주식수를 계산한 후 유상증자가 먼저 이루어지고 그 다음 무상증자가 이루어진 것으로 하여 무상증자 비율을 계산한다.

4. 가중평균유통보통주식수 계산

예시문제

20x1년 1월 1일 현재 유통보통주식수는 1,700주이며 20x1년 자본거래는 다음과 같다. 20x1년 말 가중평균유통보통주식수는?

일자	내역
20x1년 5월 31일	유상증자 800주
20x1년 12월 1일	자기주식취득 250주

$(1,700 \times 12/12) + (800 \times 7/12) - (250 \times 1/12) = 2,146$주

예시문제

20x1년 1월 1일 현재 (주)감평의 유통보통주식수는 10,000주이며 20x1년 자본거래는 다음과 같다.

일자	내용
4월 1일	10% 무상증자 실시
7월 1일	시가 유상증자 2,000주
10월 1일	1,000주 자기주식 취득
보통주 당기순이익	11,750,000원

20x1년 기본주당순이익은 얼마인가? (단, 월수를 기준으로 계산한다)

(1) 기본주당순이익＝11,750,000 ÷ 11,750주 ＝ ₩1,000
(2) 보통주식수 ＝ $(10,000 \times 12/12) \times 1.1 + (2,000 \times 6/12) - (1,000 \times 3/12) = 11,750$주

정답 ₩1,000

다음은 (주)감평의 20x1년도 보통주 변동내역이다.

구분	보통주	주식수
기초		8,000주
4월 1일	무상증자 12.5%	1,000주
7월 1일	유상증자	2,000주

7월 1일 유상증자 시 주당 발행금액은 ₩10,000이고, 유상증자 직전 주당 공정가치는 ₩20,000이다. 20x1년도 기본주당이익 계산을 위한 가중평균유통보통주식수는? (단, 가중평균유통보통주식수는 월할 계산한다.)

- [8,000주 × 12/12 × 1.125 + 1,000주⟨*1⟩ × 6/12] × 1.1⟨*2⟩ = 10,450주
  ⟨*1⟩ 시가이하 유상증자 중 실질적 유상증자 부분 : 2,000주 × ₩10,000 ÷ ₩20,000 = 1,000주
  ⟨*2⟩ 무상증자비율 : 무상증자주식수 1,000주/기존주식수 10,000주 = 10%

- 기존주식수 = 10,000주
  7/1 유상증자 이루어지기 전 주식수 9,000주 + 7/1 실질적 유상증자 부분 1,000주 = 10,000주

정답 10,450주

(주)영종의 20x1년 초 자본의 일부 내역은 다음과 같다.

	보통주	우선주
액면금액	₩5,000	₩5,000
발행주식수	15,000주	2,000주
자기주식	1,000주	0주

다음은 20x1년 중 주식수의 변동내역이다.

- 20x1년 4월 30일 : 보통주 유상증자 1,000주 발행
- 20x1년 6월 30일 : 보통주 유상증자 500주 발행
- 20x1년 10월 31일 : 보통주 자기주식 300주 취득
- 20x1년 11월 30일 : 보통주 자기주식 160주 재발행

20x1년도의 가중평균유통보통주식수는? (유통발행주식수는 월수로 계산)　　**[2010년 관세사]**

① 14,000주
② 14,880주
③ 15,000주
④ 15,200주
⑤ 15,360주

14,000주 × 12/12 + 1,000주 × 8/12 + 500주 × 6/12 − 300주 × 2/12 + 160주 × 1/12 = 14,880주

정답 ②

5. 주가수익률(PER) = 1주당 시장가격 ÷ 주당순이익

1. 전환사채

(1) 의의

① 일반사채(채무상품)에 보통주로 전환할 수 있는 전환권*(지분상품)을 부여한 특수한 형태의 사채이다.

　　　　　　　　　　　　*전환권 : 사채권자가 사채발행회사에 사채를 주식으로 전환해달라고 요구하는 청구권

② 발행될 때에는 사채이지만 유가증권의 소유자가 일정한 조건으로 전환권을 행사하면 사채는 소멸하고 보통주로 전환된다.

(2) 전환권가치(전환권대가)의 측정

> 자본요소 = 현금수취액 − 부채요소(일반사채의 발행가)

전환사채는 일반사채와 전환권이라는 두 가지 요소로 구성되는 증권이므로, 전환사채는 일반사채의 발행가 액보다 전환권가치(전환권대가)만큼 높은 가액으로 발행된다.

전환사채의 발행가액은 일반사채에 해당하는 부채부분과 전환권에 해당하는 자본(자본잉여금)부분으로 분리한다.

> - 전환사채 발행가액 = 일반사채를 가정한 공정가치 + 전환권대가
> - 전환권대가 = 전환사채 발행가액 − 일반사채를 가정한 공정가치

부채요소의 결정금액은 자본요소가 결합되지 않은 유사한 사채의 공정가치를 측정하여 결정한다.

(3) 보장수익률과 상환할증금

전환권을 행사하지 않은 경우에 투자자의 일정수준의 수익률을 보장하기 위하여 일정금액을 만기에 추가로 지급하기로 약정한다.

① **보장수익률** : 투자자에게 보장하는 수익률

② **상환할증금** : 만기 시 추가로 지급하는 금액

이때 전환사채의 공정가치는 상환할증금을 반영한 현금흐름의 현재가치이다.

> 전환권대가 = 발행가액 − 상환할증금이 반영된 전환사채의 현재가치

(주)감평은 20x1년 초 만기 3년, 액면금액 ₩100,000의 전환사채를 액면발행하였다. 전환사채의 표시이자율은 연5%이며 매년 말에 지급한다. 전환권을 행사하지 않은 경우 전환사채의 만기일에 액면금액에 추가하여 상환할증금 ₩10,000을 지급한다. 발행시점에 전환권이 부여되지 않은 동일한 조건의 일반사채 시장이자율은 연 10%일 때, 다음 물음에 답하시오.

	3년 현가계수	3년 연금현가계수
5%	0.838	2.667
10%	0.745	2.478

[1] 발행시 회계처리
[2] 발행시 자본으로 인식하는 금액

[1] 발행시 회계처리

(차) 현금	100,000	(대) 전환사채	94,340
		전환권대가	5,660

[2] 발행시 자본으로 인식하는 금액
• 부채요소 : (110,000 × 0.745) + (5,000 × 2.478) = 94,340
• 자본요소(전환권대가) : 100,000(액면가액) − 94,340(부채요소) = 5,660

정답 [2] ₩5,660

주)감평은 20x1년 1월 1일 다음과 같은 조건으로 전환사채를 발행하였다. 다음 물음에 답하시오.

• 만기 : 20x3년 12월 31일
• 사채의 발행가액 : ₩1,000,000(액면발행)
• 사채상환할증금 : 액면가액의 117%로 할증상환
• 표시이자율 : 연 6%(매년 말 지급)
• 일반사채 시장이자율 : 연 15%
• 전환조건 : 전환사채 액면가액 ₩10,000당 보통주 1주액면가액 ₩5,000 발행
  (3년 15% 현가계수는 0.658, 3년 15% 연금현가계수는 2.284)

[1] 전환사채의 부채요소와 자본요소를 분류
[2] 전환사채 발행일의 회계처리
[3] 20x1년 12월 31일의 회계처리
[4] 20x2년 12월 31일의 회계처리
[5] 만약, 20x2년 12월 31일에 전환사채 전액을 전환청구한 경우 회계처리

[1] 전환사채의 부채요소와 자본요소를 분류
• 부채요소 : (1,170,000 × 0.658) + (60,000 × 2.284) = 906,900
• 자본요소 : 1,000,000(액면가액) − 906,900(부채요소) = 93,100

[2] 전환사채 발행일

(차) 현금	1,000,000	(대) 전환사채	1,000,000
전환권조정	263,100	상환할증금	170,000
		전환권대가	93,100

[3] 20x1년 12월 31일

| (차) 이자비용 | 136,035 | (대) 현금 | 60,000 |
| | | 전환권조정 | 76,035 |

[4] 20x2년 12월 31일

| (차) 이자비용 | 147,440 | (대) 현금 | 60,000 |
| | | 전환권조정 | 87,440 |

[5] 20x2년 12월 31일에 전환권을 행사한 경우

(차) 전환사채	1,000,000	(대) 전환권조정⟨*1⟩	99,625
상환할증금	170,000	자본금⟨*2⟩	500,000
		주식발행초과금	570,375

⟨*1⟩ 1,170,000 − 1,070,375 = 99,625
⟨*2⟩ 100주 × 5,000 = 500,000

※ 전환권 대가를 주식발행초과금으로 대체하는 경우

| (차) 전환권대가 | 93,100 | (대) 주식발행초과금 | 93,100 |

예시문제

(주)감평은 20x1년 1월 1일에 액면금액 ₩500,000의 전환사채를 다음과 같은 조건으로 액면발행하였다.

- 표시이자율 : 연 6%(매년 말 지급)
- 전환사채 발행당시 일반사채의 시장이자율 : 연 10%
- 만기일 : 20x3년 12월 31일

전환사채의 만기 상환조건이 액면상환조건인 경우의 전환권대가(A)와 할증상환조건(보장수익률 8%, 상환할증금 ₩32,464)인 경우의 전환권대가(B)는? (단, 계산금액은 소수점 첫째 자리에서 반올림하고, 단수차이로 인한 오차가 있으면 가장 근사치를 선택한다.) **[2019년 감정평가사]**

기간	단일금액 ₩1의 현재가치		정상연금 ₩1의 현재가치	
3	8%	10%	8%	10%
	0.7938	0.7513	2.5771	2.4869

	A	B
①	₩24,878	₩488
②	₩25,787	₩17
③	₩25,787	₩25,353
④	₩49,743	₩25,353
⑤	₩49,743	₩17

- 전환권대가(A) = ₩500,000 − {(₩500,000 × 0.7513) + (₩500,000 × 6% × 2.4869)} = ₩49,743
- 전환권대가(B) = ₩49,743 − (₩32,464 × 0.7513) = ₩25,353

정답 ④

(주)관세는 20x1년 1월 1일 만기 3년, 표시이자와 상환할증금이 없는 액면금액 ₩1,000,000의 전환사채를 액면발행하였다. 발행시점에 유사한 조건의 일반사채 시장이자율은 연 5%이며, 사채발행비용은 발생하지 않았다. 이 전환사채는 액면금액 ₩10,000당 (주)관세의 보통주 1주로 전환할 수 있으며, 보통주 1주당 액면금액은 ₩5,000이다. 20x3년 1월 1일 전환사채의 60%가 보통주로 전환되었다. (주)관세의 전환사채의 전환으로 인한 20x3년 1월 1일 자본 증가액은? (단, 3기간, 5%, 단일금액 ₩1의 현재가치는 0.8638이고 계산 시 화폐금액은 소수점 첫째자리에서 반올림한다.) **[2019년 관세사]**

① ₩218,280
② ₩353,214
③ ₩489,684
④ ₩544,194
⑤ ₩571,404

---

(1) x1년 1월 1일

(차) 현금	1,000,000	(대) 전환사채	1,000,000
전환권조정	136,200	전환권대가⟨*1⟩	136,200

⟨*1⟩ 전환권대가 = 발행금액 – 상환할증금이 반영된 전환사채의 현재가치
$$= ₩1,000,000 – (₩1,000,000 × 0.8638)$$
$$= ₩136,200 → 자본증가 136,200$$

(2) x1년 12월 31일

(차) 이자비용	43,190	(대) 전환권조정⟨*2⟩	43,190

⟨*2⟩ 전환권조정 = (₩1,000,000 – ₩136,200) × 5% = ₩43,190

(3) x2년 12월 31일

(차) 이자비용	45,350	(대) 전환권조정⟨*3⟩	45,350

⟨*3⟩ 전환권조정 = (₩1,000,000 – ₩136,200 + ₩43,190) × 5% = ₩45,350

(4) x3년 1월 1일

(차) 전환사채	600,000	(대) 전환권조정⟨*4⟩	28,596
		자본금⟨*5⟩	300,000
		주식발행초과금⟨*6⟩	271,404
(차) 전환권대가	81,720	(대) 주식발행초과금⟨*7⟩	81,720

⟨*4⟩ 전환권조정 = (₩136,200 – ₩43,190 – ₩45,350) × 60% = ₩28,596
⟨*5⟩ 자본금 = ((₩1,000,000 × 60%)/₩10,000) × ₩5,000 = ₩300,000
⟨*6⟩ 주식발행초과금 = 대차차액
⟨*7⟩ 주식발행초과금 = ₩136,200 × 60% = ₩81,720
　　　→ 자본증가 571,404

정답 ⑤

2. 신주인수권부 사채

신주인수권부사채(Bonds with stock warrants, B/W)는 채권의 소유자가 일정한 조건하에 신주인수권을 행사할 수 있는 권리가 부여된 사채이다. 신주인수권부사채는 전환사채와 동일하게 일반사채와 신주인수권(자본)의 두 가지 요소로 구성된 복합금융상품이다.

(1) 전환사채와의 차이점

전환사채는 전환이 되면 전환사채가 소멸되고 주식을 발행되며 추가의 현금납입은 존재하지 않지만, 신주인수권부채사채는 신주인수권이 행사되더라도 일반사채는 계속 존재하고 주식을 발행하면서 현금으로 납입을 받게 된다.

(2) 신주인수권부사채의 발행

신주인수권부사채는 금융부채의 요소와 지분상품의 요소로 구성된다. 따라서 복합금융상품의 발행자는 재무상태표에 부채요소와 자본요소를 분리하여 표시하여야 한다. 복합금융상품 전체의 공정가치에서 부채요소의 결정금액을 차감한 잔액을 자본요소로 본다. 부채요소의 결정금액은 자본요소가 결합되지 않은 유사한 사채의 공정가치를 측정하여 결정한다.

> ☑ 정리   **신주인수권부사채의 구성요소**
>
> 신주인수권부사채 공정가치 (발행가액)
> (−) 부채요소 (일반사채의 발행가액)
> _____
> 자본요소 (신주인수권 가치)

(3) 신주인수권부 사채

1) 상환할증금 = {신주인수권액면금액 × (보장수익률 − 표시이자율)}의 미래가치*

*보장수익률로 계산

2) 신주인수권가치 = 신주인수권부사채 발행가액 − 일반사채 발행가액

3) 회계처리

① 발행시

(차) 현금	×××	(대) 신주인수권부사채(부채)	×××
		신주인수권대가(자본)	×××

② 행사시

(차) 현금	×××	(대) 자본금	×××
신주인수권대가		주식발행초과금	

(주)감평은 20x1년 1월 1일 다음과 같은 조건으로 신주인수권부사채를 발행하였다.

- 만기 : 20x3년 12월 31일
- 사채의 발행가액 : ₩1,000,000(액면발행)
- 표시이자율 : 연 8%(매년 말 지급)
- 일반사채 시장이자율 : 연 13%
- 신주인수권 행사 조건 : 신주인수권부사채 액면가액 ₩10,000당 보통주 1주(액면가액 ₩5,000)발행, 발행금액은 한주당 ₩10,000(3년 13% 현가계수는 0.693, 3년 13% 연금현가계수는 2.361)

[1] 부채요소와 자본요소 분류
[2] 발행일의 회계처리
[3] 20x1년 12월 31일의 회계처리
[4] 20x2년 12월 31일의 회계처리
[5] 20x3년 1월 1일에 신주인수권 행사한 경우 회계처리

[1] 부채요소와 자본요소 분류
- 부채요소 = 1,000,000 × 0.693 + 80,000 × 2.361 = 881,880
- 자본요소 = 1,000,000(발행금액) − 881,880(부채요소의 공정가치) = 118,120

[2] 발행일의 회계처리

| (차) 현금 | 1,000,000 | (대) 신주인수권부사채(부채) | 1,000,000 |
| 신주인수권조정 | 118,120 | 신주인수권대가(자본) | 118,120 |

[3] 20x1년 12월 31일의 회계처리

| (차) 이자비용 | 114,644 | (대) 현금 | 80,000 |
| | | 신주인수권조정 | 34,644 |

[4] 20x2년 12월 31일의 회계처리

| (차) 이자비용 | 119,148 | (대) 현금 | 80,000 |
| | | 신주인수권조정 | 39,148 |

[5] 20x3년 1월 1일에 신주인수권 행사한 경우 회계처리

(차) 현금	1,000,000	(대) 자본금	500,000
		주식발행초과금	500,000
(차) 신주인수권대가	118,120	(대) 주식발행초과금	118,120

(주)감평은 현재의 신용등급으로 만기 3년, 표시이자율 연 12%, 액면금액₩1,000,000의 일반사채를 액면발행할 수 있다. (주)감평은 20x1년 1월 1일에 만기 3년, 표시이자율 연 8%, 액면금액 ₩1,000,000의 비분리형 신주인수권부사채를 액면발행하였다. 동 신주인수권부사채는 상환할증금이 없으며, 이자는 매년 말 지급된다. 신주인수권의 행사가격은 ₩25,000, 행사비율은 100%이며 각 신주인수권은 액면금액이 ₩5,000인 보통주 1주를 매입할 수 있다. 신주인수권의 공정가치는? (단, 현가계수는 다음과 같음)

[2011년 감정평가사]

3년	연 8%	연 12%
단일금액의 현가계수	0.7938	0.7118
정상연금의 현가계수	2.5771	2.4018

① 96,056
② 98,065
③ 100,092
④ 110,029
⑤ 120,092

• 부채요소 : 1,000,000 × 0.7118 + 80,000 × 2.4018 = 903,944
• 신주인수권 : 1,000,000(발행가액) − 903,044(부채요소의 공정가치) = 96,056

정답 ①

CHAPTER

10

자본

확인학습문제

01 자본에 관한 설명으로 옳지 <u>않은</u> 것은? **[2018 관세사]**

① 자본금은 발행된 주식의 액면금액 합계를 의미하므로, 기업이 무액면주식을 발행하는 경우 자본금의 변동은 없다.

② 자본총액은 그 기업이 발행한 주식의 시가총액 또는 순자산을 나누어서 처분하거나 기업 전체로 처분할 때 받을 수 있는 대가와 일치하지 않는 것이 일반적이다.

③ 자본은 기업의 자산에서 모든 부채를 차감한 후의 잔여지분이다.

④ 무상증자나 무상감자(형식적 감자)가 있는 경우 원칙적으로 기업의 자본총계는 변화하지 않는다.

⑤ 자본은 자산 및 부채와 함께 재무상태의 측정에 직접 관련되는 요소이다.

답 ①

▌정답해설▌

① 자본금은 발행된 주식의 액면금액 합계를 의미하며, 기업이 무액면주식을 발행하는 경우 납입자본(자본금)으로 처리한다.

02 주식배당, 무상증자, 주식분할, 주식병합 간의 비교로 옳지 <u>않은</u> 것은? **[2016 관세사]**

① 주식병합의 경우 발행주식 수가 감소하지만 주식배당, 무상증자, 주식분할의 경우 발행주식 수가 증가한다.

② 주식분할의 경우 주당액면금액이 감소하지만 주식배당, 무상증자의 경우 주당액면금액이 변하지 않는다.

③ 주식배당, 무상증자, 주식분할의 경우 총자본은 변하지 않는다.

④ 주식배당, 무상증자, 주식분할의 경우 자본금이 증가한다.

⑤ 주식배당의 경우 이익잉여금이 감소하지만 주식분할의 경우 이익잉여금이 변하지 않는다.

답 ④

▌정답해설▐

• 주식배당, 무상증자 : 자본금 증가
• 주식분할 : 자본금 불변

03 다음은 서로 독립적인 거래들이다. 자본이 증가하는 것만으로 올바르게 짝지어진 것은? **[2011 관세사]**

> 가. 주당 액면 ₩5,000인 주식을 액면 ₩1,000인 주식 5주로 분할하였다.
> 나. 기존 주주들에게 10%의 주식배당을 실시하고 즉시 신주를 발행하여 교부하였다.
> 다. 주당 액면 ₩5,000인 주식 100주를 ₩4,000에 할인발행하였다.
> 라. 주당 ₩200에 취득하여 보유하고 있던 자기주식 10주를 주당 ₩250에 처분하였다.
> 마. 수정전시산표 상에 ₩10,000으로 기록되어 있는 FVOCI금융자산(지분상품)의 보고기간 말 현재 공정가치는 ₩8,000이다.

① 가, 나 　　　　　　　　　　② 가, 다
③ 나, 다 　　　　　　　　　　④ 다, 라
⑤ 라, 마

답 ④

▌오답해설▐

가. 불변
나. 불변
마. 감소

04 (주)관세의 20x1년 12월 31일 재무상태표에 표시된 이익잉여금은 ₩300,000으로 이에 대한 세부항목은 이익준비금 ₩30,000과 임의적립금 ₩60,000 그리고 미처분이익잉여금 ₩210,000이다. (주)관세는 20x2년 2월 27일에 개최한 정기주주총회에서 20x1년도 재무제표에 대해 다음과 같이 결산승인하였다.

• 임의적립금 이입액	₩20,000
• 이익준비금 적립액	10,000
• 자기주식처분손실 상각액	10,000
• 현금배당액	100,000

(주)관세가 20x2년 2월 27일의 결산승인사항을 반영한 후 이익잉여금은? (단, 이익준비금은 자본금의 1/2에 미달한다고 가정한다.) [2017 관세사]

① ₩180,000
② ₩190,000
③ ₩200,000
④ ₩210,000
⑤ ₩220,000

답 ②

▌정답해설▐

기초이익잉여금 ₩300,000 − 자기주식처분손실상각액 ₩10,000 − 현금배당액 ₩100,000 = ₩190,000

05 다음은 (주)관세의 20x1년 발생 거래 내역이다. 다음 거래의 결과로 증가되는 (주)관세의 자본총액은? [2018 관세사]

• 3월 10일 : 주당 액면금액 ₩1,000의 자기주식 100주를 주당 ₩3,000에 취득하였다.
• 6월 30일 : 3월 10일에 취득한 자기주식 중 50주를 주당 ₩3,600에 처분하였다.
• 10월 13일 : 3월 10일에 취득한 자기주식 중 50주를 소각하였다.
• 11월 30일 : 주당 액면금액 ₩1,000의 보통주 50주를 주당 ₩4,000에 발행하면서, 추가적으로 주식발행비 ₩35,000을 지출하였다.
• 12월 31일 : ₩200,000의 당기순이익과 ₩130,000의 기타포괄이익을 보고하였다.

① ₩260,000
② ₩375,000
③ ₩410,000
④ ₩710,000
⑤ ₩1,010,000

답 ②

▌정답해설▐

(−100주 × ₩3,000) + (50주 × ₩3,600) + (50주 × ₩4,000) − ₩35,000 + ₩200,000 + ₩130,000 = ₩375,000

06 다음은 20x1년 중 발생한 (주)관세의 자본거래내역이다. 다음 거래들이 (주)관세의 20x1년도 결산일 자본총액에 미치는 영향은? [2016 관세사]

- 1월 20일 : 주당 액면금액 ₩400의 자기주식 200주를 주당 ₩800에 취득
- 2월 25일 : 위 주식 중 50주를 주당 ₩1,200에 매각
- 6월 20일 : 위 주식 중 나머지를 모두 소각
- 8월 15일 : 주당 액면금액 ₩400의 보통주 100주를 주당 ₩600에 발행
- 12월 31일 : 당기순이익 ₩48,000 보고

① ₩8,000 감소　　　　　　　　　② ₩4,000 감소

③ ₩0　　　　　　　　　　　　　④ ₩4,000 증가

⑤ ₩8,000 증가

답 ⑤

┃정답해설┃

- 1월 20일 : 200주 × ₩800 = (−)₩160,000
- 2월 25일 : 50주 × ₩1,200 = (+)₩60,000
- 6월 20일 : ₩0
- 8월 15일 : 100주 × ₩600 = (+)₩60,000
- 12월 31일 : (+)₩48,000
∴ 자본총액에 미치는 영향 : ₩8,000

07 다음은 여행서비스를 주된 영업으로 하는 (주)관세의 20x1년 3월 회계상 거래이다. 각 거래의 발생시점에 자산총액에 영향을 미치지 <u>않는</u> 거래를 모두 고른 것은? **[2021 관세사]**

ㄱ. 3월 1일 : 보통주(액면금액 ₩500) 60주를 주당 ₩600에 현금 발행하였다.

ㄴ. 3월 5일 : 은행에서 연 이자율 5%로 1년 동안 현금 ₩15,000을 차입하였으며, 이자는 전액 만기에 지급하기로 하였다.

ㄷ. 3월 10일 : 고객에게 외상으로 여행상품을 ₩20,000에 제공하고 대금은 한 달 후에 받기로 하였다.

ㄹ. 3월 20일 : 주주총회에서 주주들에게 10%의 주식배당을 실시하기로 선언하였다.

ㅁ. 3월 31일 : 4월 10일 지급 예정인 3월분 직원 급여 ₩10,000을 인식하였다.

---

① ㄱ, ㄴ

② ㄱ, ㄷ

③ ㄴ, ㅁ

④ ㄷ, ㄹ

⑤ ㄹ, ㅁ

답 ⑤

▌**정답해설**▌

ㄹ. (차) 이익잉여금(자본의 감소)　　　(대) 자본금(자본의 증가)

ㅁ. (차) 급여(비용의 발생)　　　　　　(대) 미지급비용(부채의 증가)

▌**오답해설**▌

ㄱ. (차) 현금(자산의 증가)　　　　　　(대) 자본(자본의 증가)

ㄴ. (차) 현금(자산의 증가)　　　　　　(대) 차입금(부채의 증가)

ㄷ. (차) 매출채권(자산의 증가)　　　　(대) 매출(수익의 발생)

08 (주)한국의 20x1년 초 재무상태표에 보고된 자본은 다음과 같이 구성되어 있다.

	20x1년 초
자본금	₩10,000,000
주식발행초과금	4,000,000
자기주식처분이익	25,000
자기주식	(300,000)
이익준비금	2,000,000
미처분이익잉여금	6,000,000
자본총계	₩21,725,000

(주)한국은 20x1년 6월 7일 보유하고 있던 자기주식 전부를 ₩260,000에 처분하였다. (주)한국의 20x1년도 당기순이익과 총포괄이익이 각각 ₩800,000, ₩920,000일 때 20x1년 말 재무상태표에 보고할 자본총계는 얼마인가? (단, 자기주식은 원가법으로 회계처리하였다.)　　[2012 관세사]

① ₩22,605,000
② ₩22,880,000
③ ₩22,905,000
④ ₩22,920,000
⑤ ₩23,220,000

답 ③

▌정답해설▐

₩21,725,000 + ₩260,000 + ₩920,000 = ₩22,905,000

09 자본에 미치는 영향에 관한 설명으로 옳은 것은? (단, 각 거래는 독립적이다.)　　**[2021 관세사]**

① 액면금액 ₩500인 보통주 30주를 주당 ₩700에 발행하면 보통주자본금은 ₩21,000 증가한다.

② 보통주주식발행초과금 중 ₩10,000을 자본전입하여 액면금액 ₩500인 보통주 20주를 발행하면 자본총액은 증가한다.

③ 이월결손금 ₩80,000을 보전하기 위하여 액면금액과 발행금액이 ₩500으로 동일한 발행주식 400주를 2주당 1주의 비율로 감소시키면 자본잉여금 ₩20,000이 증가한다.

④ 주주총회에서 유통보통주 1,000주에 대해 ₩20,000의 현금배당이 선언되면 자본은 불변한다.

⑤ 액면금액 ₩500인 자기주식 10주를 주당 현금 ₩700에 취득할 경우 자본금 ₩5,000이 증가한다.

답 ③

▌정답해설▐

③ (차) 자본금　　　　　　　　　100,000　　　(대) 이월결손금　　　　　　80,000
　　　　　　　　　　　　　　　　　　　　　　　　　자본잉여금　　　　　　20,000

▌오답해설▐

① 액면금액 ₩500인 보통주 30주를 주당 ₩700에 발행하면 보통주자본금은 ₩15,000 증가한다.

② 보통주주식발행초과금 중 ₩10,000을 자본전입하여 액면금액 ₩500인 보통주 20주를 발행하면 자본총액은 불변한다.

④ 주주총회에서 유통보통주 1,000주에 대해 ₩20,000의 현금배당이 선언되면 자본은 감소한다.

⑤ 액면금액 ₩500인 자기주식 10주를 주당 현금 ₩700에 취득할 경우 자본금은 변화없다.

10 (주)감평은 20x1년 초에 1주당 액면금액 ₩5,000인 보통주 140주를 액면발행하여 설립하였으며, 20x1년 말 이익잉여금 ₩300,000이었다. 20x2년 중 발생한 자기주식관련 거래는 다음과 같으며 그 외 거래는 없다. (주)감평은 소각하는 자기주식의 원가를 선입선출법으로 측정하고 있다. 20x2년 말 자본총계는? [2017 감정평가사]

- 3월 1일 자기주식 20주를 1주당 ₩4,900에 취득하였다.
- 3월 5일 자기주식 40주를 1주당 ₩5,300에 취득하였다.
- 4월 1일 자기주식 10주를 소각하였다.
- 4월 6일 자기주식 30주를 소각하였다.

① ₩390,000
② ₩690,000
③ ₩790,000
④ ₩840,000
⑤ ₩966,000

답 ②

┃ 정답해설 ┃
- 기초 : 140주 × ₩5,000 + ₩300,000 = ₩1,000,000
- 3월 1일 : (-)20주 × 4,900 = (-)₩98,000
- 3월 5일 : (-)40주 × 5,300 = (-)₩212,000
- 기말 : ₩690,000

11 (주)관세는 20x1년 1월 1일 상환우선주 1,000주(주당 액면금액 ₩500)을 액면발행하였다. (주)관세는 상환우선주에 대한 상환의무가 없으며, 상환우선주 보유자는 상환청구권이 없다. (주)관세는 기발행한 상환우선주 중 500주를 20x1년 12월 1일에 주당 ₩600에 취득하였다. 이러한 취득에 대한 분개에서 차변에 기록될 계정과목과 금액으로 옳은 것은? [2014 관세사]

① 분개없음
② 금융부채(상환우선주) 300,000
③ 자기주식(상환우선주) 300,000
④ 금융부채(상환우선주) 250,000
   금융부채상환손실 50,000
⑤ 자기주식(상환우선주) 250,000
   자기주식상환손실 50,000

답 ③

┃ 정답해설 ┃
③ 자본거래에 해당하며 기발행된 상환우선주의 취득은 자기주식의 취득으로 처리한다.

12 (주)관세의 20x1년 초 자본의 일부 내역은 다음과 같다.

	보통주	우선주
액면금액	₩5,000	₩5,000
발행주식수	15,000주	2,000주
자기주식	1,000주	0주

다음은 20x1년 중 주식수의 변동내역이다.

- 20x1년 4월 30일 보통주 유상증자 1,000주 발행
- 20x1년 6월 30일 보통주 유상증자 500주 발행
- 20x1년 10월 31일 보통주 자기주식 300주 취득
- 20x1년 11월 30일 보통주 자기주식 160주 재발행

20x1년도의 가중평균유통보통주식수는? (유통발행주식수는 월수로 계산하여 가장 근사치를 선택하시오.) **[2010 관세사]**

① 14,000주
② 14,880주
③ 15,000주
④ 15,200주
⑤ 15,360주

답 ②

┃정답해설┃

(14,000주 × 12/12) + (1,000주 × 8/12) + (500주 × 6/12) − (300주 × 2/12) + (160주 × 1/12) = 14,880주

13 (주)감평은 1주당 액면금액이 ₩1,000인 보통주 10,000주를 발행한 상태에서 20x6년 중 다음과 같은 자기주식 거래가 있었다. 회사는 재발행된 자기주식의 원가를 선입선출법으로 측정하며, 20x6년 9월 1일 현재 자기주식처분손실 ₩25,000이 있다.

> • 9월 1일 자기주식 500주를 1주당 ₩1,100에 취득하였다.
> • 9월 15일 자기주식 300주를 1주당 ₩1,200에 취득하였다.
> • 10월 1일 자기주식 400주를 1주당 ₩1,200에 재발행하였다.
> • 10월 9일 자기주식 300주를 1주당 ₩1,050에 재발행하였다.

자기주식 거래 결과 20x6년 말 자기주식처분손익은? [2016 감정평가사]

① 자기주식처분이익 ₩15,000

② 자기주식처분손실 ₩15,000

③ 자기주식처분이익 ₩20,000

④ 자기주식처분손실 ₩20,000

⑤ 자기주식처분손실 ₩25,000

답 ④

▌정답해설▌

• 10월 1일

(차) 현금	480,000	(대) 자기주식〈*1〉	440,000
		자기주식처분손실	25,000
		자기주식처분이익	15,000

〈*1〉 400주 × ₩1,100 = ₩440,000

• 10월 9일

(차) 현금	315,000	(대) 자기주식〈*2〉	350,000
자기주식처분이익	15,000		
자기주식처분손실	20,000		

〈*2〉 100주 × ₩1,100 + 200주 × ₩1,200 = ₩350,000

14 (주)감평은 20x1년부터 20x3년까지 배당가능이익의 부족으로 배당금을 지급하지 못하였으나, 20x4년도에는 영업의 호전으로 ₩220,000을 현금배당 할 계획이다. (주)감평의 20x4년 12월 31일 발행주식수가 보통주 200주(주당 액면금액 ₩3,000, 배당률 4%)와 우선주 100주(비누적적, 완전참가적 우선주, 주당액면금액 ₩2,000, 배당률 7%)인 경우, 보통주배당금으로 배분해야 할 금액은?

[2017 감정평가사]

① ₩120,000
② ₩136,500
③ ₩140,000
④ ₩160,500
⑤ ₩182,000

답 ④

┃ 정답해설 ┃

	우선주	보통주	합계
당기	100주 × ₩2,000 × 7% = ₩14,000	200주 × ₩3,000 × 4% = ₩24,000	₩38,000
완전참가	₩182,000 × ₩200,000/₩800,000 = ₩45,500	₩182,000 − 45,500 = ₩136,500	₩182,000
합계	₩59,500	₩160,500	₩220,000

15 20x1년 초 설립된 (주)관세는 설립 후 처음으로 20x5년 3월 ₩50,000의 현금배당을 결의하였다. 20x4년 말 자본금 관련 내역이 다음과 같을 경우, 보통주 주주에게 귀속되는 배당금은? (단, 설립 이후 20x4년 말까지 자본금과 관련한 변동은 없다.) **[2020 관세사]**

	발행주식수	주당 액면금액	비고
우선주	200주	₩500	배당률 4%, 누적적·부분참가적(7%)우선주
보통주	500주	₩500	

① ₩10,000
② ₩19,000
③ ₩31,000
④ ₩34,000
⑤ ₩43,000

답 ③

┃정답해설┃

(1) 우선주배당금 : ① + ② + ③ = 19,000
- ① 당기분 배당금 : 200주 × ₩500 × 4% = ₩4,000
- ② 연체배당금 : ₩4,000 × 3 = ₩12,000
- ③ 부분참가 배당금 : 200주 × ₩500 × 3% = ₩3,000

(2) 보통주 우선주 : ₩50,000 – ₩19,000(1) = ₩31,000

	우선주	보통주	합계
누적(3회)	₩4,000 × 3 = ₩12,000	–	₩12,000
당기	200주 × ₩500 × 4% = ₩4,000	500주 × ₩500 × 4% = ₩10,000	₩14,000
부분참가(*)	200주 × ₩500 × 3% = ₩3,000	₩21,000	₩24,000
합계	₩19,000	₩31,000	₩50,000

〈*〉 한도 : (₩50,000 – 12,000 – 14,000) × ₩100,000/₩350,000 = ₩6,857

16 (주)관세의 20x1년 자본거래내역이다. 20x1년 초 (주)관세의 자본총계가 ₩290,000일 경우 20x1년 말 자본총계는? (단, (주)관세는 주당액면금액 ₩500인 보통주만 발행하고 있으며, 20x1년 배당시 이익준비금 설정은 고려하지 않는다.)　　　　　　　　　　　　　　　　　　　　　　　　　　**[2020 관세사]**

일자	내역
3. 30.	이익잉여금을 재원으로 ₩100,000의 현금배당과 100주의 주식배당을 결의하고 실시하였다.
6. 9.	자기주식 50주를 주당 ₩800에 취득하였다.
7. 13.	6월 9일 취득한 자기주식 중 20주를 주당 ₩900에 재발행하였다.
12. 13.	유상증자를 실시하고, 보통주 50주를 주당 ₩1,000에 발행하였다.

① ₩166,000　　　　　　　　　　　　② ₩168,000

③ ₩202,000　　　　　　　　　　　　④ ₩216,000

⑤ ₩218,000

답 ⑤

┃ 정답해설 ┃

₩290,000 − ₩100,000 − (50주 × ₩800) + (20주 × ₩900) + (50주 × ₩1,000) = ₩218,000

17 (주)관세는 20x1년 1월 1일에 다음과 같은 조건의 전환사채를 액면발행하였다.

> • 액면금액 : ₩1,000,000
> • 만기 : 20x5년 12월 31일
> • 이자 : 매년 12월 31일에 액면금액의 8%를 현금으로 지급
> • 조건
>   − 사채발생시점부터 1개월 경과 후 만기시점까지 전환청구 가능
>   − 전환가격은 사채 액면금액 ₩5,000당 보통주(액면금액 ₩5,000) 1주로 전환 가능
>   − 만기까지 전환권이 행사되지 않은 부분에 대해서는 액면금액의 5%를 지급함
> • 사채발생시점의 유효이자율 : 연 10%

(주)관세가 발행시점에 인식해야 할 전환권대가는 얼마인가? (단, 다음의 현가계수를 이용하며 단수차이로 인한 오차가 있으면 가장 근사치를 선택한다.) **[2013 관세사]**

기간 \ 할인율	기간 말 ₩1의 현재가치		정상연금 ₩1의 현재가치	
	8%	10%	8%	10%
1	0.9259	0.9091	0.9259	0.9091
2	0.8573	0.8264	1.7833	1.7355
3	0.7938	0.7513	2.5771	2.4868
4	0.7350	0.6830	3.3121	3.1699
5	0.6806	0.6209	3.9927	3.7908

① ₩0
② ₩44,791
③ ₩50,000
④ ₩75,720
⑤ ₩94,791

답 ②

┃정답해설┃

• 일반사채 현재가치 : ₩1,050,000 × 0.6209 + ₩80,000 × 3.7908 = ₩955,209
• 전환권대가 : ₩1,000,000(발행가액) − ₩955,209 = ₩44,791

18 (주)한국은 20x1년 1월 1일 만기 3년, 액면 ₩10,000의 전환사채를 액면발행하였다. 전환사채의 표시이자율은 연 7%이고 이자는 매년 말에 지급한다. 전환조건은 다음과 같다.

> • 사채액면 ₩10당 1주의 보통주(액면가액 ₩5)로 전환
> • 전환권이 행사되지 않은 부분에 대해서는 액면금액의 110%를 일시 상환

발행시점에 전환권이 부여되지 않은 동일한 조건의 일반사채 시장이자율은 연 11%이었다. 20x2년 1월 1일 사채 액면금액의 35%가 전환되었을 경우, 전환권 행사가 20x2년 1월 1일 (주)한국의 재무상태표상 자본총계에 미치는 영향은? (단, 이자율 11%의 3년에 대한 단일금액 ₩1의 현가계수와 정상연금 ₩1의 현가계수는 각각 0.7312와 2.4437이며, 단수차이로 인한 오차가 있으면 가장 근사치를 선택한다.)

[2013 감정평가사]

① ₩86 증가   ② ₩1,750 증가
③ ₩1,794 증가   ④ ₩1,880 증가
⑤ ₩3,544 증가

답 ⑤

┃ 정답해설 ┃

• 20x1년
  기초 발행가액 : ₩11,000 × 0.7312 + ₩10,000 × 7% × 2.4437 = ₩9,754

• 20x2년
  기초 장부금액 : ₩9,754 + ₩9,754 × 11% − ₩10,000 × 7% = ₩10,127
  기초 자본총계에 미치는 영향 : ₩10,127 × 35% = ₩3,544

19 (주)감평은 20x1년 1월 1일에 다음 조건의 전환사채를 발행하였다.

> • 액면금액 : ₩2,000,000
> • 표시이자율 : 연 7%
> • 일반사채의 시장이자율 : 연 12%
> • 이자지급일 : 매년 12월 31일
> • 상환조건 : 20x3년 12월 31일에 액면금액의 110.5%로 일시상환
> • 전환가격 : ₩3,000(보통주 주당 액면금액 ₩1,000)

만일 위 전환사채에 상환할증금 지급조건이 없었다면, 상환할증금 지급조건이 있는 경우에 비해 포괄손익계산서에 표시되는 20x1년 이자비용은 얼마나 감소하는가? (단, 현재가치는 다음과 같으며 계산결과는 가장 근사치를 선택한다.)

[2017 감정평가사]

기간 \ 할인율	단일금액 ₩1의 현재가치		정상연금 ₩1의 현재가치	
	7%	12%	7%	12%
1	0.9346	0.8929	0.9346	0.8929
2	0.8734	0.7972	1.8080	1.6901
3	0.8163	0.7118	2.6243	2.4018

① ₩17,938
② ₩10,320
③ ₩21,215
④ ₩23,457
⑤ ₩211,182

답 ①

∥정답해설∥

• 이자비용 감소액 : ₩229,120 − ₩211,182 = ₩17,938
  (1) 상환할증금 없는 경우
      20x1년 기초 발행가액 : ₩2,000,000 × 0.7118 + ₩2,000,000 × 7% × 2.4018 = ₩1,759,852
      20x1년 이자비용 : ₩1,759,852 × 12% = ₩211,182
  (2) 상환할증금 있는 경우
      20x1년 기초 발행가액 : ₩2,000,000 × 1.105 × 0.7118 + ₩2,000,000 × 7% × 2.4018 = ₩1,909,330
      20x1년 이자비용 : ₩1,909,330 × 12% = ₩229,120

고객으로부터 생기는 수익

1. 의의

수익은 자산의 유입 또는 가치 증가나 부채의 감소 형태로 자본의 증가를 가져오는 특정 회계기간에 생긴 경제적 효익의 증가로서, 자본거래와 관련된 것은 제외한다.(예 매출액, 임대료수익, 이자수익, 배당금수익 등)

2. 수익인식 5단계

다음과 같은 5단계에 따라 수익을 인식하도록 규정하고 있다.(한국채택국제회계기준)

☑ **정리**　　**수익인식 5단계**

1단계	2단계	3단계	4단계	5단계
계약식별	수행의무식별	거래가격산정	거래가격배분	수행의무이행

(1) 1단계 : 고객과의 계약의 식별

계약은 둘 이상의 당사자 사이에 집행가능한 권리와 의무가 생기게 하는 합의이다.

1) 계약의 요건

다음 기준을 모두 충족하는 경우 고객과의 계약으로 회계처리한다.

① 계약 당사자들이 계약을(서면으로, 구두로, 그 밖의 사업 관행에 따라) 승인하고 각자의 의무를 수행하기로 확약

② 이전할 재화나 용역과 관련된 각 당사자의 권리를 식별 가능

③ 이전할 재화나 용역의 지급조건을 식별 가능

④ 계약에 상업적 실질이 있음(계약의 결과로 기업의 미래 현금흐름의 위험, 금액이 변동될 것으로 예상된다.)

⑤ 이전할 재화나 용역에 대하여 받을 권리를 갖게 될 대가의 회수가능성이 높음

2) 계약의 요건을 충족하지 못하지만 고객에게서 대가를 받은 경우

다음 사건 중 어느 하나가 일어난 경우에만 받은 대가를 수익으로 인식한다.

① 고객에게 재화나 용역을 이전해야 하는 의무가 남아있지 않고, 고객이 약속한 대가를 모두(또는 대부분) 받았으며 그 대가는 환불되지 않음

② 계약이 종료되었고 고객에게서 받은 대가는 환불되지 않음. 수익인식요건이 충족되지 않은 경우 고객에게서 받은 대가는 부채로 인식한다.

(2) 2단계 : 수행의무 식별

하나의 계약은 고객에게 재화나 용역을 이전하는 여러 약속을 포함하며, 그 재화나 용역들이 구별된다면 약속은 수행의무이고 별도로 회계처리한다.

1) 수행의무는 고객과의 계약에서 다음 중 어느 하나를 고객에게 이전하기로 한 각각의 약속이다.

① 구별되는 재화나 용역(또는 재화나 용역의 묶음)

② 일련의 구별되는 재화나 용역으로서, 그 재화나 용역은 실질이 같고 고객에게 이전하는 방식도 같음

2) 수행의무의 분리의 요건

고객이 재화나 용역 그 자체나 쉽게 구할 수 있는 다른 자원과 함께하여 효익을 얻을 수 있고, 그 약속을 계약 내의 다른 약속과 별도로 식별해낼 수 있다면 재화나 용역은 구별된다.

다음 기준을 모두 충족해야 고객에게 약속한 재화나 용역은 구별된다고 볼 수 있다.

① 고객이 재화나 용역 그 자체에서 효익을 얻거나 고객이 쉽게 구할 수 있는 다른 자원과 함께 그 재화·용역에서 효익을 얻을 수 있다.(재화나 용역이 구별 가능함)

② 고객에게 재화나 용역을 이전하기로 하는 약속을 계약 내의 다른 약속과 별도로 식별해 낼 수 있다.(재화나 용역을 이전하기로 하는 약속은 별도로 구별됨)

3) 다수의 재화나 용역을 하나의 수행의무로 식별하는 경우

하나의 계약에서 다수의 동일한 구별되는 재화·용역이 식별되고, 그 재화나 용역이 일정 기간에 걸쳐 이행하는 수행의무이며 진행률을 측정하는 방법이 같다면 다수의 재화나 용역을 하나의 수행의무로 식별한다.

(3) 3단계 : 거래가격 산정

1) 의의

① 거래가격은 고객에게 약속한 재화나 용역을 이전하고 그 대가로 기업이 받을 권리를 갖게 될 것으로 예상하는 금액이며, 제3자를 대신해서 회수한 금액(예 부가가치세예수금)은 제외한다.

② 거래가격은 고객이 지급하는 고정된 금액일 수도 있으나, 어떤 경우에는 변동대가를 포함하거나 현금 외의 형태로 지급될 수도 있다.

③ 거래가격은 계약에 유의적인 금융요소(이자)가 포함된다면 화폐의 시간가치 영향을 조정하며, 고객에게 지급하는 대가가 있는 경우에도 거래가격에서 조정한다.

2) 거래가격의 산정 요소

고객이 약속한 대가의 특성, 시기, 금액은 거래가격의 추정치에 영향을 미친다. 거래가격을 산정할 때에는 다음 사항이 미치는 영향을 모두 고려한다.

① 변동대가

㉠ 대가는 할인, 리베이트, 환불, 공제, 가격할인, 장려금, 성과보너스, 위약금이나 그 밖의 비슷한 항목 때문에 변동될 수 있다. 기업이 대가를 받을 권리가 미래 사건의 발생 여부에 달려있는 경우에도 약속한 대가는 변동될 수 있다.

㉡ 변동대가(금액)는 다음 중에서 보다 실제에 가까울 것으로 예상하는 방법으로 추정한다.

　- 기댓값(가능한 범위의 모든 대가액에 각 확률을 곱한 금액의 합)

　- 가능성이 제일 높은 금액

ⓒ 환불부채 : 고객에게서 받은 대가의 일부나 전부를 고객에게 환불할 것으로 예상하는 경우에는 환불부채를 인식한다.

ⓔ 변동대가 추정치를 제약함 : 변동대가와 관련된 불확실성이 나중에 해소될 때, 이미 인식한 누적 수익금액 중 유의적인 부분을 되돌리지 않을 가능성이 매우 높은 정도까지만 추정된 변동대가의 일부나 전부를 거래가격에 포함한다.

ⓜ 각 보고기간 말의 상황과 보고기간의 상황 변동을 충실하게 표현하기 위하여 보고기간 말마다 추정 거래가격을 새로 수정한다.(변동대가 추정치가 제약되는지를 다시 평가하는 것을 포함)

② 계약에 유의적인 금융요소가 있는 경우

ㄱ 대금의 지급시기로 인해 고객에게 재화나 용역을 이전하면서 유의적인 금융효익이 고객이나 기업에 제공되는 경우에는 화폐의 시간가치를 반영하여 약속된 대가를 조정한다.

ㄴ 실무적 간편법 : 이전시점과 지급시점이 1년 이내인 것으로 예상한다면 유의적인 금융요소를 조정하지 않을 수 있다.

ㄷ 계약 개시 후에는 이자율이나 그 밖의 상황이 달라져도(예) 고객의 신용위험 평가의 변동)그 할인율을 새로 수정하지 않는다.

ㄹ 유의적인 금융요소가 없는 경우

  ⓐ 고객이 재화나 용역의 대가를 선급하였고 그 재화나 용역의 이전 시점은 고객의 재량에 따른다.

  ⓑ 고객이 약속한 대가 중 상당한 금액이 변동될 수 있으며 그 대가의 금액과 시기는 고객이나 기업이 실질적으로 통제할 수 없는 미래 사건의 발생 여부에 따라 달라진다.(예) 대가가 판매기준 로열티인 경우)

③ 비현금 대가를 받은 경우

ㄱ 고객이 현금 외의 형태로 대가를 약속한 계약의 경우에 거래가격을 산정하기 위하여 비현금 대가(또는 비현금 대가의 약속)를 공정가치로 측정한다.

ㄴ 비현금 대가의 공정가치를 합리적으로 추정할 수 없는 경우에는, 그 대가와 교환하여 고객(또는 고객층)에게 약속한 재화나 용역의 개별 판매가격을 참조하여 간접적으로 그 대가를 측정한다.

ㄷ 비현금대가의 공정가치는 대가의 형태 때문에 변동될 수 있는데(예) 대가로 주식을 받는 경우 주식가격 변동), 기업이 받았거나 받을 대가의 후속적인 공정가치 변동은 수익에 반영하지 않는다.

④ 고객에게 지급할 대가가 있는 경우

ㄱ 기업이 고객에게 지급할 대가에는 고객이 기업에(또는 고객에게서 기업의 재화나 용역을 구매하는 다른 당사자에게) 갚아야 할 금액에 적용될 수 있는 공제나 그 밖의 항목(예) 쿠폰이나 상품권)도 포함된다.

ㄴ 고객에게 지급할 대가는 거래가격, 즉 수익에서 차감한다.

ㄷ 고객에게 지급할 대가의 처리

  ⓐ 고객이 기업에 이전하는 재화나 용역의 대가가 아닌 경우(예) 리베이트 지급) → 거래가격에서 차감

  ⓑ 고객에게 받은 재화나 용역에 대한 지급 → 다른 공급자에게서 구매한 경우와 같은 방법

  ⓒ 고객에게 지급할 대가가 고객에게서 받은 재화나 용역의

    – 공정가치를 초과하는 경우 → 초과액을 거래가격에서 차감

    – 공정가치를 합리적으로 추정할 수 없는 경우 → 전액을 거래가격에서 차감

(4) 4단계 : 거래가격을 수행의무에 배분

1) 배분 원칙 : 개별 판매가격을 기준으로 배분

거래가격은 일반적으로 계약에서 약속한 각 구별되는 재화와 용역의 상대적 개별 판매가격을 기준으로 배분한다. 다만, 개별 판매가격을 관측할 수 없다면 추정해야 한다.

① 시장평가 조정 접근법 : 기업이 재화나 용역을 판매하는 시장을 평가하여 그 시장에서 고객이 그 재화나 용역에 대해 지급하려는 가격을 추정하는 방법이다.

② 예상원가 이윤 가산 접근법 : 수행의무를 이행하기 위한 예상원가를 예측하고 여기에 그 재화나 용역에 대한 적절한 이윤을 더하는 방법이다.

③ 잔여접근법 : 재화나 용역의 개별 판매가격은 총 거래가격에서 계약에서 약속한 그 밖의 재화나 용역의 관측 가능한 개별 판매가격의 합계를 차감하여 추정하는 방법이다.

2) 할인액의 배분

할인액을 계약상 모든 수행의무에 비례하여 배분하며, 할인액 전체가 계약상 하나 이상의 일부 수행의무에만 관련된다는 관측 가능한 증거가 있는 경우, 할인액 전체를 일부 수행의무들에만 배분한다.

3) 거래가격의 변동

거래가격의 후속 변동의 경우 계약을 개시한 후의 개별 판매가격을 반영하기 위하여 거래가격을 다시 배분하지는 않는다.

(5) 5단계 : 수행의무 이행 → 수익 인식

1) 수익인식 시기

> 통제이전 → 자산이전 → 수행의무 이행 → 수익인식

기업이 수행의무를 이행할 때(또는 이행하는 대로) 수행의무에 배분된 금액을 수익으로 인식한다.(즉, 고객이 재화나 용역을 통제하게 되는 때 수익인식)

수행의무는 한 시점에 이행하거나, 기간에 걸쳐 이행한다. 기간에 걸쳐 이행하는 수행의무의 수익은 그 수행의무의 진행률을 적절하게 측정하는 방법을 선택하여 기간에 걸쳐 인식한다.

① 기간에 걸쳐 수행의무 이행하는 경우(진행기준) : 기간에 걸쳐 수익인식

② 한 시점에 수행의무 이행하는 경우(인도기준) : 한 시점에 수익 인식

2) 기간에 걸쳐 수행의무 이행하는 경우(진행기준)

① 다음 중 하나를 충족하는 경우 기간에 걸쳐 통제를 이전하므로 기간에 걸쳐 수익을 인식한다.

    ⊙ 고객은 기업이 업무를 수행하는 대로 효익을 동시에 얻고 소비(예 케이블TV용역)

    ⓛ 기업이 만들거나 가치를 높이는 대로 그 자산을 고객이 통제(예 재공품)

    ⓒ 기업이 수행하여 만든 자산은 그 기업 자체에는 대체 용도가 없고, 지금까지 수행을 완료한 부분에 대해서는 집행 가능한 대금지급청구권이 있음(예 주문제작자산)

② 진행률 측정

    ⊙ 산출법 : 누적이전가치/약속된 재화나 용역의 가치

    ⓛ 투입법 : 수행의무이행을 위한 누적투입물/총예정투입일수

    ⓒ 진행률을 합리적으로 추정하기 어려운 경우 : 회수될 것으로 예상한다면 발생원가의 범위에서만 수익을 인식한다.

3) 한 시점에 수행의무 이행하는 경우(인도기준)

① 기간에 걸쳐 이행하는 수행의무 기준을 충족하지 못하는 경우, 한 시점에 이행하는 수행의무로 처리한다.

② 다음과 같은 통제이전 지표를 참고하여 수행의무가 이행되는 시점을 판단한다.

    ㉠ 기업의 지급청구권

    ㉡ 자산의 법적 소유권

    ㉢ 물리적 점유의 이전

    ㉣ 유의적인 위험과 보상의 이전

    ㉤ 고객의 자산인수

3. 계약원가

(1) 계약체결 증분원가

① 고객과 계약을 체결하기 위해 들인 원가로 계약을 체결하지 않았다면 들지 않았을 원가(예 판매수수료)이다.

② 고객과의 계약체결 증분원가가 회수될 것으로 예상된다면 이를 자산으로 인식한다.

③ 계약체결 여부와 무관하게 드는 계약체결원가는 계약체결 여부와 관계없이 고객에게 그 원가를 명백히 청구할 수 있는 경우가 아니라면 발생시점에 비용으로 인식한다.

(2) 계약이행원가

① 고객과의 계약을 이행할 때 드는 원가로, 다음 기준을 모두 충족하면 자산으로 인식한다.

    ㉠ 계약이나 구체적으로 식별할 수 있는 예상계약에 직접 관련됨(예 직접노무원가, 직접재료원가 등)

    ㉡ 원가가 미래 수행의무 이행 시 사용할 자원을 창출하거나 가치를 높임

    ㉢ 원가가 회수될 것으로 예상됨.

② 다음 원가는 발생시점에 비용으로 인식한다.

    ㉠ 일반관리원가

    ㉡ 계약을 이행하는 과정에서 낭비된 재료원가, 노무원가, 그 밖의 자원의 원가로 계약가격에 반영되지 않은 원가

    ㉢ 이미 이행한(또는 부분적으로 이미 이행한) 계약상 수행의무와 관련된 원가(과거의 수행정도와 관련된 원가)

    ㉣ 이행하지 않은 수행의무와 관련된 원가인지 이미 이행한(또는 부분적으로 이미 이행한) 수행의무와 관련된 원가인지 구별할 수 없는 원가

4. 계약자산과 계약부채

(1) 의의

① **계약자산** : 기업이 고객에게 이전한 재화나 용역에 대하여 그 대가를 받을 기업의 권리로 그 권리에 시간의 경과 외의 조건(예 기업의 미래 수행)이 있는 자산이다.

② **수취채권(매출채권)** : 고객으로부터 대가를 받을 무조건적인 권리이다.

③ **계약부채** : 기업이 고객에게서 이미 받은 대가 또는 지급기일이 된 대가에 상응하여 고객에게 재화나 용역을 이전해야 하는 기업의 의무이다.

(2) 회계처리

① 재화나 용역을 이전하고 대가를 받을 무조건적인 권리가 있는 경우(수취채권)

　　㉠ 인식 시

(차) 수취채권	×××	(대) 매출(수익)	×××

　　㉡ 현금으로 회수 시

(차) 현금	×××	(대) 수취채권	×××

② 재화나 용역을 이전하고 대가를 받을 권리에 시간의 경과 외의 조건이 있는 경우(계약자산)

　　㉠ 인식 시

(차) 계약자산	×××	(대) 매출(수익)	×××

　　㉡ 계약자산이 대가를 받을 무조건적인 권리가 되는 경우

(차) 수취채권	×××	(대) 계약자산	×××

　　㉢ 현금으로 회수 시

(차) 현금	×××	(대) 수취채권	×××

③ 재화나 용역을 이전하기 전에 대가를 받을 무조건적인 권리가 있는 경우(계약부채)

　　㉠ 인식 시

(차) 수취채권	×××	(대) 계약부채	×××

　　㉡ 재화나 용역의 이전 시

(차) 계약부채	×××	(대) 매출(수익)	×××

　　㉢ 현금으로 회수 시

(차) 현금	×××	(대) 수취채권	×××

④ 재화나 용역을 이전하고 대가를 받을 무조건적인 권리가 있는 경우(환불부채*)

*환불부채 : 고객에게서 받은 대가의 일부나 전부를 고객에게 환불할 것으로 예상하는 경우에 인식하는 부채이며, 기업이 받았거나 받을 대가 중에서 권리를 갖게 될 것으로 예상하지 않는 금액으로 측정한다.

㉠ 인식 시

| (차) 수취채권 | ××× | (대) 매출(수익) | ××× |
| | | 환불부채 | ××× |

㉡ 현금으로 회수 시

| (차) 현금 | ××× | (대) 수취채권 | ××× |
| 환불부채 | ××× | | |

5. 위탁판매

자기(위탁자)의 상품을 타인(수탁자)에게 위탁하여 판매하는 것을 말한다.

(1) 적송품

위탁판매한 상품을 적송품이라고 하며, 수수탁자가 고객에게 위탁품을 판매하기 전까지는 위탁품에 대한 소유권이 위탁자에게 있다. 위탁자가 수탁자에게 재화를 적송할 때 발생하는 적송운임은 재고자산을 판매가 능한 상태로 만들기 위한 원가이므로 재고자산에 포함한다.

(2) 수익인식

수탁자가 적송품을 판매한 시점에 인삭하므로 수탁자가 적송품을 판매하기 전까지는 위탁자의 재고자산에 포함시켜야 한다.

6. 시용판매

고객이 매입의사표시를 한 시점에서 수익인식하므로, 고객의 매입의사표시가 없는 재고는 기말재고로 인식한다.

7. 반품권이 있는 판매

일부 계약에서는 기업이 고객에게 제품에 대한 통제를 이전하고, 다양한 이유로 제품을 반품할 권리와 함께 환불, 공제, 교환과 같은 사항을 조합하여 받을 권리를 고객에게 부여한다.

(1) 반품가능성을 예측할 수 있는 경우

① 반품이 예상되지 않는 부분 : 수익인식한다. 그러나 반품이 예상되는 제품에 대해서는 수익을 인식하지 않는다.

② 반품이 예상되는 금액 : 환불부채로 인식한다.

③ 환불부채를 결제할 때, 고객에게서 제품을 회수할 기업의 권리에 대하여 자산(반품재고회수권)을 인식하고 이에 대응하는 매출원가를 조정한다.

④ 회계처리

[현금을 수취하고 재화나 용역을 이전하는 경우]

(차) 현금	×××	(대) 매출	×××
		환불부채	×××
(차) 매출원가	×××	(대) 재고자산	×××
반환재고회수권	×××		
반품비용	×××		

[반품된 경우]

(차) 환불부채	×××	(대) 현금	×××
재고자산	×××	반환재고회수권	×××

(2) 반품가능성을 예측할 수 없는 경우

① 제품을 이전할 때 수익으로 인식하지 않는다.

② 반품기간이 종료되는 시점에 수익을 인식하고, 받은대가 전액을 환불부채로 인식한다.

③ 고객에게 제품을 이전할 때 고객에게서 제품을 회수할 기업의 권리에 대해서 별도의 자산(반품재고회수권)을 인식한다.

④ 회계처리

[현금을 수취하고 재화나 용역을 이전하는 경우]

(차) 현금	×××	(대) 환불부채	×××
반환재고회수권	×××	재고자산	×××
(차) 환불부채	×××	(대) 매출	×××
		현금	×××

[반품기간이 종료된 경우]

(차) 매출원가	×××	(대) 반환재고회수권	×××
재고자산	×××		

8. 상품권 발행

(1) 상품권 발행 시 : 순현금유입액을 계약부채(선수금)로 인식

(2) 재화의 이전 시 : 회수된 상품권의 순발행금액에 현금수령액(지급액)을 가감하여 수익 인식

(3) 회계처리

[상품권발행 시]			
(차) 현금	×××	(대) 선수금(총액)	×××
[재화의 이전 시]			
(차) 선수금(순액)	×××	(대) 매출	×××
		현금	×××
[미회수 : 상품권 유효기간 만료 시]			
(차) 선수금(순액)	×××	(대) 미지급금	×××
		기타수익	×××

9. 재매입약정

(1) 의의

자산을 판매하고, 그 자산을 다시 사기로 약속하거나 다시 살 수 있는 선택권을 갖는 계약

(2) 재매입약정은 아래와 같이 구분한다.

① 선도 : 자산을 다시 사야 하는 기업의 의무
② 콜옵션 : 자산을 다시 살 수 있는 기업의 권리
③ 풋옵션 : 고객이 요청하면 자산을 다시 사야 하는 기업의 의무

(3) 선도와 콜옵션

기업이 자산을 다시 사야 하는 의무나 다시 살 수 있는 권리(선도나 콜옵션)가 있다면, 고객은 자산을 통제하지 못한다. 따라서 판매금액을 수익으로 인식할 수 없고 재매입 약정은 리스나 금융약정으로 처리한다.
① 판매가 > 재매입가 : 리스
② 판매가 < 재매입가 : 금융약정

(4) 풋옵션

고객에게 자산을 다시 판매할 수 있는 풋옵션의 권리가 있다면, 해당 자산을 통제하고 있는 것이다.
① 고객의 풋옵션을 행사할 경제적 유인이 유의적인 경우 : 리스약정이나 금융약정으로 처리
② 권리를 행사할 경제적 유인이 유의적이지 않은 경우 : 반품권이 있는 판매로 처리
두 경우 모두 판매가격보다 낮은 금액 재매입 약정이 있다면 리스약정으로 보고, 높은 금액 재매입 약정은 금융약정으로 회계처리하며, 재매입가능성이 없다면 반품권 있는 판매거래로 회계처리 한다.

풋옵션

판매가 및 재매입가	풋옵션을 행사할 경제적 유인	회계처리
판매가 > 재매입가	유의적 ○	리스
	유의적 ×	반품권이 있는 판매
판매가 < 재매입가	재매입가 > 예상 시장가치	금융약정
	재매입가 ≤ 예상 시장가치	반품권이 있는 판매

10. 설치, 검사조건부판매(재화)

(1) 설치와 검사가 중요한 경우 : 설치와 검사가 완료되는 시점에 수익을 인식

(2) 설치과정이 단순하거나 계약가액을 최종적으로 확인하기 위한 목적으로만 검사를 수행하는 경우 : 구매자가 재화의 인도를 수락하는 시점에 수익 인식

11. 설치수수료(용역)

(1) 재화의 판매에 부수되는 경우 : 전체수익을 재화의 판매로 보아 인도시점에 수익을 인식

(2) 재화의 판매에 부수되지 않는 경우 : 설치의 진행률에 따라 수익을 인식

12. 광고수수료

(1) 광고매체수수료 : 전달시

(2) 광고제작수수료 : 진행기준

13. 로열티 수익

(1) 특정기간 동안 사용할 권리가 있는 경우(대여 성격) : 발생기준에 따라 수익을 인식하며, 실무적으로는 정액기준으로 인식할 수 있다.

(2) 자유롭게 사용하도록 허용하는 해지불능계약인 경우(판매 성격) : 실질적인 판매로 볼 수 있는 경우 판매시점에 수익을 인식한다.

14. 배당수익

배당받을 권리 확정시 수익을 인식한다.

15. 이자수익

발생주의에 따라 유효이자율로 인식

수익에 관한 설명으로 옳지 <u>않은</u> 것은?   **[2014년 감정평가사]**

① 인도된 재화의 결함에 대하여 정상적인 품질보증범위를 초과하여 책임을 지는 경우에는 수익을 인식하지 않는다.

② 판매대금의 회수가 구매자의 재판매에 의해 결정되는 경우에는 수익을 인식하지 않는다.

③ 설치조건부 판매에서 계약의 중요한 부분을 차지하는 설치가 아직 완료되지 않은 경우에는 수익을 인식하지 않는다.

④ 판매자가 판매대금의 회수를 확실히 할 목적만으로 해당 재화의 법적 소유권을 계속 가지고 있더라도 소유에 따른 중요한 위험과 보상이 이전되었다면 해당 거래를 판매로 보아 수익을 인식한다.

⑤ 수익은 기업이 받았거나 받을 경제적효익의 총유입을 포함하므로 판매세, 특정재화나 용역과 관련된 세금, 부가가치세와 같이 제3자를 대신하여 받는 금액도 기업에 유입된 경제적 효익이므로 기타수익에 포함시킨다.

⑤ 특정재화나 용역과 관련된 세금, 부가가치세와 같이 제3자를 대신하여 받는 금액은 수익에 포함시키지 않는다.

정답 ⑤

다음은 (주)관세와 관련한 당기 거래 자료이다. (주)관세의 당기수익은?   **[2012년 관세사]**

- (주)관세는 (주)대한에 제품을 판매하고 그 대가로 기계장치를 받았다. 판매한 제품의 공정가치는 ₩100,000이며, 대가로 받은 기계장치의 공정가치는 ₩98,000이다.
- (주)관세는 ₩200,000의 제품을 외상판매하였다. 이 가운데 매출에누리 ₩5,000이 발생하였다.
- (주)관세는 1년 후에 ₩52,000에 재매입하기로 약정하고 (주)중앙에 제품을 ₩50,000에 판매하였다.
- 위탁판매업자 (주)수탁은 (주)관세가 위탁한 제품을 판매하고 수수료 ₩30,000을 제외한 ₩470,000을 (주)관세에 송금하였다.

① ₩733,300   ② ₩763,000

③ ₩793,000   ④ ₩813,000

⑤ ₩843,000

(1) ₩98,000

(2) ₩200,000 − ₩5,000 = ₩195,000

(3) 재매입 약정에 의한 판매이므로 수익인식하지 않는다.

(4) ₩30,000 + ₩470,000 = ₩500,000

- 당기수익 : (1) + (2) + (3) + (4) = ₩793,000

정답 ③

1. 계약수익과 계약원가

(1) 계약수익

① 계약수익은 계약금액과 공사변경, 보상금 및 장려금에 따라 추가되는 금액으로서 수령하였거나 수령할 대가의 공정가치로 측정한다.

② **공사변경** : 계약상 수행하는 공사의 범위를 발주자의 지시에 따라 변경하는 것이다.

③ **보상금** : 건설업자가 계약금액에 포함되어 있지 않은 원가를 발주자나 다른 당사자에게서 보상받으려는 금액이다.

④ **장려금** : 특정 성과기준을 충족하는 경우 건설사업자에게 지급되는 추가금액이다.

(2) 계약원가

다음의 항목으로 구성되며, 공사계약체결 전에 발생한 원가도 개별적으로 식별이 가능하며 신뢰성 있게 측정할 수 있고 계약의 체결가능성이 높은 경우 계약원가의 일부로 포함한다.

① 특정 계약에 직접 관련된 원가

② 계약활동 전반에 귀속될 수 있는 공통원가로써 특정 계약에 배분할 수 있는 원가

③ 계약조건에 따라 발주자에게 청구할 수 있는 기타원가

2. 수익인식

(1) 건설계약의 결과를 신뢰성 있게 추정할 수 있는 경우 진행률을 기준으로 수익과 비용을 인식한다.

진행률 = 누적발생원가/추정총계약원가

(2) 진행률 산정 시 누적발생계약원가에서 제외하는 원가

① 계약상 미래 활동과 관련된 계약원가(예 계약공사에 사용되지 않은 원재료 등)

② 하도급계약에 따라 하도급자에게 선급한 금액

예시문제

(주)감평은 20x1년 초 4년에 걸친 건설계약을 체결하였다. 공사계약대금은 ₩20,000이고, 다음 자료는 공사기간에 걸쳐 발생한 공사원가 및 각 연도 말의 예상공사원가이다. 공사진행기준에 따라 수익을 인식하였다면, 20x3년에 인식할 공사이익은 얼마인가?

	20x1년	20x2년	20x3년	20x4년
당기발생원가	₩4,000	₩5,000	₩4,600	₩3,600
공사원가누적액	4,000	9,000	13,600	17,200
완성에 소요될 추가원가	12,000	9,000	3,400	–

	20x1년	20x2년	20x3년	20x4년
진행률	25%	50%	80%	100%
진행률 계산식	$\dfrac{4,000}{16,000}$	$\dfrac{9,000}{18,000}$	$\dfrac{13,600}{17,000}$	$\dfrac{17,200}{17,200}$

공사수익	$20,000 \times (80\% - 50\%) = 6,000$	
(−) 공사원가	$13,600 - 9,000 = 4,600$	
공사이익	$1,400$	

정답 ₩1,400

3. 회계처리

(1) 계약원가 발생시

(차) 미성공사(자산)	×××	(대) 현금(또는 미지급금)	×××

(2) 계약대금의 청구시

(차) 계약미수금(자산)	×××	(대) 진행청구액(부채)	×××

(3) 계약대금의 회수시

(차) 현금(자산)	×××	(대) 계약미수금(자산)	×××

(4) 계약수익과 계약원가의 인식

계약수익 − 계약원가 = 계약이익

① 계약수익 = 총계약금액 × 누적진행률 − 전기누적계약수익
② 계약원가 = 추정총계약원가 × 누적진행률 − 전기누적계약원가
③ 계약이익 = 당기계약수익 − 당기계약원가

(5) 기말 수정분개시

(차) 계약원가(비용)	×××	(대) 계약수익(수익)	×××
미성공사(자산)	×××		

(6) 공사완공시

(차) 진행청구액(부채)	×××	(대) 미성공사(자산)	×××

(7) 재무상태표의 공시

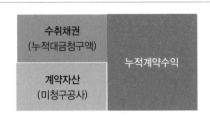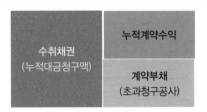

예시문제

(주)한국은 20x0년 1월 1일에 건설공사를 ₩1,500,000에 수주하였으나 20x2년도에 공사의 설계변경으로 계약금액 ₩200,000이 추가되었다. 원가관련 자료가 다음과 같다고 할 경우 다음 물음에 답하시오.

(단위 : ₩)

구분	20x0년	20x1년	20x2년
실제 발생 계약원가	250,000	300,000	410,000
기말 추정 추가계약원가	1,000,000	450,000	240,000
계약대금 청구액	300,000	500,000	300,000
계약대금 수령액	50,000	400,000	400,000

[1] 진행기준에 의하여 2002년도에 인식할 계약이익은 얼마인가?
[2] (주)한국이 2002년 말 현재의 재무상태표에 보고할 미청구공사(초과청구공사)는 얼마인가?

---

[1] 2002년도에 인식할 계약이익
(1) 2001년 누적진행률 = (250,000 + 300,000) ÷ (550,000 + 450,000) = 55%
(2) 2002년 누적진행률 = (550,000 + 410,000) ÷ (960,000 + 240,000) = 80%
(3) 당기수익 = 1,700,000 × 80% − 1,500,000 × 55% = ₩535,000
(4) 당기이익 = 535,000 − 410,000 = ₩125,000

[2] 2002년 말 현재의 재무상태표에 보고할 미청구공사
(1) 미성공사 = 1,700,000 × 80% = ₩1,360,000
(2) 진행청구액 = 300,000 + 500,000 + 300,000 = ₩1,100,000
(3) 미청구공사 = 1,360,000 − 1,100,000 = ₩260,0000
  ※ 미청구공사는 계약자산, 초과청구공사는 계약부채라고도 한다.

정답 [1] ₩125,000 [2] ₩260,0000

4. 손실이 예상되는 공사

당초 예상했던 공사원가가 총 계약수익을 초과하는 경우를 의미하며, 예상되는 손실을 즉시 비용처리한다.

예시문제

(주)감평은 20x1년 1월 1일에 공사계약(계약금액 ₩6,000)을 체결하였으며 20x3년 말에 완공될 예정이다. (주)감평은 진행기준에 따라 수익과 비용을 인식하며, 진행률은 추정총계약원가 대비 발생한 누적계약원가의 비율을 사용한다. 공사 관련 자료가 다음과 같을 때 20x2년의 공사계약손실은?　　　　　　　　　　　　　　　　　　　　**[2016년 감정평가사]**

구분	20x1년	20x2년
발생한 누적계약원가	₩1,200	₩5,100
완성까지 추가계약원가 예상액	3,600	2,400
계약금액 회수액	1,300	2,500

① ₩1,300　　　　　　　　　　　　　② ₩1,320
③ ₩1,500　　　　　　　　　　　　　④ ₩1,620
⑤ ₩1,800

(₩6,000 − ₩7,500) × 100% − (₩6,000 − ₩4,800) × ₩1,200/₩4,800 = −₩1,800

정답 ⑤

CHAPTER 11 확인학습문제

01 수익에 관한 설명으로 옳지 <u>않은</u> 것은?　　　　　　　　　　　　　**[2014 감정평가사]**

① 인도된 재화의 결함에 대하여 정상적인 품질보증범위를 초과하여 책임을 지는 경우에는 수익을 인식하지 않는다.

② 판매대금의 회수가 구매자의 재판매에 의해 결정되는 경우에는 수익을 인식하지 않는다.

③ 설치조건부 판매에서 계약의 중요한 부분을 차지하는 설치가 아직 완료되지 않은 경우에는 수익을 인식하지 않는다.

④ 판매자가 판매대금의 회수를 확실히 할 목적만으로 해당 재화의 법적 소유권을 계속 가지고 있더라도 소유에 따른 중요한 위험과 보상이 이전되었다면 해당 거래를 판매로 보아 수익을 인식한다.

⑤ 수익은 기업이 받았거나 받을 경제적효익의 총유입을 포함하므로 판매세, 특정재화나 용역과 관련된 세금, 부가가치세와 같이 제3자를 대신하여 받는 금액도 기업에 유입된 경제적 효익이므로 기타수익에 포함시킨다.

답 ⑤

▌정답해설▐

⑤ 부가가치세와 같이 제3자를 대신하여 받는 금액은 수익에 포함하지 않는다.

02 재화판매에 대한 수익인식기준의 설명으로 옳지 <u>않은</u> 것은? **[2011 관세사]**

① 제한적인 반품권이 부여된 판매의 경우 반품가능성을 예측하기 어렵다면, 구매자가 공식적으로 재화의 선적을 수락한 시점이나 재화를 인도받은 후 반품기간이 종료된 시점에 수익을 인식한다.

② 판매 후 재매입 약정이 있는 경우 법적 소유권이 이전된 시점에 수익을 인식한다.

③ 위탁판매의 경우에는 수탁자가 수탁한 재화를 고객에게 판매한 시점에 수익으로 인식한다.

④ 출판물 구독의 경우 해당품목의 가액이 매기 비슷한 경우에는 발송기간에 걸쳐 정액기준으로 수익을 인식한다.

⑤ 판매대금의 회수가 구매자의 재판매에 의해 결정되는 경우에는 판매시에 수익으로 인식하지 않는다.

답 ②

❚정답해설❚
② 판매 후 재매입 약정이 있는 경우 소유에 따른 위험과 보상이 이전된 때 수익을 인식한다.

03 수익인식에 관한 설명으로 옳지 <u>않은</u> 것은? **[2013 감정평가사]**

① 공정에서 이미 검사가 완료된 TV 수상기의 설치와 같이 설치과정이 성격상 단순한 경우에는 구매자가 재화의 인도를 수락한 시점에 즉시 수익을 인식한다.

② 인도결제판매(Cash on delivery sales)의 경우에는 인도가 완료되고 판매자가 현금을 수취할 때 수익을 인식한다.

③ 프랜차이즈 수수료 중 계약에 의한 권리의 계속적인 사용에 부과되는 수수료나 계약기간 동안 제공하는 기타 용역에 대한 수수료는 권리를 사용하는 시점이나 용역을 제공하는 시점에 수익으로 인식한다.

④ 하나의 입장권으로 여러 행사에 참여할 수 있는 경우의 입장료수익은 각각의 행사를 위한 용역의 수행된 정도가 반영된 기준에 따라 각 행사에 배분하여 인식한다.

⑤ 광고매체수수료는 광고 또는 상업방송이 대중에게 전달될 때 인식하고, 광고제작수수료는 제작이 완성되었을 때 인식한다.

답 ⑤

❚정답해설❚
⑤ 광고매체수수료는 광고 또는 상업방송이 대중에게 전달될 때 인식하고, 광고제작수수료는 진행기준에 의해 수익을 인식한다.

04 '고객과의 계약에서 생기는 수익'에 대한 설명으로 옳지 <u>않은</u> 것은? [2021 관세사]

① 거래가격을 배분하는 목적은 기업이 고객에게 약속한 재화나 용역을 이전하고 그 대가로 받을 권리를 갖게 될 금액을 나타내는 금액으로 각 수행의무에 거래가격을 배분하는 것이다.

② 개별 판매가격을 추정하기 위해 시장평가 조정 접근법을 적용하는 경우 개별 판매가격은 총 거래가격에서 계약에서 약속한 그 밖의 재화나 용역의 관측 가능한 개별 판매가격의 합계를 차감하여 추정한다.

③ 할인액 전체가 계약상 하나 이상의 일부 수행의무에만 관련된다는 관측 가능한 증거가 있는 때 외에는, 할인액을 계약상 모든 수행의무에 비례하여 배분한다.

④ 거래가격의 후속 변동은 계약 개시시점과 같은 기준으로 계약상 수행의무에 배분하므로, 계약을 개시한 후의 개별 판매가격 변동을 반영하기 위해 거래가격을 다시 배분하지 않는다.

⑤ 콜옵션의 경우 판매가격보다 높은 가격으로 다시 사야 하는 경우 해당거래를 금융약정으로 보며, 금융약정의 경우 고객에게 지급받은 대가는 금융부채로 인식한다.

답 ②

▮ 정답해설 ▮

② 개별 판매가격을 추정하기 위해 시장평가 조정 접근법을 적용하는 경우, 시장을 평가하여 그 시장에서 고객이 지급하려는 가격을 추정할 수 있다. 비슷한 재화나 용역에 대한 경쟁자의 가격을 참조하고 그 가격에 필요한 조정하는 방법을 포함할 수도 있다.

05 재화판매의 수익인식에 관한 설명으로 옳은 것은? [2015 관세사]

① 위탁판매는 위탁자가 제3자에게 재화를 판매한 시점에 수익을 인식한다.

② 중간상에 대한 판매는 소유에 따른 위험과 보상이 구매자에게 이전되는 시점에 인식하지만 구매자가 실질적으로 대리인 역할만을 한다면 이러한 거래를 시용판매로 처리한다.

③ 설치 및 검사 조건부 판매는 구매자의 재화 인도의 수락과 관계없이 설치와 검사가 완료된 시점에 수익을 인식한다.

④ 출판물 및 이와 유사한 품목의 구독은 해당 품목의 가액이 기간별로 다른 경우에는 발송된 품목의 판매가액이 구독신청을 받은 모든 품목의 추정 총판매가액에서 차지하는 비율에 따라 수익을 인식한다.

⑤ 제한적인 반품권이 부여된 판매는 반품가능성을 예측할 수 있다면 구매자가 공식적으로 재화의 선적을 수락한 시점이나 재화를 인도받은 후 반품기간이 종료된 시점에 수익을 인식한다.

답 ④

▌**오답해설**▌

① 위탁판매는 수탁자가 제3자에게 재화를 판매하는 시점에 수익을 인식한다.

② 구매자가 실질적으로 대리인 역할만 한다면 이러한 거래를 위탁판매로 처리한다.

③ 원칙적으로 설치와 검사가 완료된 때 수익을 인식하나, 설치과정이 단순하거나 계약가액을 최종적으로 확인하기 위한 목적인 경우에는 구매자가 재화의 인도를 수락하는 시점에 수익을 인식한다.

⑤ 반품가능성을 예측할 수 있다면 판매시점에 수익을 인식한다.

06 수익인식에 관한 설명으로 옳지 <u>않은</u> 것은? [2017 감정평가사]

① 재화의 결함에 대하여 정상적인 품질보증범위를 초과하여 판매자가 책임을 지더라도 재화가 구매자에게 인도되었다면 수익으로 인식한다.

② 설치조건부 판매에서 계약의 중요한 부분을 차지하는 설치가 아직 완료되지 않은 경우에는 당해 거래를 판매로 보지 아니하며, 수익을 인식하지 아니한다.

③ 위탁판매의 경우 위탁자는 수탁자가 제3자에게 재화를 판매한 시점에 수익을 인식한다.

④ 주문형 소프트웨어의 개발수수료는 진행기준에 따라 수익을 인식한다.

⑤ 판매대금의 회수가 구매자의 재판매에 의해 결정되는 경우에는 당해 거래를 판매로 보지 아니하며, 수익을 인식하지 아니한다.

답 ①

▌**정답해설**▌

① 재화의 결함에 대하여 정상적인 품질보증범위를 초과하여 판매자가 책임을 지는 경우 수익을 인식하지 않는다.

07 건설업체 (주)감평은 20x1년 5월 1일 (주)대한과 도급계약을 체결하였다. (주)감평은 진행기준에 의해 수익과 비용을 인식하며 진행률은 발생한 누적계약원가를 추정총계약원가로 나눈 비율로 측정한다. 공사기간은 20x4년 12월 31일까지이다. 최초 계약금액은 ₩100,000이었으며, 계약금액의 변동내역, 원가 등에 관한 자료가 다음과 같을 때 20x3년 말 계약자산(미청구공사) 잔액은? **[2013 감정평가사]**

(단위 : ₩)

연도	20x1년	20x2년	20x3년	20x4년
당기 계약금액의 증가분(공사변경, 보상금, 장려금)	0	0	20,000	10,000
누적발생 계약원가	20,000	45,000	68,000	86,000
각 연도말에 추정한 예상추가원가	60,000	45,000	17,000	–
대금청구액	30,000	40,000	20,000	40,000
대금회수액	20,000	30,000	20,000	60,000

① ₩3,000
② ₩4,000
③ ₩5,000
④ ₩6,000
⑤ ₩7,000

답 ④

▌정답해설▐

• 20x3년

  진행률 : ₩68,000 ÷ (₩68,000 + ₩17,000) = 80%

  기말 미성공사 : ₩120,000 × 80% = ₩96,000

  기말 진행청구액 : ₩30,000 + ₩40,000 + ₩20,000 = ₩90,000

  기말 계약자산(미청구공사) : ₩96,000 − ₩90,000 = ₩6,000

08 (주)관세는 20x1년 7월 1일 원가 ₩80,000의 재고자산을 판매하고 계약금으로 현금 ₩10,000을 수령한 후 다음과 같이 대금을 수령하기로 하였다. 재고자산 판매일 현재 할인율이 연 10%일 때, 동 거래로 인하여 발생되는 (주)관세의 20x1년 매출총이익은? (단, 명목가치와 현재가치의 차이는 중요하고, 정상 연금 ₩1의 현재가치는 2.4868(3기간, 10%)이다.) **[2021 관세사]**

20x2년 6월 30일	20x3년 6월 30일	20x4년 6월 30일
₩30,000	₩30,000	₩30,000

① ₩3,730
② ₩4,604
③ ₩8,334
④ ₩10,000
⑤ ₩20,000

답 ②

▮정답해설▮
- 매출 : ₩10,000 + ₩30,000 × 2.4868 = ₩84,604
- 매출원가 : ₩80,000
- 매출총이익 : ₩84,604 − ₩80,000 = ₩4,604

09 다음은 (주)관세와 관련한 당기 거래 자료이다. (주)관세의 당기수익은? [2012 관세사]

> • (주)관세는 (주)대한에 제품을 판매하고 그 대가로 기계장치를 받았다. 판매한 제품의 공정가치는 ₩100,000 이며, 대가로 받은 기계장치의 공정가치는 ₩98,000이다.
> • (주)관세는 ₩200,000의 제품을 외상판매하였다. 이 가운데 매출에누리 ₩5,000이 발생하였다.
> • (주)관세는 1년 후에 ₩52,000에 재매입하기로 약정하고 (주)중앙에 제품을 ₩50,000에 판매하였다.
> • 위탁판매업자 (주)수탁은 (주)관세가 위탁한 제품을 판매하고 수수료 ₩30,000을 제외한 ₩470,000을 (주)관 세에 송금하였다.

① ₩733,300 ② ₩763,000

③ ₩793,000 ④ ₩813,000

⑤ ₩843,000

답 ③

┃정답해설┃

• ₩98,000(받은 자산의 공정가치)
• ₩200,000 − ₩5,000 = ₩195,000
• 재매입 약정에 의한 판매의 경우 수익을 인식하지 않는다.
• ₩30,000 + ₩470,000 = ₩500,000(위탁자의 매출은 총액을 기준으로 한다.)
∴ 당기수익 : ₩98,000 + ₩195,000 + ₩500,000 = ₩793,000

10 (주)감평은 20x1년 1월 1일에 공사계약(계약금액 ₩6,000)을 체결하였으며 20x3년 말에 완공될 예정이 다. (주)감평은 진행기준에 따라 수익과 비용을 인식하며, 진행률은 추정총계약원가 대비 발생한 누적계 약원가의 비율을 사용한다. 공사 관련 자료가 다음과 같을 때 20x2년의 공사계약손실은? [2016 감정평가사]

구분	20x1년	20x2년
발생한 누적계약원가	₩1,200	₩5,100
완성까지 추가계약원가 예상액	3,600	2,400
계약금액 회수액	1,300	2,500

① ₩1,300 ② ₩1,320

③ ₩1,500 ④ ₩1,620

⑤ ₩1,800

답 ⑤

┃정답해설┃

(₩6,000 − ₩7,500) × 100% − (₩6,000 − ₩4,800) × ₩1,200/₩4,800 = −₩1,800

11 (주)관세는 20x1년 초 장기건설계약(건설기간 4년)을 체결하였다. 총공사계약액은 ₩10,000이고 공사원가 관련 자료는 다음과 같다. (주)관세가 발생원가에 기초하여 진행률을 계산하는 경우, 20x3년도에 인식할 공사손익은?　　　　　　　　　　　　　　　　　　　　　　　　　　　　　　　　　　　　　　**[2021 관세사]**

구분	20x1년	20x2년	20x3년	20x4년
당기발생 공사원가	₩1,200	₩2,300	₩2,500	₩2,000
완성에 소요될 추가공사원가 예상액	₩4,800	₩3,500	₩2,000	-

① ₩1,500 손실　　　　　　　　　　　　② ₩700 손실

③ ₩0　　　　　　　　　　　　　　　　④ ₩700 이익

⑤ ₩1,500 이익

답 ③

┃정답해설┃

• 20x2년

　누적손익 : (₩10,000 − ₩7,000) × ₩3,500/₩7,000 = ₩1,500

• 20x3년

　누적손익 : (₩10,000 − ₩8,000) × ₩6,000/₩8,000 = ₩1,500

　공사손익 : ₩1,500 − ₩1,500 = ₩0

12 (주)서울은 20x1년 2월 1일에 총계약금액 ₩6,000의 공장건설계약을 수주하였다. 이 공장은 20x3년 말에 완공될 예정이며, 건설에 소요될 원가는 ₩4,000으로 추정되었으며, 관련 자료는 다음과 같다.

	20x1년	20x2년	20x3년
누적건설원가	₩1,500	₩2,640	₩4,600
남은 건설원가	2,500	1,760	0
누적계약대금 회수액	2,000	4,000	6,000

(주)서울은 이 계약에 대해 진행기준에 따라 수익을 인식한다면, 20x2년의 건설계약이익은?

[2014 감정평가사]

① ₩210

② ₩628

③ ₩750

④ ₩960

⑤ ₩1,350

답 ①

┃ 정답해설 ┃

- 20x1년
  누적손익 : (₩6,000 − ₩4,000) × ₩1,500/₩4,000 = ₩750

- 20x2년
  누적손익 : (₩6,000 − ₩4,400) × ₩2,640/₩4,400 = ₩960
  공사손익 : ₩960 − ₩750 = ₩210

13 (주)감평은 20x1년 초에 도급금액 ₩1,000,000인 건설공사를 수주하고, 20x3년 말에 공사를 완공하였다. 이와 관련된 원가자료는 다음과 같다. (주)감평이 20x1년도 포괄손익계산서에 인식할 공사손익과 20x1년 말 재무상태표에 표시할 계약자산(미청구공사)또는 계약부채(초과청구공사)금액은? (단, 진행률은 발생누적계약원가를 추정총계약원가로 나눈 비율로 계산한다.) **[2017 감정평가사]**

	20x1년	20x2년	20x3년
실제발생 공사원가	₩320,000	₩200,000	₩250,000
연도 말 예상 추가원가	480,000	280,000	–
계약대금 청구액	350,000	350,000	300,000

	공사이익(손실)	계약자산(계약부채)
①	₩80,000	₩50,000
②	₩60,000	₩30,000
③	₩60,000	₩(30,000)
④	₩80,000	₩(50,000)
⑤	₩80,000	₩30,000

답 ①

▌정답해설▐

• 20x1년
  공사손익 : (₩1,000,000 − ₩800,000) × ₩320,000/₩800,000 = ₩80,000

• 20x1년 말
  미성공사 : ₩1,000,000 × ₩320,000/₩800,000 = ₩400,000
  진행청구액 : ₩350,000
  계약자산 : ₩400,000 − ₩350,000 = ₩50,000

14 (주)세무는 20x1년 1월 1일에 원가가 ₩4,500,000의 상품인 판매하면서 그 대금은 매년 말 ₩2,000,000씩 3회에 걸쳐 현금을 수취하기로 하였다. 동 거래로 20x1년도와 20x2년도의 포괄손익계산서상 당기순이익은 각각 얼마나 증가되는가? (단, 유효이자율 10%이며, 현가계수는 아래 표를 이용한다. 계산금액은 소수점 첫째자리에서 반올림하며, 이 경우 단수차이로 인해 약간의 오차가 있으면 가장 근사치를 선택한다.)

[2011 세무사]

〈현가계수표〉

기간 \ 할인율	기간 말 단일금액 ₩1의 현재가치 10%	정상연금 ₩1의 현재가치 10%
1년	0.90909	0.90909
2년	0.82645	1.73554
3년	0.75131	2.48685

	20x1년	20x2년
①	₩497,370	₩347,107
②	₩497,370	₩500,000
③	₩971,070	₩347,107
④	₩971,070	₩500,000
⑤	₩1,500,000	₩0

답 ③

▌정답해설▐

• 20x1년
  매출총이익 : ₩2,000,000 × 2.48685 − ₩4,500,000 = ₩473,700
  이자수익 : ₩2,000,000 × 2.48685 × 10% = ₩497,370
  당기순이익 증가액 : ₩473,700 + ₩497,370 = ₩971,070

• 20x2년
  이자수익 : (₩2,000,000 × 2.48685 × 1.1 − ₩2,000,000) × 10% = ₩347,107

CHAPTER 12 현금흐름표

제1절 현금흐름표의 의의

1. 현금흐름표의 의의

현금유입과 현금유출에 대한 정보를 제공하는 보고서로 영업활동현금흐름, 투자활동현금흐름, 재무활동현금으로 구분하여 표시한다.

발생주의에 의한 당기순이익과 현금주의 순이익과의 상관관계를 파악하여 다른 기업이 동일한 크기의 발생주의 순이익을 보고하더라도 현금흐름을 많이 보고한 기업의 이익이 더 질이 높은 이익이라고 보는 것이다. 이와 같이 발생주의 정보와 현금흐름정보를 통합적으로 고려해야 하며, 이러한 현금흐름정보를 나타내는 재무제표가 현금흐름표이다.

2. 현금흐름표의 유용성

(1) 재무제표이용자에게 현금 및 현금성자산의 창출능력과 현금흐름의 사용용도를 평가하는 데 유용한 기초를 제공한다.

(2) 다른 재무제표와 같이 사용되는 경우 순자산의 변화, 재무구조 그리고 변화하는 상황과 기회에 적응하기 위하여 현금흐름의 금액과 시기를 조절하는 능력을 평가하는 데 유용한 정보를 제공한다.

(3) 동일한 거래와 사건에 대하여 서로 다른 회계처리를 적용함에 따라 발생하는 영향을 제거하기 때문에 영업성과에 대한 기업 간의 비교가능성을 제고한다.

3. 현금흐름표의 양식

(1) 현금흐름을 영업활동, 투자활동 및 재무활동으로 구분하여 표시한다.

(2) 영업활동 현금흐름을 표시하는 방법은 직접법과 간접법이 있으며, 국제회계기준에서는 직접법을 사용할 것을 권장한다.

```
                              현금흐름표
                 20x1년 1월 1일부터 20x1년 12월 31일까지
     Xx 회사                                              (단위 : 원)
     Ⅰ. 영업활동현금흐름                                       ×××
        1. 영업활동으로 인한 현금유입액         ×××
        2. 영업활동으로 인한 현금유출액        (×××)
     Ⅱ. 투자활동현금흐름                                       ×××
        1. 투자활동으로 인한 현금유입액         ×××
        2. 투자활동으로 인한 현금유출액        (×××)
     Ⅲ. 재무활동현금흐름                                       ×××
        1. 투자활동으로 인한 현금유입액         ×××
        2. 투자활동으로 인한 현금유출액        (×××)
     Ⅳ. 현금 및 현금성자산의 증가(감소)                        ×××
     Ⅴ. 기초의 현금 및 현금성자산                              ×××
     Ⅵ. 기말의 현금 및 현금성자산                              ×××
```

제2절   활동별 현금흐름

1. 영업활동 현금흐름

주로 기업의 주요 수익창출활동에서 발생한다. 따라서 영업활동 현금흐름은 일반적으로 당기순손익의 결정에 영향을 미치는 거래나 그 밖의 사건의 결과로 발생한다.

(1) 일반적인 영업활동 현금흐름의 예

① 재화의 판매와 용역 제공에 따른 현금유입(매출활동)

② 로열티, 수수료, 중개료 및 기타수익에 따른 현금유입

③ 재화와 용역의 구입에 따른 현금유출(매입활동)

④ 종업원과 관련하여 직·간접으로 발생하는 현금유출

⑤ 보험회사의 경우 수입보험료, 보험금, 연금 및 기타 급부금과 관련된 현금유입과 현금유출

⑥ 법인세의 납부 또는 환급. 다만 재무활동과 투자활동에 명백히 관련되는 것은 제외한다.

⑦ 단기매매목적으로 보유하는 계약에서 발생하는 현금유입과 현금유출

(2) 기타 영업활동 현금흐름의 예

① 단기매매목적으로 유가증권이나 대출채권을 보유하는 경우 : 판매를 목적으로 취득한 재고자산과 유사하 므로 단기매매목적으로 보유하는 유가증권의 취득과 판매에 따른 현금흐름은 영업활동으로 분류한다.

② 금융회사의 현금 선지급이나 대출채권 : 주요 수익창출활동과 관련되어 있으므로 일반적으로 영업활동으 로 분류한다.

③ 타인에게 임대할 목적으로 보유하다가 후속적으로 판매목적으로 보유하는 자산을 제조하거나 취득하기 위한 현금 지급액은 영업활동 현금흐름이다. 이러한 자산의 임대 및 후속적인 판매로 수취하는 현금도 영업활동 현금흐름이다.

④ 법인세
   ㉠ 원칙 : 법인세의 지급은 일반적으로 영업활동현금으로 분류한다.
   ㉡ 예외 : 투자활동이나 재무활동으로 분류한 현금흐름을 유발하는 개별 거래와 관련된 법인세 현금 흐름 을 실무적으로 식별할 수 있다면 그 법인세 현금흐름은 투자활동이나 재무활동으로 적절히 분류한다.

⑤ 은행차입
   ㉠ 원칙 : 일반적으로 재무활동으로 간주된다.
   ㉡ 예외 : 금융회사의 요구에 따라 즉시 상환하여야 하는 당좌차월은 기업의 현금관리의 일부를 구성한 다. 이때 당좌차월은 현금 및 현금성자산의 구성요소에 포함된다. 그러한 은행거래약정이 있는 경우 은행잔고는 예금과 차월 사이에서 자주 변동하는 특성이 있다.

⑥ 이자 및 배당금 : 이자수입과 배당금수입은 아래와 같이 분류할 수 있는데, 매 기간 일관성 있게 분류한다.
   ㉠ 이자지급 : 영업활동 또는 재무활동
   ㉡ 이자수입 : 영업활동 또는 투자활동
   ㉢ 배당금수입 : 영업활동 또는 투자활동
   ㉣ 배당금지급 : 재무활동 또는 영업활동

(3) 영업활동 현금흐름의 보고

1) 간접법

영업활동현금흐름을 손익계산서상의 당기순이익에서 영업현금흐름과 관련없는 손익을 제거하고 영업활동과 관련된 자산·부채의 순증감액을 가감하여 구하는 방법이다.

[간접법에 의한 영업활동 현금흐름]

<u>현금흐름표</u>
20x1년 1월 1일부터 20x1년 12월 31일까지

(주)감평	(단위 : 원)
영업활동 현금흐름	
법인세비용차감전순이익	×××
가감 :	
1. 영업현금흐름과 관련없는 손익의 제거	
수익	(×××)
비용	×××
2. 영업활동과 관련된 자산·부채의 증감	
자산의 증가	(×××)
자산의 감소	×××
부채의 증가	×××
부채의 감소	(×××)
영업에서 창출된 현금	×××
이자의 지급 및 수취⟨*⟩	(×××)×××
배당금의 지급 및 수취⟨*⟩	(×××)×××
법인세의 납부⟨*⟩	(×××)
영업활동 순현금흐름	×××

⟨*⟩ 영업활동으로 분류한 경우

---

2) 직접법

영업활동현금흐름을 증가시키는 개별 수익항목에서 영업활동으로 인한 현금을 감소시키는 개별 비용항목을 차감하여 구하는 방법이다.

[직접법에 의한 영업활동 현금흐름]

현금흐름표

20x1년 1월 1일부터 20x1년 12월 31일까지

(주)감평	(단위 : 원)
영업활동 현금흐름	
① 고객으로부터 유입된 현금	×××
② 공급자와 종업원에 대한 현금유출	(×××)
③ 기타영업활동으로 수취한 현금	×××
④ 기타영업활동으로 지급한 현금	(×××)
영업으로부터 창출된 현금	×××
이자의 지급〈주〉	(×××)
이자의 수취〈주〉	×××
배당금의 수취〈주〉	×××
배당금의 지급〈주〉	(×××)
법인세의 납부〈주〉	(×××)
영업활동 순현금흐름	×××

〈주〉 영업활동으로 분류한 경우
 - 직접법 손익계산서조정 : 관련손익항목을 추가하는 조정
 - 직접법 재무상태표조정 : 관련 자산, 부채의 증감을 고려하여 현금주의로 전환하는 조정

---

2. 투자활동 현금흐름

장기성자산 및 현금성자산에 속하지 않는 기타 투자자산의 취득과 처분활동을 의미한다.

(1) 일반적인 투자활동 현금흐름의 예

① 유형자산, 무형자산 및 장기성자산의 취득과 처분
② 다른기업의 지분상품이나 채무상품의 취득과 처분
③ 대여금의 회수와 대여

(2) 기타 투자활동 현금흐름의 예

설비 매각과 같은 일부 거래에서도 인식된 당기순손익의 결정에 포함되는 처분손익이 발생할 수 있다. 그러나 그러한 거래와 관련된 현금흐름은 투자활동 현금흐름이다.

3. 재무활동 현금흐름

기업의 납입자본과 차입금의 크기 및 구성내용에 변동을 가져오는 아래와 같은 활동을 의미한다.
- 지분상품의 발행과 상환
- 사채의 발행과 상환
- 리스이용자의 금융리스부채의 상환

더 알아보기 각 활동별 관련 계정과목

영업활동 현금흐름	투자활동 현금흐름	재무활동 현금흐름
• 매출채권 • 매입채무 • 선급비용 • 미지급비용 • 선급금 • 선수금 • 미수수익 • 선수수익 • 재고자산 • 미지급법인세 • 퇴직급여충당부채	• 투자자산 • 유형자산 · 무형자산	• 단기차입금 • 사채, 장기차입금의 • (+) 주식발행, 자기주식처분 • (−) 유상감자, 자기주식 취득, 배당금의 지급

1. 영업활동 현금흐름 예시(직접법)

(1) 매출활동에 의한 현금유입액

손익계산서조정 :	
매출	₩15,000
대손상각비	−700
재무상태표조정 :	
매출채권증가(순액)	−13,000
선수금증가	+13,000
매출활동에 의한 현금유입액	14,300

(2) 매입활동에 의한 현금유출액

손익계산서조정 :	
매출원가	(₩8,000)
재무상태표조정 :	
재고자산증가	−15,000
선급금감소	+1,000
매입채무증가	+15,000
매입활동에 의한 현금유출액	(7,000)

(3) 종업원급여에 의한 현금유출액

손익계산서조정 :	
종업원급여	(₩2,000)
재무상태표조정 :	
미지급급여감소	−3,000
종업원급여에 의한 현금유출액	(5,000)

(4) 법인세에 의한 현금유출액

법인세비용 :	(₩900)
미지급법인세증가	+1,500
법인세에 의한 현금유입액	600

2. 고객으로부터 유입된 현금(매출활동)

매출과 관련된 자산, 부채 항목의 예시 : 매출채권, 대손충당금, 선수금에 해당되며, 이와 관련된 매출액, 대손상각비, 대손충당금환입, 외환차손익 등

3. 공급자에게 지급한 현금유출(매입활동)

매입과 관련된 자산, 부채 항목의 예시 : 매입채무, 재고자산, 선급금에 해당되며, 이와 관련된 매출원가, 재고자산감모손실, 재고자산평가손실 외환차손익 등

예시문제

(주)감평의 20x2년의 공급자에게 유출된 현금은 얼마인가?

(1) 재무상태표

	20x1년 말	20x2년 말
재고자산	₩550,000	₩490,000
매입채무	590,000	620,000

(2) 손익계산서
   매출원가 ₩1,000,000

---

(1) 손익계산서 관련 항목추가 : ₩(-)1,000,000
(2) 재무상태표 관련 고려 : +60,000
                          +30,000
   = 공급자에게 유입(유출)된 현금 ₩(-)910,000

정답 ₩(-)910,000

---

4. 기타영업활동으로 수취한 현금

영업활동 중에서 고객에게 유입된 현금활동, 공급자에게 유출된 현금활동, 기타영업활동으로 지급한 현금활동을 제외한 활동

예시문제

(주)감평은 현금주의 회계제도를 채택하고 있으며 20x1년에 용역수익 ₩800,000을 현금으로 수취하였다. 만약, 발생주의 회계제도를 채택하였다면 20x1년도 (주)감평의 용역수익은 얼마인가?

	20x1년 1월 1일	20x1년 12월 31일
미수용역수익	₩90,000	₩120,000
선수용역수익	₩3,000	₩10,000

---

(1) 손익계산서 관련 항목추가 : ₩823,000 (용역수익 역산)
(2) 재무상태표 관련 고려 : (-)30,000
                          7,000
   = 기타영업활동으로 유입(유출)된 현금 ₩800,000

정답 ₩800,000

---

5. 기타영업활동으로 지급한 현금

기타영업활동으로 지급한 현금은 영업활동 중에서 고객에게 유입된 현금활동, 공급자에게 유출된 현금활동, 기타영업활동으로 수취한 현금활동을 제외한 활동

예시문제

다음은 (주)감평의 20x1년도 재무제표상 자료이다.

구분	20x1년 12월 31일	20x0년 12월 31일
선급보험료	₩2,500	₩2,000
선수임대료	5,000	4,000

손익계산서상의 보험료와 임대료는 각각 ₩1,000과 ₩2,700이다.

[1] 20x1년도의 보험료와 관련하여 발생한 현금흐름을 구하시오.
[2] 20x1년도의 임대료와 관련하여 발생한 현금흐름을 구하시오.

	보험료	임대료
① 손익계산서 관련 항목추가	₩(−)1,000	₩2,700
② 재무상태표 관련 고려	(−)500	1,000
현금유입(유출)	(−)1,500	3,700

정답 [1] ₩(−)1,500 [2] ₩3,700

예시문제

다음 자료를 이용하여 20x0년도 (주)한국이 재고자산 공급자에게 지급한 현금유출액을 구하면 얼마인가? (단, 아래 자료에서 제시된 재고자산감모손실은 비정상적인 것으로 매출원가에는 포함되어 있지 않으며, 재고자산매입은 모두 외상으로 이루어짐) **[2010년 감정평가사]**

- (주)한국의 포괄손익계산서(20x0) 자료
  - 매출원가 : ₩50,000
  - 재고자산감모손실 : ₩2,000
- (주)한국의 재무상태표(20x0) 자료

	20x0년 초	20x0년 말
재고자산	₩10,000	₩20,000
매입채무	8,000	12,000

① ₩32,000 ② ₩46,000
③ ₩50,000 ④ ₩58,000
⑤ ₩64,000

−₩50,000(매출원가) − ₩2,000(재고자산감모손실) − ₩10,000(재고자산증가) + ₩4,000(매입채무증가) = (−)₩58,000

정답 ④

(주)관세의 20x1년의 기초 미지급사채이자는 ₩220이고, 기말 미지급사채이자는 ₩250이다. 20x1년도 사채이자비용이 ₩6,000(사채할인발행차금 상각액 ₩400포함)이라면 (주)관세가 20x1년에 현금으로 지급한 이자액은?

[2018년 관세사]

① ₩5,000   ② ₩5,200
③ ₩5,570   ④ ₩5,970
⑤ ₩6,000

(1) 손익계산서 항목 : 이자비용 (-)₩6,000
(2) 재무상태표 항목 : 미지급이자 증가 +₩30
                              사채할인발행차금상각 +₩400
                              현금흐름 ₩5,570

정답 ③

확인학습문제

01 '현금흐름표'의 작성에 관한 설명으로 옳지 <u>않은</u> 것은?　　　　[2011 관세사]

① 금융리스를 통하여 자산을 취득하는 경우는 비현금거래로 현금흐름표에서 제외한다.

② 리스이용자의 금융리스부채 상환에 따른 현금유출은 투자활동 현금흐름이다.

③ 단기매매목적으로 보유하는 유가증권의 취득, 판매에 따른 현금흐름은 영업활동으로 분류한다.

④ 영업활동 현금흐름을 직접법으로 보고하면 간접법에 비해 미래현금흐름을 추정하는데 보다 유용한 정보를 제공한다.

⑤ 주식의 취득이나 상환에 따른 소유주에 대한 현금유출은 재무활동 현금흐름이다.

답 ②

▌정답해설▐

② 리스이용자의 금융리스부채 상환에 따른 현금유출은 재무활동 현금흐름이다.

02 현금흐름표에 관한 설명으로 옳지 <u>않은</u> 것은?　　　　[2013 관세사]

① 현금흐름표는 회계기간 동안 발생한 현금흐름을 영업활동, 투자활동 및 재무활동으로 분류하여 보고한다.

② 영업활동은 기업의 주요 수익창출활동, 그리고 투자활동이나 재무활동이 아닌 기타의 활동을 말한다.

③ 투자활동은 유·무형자산, 다른 기업의 지분상품이나 채무상품 등의 취득과 처분활동, 제3자에 대한 대여 및 회수활동 등을 포함한다.

④ 재무활동은 기업의 납입자본과 차입금의 크기 및 구성내용에 변동을 가져오는 활동을 말한다.

⑤ 간접법을 적용하여 표시한 영업활동 현금흐름은 직접법에 의한 영업활동 현금흐름에서는 파악할 수 없는 정보를 제공하기 때문에 미래현금흐름을 추정하는데 보다 유용한 정보를 제공한다.

답 ⑤

▌정답해설▐

⑤ 직접법을 적용하여 표시한 영업활동 현금흐름은 간접법에 의한 영업활동 현금흐름에서는 파악할 수 없는 정보를 제공하기 때문에 미래현금흐름을 추정하는데 보다 유용한 정보를 제공한다.

03 (주)감평의 20x9년 당기순이익은 ₩1,500,000이다. 다음 자료를 이용하여 (주)감평의 20x9년 영업활동 현금흐름을 계산하면? (단, 영업활동현금흐름은 간접법으로 계산할 것) **[2011 감정평가사]**

• 감가상각비	₩150,000
• 사채의 발행	700,000
• 선급비용의 감소	20,000
• 미지급비용의 증가	30,000
• 현금배당	100,000
• 매출채권(순액)의 증가	120,000
• 유형자산처분손실	200,000

① ₩1,780,000   ② ₩1,820,000

③ ₩1,860,000   ④ ₩1,920,000

⑤ ₩1,960,000

답 ①

| 정답해설 |

₩1,500,000 + ₩150,000 + ₩20,000 + ₩30,000 − ₩120,000 + ₩200,000 = ₩1,780,000

04 다음의 (주)관세의 20x1년 재무제표 관련 자료를 이용할 때 현금흐름표에 보고될 영업활동 현금흐름은 얼마인가? **[2012 관세사]**

• 당기순이익	₩20,000
• 감가상각비	4,600
• 매출채권의 증가	15,000
• 재고자산의 감소	2,500
• 매입채무의 증가	10,400

① ₩20,200   ② ₩21,000

③ ₩22,500   ④ ₩33,200

⑤ ₩54,000

답 ③

| 정답해설 |

₩20,000 + ₩4,600 − ₩15,000 + ₩2,500 + ₩10,400 = ₩22,500

05 다음 자료를 이용하여 20x0년도 (주)한국이 재고자산 공급자에게 지급한 현금유출액을 구하면 얼마인가? (단, 아래 자료에서 제시된 재고자산감모손실은 비정상적인 것으로 매출원가에는 포함되어 있지 않으며, 재고자산매입은 모두 외상으로 이루어짐) **[2010 감정평가사]**

- (주)한국의 포괄손익계산서(20x0) 자료
  - 매출원가 : ₩50,000
  - 재고자산감모손실 : ₩2,000
- (주)한국의 재무상태표(20x0) 자료

	20x0년 초	20x0년 말
재고자산	₩10,000	₩20,000
매입채무	8,000	12,000

① ₩32,000
② ₩46,000
③ ₩50,000
④ ₩58,000
⑤ ₩64,000

답 ④

┃정답해설┃

−매출원가 ₩50,000 − 재고자산감모손실 ₩2,000 − 재고자산증가 ₩10,000 + 매입채무증가 ₩4,000 = (−)₩58,000

06 (주)관세의 20x2년도 포괄손익계산서에는 당기순이익 ₩600, 유형자산처분이익 ₩300, 감가상각비 ₩200이 계상되어 있으며, 비교재무상태표의 주요 자산 및 부채 계정은 다음과 같다.

	20x2년 말	20x1년 말
매출채권(순액)	₩900	₩500
선급비용	200	400
매입채무	300	200
단기차입금	500	200

(주)관세의 20x2년 영업활동 현금흐름은?   **[2020 관세사]**

① ₩200 현금유입   ② ₩400 현금유입
③ ₩600 현금유입   ④ ₩200 현금유출
⑤ ₩400 현금유출

답 ②

┃정답해설┃

당기순이익	₩600
〈손익계산서 조정〉	
유형자산처분이익	(−)₩300
감가상각비	(+)₩200
〈재무상태표 조정〉	
매출채권 증가	(−)₩400
선급비용 감소	(+)₩200
매입채무 증가	(+)₩100
영업활동현금흐름	₩400

07 (주)관세의 20x2년도 상품매매와 관련된 자료는 다음과 같다. (주)관세의 20x2년도 매출총이익은?

[2017 관세사]

- 매출과 매입 관련 현금 수입 · 지출
  - 매출 관련 현금수입 ₩645,000
  - 매입 관련 현금지출 ₩428,000
- 매출채권, 재고자산, 매입채무, 선수수익 장부금액

	20x2년 초	20x2년 말
매출채권	₩46,000	₩40,000
재고자산	₩50,000	₩55,000
매입채무	₩30,000	₩36,000
선수수익	₩14,000	₩11,000

① ₩201,000
② ₩203,000
③ ₩213,000
④ ₩215,000
⑤ ₩219,000

답 ③

┃ 정답해설 ┃

매출총이익	₩213,000
〈재무상태표 조정〉	
	(+)₩6,000
	(−)₩5,000
	(+)₩6,000
	(−)₩3,000
현금흐름	₩645,000 − ₩428,000 = ₩217,000

08 다음은 (주)감평의 20x1년도 재무제표 자료의 일부이다.

(1) 기초 및 기말 계정잔액

	20x1.1.1	20x1.12.31
선급보험료	₩2,500	₩2,000
선수임대료	4,000	5,000

(2) 포괄손익계산서에 계상되어 있는 보험료비용은 ₩4,000, 임대료수익은 ₩5,000이다.

20x1년도에 보험료 및 임대료와 관련하여 발생한 순현금흐름(유입 - 유출)은?

[2014 감정평가사]

① ₩500   ② ₩1,000

③ ₩1,500   ④ ₩2,000

⑤ ₩2,500

답 ⑤

▮정답해설▮

• 보험료 : −₩4,000 + ₩500(자산감소 ₩500) = (−)₩3,500
• 임대료 : ₩5,000 + ₩1,000(부채증가 ₩1,000) = ₩6,000
• 현금흐름 : (−)₩3,500 + ₩6,000 = ₩2,500

09 다음은 (주)감평의 20x1년 현금흐름표 작성을 위한 자료이다.

• 감가상각비	₩40,000
• 미지급이자 증가액	5,000
• 유형자산처분손실	20,000
• 매출채권 증가액	15,000
• 이자비용	25,000
• 재고자산 감소액	4,000
• 법인세비용	30,000
• 매입채무 감소액	6,000
• 미지급법인세 감소액	5,000
• 당기순이익	147,000

(주)감평은 간접법으로 현금흐름표를 작성하며, 이자지급 및 법인세납부를 영업활동으로 분류한다. 20x1년 (주)감평이 현금흐름표에 보고해야 할 영업활동순현금흐름은? **[2017 감정평가사]**

① ₩160,000
② ₩165,000
③ ₩190,000
④ ₩195,000
⑤ ₩215,000

답 ③

▌정답해설▐

당기순이익	₩147,000
〈손익계산서 조정〉	
감가상각비	(+)₩40,000
유형자산처분손실	(+)₩20,000
〈재무상태표 조정〉	
미지급법인세 감소	(−)₩5,000
미지급이자 증가	(+)₩5,000
매출채권 증가	(−)₩15,000
재고자산 감소	(+)₩4,000
매입채무 감소	(−)₩6,000
영업활동현금흐름	₩190,000

10 20x년도 (주)한국의 다음 자료를 이용하여 계산된 20x1년도 당기순이익은? (단, 이자 지급 및 법인세납부는 영업활동으로 분류한다.) **[2013 감정평가사]**

- 현금흐름표상 영업활동순현금흐름은 ₩182,000이다.
- 포괄손익계산서상 사채상환손실, 이자비용 및 감가상각비는 각각 ₩15,000, ₩10,000 및 ₩5,000이다.
- 법인세비용은 ₩8,000이다.
- 매출채권은 ₩20,000 증가하였다.
- 재고자산은 ₩10,000 감소하였다.
- 매입채무는 ₩15,000 증가하였다.

① ₩148,000

② ₩157,000

③ ₩163,000

④ ₩173,000

⑤ ₩178,000

답 ②

┃정답해설┃

당기순이익	₩157,000
〈손익계산서 조정〉	
사채상환손실	(+)₩15,000
감가상각비	(+)₩5,000
〈재무상태표 조정〉	
매출채권 증가	(−)₩20,000
재고자산 감소	(+)₩10,000
매입채무 증가	(+)₩15,000
영업활동현금흐름	₩182,000

11 다음은 (주)감평의 20x1년도 현금흐름표를 작성하기 위한 자료이다.

---

(1) 20x1년도 포괄손익계산서 자료
- 당기순이익 : ₩100,000
- 대손상각비 : ₩5,000(매출채권에서 발생)
- 감가상각비 : ₩20,000
- 유형자산처분이익 : ₩7,000
- 사채상환손실 : ₩8,000

(2) 20x1년 말 재무상태표 자료
20x1년 기초금액 대비 기말금액의 증감은 다음과 같다.

자산		부채	
계정과목	증가(감소)	계정과목	증가(감소)
재고자산	(₩80,000)	매입채무	(₩4,000)
매출채권(순액)	50,000	미지급급여	6,000
유형자산(순액)	(120,000)	사채(순액)	(90,000)

(주)감평의 20x1년 영업활동순현금흐름은?　　　　　　　　**[2018 감정평가사]**

① ₩89,000　　　　　　　　② ₩153,000

③ ₩158,000　　　　　　　　④ ₩160,000

⑤ ₩161,000

답 ②

┃정답해설┃

당기순이익	₩100,000
〈손익계산서 조정〉	
감가상각비	(+)₩20,000
유형자산처분이익	(−)₩7,000
사채상환손실	(+)₩8,000
〈재무상태표 조정〉	
재고자산 감소	(+)₩80,000
매출채권 증가	(−)₩50,000
매입채무 감소	(−)₩4,000
미지급급여	(+)₩6,000
영업활동현금흐름	₩153,000

12 다음 자료를 이용하여 계산한 (주)관세의 기말 순매출채권은? [2021 관세사]

- 기초 순매출채권은 ₩10,000이다.
- 당기 중 매출채권 ₩2,000이 회수불능으로 판단되었다.
- 당기에 고객으로부터 유입된 현금은 ₩30,000이다.
- 당기 포괄손익계산서상 매출액은 ₩40,000이고 매출채권손상차손은 ₩3,000이다.

① ₩14,000　　　　　　　　　② ₩15,000

③ ₩16,000　　　　　　　　　④ ₩17,000

⑤ ₩18,000

답 ④

┃ 정답해설 ┃

〈손익계산서 조정〉	
	(+)₩40,000
	(-)₩3,000
〈재무상태표 조정〉	
	(-)₩7,000
현금흐름	(+)₩30,000

- 재무상태표 조정에서 (-)₩7,000이 나왔다는 것은 매출채권(자산)이 7,000 증가했다는 뜻이므로(자산은 현금흐름과 반비례), 기말매출채권 = 기초매출채권 ₩10,000 + 7,000 = ₩17,000

13 (주)관세의 20x1년의 기초 미지급사채이자는 ₩220이고, 기말 미지급사채이자는 ₩250이다. 20x1년도 사채이자비용이 ₩6,000(사채할인발행차금 상각액 ₩400포함)이라면 (주)관세가 20x1년에 현금으로 지급한 이자액은? **[2018 관세사]**

① ₩5,000
② ₩5,200
③ ₩5,570
④ ₩5,970
⑤ ₩6,000

답 ③

┃정답해설┃

〈손익계산서 조정〉	
이자비용	(−)₩6,000
〈재무상태표 조정〉	
미지급이자 증가	(+)₩30
사채할인발행차금상각액	(+)₩400
현금흐름	₩5,570

CHAPTER 13 개념체계

제1절 재무보고를 위한 개념체계

1. 재무보고를 위한 개념체계의 목적

(1) 한국채택국제회계기준을 제정 및 개정하는데 도움을 준다.

(2) 허용하는 대체적인 회계처리방법의 수의 축소를 위한 근거를 제공한다.

(3) 한국채택국제회계기준이 미비한 주제에 대한 회계처리를 하는 데 도움을 준다.

(4) 재무제표의 이용자가 해석하는 데 도움을 준다.

2. 재무보고를 위한 개념체계의 위상

(1) 회계기준이 아니므로 특정한 측정과 공시 문제에 관한 기준을 정하지 아니하며, 어떠한 특정 한국채택국제회계기준에 우선하지 아니한다.

(2) 회계기준위원회가 관련 업무를 통해 축적한 경험을 토대로 수시로 개정될 수 있다. '개념체계'가 개정되었다고 자동으로 회계기준이 개정되는 것은 아니다.

(3) 회계기준위원회의 공식 임무에 기여한다. 이 임무는 전 세계 금융시장에 투명성, 책임성, 효율성을 제공하는 회계기준을 개발하는 것이다.

3. 일반목적재무보고의 목적, 유용성 및 한계

(1) 일반목적재무보고의 목적
① 현재 및 잠재적 투자자, 대여자 및 기타 채권자가 기업에 자원을 제공하는 것에 대한 의사결정을 할 때 유용한 보고기업 재무정보를 제공하는 것이다.
② 그 의사결정은 지분상품 및 채무상품을 매수, 매도 또는 보유하는 것과 대여 및 기타 형태의 신용을 제공 또는 결제하는 것을 포함한다.

(2) 일반목적재무보고의 유용성
① 일반목적재무보고서는 보고기업의 재무상태에 관한 정보, 즉 기업의 경제적 자원과 보고기업에 대한 청구권에 관한 정보를 제공하고, 경제적 자원과 청구권을 변동시키는 거래와 그 밖의 사건의 영향에 대한 정보도 제공한다.
② 현재 및 잠재적 투자자, 대여자 및 기타 채권자는 그들에게 직접 정보를 제공하도록 보고기업에 요구할 수 없고, 그들이 필요로 하는 재무정보의 많은 부분을 일반목적재무보고서에 의존해야만 한다.

(3) 일반목적재무보고의 한계

　① 일반목적재무보고서는 현재 및 잠재적 투자자, 대여자 및 기타 채권자가 필요로 하는 모든 정보를 제공하지는 않으며 제공할 수도 없다.

　② 일반목적재무보고서는 보고기업의 가치를 보여주기 위해 고안된 것이 아니다.

　③ 각 주요 이용자들의 정보 수요 및 욕구는 다르고 상충되기도 한다.

　④ 재무보고서는 정확한 서술보다는 상당 부분 추정, 판단 및 모형에 근거한다.

4. 일반목적재무보고서에서 제공되는 정보

(1) 보고기업의 경제적 자원과 청구권의 정보 및 변동에 관한 정보

(2) 현금주의가 아닌 발생기준 회계가 반영된 재무성과

(3) 과거 현금흐름이 반영된 재무성과(현금흐름)

(4) 재무성과에 기인하지 않은 경제적자원 및 청구권의 변동(자본변동)

예시문제

일반목적재무보고의 목적에 관한 설명으로 옳지 <u>않은</u> 것은?　　　　**[2016년 감정평가사]**

① 현재 및 잠재적투자자, 대여자 및 기타 채권자가 기업에 자원을 제공하는 것에 대한 의사 결정을 할 때 유용한 보고기업 재무정보를 제공하는 것이다.

② 지분상품 및 채무상품을 매수, 매도 또는 보유하는 것에 대한 현재 및 잠재적투자자의 의사결정은 그 금융상품 투자에서 그들이 기대하는 수익, 예를 들어, 배당, 원금 및 이자의 지급 또는 시장가격의 상승에 의존한다.

③ 경영진의 책임 이행에 대한 정보는 경영진의 행동에 대해 의결권을 가지거나 다른 방법으로 영향력을 행사하는 현재 투자자, 대여자 및 기타 채권자의 의사결정에도 유용하다.

④ 일반목적재무보고서는 보고기업의 가치를 보여주기 위해 고안된 것이다. 따라서 그 보고서는 현재 및 잠재적인 정보이용자가 보고기업의 가치를 추정하는데 도움이 되는 정보를 제공한다.

⑤ 보고기업의 경영진도 해당 기업에 대한 재무정보에 관심이 있다. 그러나 경영진은 그들이 필요로 하는 재무정보를 내부에서 구할 수 있기 때문에 일반목적재무보고서에 의존할 필요가 없다.

④ 일반목적재무보고서는 보고기업의 가치를 보여주기 위해 고안된 것이 아니다.

정답 ④

근본적 질적특성		보강적 질적특성
목적적합성	표현충실성	
• 예측가치 • 확인가치 • 중요성	• 완전한 서술 • 중립적 서술 • 오류없는 서술	• 비교가능성 • 검증가능성 • 적시성 • 이해가능성

1. 근본적 질적특성

정보가 유용하기 위해서는 목적적합하고 충실하게 표현되어야 한다. 근본적 질적 특성이 없는 재무정보는 유용하지 않으며, 이 경우 보강적 질적특성을 갖추더라도 유용하게 할 수 없다. 그러나 목적적합하고 충실하게 표현된 재무정보는 보강적 질적 특성이 없더라도 여전히 유용할 수 있다.

(1) 목적적합성

목적적합한 재무정보는 이용자들의 의사결정에 차이가 나도록 할 수 있다. 목적적합한 정보란 이용자가 과거, 현재 또는 미래의 사건을 평가하거나 과거의 평가를 확인 또는 수정하도록 도와줄 수 있는 특성을 갖고 있는 정보를 말한다. 재무정보에 예측가치, 확인가치 또는 이 둘 모두가 있다면 그 재무정보는 의사결정에 차이가 나도록 할 수 있다.

1) 예측가치

정보이용자들이 미래 결과를 예측하기 위해 사용하는 절차의 투입요소로 재무정보가 사용될 수 있다면 그 재무정보는 예측가치를 갖는다. 재무정보가 예측가치를 갖기 위해서는 그 자체가 예측치 또는 예상치일 필요는 없다.

2) 확인가치

재무정보가 과거 평가에 대해 피드백을 제공한다면(과거 평가를 확인하거나 변경시킨다면) 확인가치를 갖는다. 재무정보의 예측가치와 확인가치는 상호 연관되어 있다. 예측가치를 갖는 정보는 확인가치도 갖는 경우가 많다.

3) 중요성

정보를 누락하거나 잘못기재하거나 불분명하게 하여, 이를 기초로 내리는 주요 이용자들의 의사결정에 영향을 줄 것으로 합리적으로 예상할 수 있다면 그 정보는 중요한 것이다. 항목의 성격이나 규모 또는 이 둘 다에 근거하여 해당 기업에 특유한 측면의 목적적합성을 의미한다.

따라서 회계기준위원회는 중요성에 대한 획일적인 계량 임계치를 정하거나 특정한 상황에서 무엇이 중요한 것인지를 미리 결정할 수 없다.

(2) 표현충실성

재무정보가 유용하기 위해서는 목적적합한 현상을 표현하는 것뿐만 아니라 나타내고자 하는 현상의 실질을 충실하게 표현해야 한다. 완벽한 표현충실성을 위해서는 서술에 세 가지의 특성이 있어야 할 것이다. 서술은 완전하고, 중립적이며, 오류가 없어야 할 것이다.

1) 완전한 서술

필요한 기술과 설명을 포함하여 이용자가 서술되는 현상을 이해하는 데 필요한 모든 정보를 포함하는 것이다.

2) 중립적 서술

재무정보의 선택이나 표시에 편의가 없는 것이다. 중립적 정보는 목적이 없거나 행동에 대한 영향력이 없는 정보를 의미하지 않는다. 중립성은 신중을 기함으로써 뒷받침된다. 신중을 기한다는 것은 자산과 수익이 과대평가되지 않고 부채와 비용이 과소평가되지 않는 것을 의미한다.

3) 오류 없는 서술

표현충실성은 모든 면에서 정확한 것을 의미하지는 않는다. 오류가 없다는 것은 현상의 기술에 오류나 누락이 없고, 보고 정보를 생산하는 데 사용되는 절차의 선택과 적용 시 절차상 오류가 없음을 의미한다.(모든 면에서 완벽하게 정확하다는 것을 의미하지는 않는다.)

2. 보강적 질적특성

(1) 비교가능성

① 이용자들이 항목 간의 유사점과 차이점을 식별하고 이해할 수 있게 하는 질적특성이다.
② 비교가능성은 통일성이 아니다. 정보가 비교가능하기 위해서는 비슷한 것은 비슷하게 보여야하고 다른 것은 다르게 보여야 한다.
③ 한 보고기업 내에서 기간 간 또는 같은 기간 동안에 기업 간, 동일한 항목에 대해 동일한 방법을 적용하는 것을 말한다. 일관성은 비교가능성과 관련은 되어 있지만 동일하지는 않다.
④ 보고기업에 대한 정보는 다른 기업에 대한 유사한 정보 및 해당 기업에 대한 다른 기간이나 다른 일자의 유사한 정보와 비교할 수 있다면 더욱 유용하다.

(2) 검증가능성

① 합리적인 판단력이 있고 독립적인 서로 다른 관찰자가 어떤 서술이 표현충실성에 있어, 비록 반드시 완전히 의견이 일치하지는 않더라도, 합의에 이를 수 있다는 것을 의미한다.
② 계량화된 정보가 검증가능하기 위해서 단일 점추정치이어야 할 필요는 없다. 가능한 금액의 범위 및 관련된 확률도 검증될 수 있다.

(3) 적시성

① 의사결정에 영향을 미칠 수 있도록 의사결정자가 정보를 제때에 이용가능하게 하는 것을 의미한다.
② 일반적으로 정보는 오래될수록 유용성이 낮아진다. 그러나 일부 정보는 보고기간 말 후에도 오랫동안 적시성이 있을 수 있다.

재무보고를 위한 개념체계 중 재무정보의 질적특성에 관한 설명으로 옳지 <u>않은</u> 것은? **[2020년 감정평가사]**
① 유용한 재무정보의 질적특성은 그 밖의 방법으로 제공되는 재무정보 뿐만 아니라 재무제표에서 제공되는 재무정보에도 적용된다.
② 중요성은 기업 특유 관점의 목적적합성을 의미하므로 회계기준위원회는 중요성에 대한 획일적인 계량 임계치를 정하거나 특정한 상황에서 무엇이 중요한 것인지를 미리 결정하여야 한다.
③ 재무정보의 예측가치와 확인가치는 상호 연관되어 있다. 예측가치를 갖는 정보는 확인가치도 갖는 경우가 많다.
④ 재무보고의 목적을 달성하기 위해 근본적 질적특성간 절충('trade-off')이 필요할 수도 있다.
⑤ 근본적 질적특성을 충족하면 어느 정도의 비교가능성은 달성될 수 있다.

② 중요성은 기업 특유 관점의 목적적합성을 의미하므로 회계기준위원회는 중요성에 대한 획일적인 계량 임계치를 정하거나 특정한 상황에서 무엇이 중요한 것인지를 미리 결정할 수 없다.

 ②

(4) 이해가능성

① 정보를 명확하고 간결하게 분류하고, 특징지으며, 표시하는 것은 정보를 이해가능하게 한다.
② 재무보고서는 사업활동과 경제활동에 대해 합리적인 지식이 있고, 부지런히 정보를 검토하고 분석하는 이용자들을 위해 작성된다.

(5) 보강적 질적특성의 적용

① 보강적 질적특성은 가능한 한 극대화되어야 한다. 그러나 보강적 질적특성은 정보가 목적적합하지 않거나 나타내고자 하는 바를 충실하게 표현하지 않으면, 개별적으로든 집단적으로든 그 정보를 유용하게 할 수 없다.
② 보강적 질적특성을 적용하는 것은 어떤 규정된 순서를 따르지 않는 반복적인 과정이다. 때로는 하나의 보강적 질적특성이 다른 질적특성의 극대화를 위해 감소되어야 할 수도 있다.

3. 유용한 재무보고에 대한 원가제약

원가는 재무보고로 제공될 수 있는 정보에 대한 포괄적 제약요인이다. 재무정보의 보고에는 원가가 소요되고, 해당 정보 보고의 효익이 그 원가를 정당화한다는 것이 중요하다.

정보 보고의 효익 > 정보 보고의 원가

1. 재무제표의 목적과 범위

(1) 재무제표의 목적

보고기업에 유입될 미래 순현금흐름에 대한 전망과 보고기업의 경제적자원에 대한 경영진의 수탁책임을 평가하는 데 유용한 보고기업의 자산, 부채, 자본, 수익 및 비용에 대한 재무정보를 재무제표이용자들에게 제공하는 것이다.

(2) 정보제공의 수단

① 자산, 부채 및 자본이 인식된 재무상태표
② 수익과 비용이 인식된 재무성과표
③ 다음의 정보가 표시되고 공시된 다른 재무제표와 주석
  ㉠ 보유자에 대한 분배
  ㉡ 현금흐름
  ㉢ 인식된 자산, 부채, 자본, 수익 및 비용, 그 각각의 성격과 위험에 대한 정보를 포함한다.
  ㉣ 인식되지 않은 자산 및 부채, 그 각각의 성격과 위험에 대한 정보를 포함한다.
  ㉤ 표시되거나 공시된 금액을 추정하는 데 사용된 방법, 가정과 판단 및 그러한 방법, 가정과 판단의 변경

2. 보고기간

(1) 재무제표는 특정 기간(보고기간)에 대하여 작성되며 다음에 관한 정보를 제공한다.

① 보고기간 말 현재 또는 보고기간 중 존재했던 자산과 부채(미인식된 자산과 부채 포함) 및 자본
② 보고기간의 수익과 비용

(2) 재무제표이용자들이 변화와 추세를 식별하고 평가하는 것을 돕기 위해, 재무제표는 최소한 직전 연도에 대한 비교정보를 제공한다.

3. 재무제표에 채택된 관점

재무제표는 기업의 현재 및 잠재적 투자자, 대여자와 그 밖의 채권자 중 특정 집단의 관점이 아닌 보고기업 전체의 관점에서 거래 및 그 밖의 사건에 대한 정보를 제공한다.

4. 계속기업가정

(1) 재무제표는 일반적으로 보고기업이 계속기업이며 예측가능한 미래에 영업을 계속할 것이라는 가정하에 작성된다.

(2) 기업이 청산을 하거나 거래를 중단하려는 의도가 없으며, 그럴 필요도 없다고 가정한다.

(3) 만약 청산의 의도나 필요가 있다면, 재무제표는 계속 기업과는 다른 기준에 따라 작성되어야 한다. 그러한 경우라면, 사용된 기준을 재무제표에 기술한다.

(4) 계속기업의 가정(예 역사적원가에 의한 재무보고, 감가상각, 유동성배열법 등)

5. 보고기업

(1) 보고기업의 정의
　① 보고기업은 재무제표를 작성해야 하거나 작성하기로 선택한 기업이다.
　② 단일의 실체이거나 어떤 실체의 일부일 수 있으며, 둘 이상의 실체로 구성될 수도 있다.
　③ 반드시 법적 실체일 필요는 없다.

(2) 연결재무제표와 비연결재무제표, 결합재무제표
　① 연결재무제표 : 한 기업(지배기업)이 다른 기업(종속기업)을 지배하는 경우가 있다. 그 보고기업의 재무제표를 말한다.
　② 비연결재무제표 : 보고기업이 지배기업 단독인 경우 그 보고기업의 재무제표를 말한다.
　③ 결합재무제표 : 보고기업이 지배 – 종속관계로 모두 연결되어 있지는 않은 둘 이상 실체들로 구성된다면 그 보고기업의 재무제표를 말한다.

제4절	재무제표 요소		

경제적자원	자산	과거사건의 결과로 기업이 통제하는 현재의 경제적자원
청구권	부채	과거사건의 결과로 기업이 경제적자원을 이전해야 하는 현재의무
	자본	기업의 자산에서 모든 부채를 차감한 후의 잔여지분
재무성과를 반영하는 경제적자원 및 청구권의 변동	수익	자본의 증가를 가져오며, 자본청구권 보유자의 출자와 관련된 것을 제외
	비용	자본의 감소를 가져오며, 자본청구권 보유자의 분배와 관련된 것을 제외
그 밖의 경제적자원 및 청구권의 변동	자본청구권 보유자에 의한 출자와 그들에 대한 분배	
	자본의 증가나 감소를 초래하지 않는 자산이나 부채의 교환	

1. 자산

(1) 정의

① 과거사건의 결과로 기업이 통제하는 현재의 경제적자원으로, 경제적자원은 경제적효익을 창출할 잠재력을 지닌 권리이다.

② 과거사건의 결과로 발생한 경제적 효익을 창출할 잠재력에 대하여 기업이 현재 보유하는 권리이며, 기업이 이를 통제할 수 있어야 함을 의미한다.

(2) 권리

1) 경제적효익을 창출할 잠재력을 지닌 권리는 다음을 포함하여 다양한 형태를 갖는다.

① 다른 당사자의 의무에 해당하는 권리

㉠ 현금을 수취할 권리(예 매출채권)

㉡ 재화나 용역을 제공받을 권리(예 선급금 혹은 선급비용)

㉢ 유리한 조건으로 다른 당사자와 경제적자원을 교환할 권리(예 유리한 조건으로 경제적자원을 구매하는 선도계약 또는 경제적자원을 구매하는 옵션)

㉣ 불확실한 특정 미래사건이 발생하면 다른 당사자가 경제적효익을 이전하기로 한 의무로 인해 효익을 얻을 권리

② 다른 당사자의 의무에 해당하지 않는 권리

㉠ 유형자산 또는 재고자산과 같은 물리적 대상에 대한 권리(예 리스제공자산의 잔존가치에서 효익을 얻을 권리)

㉡ 지적재산 사용권

2) 많은 권리들은 계약, 법률 등에 의해 성립된다. 그러나 기업은 그 밖의 방법으로도 권리를 획득할 수 있다.

3) 일부 재화나 용역(예 종업원이 제공한 용역)은 제공 받는 즉시 소비된다. 이러한 재화나 용역으로 창출된 경제적효익을 얻을 권리는 기업이 재화나 용역을 소비하기 전까지 일시적으로 존재한다.

4) 기업의 모든 권리가 그 기업의 자산이 되는 것은 아니다. 권리가 기업의 자산이 되기 위해서는, 해당 권리가 그 기업을 위해서 다른 모든 당사자들이 이용가능한 경제적효익을 초과하는 경제적효익을 창출할 잠재력이 있고, 통제되어야 한다.

5) 기업은 기업 스스로부터 경제적효익을 획득하는 권리를 가질 수는 없다. 따라서, 기업이 발행한 후 재매입하여 보유하고 있는 채무상품(자기사채)이나 지분상품(자기주식)은 기업의 경제적자원이 아니다.

(3) 경제적효익을 창출할 잠재력

① 경제적자원은 경제적효익을 창출할 잠재력을 지닌 권리이다. 잠재력이 있기 위해 권리가 경제적효익을 창출할 것이라고 확신하거나 그 가능성이 높아야 하는 것은 아니다.

② 경제적효익을 창출할 가능성이 낮더라도 권리가 경제적자원의 정의를 충족할 수 있고, 따라서 자산이 될 수 있다. 다만 그러한 낮은 가능성은 자산의 인식여부와 측정방법의 결정 등에 영향을 미칠 수 있다.

③ 지출의 발생과 자산의 취득은 밀접하게 관련되어 있으나 양자가 반드시 일치하는 것은 아니다. 따라서 기업이 지출한 경우 이는 미래경제적효익을 추구하였다는 증거가 될 수는 있지만, 자산을 취득하였다는 확정적인 증거는 될 수 없다.

(4) 통제

① 통제는 경제적자원을 기업에 결부시킨다. 통제의 존재 여부를 평가하는 것은 기업이 회계처리할 경제적 자원을 식별하는 데 도움이 된다.

② 기업은 경제적자원의 사용을 지시하고 그로부터 유입될 수 있는 경제적효익을 얻을 수 있는 현재의 능력이 있다면, 그 경제적자원을 통제하는 것이다.

③ 통제에는 다른 당사자가 경제적자원의 사용을 지시하고 이로부터 유입될 수 있는 경제적효익을 얻지 못하게 하는 현재의 능력이 포함된다. 따라서 일방의 당사자가 경제적자원을 통제하면 다른 당사자는 그 자원을 통제하지 못한다.

2. 부채

(1) 정의

과거사건의 결과로 기업이 경제적자원을 이전해야 하는 현재의무로, 다음의 세 가지 조건을 모두 충족하여야 한다.

① 기업에게 의무가 있다.

② 의무는 경제적자원을 이전하는 것이다.

③ 의무는 과거사건의 결과로 존재하는 현재의무이다.

(2) 의무

① 기업이 회피할 수 있는 실제 능력이 없는 책무나 책임을 말한다.

② 의무는 항상 다른 당사자(또는 당사자들)에게 이행해야 한다. 다른 당사자(또는 당사자들)는 사람이나 또 다른 기업, 사람들 또는 기업들의 집단, 사회 전반이 될 수 있다. 의무를 이행할 대상인 당사자(또는 당사자들)의 신원을 알 필요는 없다.

(3) 경제적자원의 이전

① 이 조건을 충족하기 위해, 의무에는 기업이 경제적자원을 다른 당사자(또는 당사자들)에게 이전하도록 요구받게 될 잠재력이 있어야 한다. 그러한 잠재력이 존재하기 위해서는, 기업이 경제적자원의 이전을 요구받을 것이 확실하거나 그 가능성이 높아야 하는 것은 아니다.

② 경제적자원의 이전가능성이 낮더라도 의무가 부채의 정의를 충족할 수 있다. 다만, 그러한 낮은 가능성은 부채의 인식여부와 측정방법의 결정 등에 영향을 미칠 수 있다.

(4) 과거사건으로 생긴 현재의무

현재의무는 다음 모두에 해당하는 경우에만 과거사건의 결과로 존재한다.

① 기업이 이미 경제적효익을 얻었거나 조치를 취했고,

② 그 결과로 기업이 이전하지 않아도 되었을 경제적자원을 이전해야 하거나 이전하게 될 수 있는 경우

더 알아보기	미이행계약

- 계약당사자 모두가 자신의 의무를 전혀 수행하지 않았거나 계약당사자 모두가 동일한 정도로 자신의 의무를 부분적으로 수행한 계약이나 그 계약의 일부를 말한다.
- 당사자 일방이 계약상 의무를 이행하면 그 계약은 더 이상 미이행계약이 아니다.

3. 자본

(1) 자산에서 모든 부채를 차감한 후의 잔여지분이다.

(2) 자본청구권은 기업의 자산에서 모든 부채를 차감한 후의 잔여지분에 대한 청구권이다. 즉, 부채의 정의에 부합하지 않는 기업에 대한 청구권이다.

(3) 보통주 및 우선주와 같이 서로 다른 종류의 자본청구권은 보유자에게 다음과 같이 서로 다른 권리를 부여할 수 있다.
　① 배당금
　② 분배금(청산 시점에 전액을 청구하거나, 청산이 아닌 시점에 부분적인 금액을 청구하는 자본청구권을 이행하기 위한 대가)
　③ 그 밖의 자본청구권

(4) 법률, 규제 또는 그 밖의 요구사항이 자본금 또는 이익잉여금과 같은 자본의 특정 구성 요소에 영향을 미치는 경우가 있다.(그러한 요구사항 중 일부는 분배 가능한 특정 준비금이 충분한 경우에만 자본청구권 보유자에게 분배를 허용한다.)

4. 수익과 비용의 정의

(1) 수익과 비용은 기업의 재무성과와 관련된 재무제표 요소이며, 자산과 부채의 변동으로 정의된다.
　① 수익 : 자산의 증가 또는 부채의 감소로서 자본의 증가를 가져오며, 자본청구권 보유자의 출자와 관련된 것을 제외한다.
　② 비용 : 자산의 감소 또는 부채의 증가로서 자본의 감소를 가져오며, 자본청구권 보유자에 대한 분배와 관련된 것을 제외한다.

(2) 수익과 비용의 정의에 따라 자본청구권 보유자로부터의 출자는 수익이 아니며 자본청구권보유자에 대한 분배는 비용이 아니다.

(3) 서로 다른 거래나 그 밖의 사건은 서로 다른 특성을 지닌 수익과 비용을 발생시킨다. 수익과 비용의 서로 다른 특성별로 정보를 별도로 제공하면 재무제표이용자들이 기업의 재무성과를 이해하는 데 도움이 될 수 있다.

1. 인식절차

인식은 재무제표 요소의 정의를 충족하는 항목을 재무상태표나 포괄손익계산서에 반영하는 과정이다. 자산, 부채 또는 자본이 재무상태표에 인식되는 금액을 장부금액이라고 한다.

2. 인식기준

자산, 부채 또는 자본의 정의를 충족하는 항목만이 재무상태표에 인식된다. 마찬가지로 수익이나 비용의 정의를 충족하는 항목만이 재무성과표에 인식된다.

(1) 자산 및 부채의 인식

다음 기준을 모두 충족한다면 재무제표에 인식되어야 한다.
① 그 항목과 관련된 미래경제적 효익이 기업에 유입되거나 기업으로부터 유출될 가능성이 높다.
② 그 항목의 원가 또는 가치를 신뢰성 있게 측정할 수 있다.

(2) 수익의 인식

수익은 자산의 증가나 부채의 감소와 관련하여 미래경제적 효익이 증가하고 이를 신뢰성 있게 측정할 수 있을 때 포괄손익계산서에 인식한다. 이는 실제로 수익의 인식이 자산의 증가나 부채의 감소에 대한 인식과 동시에 이루어짐을 의미한다.

(3) 비용의 인식

① 비용은 자산의 감소나 부채의 증가와 관련하여 미래경제적 효익이 감소하고 이를 신뢰성 있게 측정할 수 있을 때 포괄손익계산서에 인식한다.
② 비용은 발생된 원가와 특정 수익항목의 가득 간에 존재하는 직접적인 관련성을 기준으로 포괄손익계산서에 인식한다.
③ 경제적 효익이 여러 회계기간에 걸쳐 발생할 것으로 기대되고 수익과의 관련성이 단지 포괄적으로 또는 간접적으로만 결정될 수 있는 경우 비용은 체계적이고 합리적인 배분절차를 기준으로 포괄손익계산서에 인식된다.
④ 미래경제적 효익이 기대되지 않는 지출이거나, 미래경제적 효익이 기대되더라도 재무상태표에 자산으로 인식되기 위한 조건을 원래 충족하지 못하거나 더 이상 충족하지 못하는 부분은 즉시 포괄손익계산서에 비용으로 인식되어야 한다.

1. 역사적 원가(취득원가)

(1) 자산 : 취득시 발생한 원가 + 거래원가

1) 취득 또는 창출에 발생한 원가의 가치로서, 자산을 취득 또는 창출하기 위하여 지급한 대가와 거래원가를 포함한다.

2) 자산의 역사적 원가는 다음의 상황을 나타내기 위하여 필요하다면 시간의 경과에 따라 갱신되어야 한다.

① 자산을 구성하는 경제적자원의 일부 또는 전부의 소비(감가상각 또는 상각)

② 자산의 일부 또는 전부를 소멸시키면서 받는 대금

③ 자산의 역사적 원가의 일부 또는 전부를 더 이상 회수할 수 없게 하는 사건(손상)의 영향

④ 자산의 금융요소를 반영하는 이자의 발생(상각후원가)

(2) 부채 : 인수시 수취한 대가 − 거래원가

1) 발생하거나 인수할 때의 역사적 원가는 발생시키거나 인수하면서 수취한 대가에서 거래원가를 차감한 가치이다.

2) 부채의 역사적 원가는 다음을 반영하기 위하여 필요하다면 시간의 경과에 따라 갱신되어야 한다.

① 부채의 일부 또는 전부의 이행

② 부채의 이행에 필요한 경제적자원을 이전해야 하는 의무의 가치를 증가(손실 부담 한도까지)시키는 사건의 영향

③ 부채의 금융요소를 반영하는 이자의 발생(상각후원가)

2. 공정가치

(1) 측정일에 시장참여자 사이의 정상거래에서 자산을 매도할 때 받거나 부채를 이전할 때 지급하게 될 가격이다.

(2) 공정가치는 기업이 접근할 수 있는 시장의 참여자 관점을 반영한다.

3. 사용가치와 이행가치

(1) 사용가치

기업이 자산의 사용과 궁극적인 처분으로 얻을 것으로 기대하는 현금흐름 또는 그 밖의 경제적효익의 현재가치이다.

(2) 이행가치

기업이 부채를 이행할 때 이전해야 하는 현금이나 그 밖의 경제적자원의 현재가치이다.

4. 현행원가

(1) **자산** : 측정일 현재 동등한 자산의 원가로서 측정일에 지급할 대가 + 거래원가

(2) **부채** : 측정일 현재 동등한 부채에 대해 수취할 수 있는 대가 − 거래원가

5. 현재가치

(1) **자산** : 자산은 정상적인 영업과정에서 그 자산이 창출할 것으로 기대되는 미래 순현금유입액의 현재할인가치로 평가한다.

(2) **부채** : 정상적인 영업과정에서 그 부채를 상환할 때 필요할 것으로 예상되는 미래 순현금유출액의 현재할인가치로 평가한다.

더 알아보기 **현재가치 공식**

(1) (현가) 1기간 후의 미래부를 현재로 환산하는 식

$$PV = \frac{FV_n}{(1+r)^n}$$

- PV = 현재가치(Present Value)
- FV = 미래가치(Future Value)
- r = 무위험이자율
- n = 기간

(2) (연금현가) 1기간 후부터 n기간까지의 미래에 일정한 현금흐름이 반복된다면 이를 현재가치로 환산하는 식

$$PV = \frac{CF_1}{(1+r)^1} + \frac{CF_2}{(1+r)^2} + \frac{CF_3}{(1+r)^3} + \cdots + \frac{CF_n}{(1+r)^n}$$

- PV = 현재가치(Present Value)
- CF = 현금흐름(Cash Flow)
- r = 무위험이자율
- n = 기간

---

1. 자본의 개념

(1) **재무적 개념의 자본 : 투자된 화폐액 또는 구매력(= 순자산 또는 자본)**

(2) **실물적 개념의 자본 : 조업능력(예 1일 생산수량)**

2. 자본유지개념

(1) **자본유지**

이익을 인식하기에 앞서 기초의 자본과 동일한 기말의 자본을 유지하는 것이다.

(2) **자본유지개념**

① 이익이 측정되는 준거기준을 제공함으로써 자본개념과 이익개념 사이의 연결고리를 제공한다.

② 기업의 자본에 대한 투자수익과 투자회수를 구분하기 위한 필수요건이다.

③ 자본유지를 위해 필요한 금액을 초과하는 자산의 유입액만이 이익으로 간주될 수 있고 결과적으로 자본의 투자수익이 된다.

④ 일반적으로 기초에 가지고 있던 자본만큼을 기말에도 가지고 있다면 이 기업의 자본은 유지된 것이며, 기초 자본을 유지하기 위해 필요한 부분을 초과하는 금액이 이익이다.

> 자본유지 개념하의 이익 = (기말자본 − 기초자본) − (소유주가 출연 − 소유주에게 배분)

3. 재무자본유지

(1) **이익발생조건**

해당 기간 동안 소유주에게 배분하거나 소유주가 출연한 부분을 제외하고 기말 순자산의 재무적 측정금액(화폐금액)이 기초 순자산의 재무적 측정금액(화폐금액)을 초과하는 경우에만 발생한다.

(2) **명목화폐단위 또는 불변구매력단위를 이용하여 측정할 수 있다.**

(3) **측정기준**

특정한 측정기준의 적용을 요구하지 아니한다. 재무자본유지개념 하에서 측정기준의 선택은 기업이 유지하려는 재무자본의 유형과 관련이 있다.

4. 명목재무자본유지개념

(1) 재무자본유지개념이 명목화폐단위로 정의한 이익은 해당 기간 중 명목화폐자본의 증가액을 의미한다.

(2) 기간 중 보유한 자산가격의 증가 부분, 즉 보유이익은 개념적으로 이익에 속한다. 그러나 보유이익은 자산이 교환거래에 따라 처분되기 전에는 이익으로 인식되지 않을 것이다.

5. 불변구매력 재무자본유지개념

(1) 재무자본유지개념이 불변구매력 단위로 정의된다면 이익은 해당 기간 중 투자된 구매력의 증가를 의미하게 된다.

(2) 일반물가수준에 따른 가격상승을 초과하는 자산가격의 증가 부분만이 이익으로 간주되며, 그 이외의 가격증가 부분은 자본의 일부인 자본유지조정으로 처리된다.

6. 실물자본유지

(1) 이익발생조건

해당 기간동안 소유주에게 배분하거나 소유주가 출연한 부분을 제외하고 기업의 기말 실물 생산능력이나 조업능력(또는 그러한 생산능력을 갖추기 위해 필요한 자원이나 기금)이 기초 실물생산능력을 초과하는 경우에만 발생한다.

(2) 현행원가기준에 따라 측정해야 한다.

(3) 이익은 해당 기간 중 실물생산능력의 증가를 의미한다.

(4) 모든 가격변동은 해당 기업의 실물생산능력에 대한 측정치의 변동으로 간주되어 이익이 아니라 자본의 일부인 자본유지조정으로 처리된다.

☑ 정리

유지자본	자본유지개념	이익
화폐금액	명목재무자본유지개념	화폐금액의 증가
구매력	불변구매력 재무자본유지개념	화폐금액의 증가
조업능력	실물자본유지개념	생산능력증가

- (주)시대는 20x1년 1월 1일에 현금 ₩100,000으로 영업을 개시하였다.
- 20x1년도 기초에 단위당 ₩4,000의 재고자산 25개를 현금 구입하였다.
- 20x1년도 기중에 재고자산 25개를 단위당 ₩5,000에 현금 판매하였다.
- 20x1년도 기초의 물가지수가 100%라 한다면, 20x1년도 기말의 물가지수는 120%이다.
- 20x1년도 기말시점 재고자산의 구입가격은 단위당 ₩4,600으로 인상되었다.
- 20x1년도 기말 현금 보유액은 ₩125,000이다.

[1] 재무자본유지 명목화폐단위의 경우 이익은?
[2] 재무자본유지 불변화폐단위의 경우 이익은?
[3] 실물자본유지의 경우 이익은?

[1] 재무자본유지 명목화폐단위의 경우
이익 : ₩125,000 − ₩100,000 = ₩25,000

[2] 재무자본유지 불변화폐단위의 경우
(1) 유지자본 : ₩100,000 × 1.2 = ₩120,000
(2) 이익 : ₩125,000 − (1) = ₩5,000

[3] 실물자본유지의 경우
(1) 유지자본 : 25개 × ₩4,600 = ₩115,000
(2) 이익 : ₩125,000 − (1) = ₩10,000

정답 [1] ₩25,000 [2] ₩5,000 [3] ₩10,000

다음 자료를 이용하여 실물자본유지관점에서 (주)한국의 당기순손익을 계산하면 얼마인가? **[2013년 관세사]**

- (주)한국은 기초에 현금 ₩1,000으로 영업을 시작하였다.
- 기초에 상품A를 단위당 ₩200에 5개를 현금구입하고, 기중에 5개를 단위당 ₩400에 현금판매하였다.
- 당기 일반물가인상율은 10%이다.
- 기말 상품A의 구입가격은 ₩300으로 인상되었다.
- 기말 현금 보유액은 ₩2,000이다.

① ₩1,000 손실
② ₩500 손실
③ ₩0
④ ₩500 이익
⑤ ₩1,000 이익

- 기말자본 : ₩2,000
- 기초 : 5개 × 300 = (1,500)
- 당기순손익 : ₩500

정답 ④

확인학습문제

01 '재무보고를 위한 개념체계'에 제시된 회계정보가 유용한 정보로서 갖추어야 할 질적 특성 중 근본적 질적 특성에 관한 설명이 <u>아닌</u> 것은?   **[2013 관세사]**

① 목적적합한 재무정보는 정보이용자의 의사결정에 차이가 나도록 할 수 있다.

② 재무정보에 예측가치, 확인가치 또는 이 둘 모두가 있다면 그 재무정보는 의사결정에 차이가 나도록 할 수 있다.

③ 정보가 누락되거나 잘못 기재된 경우 특정 보고기업의 재무정보에 근거한 정보이용자의 의사결정에 영향을 줄 수 있다면 그 정보는 중요한 것이다.

④ 재무보고서는 경제적 현상을 글과 숫자로 나타내는 것이다. 재무정보가 유용하기 위해서는 목적적합한 현상을 표현하는 것뿐만 아니라 나타내고자 하는 현상을 충실하게 표현해야 한다.

⑤ 정보를 명확하고 간결하게 분류하고, 특정지으며, 표시하면 이해가능하게 된다.

답 ⑤

∥ 정답해설 ∥

⑤ 이해가능성에 대한 설명이며, 이는 보강적 질적특성에 해당한다.

02 재무보고를 위한 개념체계상 유용한 정보의 질적 특성에 관한 설명으로 옳지 <u>않은</u> 것은?

[2014 감정평가사]

① 충실한 표현은 모든 면에서 정확한 것을 의미하지는 않는다.

② 중요성은 개별 기업 재무보고서 관점에서 해당 정보와 관련된 항목의 성격이나 규모 또는 이 둘 모두에 근거하여 해당 기업에 특유한 측면의 목적적합성을 의미한다.

③ 완전한 서술은 필요한 기술과 설명을 포함하여 정보이용자가 서술되는 현상을 이해하는데 필요한 모든 정보를 포함하는 것이다.

④ 중립적 정보는 목적이 없거나 행동에 대한 영향력이 없는 정보를 의미하지 않는다.

⑤ 재무정보의 비교가능성은 정보이용자가 항목 간의 차이점을 식별하고 이해할 수 있게 하는 질적 특성으로 비슷한 것을 달리 보이게 함으로써 보강된다.

답 ⑤

┃정답해설┃

⑤ 재무정보의 비교가능성은 정보이용자가 항목 간의 유사점과 차이점을 식별하고 이해할 수 있게 하는 질적 특성이다.

03 일반목적재무보고의 목적에 관한 설명으로 옳지 <u>않은</u> 것은?　　　　　　[2016 감정평가사]

① 현재 및 잠재적투자자, 대여자 및 기타 채권자가 기업에 자원을 제공하는 것에 대한 의사 결정을 할 때 유용한 보고기업 재무정보를 제공하는 것이다.

② 지분상품 및 채무상품을 매수, 매도 또는 보유하는 것에 대한 현재 및 잠재적투자자의 의사결정은 그 금융상품 투자에서 그들이 기대하는 수익, 예를 들어, 배당, 원금 및 이자의 지급 또는 시장가격의 상승에 의존한다.

③ 경영진의 책임 이행에 대한 정보는 경영진의 행동에 대해 의결권을 가지거나 다른 방법으로 영향력을 행사하는 현재 투자자, 대여자 및 기타 채권자의 의사결정에도 유용하다.

④ 일반목적재무보고서는 보고기업의 가치를 보여주기 위해 고안된 것이다. 따라서 그 보고서는 현재 및 잠재적인 정보이용자가 보고기업의 가치를 추정하는데 도움이 되는 정보를 제공한다.

⑤ 보고기업의 경영진도 해당 기업에 대한 재무정보에 관심이 있다. 그러나 경영진은 그들이 필요로 하는 재무정보를 내부에서 구할 수 있기 때문에 일반목적재무보고서에 의존할 필요가 없다.

답 ④

┃정답해설┃

④ 일반목적재무보고서는 보고기업의 가치를 보여주기 위해 고안된 것이 아니다.

04 유용한 재무정보의 질적 특성에 관한 설명으로 옳지 <u>않은</u> 것은? **[2014 관세사]**

① 재무정보가 예측가치를 갖기 위해서 그 자체가 예측치 또는 예상치일 필요는 없다.

② 오류가 없는 서술이란 현상의 기술에 오류나 누락이 없고, 서술의 모든 면이 완벽하게 정확하다는 것을 의미한다.

③ 중립적 서술은 재무정보의 선택이나 표시에 편의가 없는 것을 말한다.

④ 목적적합하고 충실하게 표현된 정보의 유용성을 보강시키는 질적 특성으로는 비교가능성, 검증가능성, 적시성 및 이해가능성이 있다.

⑤ 보강적 질적특성을 적용하는 것은 어떤 규정된 순서를 따르지 않는 반복적인 과정이다.

답 ②

┃ 정답해설 ┃

② 오류가 없다는 것은 절차상 오류가 없음을 의미하고, 서술의 모든 면이 완벽하게 정확하다는 것을 의미하지는 않는다.

05 재무보고를 위한 개념체계에 관한 설명으로 옳지 <u>않은</u> 것은? **[2018 관세사]**

① 이해가능성은 합리적인 판단력이 있고 독립적인 서로 다른 관찰자가 어떤 서술이 충실하게 표현되었는데 대체로 의견이 일치할 수 있다는 것을 의미한다.

② 근본적 질적 특성은 목적적합성과 표현충실성이다.

③ 비교가능성, 검증가능성, 적시성 및 이해가능성은 목적적합하고 충실하게 표현된 정보의 유용성을 보강시키는 질적 특성이다.

④ 목적적합한 재무정보는 정보이용자의 의사결정에 차이가 나도록 할 수 있다.

⑤ 적시성은 의사결정에 영향을 미칠 수 있도록 의사결정자가 정보를 제때에 이용가능하게 하는 것을 의미한다.

답 ①

┃ 정답해설 ┃

① 검증가능성은 합리적인 판단력이 있고 독립적인 서로 다른 관찰자가 어떤 서술이 충실하게 표현되었는데 대체로 의견이 일치할 수 있다는 것을 의미한다.

06 유용한 재무정보의 질적특성에 관한 설명으로 옳지 <u>않은</u> 것은? **[2017 감정평가사]**

① 재무정보가 유용하기 위해서는 목적적합해야 하고 나타내고자 하는 바를 충실하게 표현해야 한다.
② 보강적 질적 특성을 적용하는 것은 어떤 규정된 순서를 따르지 않는 반복적인 과정이므로 때로는 하나의 보강적 질적 특성이 다른 질적 특성의 극대화를 위해 감소되어야 할 수 있다.
③ 회계기준위원회는 중요성에 대한 획일적인 계량 임계치를 정하거나 특정한 상황에서 무엇이 중요한 것인지를 미리 결정할 수 있다.
④ 중요성은 개별 기업 재무보고서 관점에서 해당 정보와 관련된 항목의 성격이나 규모 또는 이 둘 모두에 근거하여 해당 기업에 특유한 측면의 목적적합성을 의미한다.
⑤ 근본적 질적 특성을 충족하면 어느 정도의 비교가능성이 달성될 수 있을 것이다.

답 ③

┃ 정답해설 ┃

③ 회계기준위원회는 중요성에 대한 획일적인 계량 임계치를 정하거나 특정한 상황에서 무엇이 중요한 것인지를 미리 결정할 수 없다.

---

07 재무보고를 위한 개념체계 중 재무정보의 질적특성에 관한 설명으로 옳지 <u>않은</u> 것은? **[2020 감정평가사]**

① 유용한 재무정보의 질적특성은 그 밖의 방법으로 제공되는 재무정보 뿐만 아니라 재무제표에서 제공되는 재무정보에도 적용된다.
② 중요성은 기업 특유 관점의 목적적합성을 의미하므로 회계기준위원회는 중요성에 대한 획일적인 계량 임계치를 정하거나 특정한 상황에서 무엇이 중요한 것인지를 미리 결정하여야 한다.
③ 재무정보의 예측가치와 확인가치는 상호 연관되어 있다. 예측가치를 갖는 정보는 확인가치도 갖는 경우가 많다.
④ 재무보고의 목적을 달성하기 위해 근본적 질적특성간 절충('trade-off')이 필요할 수도 있다.
⑤ 근본적 질적특성을 충족하면 어느 정도의 비교가능성은 달성될 수 있다.

답 ②

┃ 정답해설 ┃

② 중요성은 기업 특유 관점의 목적적합성을 의미하므로 회계기준위원회는 중요성에 대한 획일적인 계량임계치를 정하거나 특정한 상황에서 무엇이 중요한 것인지를 미리 결정할 수 없다.

08 재무보고를 위한 개념체계에서 유용한 재무정보의 질적 특성에 관한 설명으로 옳은 것은?
[2018 감정평가사]

① 재무정보가 예측가치를 갖기 위해서 그 자체가 예측치 또는 예상치일 필요는 없다.

② 계량화된 정보가 검증가능하기 위해서 단일점 추정치이어야 한다.

③ 완벽하게 표현충실성을 위해서는 서술은 완전하고, 검증가능하며, 오류가 없어야 한다.

④ 재무정보에 예측가치가 있다면 그 재무정보는 나타내고자 하는 현상을 충실하게 표현한다.

⑤ 재고자산평가손실의 인식은 보수주의 원칙이 적용된 것이며, 보수주의는 충실성의 한 측면으로 포함할 수 있다.

답 ①

┃오답해설┃

② 계량화된 정보가 검증가능하기 위해서 단일점 추정치일 필요는 없다.

③ 완벽하게 표현충실성을 위해서는 서술은 완전하고, 중립적이며, 오류가 없어야 한다.

④ 재무정보에 예측가치가 있다면 그 재무정보는 목적적합한 정보가 될 수 있다.

⑤ 보수주의와 충실성은 관련이 없다.

09 '재무보고를 위한 개념체계'에 제시된 유용한 재무정보의 질적 특성 중 보강적 질적 특성에 관한 설명으로 옳지 <u>않은</u> 것은? [2016 관세사]

① 정보가 누락되거나 잘못 기재된 경우 특정 보고기업의 재무정보에 근거한 정보 이용자의 의사결정에 영향을 줄 수 있다면 그 정보는 중요한 것이다.

② 정보이용자가 항목 간의 유사점과 차이점을 식별하고 이해할 수 있게 하는 질적 특성이다.

③ 합리적인 판단력이 있고 독립적인 서로 다른 관찰자가 어떤 서술이 충실한 표현이라는 데 대체로 의견이 일치할 수 있다는 것을 의미한다.

④ 의사결정에 영향을 미칠 수 있도록 의사결정자가 정보를 제때에 이용가능하게 하는 것을 의미한다.

⑤ 재무보고서는 사업활동과 경제활동에 대해 합리적인 지식이 있고, 부지런히 정보를 검토하고 분석하는 정보이용자를 위해 작성된다.

답 ①

▌정답해설▐

① 중요성에 대한 설명이다. (근본적 질적특성)

▌오답해설▐

② 비교가능성에 대한 설명이다. (보강적 질적특성)
③ 검증가능성에 대한 설명이다. (보강적 질적특성)
④ 적시성에 대한 설명이다. (보강적 질적특성)
⑤ 이해가능성에 대한 설명이다. (보강적 질적특성)

10 '재무보고를 위한 개념체계'에서 제시된 '측정'에 대한 설명으로 옳지 <u>않은</u> 것은?

① 역사적 원가와는 달리 자산이나 부채의 현행가치는 자산이나 부채를 발생시킨 거래나 그 밖의 사건의 가격으로부터 부분적으로라도 도출되지 않는다.

② 자산의 공정가치는 측정일 현재 동등한 자산의 원가로서 측정일에 지급할 대가와 그날에 발생할 거래원가를 포함한다.

③ 사용가치는 기업이 자산의 사용과 궁극적인 처분으로 얻을 것으로 기대하는 현금흐름 또는 그 밖의 경제적효익의 현재가치이다.

④ 사용가치와 이행가치는 직접 관측될 수 없으며 현금흐름기준 측정기법으로 결정된다.

⑤ 자산의 현행원가는 측정일 현재 동등한 자산의 원가로서 측정일에 지급할 대가와 그 날에 발생할 거래원가를 포함한다.

답 ②

▌정답해설▌
② 자산의 공정가치는 그날에 발생할 거래원가를 포함하지 않는다.

---

11 측정기준에 관한 설명으로 옳지 <u>않은</u> 것은? **[2021 관세사]**

① 현행가치는 자산의 손상이나 손실부담에 따른 부채와 관련되는 변동을 제외하고는 가치의 변동을 반영하지 않는다.

② 부채의 현행원가는 측정일 현재 동등한 부채에 대해 수취할 수 있는 대가에서 그 날에 발생한 거래원가를 차감한다.

③ 사용가치와 이행가치는 미래현금흐름에 기초하기 때문에 자산을 취득하거나 부채를 인수할때 발생하는 거래원가는 포함하지 않는다.

④ 자산의 현행원가는 측정일 현재 동등한 자산의 원가로서 측정일에 지급할 대가와 그 날에 발생할 거래원가를 포함하여 측정한다.

⑤ 이행가치는 기업이 부채를 이행할 때 이전해야 하는 현금이나 그 밖의 경제적자원의 현재가치이다.

답 ①

▌정답해설▌
① 현행가치는 가치의 변동을 반영한다.

12 재무제표 요소에 관한 설명으로 옳지 <u>않은</u> 것은? **[2021 관세사]**

① 자산은 과거사건의 결과로 기업이 통제하는 현재의 경제적자원이다.

② 자본은 기업의 자산에서 모든 부채를 차감한 후의 잔여지분이다.

③ 수익과 비용은 자본청구권 보유자에 대한 출자 및 분배와 관련된 것을 포함한다.

④ 부채는 과거사건의 결과로 기업이 경제적자원을 이전해야 하는 현재의무이다.

⑤ 경제적효익을 창출할 가능성이 낮더라도 권리가 경제적자원의 정의를 충족할 수 있다면 자산이 될 수 있다.

답 ③

▌정답해설▐

③ 수익과 비용은 자본청구권 보유자에 대한 출자 및 분배와 관련된 것은 제외한다.

13 자본유지개념과 이익의 결정에 관한 설명으로 옳지 <u>않은</u> 것은? **[2018 관세사]**

① 재무자본유지개념을 사용하기 위해서는 현행원가기준에 따라 측정해야 한다.

② 자본유지개념은 기업의 자본에 대한 투자수익과 투자회수를 구분하기 위한 필수요건이다.

③ 자본유지개념 중 재무자본유지는 명목화폐단위 또는 불변구매력단위를 이용하여 측정할 수 있다.

④ 재무자본유지개념과 실물자본유지개념의 주된 차이는 기업의 자산과 부채에 대한 가격변동 영향의 처리방법에 있다.

⑤ 자본유지개념은 이익이 측정되는 준거기준을 제공함으로써 자본개념과 이익개념 사이의 연결고리를 제공한다.

답 ①

▌정답해설▐

① 실물자본유지개념을 사용하기 위해서는 현행원가기준에 따라 측정해야 한다.

14 다음 자료를 이용하여 실물자본유지관점에서 (주)한국의 당기순손익을 계산하면 얼마인가?

[2013 관세사]

> • (주)한국은 기초에 현금 ₩1,000으로 영업을 시작하였다.
> • 기초에 상품A를 단위당 ₩200에 5개를 현금구입하고, 기중에 5개를 단위당 ₩400에 현금판매하였다.
> • 당기 일반물가인상율은 10%이다.
> • 기말 상품A의 구입가격은 ₩300으로 인상되었다.
> • 기말 현금 보유액은 ₩2,000이다.

① ₩1,000 손실   ② ₩500 손실

③ ₩0   ④ ₩500 이익

⑤ ₩1,000 이익

답 ④

▌정답해설▐

• 현금증가액 : ₩2,000 − ₩1,000 = ₩1,000
• 자본유지액 : 5개 × ₩300 − ₩1,000 = ₩500
• 당기순손익 : ₩1,000 − ₩500 = ₩500

CHAPTER

14

제1편 재무회계

재무제표 표시

제1절 재무제표

1. 의의

기업의 재무상태와 재무성과를 체계적으로 표현한 것으로 정보이용자의 경제적 의사결정에 유용한 정보를 제공하는 것을 목적으로 한다.

- 재무상태표
- 포괄손익계산서
- 자본변동표
- 현금흐름표
- 주석

2. 전체 재무제표

(1) 전체 재무제표의 정의

1) 전체 재무제표는 다음과 같이 정의한다.

① 기말 재무상태표

② 기간 포괄손익계산서

③ 기간 자본변동표

④ 기간 현금흐름표

⑤ 주석(유의적인 회계정책의 요약 및 그 밖의 설명으로 구성)

⑥ 전기정보

⑦ 회계정책을 소급하여 적용하거나, 재무제표의 항목을 소급하여 재작성 또는 재분류하는 경우 가장 이른 비교기간의 기초 재무상태표

2) 각각의 재무제표는 전체 재무제표에서 동등한 비중으로 표시한다.

3) 당기순손익의 구성요소를 단일 손익과 기타포괄손익계산서의 일부로 표시하거나 별개의 손익계산서에 표시할 수 있다. 별개의 손익계산서를 표시하는 경우 그 손익계산서는 전체 재무제표의 일부이며, 포괄손익계산서의 바로 앞에 표시한다.

3. 재무제표 기본원칙

(1) 공정한 표시와 한국채택국제회계기준의 준수

① 재무제표는 기업의 재무상태, 재무성과 및 현금흐름을 공정하게 표시해야 한다.

② 공정한 표시를 위해서는 개념체계에서 정한 자산, 부채, 수익 및 비용에 대한 정의와 인식요건에 따라 거래, 그 밖의 사건과 상황의 효과를 충실하게 표현해야 한다.

③ 한국채택국제회계기준에 따라 작성된 재무제표는 공정하게 표시된 재무제표로 본다.

④ 한국채택국제회계기준을 준수하여 재무제표를 작성하는 기업은 그러한 준수 사실을 주석에 명시적이고 제한 없이 기재한다. 재무제표가 한국채택국제회계기준의 요구사항을 모두 충족한 경우가 아니라면 한국채택국제회계기준을 준수하여 작성되었다고 기재하여서는 아니 된다.

⑤ 부적절한 회계정책은 주석 또는 보충 자료를 통해 설명하더라도 정당화 될 수 없다.

(2) 계속기업

① 기업을 청산하거나 경영활동을 중단할 의도를 가지고 있지 않거나, 청산 또는 경영활동의 중단 외에 다른 현실적 대안이 없는 경우가 아니면 계속기업을 전제로 재무제표를 작성한다.

② 계속기업으로서의 존속능력에 유의적인 의문이 제기될 수 있는 사건이나 상황과 관련된 중요한 불확실성을 알게 된 경우, 경영진은 그러한 불확실성을 공시하여야 한다.

③ 재무제표가 계속기업의 기준 하에 작성되지 않는 경우에는 그 사실과 함께 재무제표가 작성된 기준 및 기업을 계속기업으로 보지 않는 이유를 공시하여야 한다.

④ 계속기업의 가정이 적절한지의 여부를 평가할 때 경영진은 적어도 보고기간말로부터 향후 12개월 기간에 대하여 이용가능한 모든 정보를 고려한다.

(3) 발생기준

① 기업은 현금흐름 정보를 제외하고는 발생기준 회계를 사용하여 재무제표를 작성한다.

② 발생기준 회계를 사용하는 경우, 각 항목이 개념체계의 정의와 인식요건을 충족할 때 자산, 부채, 자본, 광의의 수익 및 비용으로 인식한다.

(4) 중요성과 통합표시

① 유사한 항목은 중요성 분류에 따라 재무제표에 구분하여 표시한다.

② 상이한 성격이나 기능을 가진 항목은 구분하여 표시한다. 다만 중요하지 않은 항목은 성격이나 기능이 유사한 항목과 통합하여 표시할 수 있다.

③ 개별적으로 중요하지 않은 항목은 재무제표나 주석의 다른 항목과 통합한다. 재무제표에는 중요하지 않아 구분하여 표시하지 않은 항목이라도 주석에서는 구분 표시해야 할 만큼 충분히 중요할 수 있다.

④ 중요하지 않은 정보일 경우 한국채택국제회계기준에서 요구하는 특정 공시를 제공할 필요는 없다.

(5) 상계

1) 원칙 : 상계금지

① 한국채택국제회계기준에서 요구하거나 허용하지 않는 한 자산과 부채 그리고 수익과 비용은 상계하지 아니한다.

② 자산과 부채, 그리고 수익과 비용은 구분하여 표시한다.

③ 재고자산에 대한 재고자산평가충당금과 매출채권에 대한 대손충당금과 같은 평가 충당금을 차감하여 관련 자산을 순액으로 측정하는 것은 상계표시에 해당하지 아니한다.

2) 예외 : 상계허용

동일 거래에서 발생하는 수익과 관련비용의 상계표시가 거래나 그 밖의 사건의 실질을 반영한다면 그러한 거래의 결과는 상계하여 표시한다.

① 투자자산 및 영업용자산을 포함한 비유동자산의 처분손익은 처분대금에서 그 자산의 장부금액과 관련처분비용을 차감하여 표시한다.

② 기준서 '충당부채, 우발부채 및 우발자산'에 따라 인식한 충당부채와 관련된 지출을 제3자와의 계약관계에 따라 보전받는 경우, 당해 지출과 보전받는 금액은 상계하여 표시할 수 있다.

③ 외환손익 또는 단기매매금융상품에서 발생하는 손익과 같이 유사한 거래의 집합에서 발생하는 차익과 차손은 순액으로 표시한다. 그러나 그러한 차익과 차손이 중요한 경우에는 구분하여 표시한다.

(6) 보고빈도

① 전체 재무제표(비교정보를 포함)는 적어도 1년마다 작성한다.

② 보고기간 종료일을 변경하여 재무제표의 보고기간이 1년을 초과하거나 미달하는 경우 재무제표 해당 기간뿐만 아니라 그 이유와 완전하게 비교 가능하지는 않다는 사실을 추가로 공시한다.

③ 일반적으로 재무제표는 일관성 있게 1년 단위로 작성한다. 그러나 실무적인 이유로 어떤 기업은 주로 52주의 보고기간을 선호한다. 기준서는 이러한 보고관행을 금지하지 않는다.

(7) 비교정보

1) 원칙 : 전기 비교정보를 공시

① 한국채택국제회계기준이 달리 허용하거나 요구하는 경우를 제외하고는 당기 재무제표에 보고되는 모든 금액에 대해 전기 비교정보를 공시한다.

② 당기 재무제표를 이해하는데 목적적합하다면 서술형 정보의 경우에도 비교정보를 포함한다.

③ 비교정보를 공시하는 기업은 적어도 두 개의 재무상태표와 두 개씩의 그 밖의 재무제표 및 관련 주석을 표시해야 한다.

2) 예외

회계정책을 소급하여 적용하거나 재무제표의 항목을 소급하여 재작성 또는 재분류하는 경우에는 적어도 세 개의 재무상태표, 두 개씩의 그 밖의 재무제표 및 관련 주석을 표시해야 한다.

3) 어떤 경우에는 전기 재무제표에 공시된 서술형 정보가 당기에도 계속 관련될 수 있다.

4) 재무제표 항목의 표시나 분류를 변경하는 경우 실무적으로 적용할 수 없는 것이 아니라면 비교금액도 재분류해야 한다. 비교금액을 재분류할 때 재분류의 성격과 이유 등을 공시한다.

(8) 표시의 계속성

1) 원칙 : 재무제표 항목의 표시와 분류는 매기 동일하여야 한다.

2) 예외 : 다음의 경우에는 재무제표 항목의 표시와 분류가 변경될 수 있다.

① 사업내용의 유의적인 변화나 재무제표를 검토한 결과 다른 표시나 분류 방법이 더 적절한 것이 명백한 경우(회계정책변경이 정당화되는 경우)

② 한국채택국제회계기준에서 표시방법의 변경을 요구하는 경우

(9) 재무제표의 식별

재무제표에는 다음 정보가 분명하게 드러나야 한다.

① 보고기업의 명칭 또는 그 밖의 식별 수단과 전기 보고기간말 이후 그러한 정보의 변경내용
② 재무제표가 개별 기업에 대한 것인지 연결실체에 대한 것인지의 여부
③ 재무제표나 주석의 작성대상이 되는 보고기간종료일 또는 보고기간
④ K-IFRS 1021 '환율변동효과'에 정의된 표시통화
⑤ 재무제표의 금액 표시를 위하여 사용한 금액 단위

예시문제

재무제표 표시에 관한 설명으로 옳지 <u>않은</u> 것은?   **[2014년 관세사]**
① 계속기업의 가정이 적절한지의 여부를 평가할 때 경영진은 적어도 보고기간말로부터 향후 12개월 기간에 대하여 이용가능한 정보를 고려한다.
② 재무제표에는 중요하지 않아 구분하여 표시하지 않은 항목이라도 주석에서는 구분 표시해야 할 만큼 충분히 중요할 수 있다.
③ 기업은 현금흐름 정보를 제외하고는 발생기준회계를 사용하여 재무제표를 작성한다.
④ 매출채권에 대한 대손충당금을 차감하여 관련자산을 순액으로 표시하는 것을 상계표시에 해당하지 않는다.
⑤ 외환손익 또는 단기매매금융상품에서 발생하는 손익과 같이 유사한 거래의 집합에서 발생하는 차익과, 차손이 중요한 경우에는 순액으로 표시한다.

⑤ 외환손익 또는 단기매매 금융상품에서 발생하는 손익과 같이 유사한 거래의 집합에서 발생하는 차익과 차손은 순액으로 표시한다. 그러나 그러한 차익과 차손이 중요한 경우에는 구분하여 표시한다.

정답 ⑤

---

1. 재무상태표에 표시되는 정보

1) 재무상태표에는 적어도 다음에 해당하는 금액을 나타내는 항목을 표시한다.

자산		부채	
① 유동자산	현금 및 현금성자산 재고자산 매출채권 당기손익 – 공정가치 측정 금융자산	① 유동부채	매입채무 미지급금 단기차입금
		② 비유동부채	장기차입금 이연법인세부채
② 비유동자산	기타포괄손익—공정가치 측정 금융자산 관계기업투자주식 유형자산 무형자산 영업권 투자부동산	**자본**	
		자본 납입자본 기타포괄손익누계액 이익잉여금	

2) K-IFRS 1001은 재무상태표에 표시되어야 할 항목의 순서나 형식을 규정하지 아니하며, 단순히 재무상태표에 구분 표시하기 위해 성격이나 기능면에서 명확하게 상이한 최소한의 항목명을 제시하고 있을 뿐이다.

3) 기업의 재무상태를 이해하는데 목적적합한 경우 재무상태표에 항목, 제목 및 중간합계를 추가하여 표시한다.

2. 배열방법

(1) 원칙 : 유동성, 비유동성 구분법

① 유동성 순서에 따른 표시방법이 신뢰성 있고 더욱 목적적합한 정보를 제공하는 경우를 제외하고는 유동자산과 비유동자산, 유동부채와 비유동부채로 재무상태표에 구분하여 표시한다.

② 기업이 명확히 식별 가능한 영업주기 내에서 재화나 용역을 제공하는 경우, 재무상태표에 유동자산과 비유동자산 및 유동부채와 비유동부채를 구분하여 표시한다.

③ 정상영업주기는 영업활동을 위한 자산의 취득시점부터 그 자산이 현금이나 현금성자산으로 실현되는 시점까지 소요되는 기간으로, 정상영업주기를 명확히 식별할 수 없는 경우에는 그 기간이 12개월인 것으로 가정한다.

④ 재고자산과 매출채권과 같은 유동자산, 매입채무와 종업원 및 그 밖의 영업원가에 대한 미지급비용과 같은 유동부채는 기업의 정상영업주기 내에 사용되는 운전자본이므로 보고기간 후 12개월 후에 결제일이 도래한다 하더라도 유동항목으로 분류한다.

⑤ 기업이 재무상태표에 유동자산과 비유동자산, 그리고 유동부채와 비유동부채로 구분하여 표시하는 경우, 이연법인세자산(부채)은 유동자산(부채)으로 분류하지 아니한다.

(2) 예외 : 유동성 배열법

① 자산과 부채를 유동성의 순서에 따라 표시한다.

② 금융회사와 같은 일부 기업의 경우에는 오름차순이나 내림차순의 유동성 순서에 따른 표시방법으로 자산과 부채를 표시하는 것이 유동성/비유동성 구분법보다 신뢰성 있고 더욱 목적적합한 정보를 제공한다. 이러한 기업은 재화나 서비스를 명확히 식별 가능한 영업주기 내에 제공하지 않기 때문이다.

(3) 혼합표시방법

신뢰성 있고 더욱 목적적합한 정보를 제공한다면 자산과 부채의 일부는 유동성/비유동성 구분법으로, 나머지는 유동성 순서에 따른 표시방법으로 표시하는 것이 허용된다.

3. 유동자산

(1) 다음의 경우에 유동자산로 분류한다.

① 정상영업주기 내에 실현될 것으로 예상하고 있다.

② 주로 단기매매 목적으로 보유하고 있다.

③ 보고기간 후 12개월 이내에 실현될 것으로 예상한다.

④ 현금 및 현금성 자산으로서 사용에 대한 제한이 보고기간 후 12개월 이상이 아니다.

(2) 당좌자산과 재고자산으로 분류한다.

    ① 당좌자산 : 쉽게 현금화되거나 소멸하는 자산으로 재고자산을 제외한 모든 유동자산

    ② 재고자산 : 정상적인 영업활동과정에서 판매를 목적으로 보유하거나 판매될 제품의 제조과정에서 사용되거나 소비되는 재화

(3) 유동자산은 주로 단기매매목적으로 보유하고 있는 자산과 비유동금융자산의 유동성 대체부분을 포함한다.

4. 유동부채

(1) 다음의 경우에 유동부채로 분류한다.

    ① 정상영업주기 내에 결제될 것으로 예상하고 있다.

    ② 주로 단기매매 목적으로 보유하고 있다.

    ③ 보고기간 후 12개월 이내에 결제하기로 되어 있다.

    ④ 보고기간 후 12개월 이상 부채의 결제를 연기할 수 있는 무조건의 권리를 가지고 있지 않다.

(2) 영업주기

매입채무 그리고 종업원 및 그 밖의 영업원가에 대한 미지급비용과 같은 유동부채는 기업의 정상영업주기 내에 사용되므로, 보고기간 후 12개월 후에 결제일이 도래한다 하더라도 유동부채로 분류한다.

(3) 기타 유동부채

기타 유동부채는 정상영업주기 이내에 결제되지는 않지만 보고기간 후 12개월 이내에 결제일이 도래하거나 단기매매목적으로 보유한다.(예 단기매매항목으로 분류된 일부 금융부채, 당좌차월, 비유동금융부채의 유동성 대체, 미지급배당금 등)

(4) 유동부채 관련사항

    1) 재량권있는 부채

    ① 재량권 있는 경우 : 비유동부채

        기업이 기존의 대출계약조건에 따라 보고기간 후 적어도 12개월 이상 부채를 차환하거나 연장할 것으로 기대하고 있고, 그런 재량권이 있다면, 보고기간 후 12개월 이내에 만기가 도래한다 하더라도 비유동부채로 분류한다.

    ② 재량권 없는 경우 : 유동부채

        기업에게 부채의 차환이나 연장의 재량권이 없다면, 차환가능성을 고려하지 않고 유동부채로 분류한다.

    2) 즉시상환을 요구할 수 있는 경우 : 유동부채

보고기간 말 이전에 장기차입약정을 위반하여 대여자가 즉시 상환을 요구할 수 있는 채무는 보고기간 후 재무제표 발행승인일 전에 대여자가 약정위반을 이유로 상환을 요구하지 않기로 합의하더라도 유동부채로 분류한다.

    3) 유예기간을 합의한 채무 : 비유동부채

대여자가 보고기간 말 이전에 보고기간 후 적어도 12개월 이상의 유예기간을 주는데 합의하여 그 유예기간 내에 기업이 위반사항을 해소할 수 있고, 또 그 유예기간 동안에는 채권자가 즉시 상환을 요구할 수 없다면 그 부채는 비유동부채로 분류한다.

1. 포괄손익계산서

(1) 의의

포괄손익계산서는 일정기간 동안 발생하는 순자산의 변동내역을 표시하는 동태적 보고서이다. 다만, 소유주의 투자나 소유주에 대한 분배거래를 제외한다.

> 포괄손익 = 당기순손익 + 기타포괄손익

(2) 표시방법

① 해당 기간에 인식한 모든 수익과 비용 항목은 다음 중 한 가지 방법으로 표시한다.

    ⊙ 단일 손익과 기타포괄손익계산서(하나의 보고서)

    ⊙ 다음과 같은 두 개의 보고서

        – 당기순손익의 구성요소를 표시하는 보고서(별개의 손익계산서)

        – 당기순손익에서 시작하여 기타포괄손익의 구성요소를 표시하는 보고서(포괄손익계산서)

[단일 손익과 기타포괄손익계산서 및 별개의 손익계산서]

단일의 포괄손익계산서
20x1년 1월 1일부터 20x1년 12월 31일까지

(주)감평 (단위 : 원)

수익	×××
매출원가	(×××)
매출총이익	×××
판매비와관리비	(×××)
영업이익	×××
영업외수익	×××
영업외비용	(×××)
법인세비용차감전이익	×××
법인세비용	(×××)
계속사업이익	×××
중단사업이익	×××
당기순이익	×××
기타포괄이익	×××
총포괄이익	×××

별개의 포괄손익계산서
20x1년 1월 1일부터 20x1년 12월 31일까지

(주)감평 (단위 : 원)

수익	×××
매출원가	(×××)
매출총이익	×××
판매비와관리비	(×××)
영업이익	×××
영업외수익	×××
영업외비용	(×××)
법인세비용차감전이익	×××
법인세비용	(×××)
계속사업이익	×××
중단사업이익	×××
당기순이익	×××

포괄손익계산서
20x1년 1월 1일부터 20x1년 12월 31일까지

(주)감평 (단위 : 원)

당기순이익	×××
기타포괄이익	×××
총포괄이익	×××

2. 손익계산서에 표시되는 정보

(1) 당기손익 부분에 표시되는 정보

당기손익 부분이나 손익계산서에는 다른 한국채택국제회계기준서가 요구하는 항목을 추가하여 당해 기간의 다음 금액을 표시하는 항목을 포함한다.

① 수익

② 금융원가

③ 지분법 적용대상인 관계기업과 조인트벤처의 당기순손익에 대한 지분

④ 법인세비용

⑤ 중단영업의 합계를 표시하는 단일금액

⑥ 영업손익

(2) 기타포괄손익 부분에 표시되는 정보

기타포괄손익 부분에는 다음의 항목으로 표시한다.

1) **성격별로 분류하고, 다른 한국채택국제회계가준에 따라 다음의 집단으로 묶은 기타포괄손익의 항목**

① 후속적으로 당기손익으로 재분류되지 않는 항목

② 특정 조건을 충족하는 때에 후속적으로 당기손익으로 재분류되는 항목

2) 기업의 재무성과를 이해하는 데 목적적합한 경우에는 당기손익과 기타포괄손익을 표시하는 보고서에 항목, 제목 및 중간합계를 추가하여 표시한다.

3) 수익과 비용의 어느 항목도 당기손익과 기타포괄손익을 표시하는 보고서 또는 주석에 특별손익 항목으로 표시할 수 없다.

(3) 당기순손익

한 기간에 인식되는 모든 수익과 비용항목은 한국채택국제회계기준이 달리 정하지 않는 한 당기손익으로 인식한다.

(4) 기타포괄손익

① 기타포괄손익은 다음의 당기손익으로 인식하지 않은 수익과 비용항목(재분류조정 포함)을 포함한다.

당기손익으로 재분류하지 않는 경우	당기손익으로 재분류하는 경우
• 재평가잉여금	• 기타포괄손익 – 공정가치측정 투자채무상품의 평가손익
• 순확정급여부채(자산)의 재측정요소	• 해외사업환산손익
• 기타포괄손익 – 공정가치측정 투자지분상품의 평가손익	• 파생상품평가손익 현금위험회피 평가손익

② 기타포괄손익의 항목(재분류조정 포함)과 관련한 법인세비용 금액은 포괄손익계산서나 주석에 공시한다.

③ 기타포괄손익의 항목은 관련 법인세비용을 차감한 순액으로 표시하거나, 법인세비용차감전금액으로 표시할 수 있다.

④ 기타포괄손익의 구성요소와 관련된 재분류조정을 공시한다.

⑤ 재분류조정은 포괄손익계산서나 주석에 표시할 수 있다. 재분류조정을 주석에 표시하는 경우에는 관련 재분류조정을 반영한 후에 기타포괄손익의 항목을 표시한다.

3. 비용의 분류방법

(1) 비용의 분류방법

비용의 성격별 또는 기능별 분류방법 중에서 신뢰성 있고 더욱 목적적합한 정보를 제공할 수 있는 방법을 적용하여 당기손익으로 인식한 비용의 분석내용을 표시한다.

1) 성격별 분류

① 성격별 분류법에서는 당기손익에 포함된 비용을 그 성격별로 통합하며, 기능별로 재분류 하지 않는다. 비용을 기능별 분류로 배분할 필요가 없기 때문에 적용이 간단할 수 있다.

② 예 : 감가상각비, 원재료의 구입, 운송비, 종업원급여와 광고비

③ 성격별 분류법에 의한 포괄손익계산서

수익		×××
영업비용		
제품과 재공품의 변동	×××	
원재료와 소모품의 사용액	×××	
종업원급여비용	×××	
감가상각비와 기타상각비	×××	
기타비용	×××	(×××)
영업이익		×××
영업외수익		×××
영업외비용		(×××)
법인세비용차감전이익		×××
법인세비용		(×××)
계속사업이익		×××
중단사업이익		×××
당기순이익		×××
기타포괄이익		×××
총포괄이익		×××

2) 기능별 분류

① 비용을 매출원가, 그리고 물류원가와 관리활동원가 등과 같이 기능별로 분류한다.

② 적어도 매출원가를 다른 비용과 분리하여 공시한다. 이 방법은 성격별 분류보다 재무제표이용자에게 더욱 목적적합한 정보를 제공할 수 있지만 비용을 기능별로 배분하는데 자의적인 배분과 상당한 정도의 판단이 개입될 수 있다.

③ 예 : 감가상각비, 기타 상각비와 종업원급여비용을 포함하여 성격에 대한 추가 정보를 공시한다.

④ 비용의 성격에 대한 정보가 미래현금흐름을 예측하는데 유용하기 때문에, 비용을 기능별로 분류하는 경우에는 추가공시가 필요하다.

⑤ 기능별 분류법에 의한 포괄손익계산서

수익	×××
매출원가	(×××)
매출총이익	×××
판매비와관리비	(×××)
영업이익	×××
영업외수익	×××
영업외비용	(×××)
법인세비용차감전이익	×××
법인세비용	(×××)
계속사업이익	×××
중단사업이익	×××
당기순이익	×××
기타포괄이익	×××
총포괄이익	×××

4. 주석

(1) 주석

재무상태표, 포괄손익계산서, 자본변동표 및 현금흐름표에 표시하는 정보에 추가하여 제공된 정보로서, 재무제표는 중요하지 않아 구분하여 표시하지 않은 항목이라도 주석에서는 구분 표시해야 할 만큼 충분히 중요할 수 있다.

(2) 주석이 제공하는 정보

① 재무제표 작성 근거와 구체적인 회계정책에 대한 정보
② 한국채택국제회계기준에서 요구하는 정보이지만 재무제표 어느 곳에도 표시되지 않는 정보
③ 재무제표 어느 곳에도 표시되지 않지만 재무제표를 이해하는 데 목적적합한 정보

(3) 주석공시사항

① 재무제표 발행승인일 전에 제안 또는 선언되었으나 당해 기간 동안에 소유주에 대한 분배금으로 인식되지 아니한 배당금액과 주당배당금
② 미인식 누적우선주배당금

(4) 기타공시

① 상법 등 관련 법규에서 이익잉여금처분계산서의 작성을 요구하는 경우에는 재무상태표의 이익잉여금에 대한 보충정보로서 이익잉여금처분계산서를 주석으로 공시한다.

② 기업은 수익에서 매출원가 및 판매비와관리비(물류원가 등을 포함)를 차감한 영업이익을 포괄손익계산서에 구분하여 표시한다. 다만 영업의 특수성을 고려할 필요가 있는 경우(例 매출원가를 구분하기 어려운 경우)나 비용을 성격별로 분류하는 경우 영업수익에서 영업비용을 차감한 영업이익을 포괄손익계산서에 구분하여 표시할 수 있다.

③ 영업이익 또는 산출에 포함된 주요항목과 그 금액을 포괄손익계산서 본문에 표시하거나 주석으로 공시한다.

(5) 주석의 표시 순서

① 한국채택국제회계기준을 준수하였다는 사실
② 적용한 유의적인 회계정책의 요약
③ 재무상태표, 포괄손익계산서, 별개의 손익계산서, 자본변동표 및 현금흐름표에 표시된 항목에 대한 보충 정보, 재무제표의 배열 및 각 재무제표에 표시된 개별항목 순서에 따라 표시

예시문제

포괄손익계산서에 관한 설명으로 옳은 것은? **[2013년 감정평가사]**

① 기업은 예외적인 경우를 제외하고 수익에서 매출원가 및 판매비와관리비(물류원가 등을 포함)를 차감한 영업이익(또는 영업손실)을 포괄손익계산서에 구분하여 표시한다.
② 비용을 성격별로 분류하는 기업은 매출원가, 감가상각비, 기타 상각비와 종업원급여비용을 포함하여 비용의 기능에 대한 추가 정보를 공시한다.
③ 재분류조정은 당기나 과거 기간에 기타포괄손익으로 인식되었다가 당기에 자본잉여금으로 재분류된 금액을 의미한다.
④ 기타포괄손익의 항목은 세후금액으로 표시할 수 없으며, 관련된 법인세 효과 반영 전 금액으로 표시하고 각 항목들에 관련된 법인세 효과는 단일 금액으로 합산하여 표시한다.
⑤ 기업은 재무성과를 설명하는 데 필요하다면 특별항목을 비롯하여 추가항목을 포괄손익계산서에 재량적으로 포함할 수 있으며, 사용된 용어와 항목의 배열도 필요하면 수정할 수 있다.

[오답해설]
② 비용을 성격별로 분류하는 기업은 비용을 기능별로 추가공시하지 않는다.
③ 재분류조정은 당기나 과거 기간에 기타포괄손익으로 인식되었던 금액이 당기에 당기손익으로 재분류된 금액을 말한다.
④ 기타포괄손익은 관련 법인세효과를 차감한 순액으로 표시하거나, 기타포괄손익의 구성 요소와 관련된 법인세효과 반영 전 금액으로 표시 후 각 항목들에 관련된 법인세 효과를 단일 금액으로 합산하여 표시할 수 있다.
⑤ 어느 항목도 손익계산서, 별개의 손익계산서 또는 주석에 특별손익의 항목으로 표시할 수 없다.

정답 ①

---

1. 의의

재무제표를 연차재무제표이외 중간기간에 보고하는 재무제표를 중간재무제표라 한다.

2. 용어

(1) 중간기간 : 1회계연도보다 짧은 기간(예 3개월, 6개월 등)

(2) 누적중간기간 : 회계연도 개시일부터 당해 중간기간의 종료일까지의 기간(예 중간기간이 2분기일 경우 누적중간기간은 1.1.~6.30.)

3. 종류

재무상태표, 손익계산서, 현금흐름표, 자본변동표 및 주석

4. 작성원칙

연차재무제표와 동일한 양식으로 작성하되, 정보이용자를 오도하지 않는 범위 내에서 계정과목을 요약 또는 일괄 표시할 수 있다.

5. 예시

20x2년 3분기 현재

구분		당기	전기
재무상태표		20x2년 9월 30일 현재	20x1년 12월 31일 현재
손익계산서	당해중간기간	20x2년 7월 1일~9월 30일	20x1년 7월 1일~9월 30일
	누적중간기간	20x2년 1월 1일~9월 30일	20x1년 1월 1일~9월 30일
현금흐름표 자본변동표		20x2년 1월 1일~9월 30일	20x1년 1월 1일~9월 30일

1. 수정을 요하는 사건

(1) 의의

보고기간 말 이후의 사건에 의해서 재무제표의 수정을 요하는 사건

(2) 재무제표에 이미 인식한 금액은 수정하고, 재무제표에 인식하지 아니한 항목은 새로 인식하여야 한다.

(3) 예시

① 보고기간 말에 존재하였던 현재의무가 보고기간 후에 소송사건의 확정에 의해 확인되는 경우

② 보고기간 말에 이미 자산손상이 발생되었음을 나타내는 정보를 보고기간 후에 입수하는 경우나 이미 손상차손을 인식한 자산에 대하여 손상차손금액의 수정이 필요한 정보를 보고기간 후에 입수하는 경우

③ 보고기간 말 이전에 구입한 자산의 취득원가나 매각한 자산의 대가를 보고기간 후에 결정하는 경우

④ 보고기간 말 이전 사건의 결과로서 보고기간 말에 종업원에게 지급하여야 할 법적의무나 의제의무가 있는 이익분배나 상여금지급 금액을 보고기간 후에 확정하는 경우

⑤ 재무제표가 부정확하다는 것을 보여주는 부정이나 오류를 발견한 경우

2. 수정을 요하지 않는 사건

(1) 의의

보고기간 말 이후의 사건에 의해서 재무제표의 수정을 요하지 않는 사건

(2) 재무제표에 인식된 금액을 수정하지 아니한다.

(3) 예시

① 보고기간 말과 재무제표 발행승인일 사이에 투자자산의 시장가치 하락을 들 수 있다. 시장가치의 하락은 일반적으로 보고기간 말의 상황과 관련된 것이 아니라 보고기간 후에 발생한 상황이 반영된 것이다.

② 보고기간 후에 지분상품 보유자에 대해 배당을 선언한 경우, 그 배당금을 보고기간 말의 부채로 인식하지 아니한다.

③ 유동부채로 분류된 차입금의 경우 유동성 대체가 보고기간 말과 재무제표 발행승인일 사이에 발생하면 그러한 사건은 수정을 요하지 않는 사건으로 주석에 공시한다.

14 확인학습문제

01 재무제표의 표시에 관한 설명으로 옳지 <u>않은</u> 것은? **[2018 관세사]**

① 매출채권에 대한 대손충당금과 같은 평가충당금을 차감하여 관련 자산을 순액으로 측정하는 것은 상계 표시에 해당한다.

② 총포괄손익은 당기순손익과 기타포괄손익의 모든 구성요소를 포함한다.

③ 계속기업의 가정이 적절한지의 여부를 평가할 때 경영진은 적어도 보고기간말로부터 향후 12개월 기간 에 대하여 이용가능한 모든 정보를 고려한다.

④ 재분류조정은 당기나 과거 기간에 기타포괄손익으로 인식되었으나 당기손익으로 재분류된 금액을 말 한다.

⑤ 주석은 재무상태표, 포괄손익계산서, 자본변동표 및 현금흐름표에 표시하는 정보에 추가하여 제공된 정보를 말한다.

답 ①

━━━

┃정답해설┃

① 평가충당금을 차감하여 관련 자산을 순액으로 측정하는 것은 상계표시에 해당하지 아니한다.

02 재무제표 표시에 관한 설명으로 옳지 <u>않은</u> 것은? **[2014 관세사]**

① 계속기업의 가정이 적절한지의 여부를 평가할 때 경영진은 적어도 보고기간말로부터 향후 12개월 기간에 대하여 이용가능한 정보를 고려한다.

② 재무제표에는 중요하지 않아 구분하여 표시하지 않은 항목이라도 주석에서는 구분 표시해야 할 만큼 충분히 중요할 수 있다.

③ 기업은 현금흐름 정보를 제외하고는 발생기준회계를 사용하여 재무제표를 작성한다.

④ 매출채권에 대한 대손충당금을 차감하여 관련자산을 순액으로 표시하는 것을 상계표시에 해당하지 않는다.

⑤ 외환손익 또는 단기매매금융상품에서 발생하는 손익과 같이 유사한 거래의 집합에서 발생하는 차익과, 차손이 중요한 경우에는 순액으로 표시한다.

目 ⑤

▎**정답해설** ▎

⑤ 원칙적으로 유사한 거래의 집합에서 발생하는 차익과 차손은 순액으로 표시한다. 그러나 그러한 차익과 차손이 중요한 경우에는 구분하여 표시한다.

---

03 재무제표 표시에 관한 설명으로 옳은 것은? **[2020 감정평가사]**

① 비용을 성격별로 분류하는 경우에는 적어도 매출원가를 다른 비용과 분리하여 공시해야 한다.

② 기타포괄손익의 항목(재분류조정 포함)과 관련한 법인세비용 금액은 포괄손익계산서에 직접 표시해야 하며 주석을 통한 공시는 허용하지 않는다.

③ 유동자산과 비유동자산을 구분하여 표시하는 경우라면 이연법인세자산을 유동자산으로 분류할 수 있다.

④ 한국채택국제회계기준에서 별도로 허용하지 않는 한, 중요하지 않은 항목이라도 유사 항목과 통합하여 표시해서는 안된다.

⑤ 경영진은 재무제표를 작성할 때 계속기업으로서의 존속가능성을 평가해야 한다.

目 ⑤

▎**오답해설** ▎

① 비용을 기능별로 분류하는 경우에는 적어도 매출원가를 다른 비용과 분리하여 공시해야 한다.

② 기타포괄손익의 항목(재분류조정 포함)과 관련한 법인세비용 금액은 포괄손익계산서에 직접 표시할 수 있으며, 주석을 통한 공시도 허용한다.

③ 유동자산과 비유동자산을 구분하여 표시하는 경우라면 이연법인세자산을 유동자산으로 분류할 수 없다.

④ 중요하지 않은 항목인 경우 유사 항목과 통합하여 표시할 수 있다.

04 재무제표 표시에 관한 설명으로 옳은 것은? [2021 관세사]

① 각각의 재무제표는 전체 재무제표에서 동등한 비중으로 표시한다.

② 한국채택국제회계기준을 준수하여 작성된 재무제표는 국제회계기준을 준수하여 작성된 재무제표임을 주석으로 공시할 수 없다.

③ 환경 요인이 유의적인 산업에 속해 있는 기업이 제공하는 환경보고서는 한국채택국제 회계 기준의 적용 범위에 해당한다.

④ 부적절한 회계정책이라도 공시나 주석 또는 보충 자료를 통해 설명하면 정당화될 수 있다.

⑤ 기업이 재무상태표에 유동자산과 비유동자산, 그리고 유동부채와 비유동부채로 구분하여 표시하는 경우, 이연법인세자산(부채)은 유동자산(부채)으로 분류한다.

답 ①

┃오답해설┃

② 한국채택국제회계기준을 준수하여 작성된 재무제표는 국제회계기준을 준수하여 작성된 재무제표임을 주석으로 공시한다.

③ 환경 요인이 유의적인 산업에 속해 있는 기업이 제공하는 환경보고서는 한국채택국제회계기준의 적용범위에 해당하지 않는다.

④ 부적절한 회계정책이라도 공시나 주석 또는 보충자료를 통해 설명하면 정당화될 수 없다.

⑤ 기업이 재무상태표에 유동자산과 비유동자산, 그리고 유동부채와 비유동부채로 구분하여 표시하는 경우, 이연법인세자산(부채)은 유동자산(부채)으로 분류하지 않는다.

05 재무제표 작성과 표시의 일반사항에 관한 설명으로 옳은 것은? **[2017 관세사]**

① 부적절한 회계정책은 이에 대하여 공시나 주석 또는 보충자료를 통해 설명하더라도 정당화 될 수 없다.

② 기업은 모든 정보를 발생기준 회계를 사용하여 재무제표를 작성한다.

③ 재고자산평가충당금을 차감하여 재고자산을 순액으로 측정하는 것은 상계표시에 해당하며, 기업의 현금흐름을 분석할 수 있는 재무제표이용자의 능력을 저해한다.

④ 재무제표는 일관성 있게 1년 단위로 작성한다. 따라서 실무적인 이유로 기업이 52주의 보고기간을 선호하더라도 기준서는 이러한 보고관행을 금지한다.

⑤ 한국채택국제회계기준을 준수하여 작성된 재무제표는 국제회계기준을 준수하여 작성된 재무제표임을 주석으로 공시할 수 없다.

답 ①

──────────────────────────────────

▌**오답해설**▐

② 기업은 현금흐름표의 경우에는 현금기준, 그 이외에는 발생기준 회계를 사용하여 재무제표를 작성한다.

③ 재고자산평가충당금을 차감하여 재고자산을 순액으로 측정하는 것은 상계표시에 해당하지 않는다.

④ 재무제표의 보고기간은 1년을 초과할 수 없다. 실무적인 이유로 기업이 52주의 보고기간을 선호하더라도 기준서는 이러한 보고관행을 허용한다.

⑤ 한국채택국제회계기준을 준수하여 작성된 재무제표는 국제회계기준을 준수하여 작성된 재무제표임을 주석으로 공시한다.

06 포괄손익계산서에 관한 설명으로 옳은 것은? [2013 감정평가사]

① 기업은 예외적인 경우를 제외하고 수익에서 매출원가 및 판매비와관리비(물류원가 등을 포함)를 차감한 영업이익(또는 영업손실)을 포괄손익계산서에 구분하여 표시한다.

② 비용을 성격별로 분류하는 기업은 매출원가, 감가상각비, 기타 상각비와 종업원급여비용을 포함하여 비용의 기능에 대한 추가 정보를 공시한다.

③ 재분류조정은 당기나 과거 기간에 기타포괄손익으로 인식되었다가 당기에 자본잉여금으로 재분류된 금액을 의미한다.

④ 기타포괄손익의 항목은 세후금액으로 표시할 수 없으며, 관련된 법인세 효과 반영 전 금액으로 표시하고 각 항목들에 관련된 법인세 효과는 단일 금액으로 합산하여 표시한다.

⑤ 기업은 재무성과를 설명하는 데 필요하다면 특별항목을 비롯하여 추가항목을 포괄손익계산서에 재량적으로 포함할 수 있으며, 사용된 용어와 항목의 배열도 필요하면 수정할 수 있다.

답 ①

▌오답해설▐

② 비용을 성격별로 분류하는 경우 비용의 기능에 대한 추가 정보를 공시하지 않는다.

③ 재분류조정은 당기나 과거 기간에 기타포괄손익으로 인식되었던 금액이 당기에 당기손익으로 재분류된 금액을 의미한다.

④ 기타포괄손익은 세후금액으로 표시할 수 있으며, 세전금액으로 표시 후 각 항목들에 관련된 법인세 효과를 단일금액으로 합산표시할 수 있다.

⑤ 어느 항목도 특별손익의 항목으로 표시 할 수 없다.

07 포괄손익계산서의 작성에 관한 설명으로 옳지 않은 것은? [2014 관세사]

① 비용의 성격별 또는 기능별 분류방법 중에서 경영자는 신뢰성 있고 보다 목적적합한 표시방법을 선택하도록 하고 있다.

② 비경상적이고 비반복적인 수익과 비용항목은 포괄손익계산서상 특별손익 항목으로 표시한다.

③ 한국채택국제회계기준에서는 영업이익을 구분하여 표시하도록 요구하고 있다.

④ 기능별 분류방법에서는 적어도 매출원가를 다른 비용과 분리하여 공시한다.

⑤ 기능별로 비용을 분류할 경우 비용의 성격에 대한 추가정보를 공시한다.

답 ②

▌정답해설▐

② 어느 항목도 특별손익의 항목으로 표시 할 수 없다.

08 포괄손익계산서와 재무상태표에 관한 설명으로 옳지 <u>않은</u> 것은? **[2018 관세사]**

① 수익과 비용의 어느 항목도 당기손익과 기타포괄손익을 표시하는 보고서 또는 주석에 특별손익 항목으로 표시할 수 없다.

② 비용의 성격별 분류방법은 기능별 분류방법보다 자의적인 배분과 상당한 정도의 판단이 더 개입될 수 있다.

③ 해당 기간에 인식한 모든 수익과 비용의 항목은 단일 포괄손익계산서 또는 두 개의 보고서 (당기손익부분을 표시하는 별개의 손익계산서와 포괄손익을 표시하는 보고서)중 한 가지 방법으로 표시한다.

④ 영업주기는 영업활동을 위한 자산의 취득시점부터 그 자산이 현금이나 현금성자산으로 실현되는 시점까지 소요되는 기간이다.

⑤ 기업의 정상영업주기가 명확하게 식별되지 않는 경우 그 주기는 12개월인 것으로 가정한다.

답 ②

∥정답해설∥
② 비용의 기능별 분류방법은 자의적인 배분과 상당한 정도의 판단이 더 개입될 수 있다.

09 재무제표 표시에 관한 설명으로 옳지 <u>않은</u> 것은? **[2016 감정평가사]**

① 계속기업의 가정이 적절한지의 여부를 평가할 때 경영진은 적어도 보고기간말로부터 향후 12개월 기간에 대하여 이용가능한 모든 정보를 고려한다.

② 기업이 재무상태표에 유동자산과 비유동자산, 그리고 유동부채와 비유동부채로 구분하여 표시하는 경우, 이연법인세자산(부채) 유동자산(부채)으로 분류하지 아니한다.

③ 매입채무 그리고 종업원 및 그 밖의 영업원가에 대한 미지급비용과 같은 유동부채는 기업의 정상영업주기 내에 사용되는 운전자본의 일부이다. 이러한 항목은 보고기간 후 12개월 후에 결제일이 도래한다 하더라도 유동부채로 분류한다.

④ 보고기간 후 12개월 이내에 만기가 도래하는 경우에는, 기업의 기존의 대출계약조건에 따라 보고기간 후 적어도 12개월 이상 부채를 차환하거나 연장할 것으로 기대하고 있고, 그런 재량권이 있다고 하더라도, 유동부채로 분류한다.

⑤ 비용을 기능별로 분류하는 기업은 감가상각비, 기타 상각비와 종업원급여비용을 포함하여 비용의 성격에 대한 추가 정보를 공시한다.

답 ④

∥정답해설∥
④ 보고기간후 적어도 12개월 이상 부채를 차환하거나 연장할 것으로 기대하고 있고, 그런 재량권이 있다면 비유동부채로 분류한다.

10 포괄손익계산서에 관한 설명으로 옳은 것은? [2013 관세사]

① 수익에서 매출원가 및 판매비와관리비를 차감한 영업이익은 포괄손익계산서 본문이 아닌 주석으로 공시한다.

② 기업의 현금 및 현금성자산 창출능력과 기업의 현금흐름 사용 필요성에 대한 평가의 기초를 재무제표 이용자에게 제공한다.

③ 비용의 기능에 대한 정보가 미래현금흐름을 예측하는 데 유용하기 때문에, 비용을 성격별로 분류하는 경우에는 추가 공시가 필요하다.

④ 기업이 정보이용자에게 필요하다고 판단할 경우에는 특별손익을 따로 표시할 수 있다.

⑤ 기타포괄손익의 구성요소(재분류조정 포함)와 관련한 법인세비용 금액은 포괄손익계산서나 주석에 공시한다.

답 ⑤

❚ 오답해설 ❚

① 수익에서 매출원가 및 판매비와관리비를 차감한 영업이익은 포괄손익계산서 본문에 표시한다.

② 현금흐름표에 해당하는 내용이다.

③ 비용을 성격별로 분류하는 경우에는 추가공시가 필요하지 않는다.

④ 특별손익을 따로 표시할 수 없다.

11 재무상태표의 자산과 부채의 유동과 비유동 구분에 관한 설명으로 옳지 <u>않은</u> 것은?

[2017 관세사]

① 유동자산은 보고기간 후 12개월 이내에 실현될 것으로 예상되지 않는 경우에도 재고자산 및 매출채권과 같이 정상영업주기의 일부로서 판매, 소비 또는 실현되는 자산을 포함한다.

② 기업이 재무상태표에 유동자산과 비유동자산, 그리고 유동부채와 비유동부채로 구분하여 표시하는 경우, 이연법인세자산(부채)은 유동자산(부채)으로 분류하지 않는다.

③ 유동성 순서에 따른 표시방법이 신뢰성 있고 더욱 목적적합한 정보를 제공하는 경우를 제외하고는 유동과 비유동으로 자산과 부채를 재무상태표에 구분하여 표시한다.

④ 기업이 기존의 대출계약조건에 따라 보고기간 후 적어도 12개월 이상 부채를 차환하거나 연장할 것으로 기대하고 있고, 그런 재량권이 있다면, 보고기간 후 12개월 이내에 만기가 도래한다 하더라도 비유동부채로 분류한다.

⑤ 신뢰성 있고 목적적합한 정보를 제공한다고 하더라도, 자산과 부채의 일부는 유동/비유동 구분법으로 표시하고 나머지는 유동성순서에 따라 표시하는 혼합 표시방법은 허용되지 않는다.

답 ⑤

❚ 정답해설 ❚
⑤ 혼합 표시방법도 허용된다.

12 한국채택국제회계기준에 따른 재무제표 작성과 표시에 관한 설명으로 옳은 것은? **[2016 관세사]**

① 유동성 순서에 따른 표시방법을 적용할 경우 모든 자산과 부채는 유동성의 순서에 따라 표시한다.

② 별개의 손익계산서를 표시하는 경우, 포괄손익을 표시하는 보고서에는 당기손익부분을 표시한다.

③ 기업이 재무상태표에 유동자산과 비유동자산, 그리고 유동부채와 비유동부채로 구분하여 표시하는 경우, 이연법인세자산(부채)은 유동자산(부채)으로 분류한다.

④ 재무상태표에서 비유동자산보다 유동자산을, 비유동부채보다는 유동부채를 먼저 표시해야한다.

⑤ 포괄손익계산서에서 수익과 비용 항목을 특별손익으로 구분하여 표시할 수 없으며 주석으로 구분하여 표시한다.

답 ①

┃오답해설┃

② 별개의 손익계산서를 표시하는 경우, 포괄손익을 표시하는 보고서에는 당기손익부분을 표시하지 않는다.

③ 기업이 재무상태표에 유동자산과 비유동자산, 그리고 유동부채와 비유동부채로 구분하여 표시하는 경우, 이연법인세자산(부채)은 유동자산(부채)으로 분류하지 않는다.

④ 유동 혹은 비유동의 순서를 규정하고 있지 않다.

⑤ 특별손익으로 구분하여 표시할 수 없다.

13 (주)관세의 다음 자료를 바탕으로 유동자산으로 분류할 수 있는 금액의 합계액은? **[2014 관세사]**

- 정상영업주기 내 판매하거나 소비될 것으로 예상되는 재고자산 ₩250,000
- 주로 단기매매목적으로 보유하고 있는 다른 회사 발행주식 1,000,000
- 기업의 정상영업주기내 회수될 것으로 예상하는 매출채권 700,000
- 보고기간 후 12개월 이내에 회수될 것으로 예상되는 대여금 370,000
- 보고기간 후 12개월 이내에 만기가 도래하는 부채의 상환에 쓰도록 용도가 제한된 현금 440,000

① ₩1,000,000　　　　　　　　　② ₩1,370,000

③ ₩1,950,000　　　　　　　　　④ ₩2,320,000

⑤ ₩2,760,000

답 ⑤

┃정답해설┃

₩250,000 + ₩1,000,000 + ₩700,000 + ₩370,000 + ₩440,000 = ₩2,760,000

14 포괄손익계산서에 관한 설명으로 옳지 <u>않은</u> 것은? [2021 관세사]

① 기타포괄손익의 항목과 관련한 법인세비용 금액은 포괄손익계산서나 주석에 공시한다.

② 수익과 비용의 어느 항목도 당기손익과 기타포괄손익을 표시하는 보고서 또는 주석에 특별손익 항목으로 표시할 수 없다.

③ 비용을 기능별로 분류하는 기업은 감가상각비, 기타 상각비와 종업원급여비용을 포함하여 비용의 성격에 대한 추가 정보를 공시한다.

④ 재분류조정은 해외사업장을 매각할 때와 위험회피예상거래가 당기손익에 영향을 미칠 때 발생한다.

⑤ 기타포괄손익으로 인식한 재평가잉여금의 변동은 후속 기간에 재분류하지 않으며, 자산이 제거될 때 이익잉여금으로 대체될 수 없다.

답 ⑤

∥ 정답해설 ∥

⑤ 기타포괄손익으로 인식한 재평가잉여금의 변동은 후속 기간에 재분류하지 않으며, 자산이 제거될 때 이익잉여금으로 대체될 수 있다.

15 다음은 (주)관세의 20x1년도 재무제표 발행·승인 등에 관한 예시이다.

> - (주)관세의 경영진은 20x2년 2월 25일에 20x1년 12월 31일로 종료된 회계연도의 재무제표 초안을 완성하였다.
> - 이사회는 20x2년 3월 16일에 동 재무제표를 검토하고 발행하도록 승인하였다.
> - 20x2년 3월 19일에 기업의 이익과 선별된 다른 재무정보를 발표하였다.
> - 주주와 그 밖의 이용자는 20x2년 4월 4일부터 재무제표를 이용할 수 있게 되었다.
> - 20x2년 5월 10일에 정기주주총회에서 해당 재무제표를 승인하였고 최종적으로 20x2년 5월 20일 감독기관에 동 재무제표를 제출하였다.

(주)관세가 보고기간후사건으로 20x1년도 재무제표의 수정여부를 결정할 때 고려하는 대상기간은?

[2017 관세사]

① 20x1년 12월 31일과 20x2년 2월 25일 사이
② 20x1년 12월 31일과 20x2년 5월 10일 사이
③ 20x1년 12월 31일과 20x2년 4월 4일 사이
④ 20x1년 12월 31일과 20x2년 3월 16일 사이
⑤ 20x1년 12월 31일과 20x2년 5월 20일 사이

답 ④

┃ 정답해설 ┃
④ 보고기간말부터 이사회발행승인일 사이에 발생한 사건이 보고기간후사건에 해당한다.

16 보고기간후사건에 관한 설명으로 옳지 <u>않은</u> 것은?

① 보고기간후부터 재무제표 발행승인일 전 사이에 배당을 선언한 경우에는 보고기간말에 부채로 인식한다.

② 보고기간말 이전에 구입한 자산의 취득원가나 매각한 자산의 대가를 보고기간후에 결정하는 경우에는 수정을 요하는 보고기간후 사건이다.

③ 보고기간말과 재무제표 발행승인일 사이에 투자자산의 공정가치의 하락은 수정을 요하지 않는 보고기간후사건이다.

④ 보고기간 후에 발생한 화재로 인한 주요 생산 설비의 파손은 수정을 요하지 않는 보고기간 후사건이다.

⑤ 경영진이 보고기간 후에, 기업을 청산하거나 경영활동을 중단할 의도를 가지고 있다고 판단하는 경우에는 계속기업의 기준에 따라 재무제표를 작성해서는 아니 된다.

답 ①

┃ 정답해설 ┃

① 보고기간 후부터 재무제표 발행승인일 전 사이에 배당을 선언한 경우에는 수정을 요하는 사건이 아니므로 보고기간말에 부채로 인식하지 아니한다.

CHAPTER 15

회계변경, 오류수정, 관계기업

제1절 회계변경

1. 의의

회계변경이란 회계기준이나 관계법령의 제정 등으로 기업이 현재 채택하여 사용하고 있는 회계처리방법이 적절치 못하게 되어 새로운 회계처리방법으로 변경하는 것이다. 회계변경에는 회계정책의 변경과 회계추정의 변경이 있다.

(1) 회계정책의 변경

1) 회계정책

기업이 재무제표를 작성·표시하기 위하여 적용하는 구체적인 원칙, 근거, 관행 등을 의미하며, 우리나라에서는 한국채택국제회계기준이 회계정책에 해당한다.

2) 회계정책 변경의 의의

국제회계기준이 허락한 범위 내에서 재무제표 작성과 보고에 적용하던 회계정책을 다른 회계정책으로 바꾸는 것이다.

3) 회계정책의 변경은 국제회계 기준에서 다음 사유인 경우에 한하여 회계정책을 변경할 수 있다.

① 한국채택국제회계기준에서 회계정책의 변경을 요구하는 경우

② 회계정책의 변경을 반영한 재무제표가 거래, 기타 사건 또는 상황이 재무상태, 재무성과 또는 현금흐름에 미치는 영향에 대하여 신뢰성 있고 더 목적적합한 정보를 제공하는 경우

4) 회계정책의 변경의 예

① 유형자산의 평가모형의 변경(재평가모형 → 원가모형)

② 재고자산 단가 결정방법의 변경(선입선출법 → 가중평균법)

③ 유가증권 취득단가 산정방법 변경(이동평균법 → 총평균법)

5) 다음의 경우는 회계정책의 변경에 해당하지 아니한다.

① 과거에 발생한 거래와 실질이 다른 거래, 기타 사건 또는 상황에 대하여 다른 회계정책을 적용하는 경우

② 과거에 발생하지 않았거나 발생하였어도 중요하지 않았던 거래, 기타사건 또는 상황에 대하여 새로운 회계정책을 적용하는 경우

6) 회계정책의 변경의 회계처리(원칙 : 소급법)

① 경과규정이 있는 한국채택국제회계기준을 최초 적용하는 경우 : 해당 경과규정에 따라 회계처리한다.

② 경과규정이 없는 한국채택국제회계기준을 최초 적용하는 경우 : 소급적용한다.

③ 과거기간 전체에 대하여 실무적으로 소급적용할 수 없는 경우에는 새로운 회계정책을 실무적으로 적용할 수 있는 가장 이른 기간의 기초부터 전진적용하여 비교정보를 재작성한다.

④ 회계정책의 변경과 회계추정의 변경을 구분하는 것이 어려운 경우에는 이를 회계추정의 변경으로 보아 전진적용한다.

⑤ 자산을 재평가하는 회계정책을 최초로 적용하는 경우의 회계정책 변경은 소급법을 적용하지 아니하고, 유형자산기준서와 무형자산기준서에 따라 재평가개시일부터 적용하여 회계처리한다.

(2) 회계추정의 변경

1) 의의

① 자산과 부채의 현재 상태를 평가하거나 자산과 부채와 관련된 예상되는 미래효익과 의무를 평가한 결과에 따라 자산이나 부채의 장부금액 또는 기간별 자산의 소비액을 조정하는 것을 말한다.

② 새로운 정보나 상황에 따라 지금까지 사용해오던 회계적 추정치를 바꾸는 것으로 추정의 변경은 과거기간과 연관되지 않으며 오류수정으로 보지 않는다.

2) 추정이 필요한 항목

① 감가상각자산의 내용연수, 잔존가치, 감가상각방법

② 대손예상률

③ 금융자산이나 금융부채의 공정가치

④ 재고자산 진부화

⑤ 품질보증의무

3) 회계추정변경의 회계처리(전진법)

회계추정의 변경효과는 변경이 발생한 기간부터 당기손익을 포함하여 전진적으로 회계처리한다.

(3) 소급법과 전진법

1) 소급법

① 새로운 회계정책이 처음부터 적용된 것처럼 조정

② 비교표시되는 하나 이상의 과거기간의 비교정보에 대해 특정기간에 미치는 회계정책 변경의 영향을 실무적으로 결정할 수 없는 경우, 실무적으로 소급 적용할 수 있는 가장 이른 회계기간에 새로운 회계정책을 적용

2) 전진법

① 과거의 재무제표에 대해서는 수정하지 않고 변경된 새로운 회계처리방법을 당기와 미래기간에 반영

② 장점 : 이익조작가능성이 방지되며, 과거의 재무제표를 수정하지 않음으로써 재무제표의 신뢰성이 제고

③ 단점 : 변경효과를 파악하기 어렵고 재무제표의 비교가능성이 저해

(주)시대(회계기간은 2기이며, 당기는 20x2년이다.)는 재고자산평가방법으로 후입선출법을 사용하던 기업이다. 국제회계기준의 변경에 따라 후입선출법에서 선입선출법으로 재고자산평가방법을 변경하게 되었다.

구분	20x1년	20x2년
선입선출법 적용시 당기순이익	₩1,000,000	–
후입선출법 적용시 당기순이익	₩800,000	–

[1] 회계정책의 변경에 따른 누적효과를 구하시오.
[2] 회계정책의 변경에 따른 회계처리를 하시오.

[1] ₩200,000(선입선출법 적용시 이익잉여금이 ₩200,000 증대된다.)
  ※ 누적효과 : 기존방법의 당기손익의 누적금액과 새로운 방법의 당기손익의 누적금액의 차이

[2]
(차) 재고자산   200,000   (대) 이익잉여금   200,000

정답 [1] ₩200,000

(주)시대는 다음과 같은 20x1년 초 기계장치를 취득하였다. 기계장치의 내용연수는 8년이며, 잔존가치는 ₩200,000이며, 감가상각방법은 정액법을 사용하며, 장부금액은 다음과 같다.

20x3년 말 재무상태표

기계장치	₩1,800,000
감가상각누계액	(600,000)
	1,200,000

20x4년 초 기계장치에 대한 새로운 정보가 입수되어 내용연수는 1년 연장이 되었으며, 잔존가치는 ₩300,000으로 추정된다. 전진법을 사용하여 20x4년 감가상각비를 계산하고, 회계처리하시오.

• 20x4년 감가상각비 : (₩1,200,000 − ₩300,000) ÷ 6년 = ₩150,000
• 회계처리
 (차) 감가상각비   150,000   (대) 감가상각누계액   150,000

- 회계변경 : ○ → ○
- 오류수정 : × → ○

---

1. 오류수정

(1) 오류수정은 전기 또는 그 이전의 재무제표에 포함된 회계오류를 당기에 발견하여 이를 수정하는 것을 말한다.

(2) 회계오류는 계산상의 착오, 회계기준(회계정책 및 회계추정)의 잘못된 적용, 사실판단의 잘못이나 해석의 오류, 부정·과실·고의 또는 사실의 누락 등으로 발생하는 것을 말한다.

(3) 오류의 수정은 회계추정의 변경과 구별된다.

2. 전기오류의 수정

(1) 전기오류는 과거에 잘못 회계처리하여 재무제표상의 누락이나 왜곡표시를 하는 것을 말한다.

(2) 전기오류는 특정기간에 미치는 오류의 영향이나 오류의 누적효과를 실무적으로 결정할 수 없는 경우를 제외하고는 소급재작성에 의하여 수정한다.

(3) 전기오류의 수정은 오류가 발견된 기간의 당기손익으로 보고하지 않는다.

3. 회계오류의 유형

(1) **당기순이익에 영향을 미치지 않는 오류**

　① 재무상태표 오류(예 유동·비유동 계정을 잘못 분류)
　② 포괄손익계산서 오류(예 복리후생비를 수선비로 분류)

(2) **당기순이익에 영향을 미치는 오류**

　재무상태표와 손익계산서 모두에 영향을 미치는 오류로 자동조정오류와 비자동조정적 오류로 구분한다.

　1) 자동조정오류

　① 오류를 수정하지 않아도 두 회계기간을 통하여 자동적으로 오류가 상계되어 조정되는 오류
　② 예 : 재고자산오류, 미지급비용, 미수수익, 선급비용, 선수수익의 오류

> **예시문제**
>
> (주)감평은 20x3년에 다음과 같은 재고자산오류가 있는 것을 발견하였다.
>
> - 20x1년 12월 31일 : 기말 상품 재고액 ₩30,000 과대평가
> - 20x2년 12월 31일 : 기말 상품 재고액 ₩70,000 과소평가
>
> 20x1년의 수정 전 당기순이익은 ₩100,000이며, 20x2년도의 수정전 당기순이익은 ₩150,000일 때, 오류수정 후 20x2년도의 당기순이익은 얼마인가?

	20x1년	20x2년
수정전 순이익	100,000	150,000
기말재고	(30,000)	30,000 70,000
수정후 순이익	70,000	250,000

정답 ₩250,000

예시문제

(주)관세는 20x3년에 회계기록을 검토하던 중 20x1년 기말재고자산은 ₩500 그리고 20x2년 기말재고자산은 ₩1,000이 각각 과소평가되었음을 확인하였다. 이러한 재고자산 평가의 오류가 20x1년과 20x2년 당기순이익에 미친 영향은?

[2015년 관세사]

	20x1년	20x2년
①	₩500 과대	₩500 과대
②	₩500 과대	₩1,000 과소
③	₩500 과대	₩1,000 과대
④	₩500 과소	₩1,000 과대
⑤	₩500 과소	₩500 과소

• 20x1년 : 당기순이익 ₩500 과소
  20x1년 기말재고 ₩500 과소 → 20x1년 매출원가 ₩500 과대 → 20x1년 당기순이익 ₩500 과소

• 20x2년 : 당기순이익 ₩500 과소
  (1) 20x2년 기초재고 ₩500 과소 → 20x2년 매출원가 ₩500 과소 → 20x2년 당기순이익 ₩500 과대
  (2) 20x2년 기말재고 ₩1,000 과소 → 20x2년 매출원가 ₩1,000 과대 → 20x2년 당기순이익 ₩1,000 과소

정답 ⑤

예시문제

(주)관세의 20x3년 말 회계감사과정에서 발견된 기말재고자산 관련 오류사항은 다음과 같다.

20x1년 말	20x2년 말	20x3년 말
₩5,000 과대	₩2,000 과대	3,000 과대

위의 오류사항을 반영하기 전 20x3년 말 이익잉여금은 ₩100,000, 20x3년도 당기순이익은 ₩30,000이었다. 오류를 수정한 후의 20x3년 말 이익잉여금(A)과 20x3년도 당기순이익(B)은 각각 얼마인가? (단, 오류는 중요한 것으로 가정.)

[2014년 관세사]

(1) 이익잉여금(A) : ₩100,000 − ₩3,000 = ₩97,000
(2) 당기순이익(B) : ₩30,000 + ₩2,000(기초재고 과대) − ₩3,000(기말재고 과대) = ₩29,000

(주)감평은 20x3년에 다음의 오류를 발견하였다. 각 회계기간의 당기순이익은 아래와 같고 다음 항목들이 누락되어 있는 경우, 각 회계기간의 수정 후 당기순이익은 얼마인가?

	20x1년	20x2년	20x3년
당기순이익	₩40,000	₩30,000	₩20,000
미지급비용	₩1,000	₩2,000	₩3,000
미수수익	₩3,000	₩2,000	₩4,000
선급비용	₩2,000	₩3,000	₩5,000
선수수익	₩1,000	₩4,000	₩3,000

	20x1년	20x2년	20x3년
당기순이익	₩40,000	₩30,000	₩20,000
미지급비용			
20x1년	(1,000)	1,000	
20x2년		(2,000)	2,000
20x3년			(3,000)
미수수익			
20x1년	3,000	(3,000)	
20x2년		2,000	(2,000)
20x3년			4,000
선급비용			
20x1년	2,000	(2,000)	
20x2년		3,000	(3,000)
20x3년			5,000
선수수익			
20x1년	(1,000)	1,000	
20x2년		(4,000)	4,000
20x3년			(3,000)
올바른 당기순이익	43,000	26,000	24,000

정답 20x1년 : ₩43,000
20x2년 : ₩26,000
20x3년 : ₩24,000

2) 비자동조정적 오류

① 오류를 수정하지 않는 경우 자동적으로 상계되지 않는 오류로서 수정분개를 통해 정정한다.
② 예 : 감가상각비의 과대 또는 과소계상과 자본적 지출을 수익적 지출로 잘못 처리되는 경우 등

4. 오류수정의 회계처리(소급법)

(1) 당기 중에 발견한 당기의 잠재적 오류는 재무제표의 발행승인일 전에 수정한다.

(2) 전기 이전의 중요한 오류에 대해서는 소급법을 적용한다.

(3) 전기의 중요한 오류를 후속기간에 발견하는 경우 해당 후속기간의 재무제표에 비교 표시된 재무정보를 재작성하여 수정한다.

(4) 오류가 비교 표시되는 가장 이른 과거기간 이전에 발생한 경우에는 비교 표시되는 가장 이른 과거기간의 자산, 부채 및 자본의 기초금액을 재작성한다.

더 알아보기	오류가 순이익과 수정 후 순이익에 미치는 영향			
오류 분류	**오류 내용**		**당기순이익 영향**	**수정 후 순이익 계산**
자동조정적 오류	기말재고자산	과대계상	과대계상	차감
		과소계상	과소계상	가산
	선급비용	과대계상	과대계상	차감
	미수수익			
	선수수익	과대계상	과소계상	가산
	미지급비용			
비자동조정적 오류	감가상각비	과대계상	과소계상	가산
		과소계상	과대계상	차감
	자본적 지출 → 수익적 지출		과소계상	가산
	수익적 지출 → 자본적 지출		과대계상	차감

제3절 지분법 회계

1. 관계기업

(1) 관계기업이란 투자자가 당해 기업에 유의적인 영향력을 행사할 수 있는 기업을 말한다.

(2) 일반적으로 기업이 직접 또는 간접으로 피투자자에 대한 의결권의 20% 이상을 소유하고 있다면 유의적인 영향력을 보유하는 것으로 본다.

(3) 그러나 유의적인 영향력은 지분율뿐만 아니라 아래와 같은 조건들을 검토한다.

① 피투자자의 이사회나 이에 준하는 의사결정기구에 참여
② 필수적 기술정보의 제공
③ 경영진의 상호 교류
④ 투자자와 피투자자 사이의 중요한 거래
⑤ 배당이나 다른 분배에 관한 의사결정에 참여하는 것을 포함하여 정책결정과정에 참여

2. 지분법의 회계처리

지분법이란 투자대상을 발행주식이 아닌 발행회사로 보아 평가하는 방법으로서 피투자회사의 순자산가액이 변동하는 경우 그 변동 금액에 대한 투자회사의 지분상당액을 투자주식에 가감한다.

(1) 취득시

(차) 관계기업투자주식	×××	(대) 현금(자산)	×××

(2) 순이익보고시

피투자회사가 당기순이익을 보고하는 경우 피투자자의 순자산이 증가한 것이므로 피투자자의 당기순이익 중 지분율만큼 관계기업투자계정의 장부금액을 증가시키고 동 금액을 지분법이익(당기수익)으로 인식한다.

(차) 관계기업투자주식	×××	(대) 지분법이익(수익)*	×××

*지분법이익 = 피투자회사의 당기순이익 × 지분율

(3) 순손실보고시 회계처리

피투자회사가 당기순손실을 보고하는 경우 피투자자의 순자산이 감소한 것이므로 피투자자의 당기순손실 중 지분율만큼 관계기업투자계정의 장부금액을 감소시키고 동금액을 지분법손실(당기비용)으로 인식한다.

(차) 지분법손실(비용)*	×××	(대) 관계기업투자주식	×××

*지분법손실 = 피투자회사의 당기순손실 × 지분율

(4) 배당금 수령시

(차) 현금(자산)	×××	(대) 관계기업투자주식	×××

(5) 피투자자의 순자산(자본잉여금, 기타자본, 기타포괄손익) 변동시

(차) 관계기업투자주식	×××	(대) 지분법자본변동(자본)*	×××

*지분법자본변동 = 피투자회사의 순자산변동 × 지분율

01 회계정책과 변경에 관한 설명으로 옳지 <u>않은</u> 것은? [2020 관세사]

① 회계정책의 변경을 반영한 재무제표가 거래, 기타 사건 또는 상황이 재무상태, 재무성과 또는 현금흐름에 미치는 영향에 대하여 신뢰성 있고 더 목적적합한 정보를 제공하는 경우 기업은 회계정책을 변경할 수 있다.

② 과거에 발생하지 않았거나 발생하였어도 중요하지 않았던 거래, 기타 사건 또는 상황에 대하여 새로운 회계정책을 적용하는 경우는 회계정책의 변경에 해당한다.

③ 회계정책이란 기업이 재무제표를 작성·표시하기 위하여 적용하는 구체적인 원칙, 근거, 관습, 규칙 및 관행을 의미한다.

④ 당기 기초시점에 과거기간 전체에 대한 새로운 회계정책 적용의 누적효과를 실무적으로 결정할 수 없는 경우, 실무적으로 적용할 수 있는 가장 이른 날부터 새로운 회계정책을 전진 적용하여 비교정보를 재작성한다.

⑤ 회계정책의 변경과 회계추정의 변경을 구분하는 것이 어려운 경우에는 이를 회계추정의 변경으로 본다.

답 ②

정답해설

② 과거에 발생하지 않았거나 발생하였어도 중요하지 않았던 거래, 기타 사건 또는 상황에 대하여 새로운 회계정책을 적용하는 경우는 회계정책의 변경에 해당하지 않는다.

02 회계변경과 오류수정에 관한 설명으로 옳지 <u>않은</u> 것은? **[2015 관세사]**

① 거래, 기타 사건 또는 상황에 대하여 구체적으로 적용할 수 있는 한국채택국제회계기준이 없는 경우, 경영진은 판단에 따라 회계정책을 개발 및 적용하여 회계정보를 작성할 수 있다.

② 한국채택국제회계기준에서 특정 범주별로 서로 다른 회계정책을 적용하도록 규정하거나 허용하는 경우를 제외하고는 유사한 거래, 기타 사건 및 상황에는 동일한 회계정책을 선택하여 일관성 있게 적용한다.

③ 기업은 한국채택국제회계기준에서 회계정책의 변경을 요구하는 경우에 회계정책을 변경할 수 있다.

④ 과거에 발생한 거래와 실질이 다른 거래, 기타 사건 또는 상황에 대하여 다른 회계정책을 적용하는 경우는 회계정책의 변경에 해당하지 아니한다.

⑤ 측정기준의 변경은 회계정책의 변경이 아니라 회계추정의 변경에 해당한다.

답 ⑤

┃ 정답해설 ┃

⑤ 측정기준의 변경은 회계정책의 변경에 해당한다.

---

03 (주)서울은 20x1년도 기말재고를 과대계상 하였다. 동 오류는 20x2년 중 발견되지 않았으며, 20x2년 말 재고조사에는 오류가 없었다. 20x1년도 기말재고자산 오류가 (주)서울의 재무제표에 미치는 영향에 대한 설명으로 옳은 것은? **[2013 관세사]**

① 20x2년도 기초재고자산이 과대계상 된다.

② 20x2년도 매출총이익이 과대계상 된다.

③ 20x2년도 기말이익잉여금이 과소계상 된다.

④ 20x1년도 당기순이익이 과소계상 된다.

⑤ 20x1년도 매출원가가 과대계상된다.

답 ①

┃ 정답해설 ┃

20x1년 기말재고 과대 → 20x1년 매출원가 과소 → 20x1년 당기순이익 과대 → 20x2년 기초재고 과대 → 20x2년 매출원가 과대 → 20x2년 매출총이익 과소 → 20x2년 이익잉여금 동일

04 (주)감평은 20x1년 기말재고자산을 ₩50,000만큼 과소계상하였고, 20x2년 기말재고자산을 ₩30,000 만큼 과대계상하였음을 20x2년 말 장부마감 전에 발견하였다. 20x2년 오류수정 전 당기순이익이 ₩200,000이라면, 오류수정 후 당기순이익은? **[2016 감정평가사]**

① ₩120,000
② ₩170,000
③ ₩230,000
④ ₩250,000
⑤ ₩280,000

답 ①

▎정답해설▎

	20x1년	20x2년
수정전 순이익	–	₩200,000
수정	50,000	(–)50,000 (–)30,000
수정후 순이익		₩120,000

05 회계추정의 변경은 당기손익에만 영향을 미치는 경우도 있지만, 당기손익뿐만 아니라 미래기간의 손익에도 영향을 미치는 경우가 있다. 다음과 같은 회계추정의 변경 중 그 변경 효과가 당기손익뿐만 아니라 미래기간의 손익에도 영향을 미칠 수 있는 것을 모두 고른 것은? **[2018 관세사]**

> ㄱ. 매출채권의 대손에 대한 추정의 변경
> ㄴ. 감가상각자산에 대한 추정내용연수의 변경
> ㄷ. 감가상각자산에 내재된 미래경제적효익의 기대소비 형태 변경

① ㄱ
② ㄴ
③ ㄱ, ㄴ
④ ㄴ, ㄷ
⑤ ㄱ, ㄴ, ㄷ

답 ④

▎정답해설▎
비유동자산, 비유동부채와 관련항목이 회계추정의 변경 효과가 미래기간의 손익에도 영향을 미치는 경우이다.

06 (주)관세는 20x3년에 회계기록을 검토하던 중 20x1년 기말재고자산은 ₩500 그리고 20x2년 기말재고자산은 ₩1,000이 각각 과소평가되었음을 확인하였다. 이러한 재고자산 평가의 오류가 20x1년과 20x2년 당기순이익에 미친 영향은? **[2015 관세사]**

	20x1년	20x2년
①	₩500 과대	₩500 과대
②	₩500 과대	₩1,000 과소
③	₩500 과대	₩1,000 과대
④	₩500 과소	₩1,000 과소
⑤	₩500 과소	₩500 과소

답 ⑤

┃정답해설┃

• 20x1년 : 당기순이익 ₩500 과소
  (1) 기말재고 ₩500 과소 → 매출원가 ₩500 과대 → 당기순이익 ₩500 과소

• 20x2년 : 당기순이익 ₩500 과소
  (1) 기초재고 ₩500 과소 → 매출원가 ₩500 과소 → 당기순이익 ₩500 과대
  (2) 기말재고 ₩1,000 과소 → 매출원가 ₩1,000 과대 → 당기순이익 ₩1,000 과소

07 (주)감평은 20x3년도부터 재고자산 평가방법을 선입선출법에서 가중평균법으로 변경하였다. 이러한 회계정책의 변경은 한국채택국제회계기준에서 제시하는 조건을 충족하며, (주)감평은 이러한 변경에 대한 소급효과를 모두 결정할 수 있다. 다음은 (주)감평의 재고자산 평가방법별 기말재고와 선입선출법에 의한 당기순이익이다.

	20x1년	20x2년	20x3년
기말 재고자산 :			
선입선출법	₩1,100	₩1,400	₩2,000
가중평균법	1,250	1,600	1,700
당기순이익	₩21,000	₩21,500	₩24,000

회계변경 후 20x3년도 당기순이익은? (단, 20x3년도 장부는 마감 전이다.) **[2018 감정평가사]**

① ₩23,500
② ₩23,700
③ ₩24,000
④ ₩24,300
⑤ ₩24,500

답 ①

┃정답해설┃

	20x2년	20x3년
수정전 순이익	₩21,500	₩24,000
수정	200	(−)200
		(−)300
수정후 순이익		₩23,500

08 (주)관세의 20x3년 말 회계감사과정에서 발견된 기말재고자산 관련 오류사항은 다음과 같다.

20x1년 말	20x2년 말	20x3년 말
₩5,000 과대	₩2,000 과대	₩3,000 과대

위의 오류사항을 반영하기 전 20x3년 말 이익잉여금은 ₩100,000, 20x3년도 당기순이익은 ₩30,000이었다. 오류를 수정한 후의 20x3년 말 이익잉여금(A)과 20x3년도 당기순이익(B)은 각각 얼마인가? (단, 오류는 중요한 것으로 가정)

[2014 관세사]

	(A)	(B)
①	₩90,000	₩25,000
②	₩90,000	₩27,000
③	₩97,000	₩27,000
④	₩97,000	₩29,000
⑤	₩99,000	₩29,000

답 ④

▌정답해설▐

	20x3년
수정전 순이익	₩30,000
기초재고 과대	2,000
기말재고 과대	(−)3,000
수정후 순이익(B)	₩29,000

이익잉여금(A) : ₩100,000 − ₩3,000 = ₩97,000

09 (주)감평은 20x1년 초에 차량운반구를 ₩10,000,000에 취득하였다. 취득시에 차량운반구의 내용연수는 5년, 잔존가치는 ₩1,000,000, 감가상각방법은 연수합계법이다. 20x4년 초에 (주)감평은 차량운반구의 내용연수를 당초 5년에서 7년으로, 잔존가치는 ₩500,000으로 변경하였다. (주)감평이 20x4년에 인식할 차량운반구에 대한 감가상각비는? **[2014 감정평가사]**

① ₩575,000 　　　　　　　　　　　　② ₩700,000

③ ₩920,000 　　　　　　　　　　　　④ ₩990,000

⑤ ₩1,120,000

답 ③

▎**정답해설**▎
• 20x4년 기초 감가상각누계액 : (₩10,000,000 − ₩1,000,000) × 12/15 = ₩7,200,000
• 20x4년 감가상각비 : (₩10,000,000 − ₩7,200,000 − ₩500,000) × 4/10 = ₩920,000

10 (주)관세는 기말 결산시에 다음과 같은 회계오류를 발견하였다. 회계연도 말 자본과 비유동자산을 모두 과대계상하게 되는 오류는? **[2016 관세사]**

① 기계장치에 대한 감가상각비의 과소계상
② 매출채권에 대한 대손충당금의 과소계상
③ 비유동자산의 취득원가를 취득시점에 전액 비용처리
④ 기말 재고자산의 과대계상
⑤ 선급비용 과소계상

답 ①

▎**정답해설**▎
① 기계장치(비유동자산) 과대 → 감가상각비(비용) 과소 → 이익 과대 → 자본 과대

11 (주)감평은 20x3년, 20x4년에 당기순이익을 각각 ₩55,000, ₩56,000으로 보고 하였지만, 다음과 같은 오류를 포함하고 있었다. 이러한 오류가 20x3년과 20x4년의 순이익에 미친 영향은?

[2015 감정평가사]

구분	20x3년	20x4년
기말재고자산	₩5,000 과대계상	₩7,000 과대계상
기말선급보험료	₩700 과대계상	₩1,400 과대계상
감가상각비	₩2,700 과소계상	₩2,400 과소계상

	20x3년	20x4년
①	₩8,400 과대계상	₩5,100 과소계상
②	₩8,400 과대계상	₩5,100 과대계상
③	₩8,400 과소계상	₩5,100 과대계상
④	₩8,400 과소계상	₩10,800 과소계상
⑤	₩8,400 과소계상	₩10,800 과대계상

답 ②

정답해설

	20x3년	20x4년
재고자산	₩5,000 과대	₩5,000 과소 ₩7,000 과대
선급보험료	₩700 과대	₩700 과소 ₩1,400 과대
감가상각비	₩2,700 과대	₩2,400 과대
합계	₩8,400 과대	₩5,100 과대

12 (주)관세는 20x1년 1월 1일 (주)한국의 보통주 30%를 ₩6,600에 취득하여 유의적인 영향력을 행사하게 되었다. 취득 당시 (주)한국의 순자산공정가치는 ₩22,000으로 순자산장부금액에 비하여 ₩4,000 높았고, 이는 (주)한국이 보유 중인 건물(잔존내용연수 8년, 정액법 상각)에서 발생한 차이이다. 20x1년 (주)한국은 자본잉여금을 재원으로 10주(주당액면금액 ₩500)의 무상증자를 실시하였고, 당기순이익 ₩4,500을 보고하였다. (주)관세의 20x1년 말 관계기업투자주식 장부금액은? (단, 손상차손은 고려하지 않는다.) **[2020 관세사]**

① ₩6,150
② ₩6,300
③ ₩6,750
④ ₩7,800
⑤ ₩7,950

답 ④

┃ 정답해설 ┃

₩6,600 + (₩4,500 − ₩4,000/8) × 30% = ₩7,800

13 (주)관세는 20x1년 1월 1일에 (주)대한의 지분 30%를 ₩6,000,000에 취득하여 유의적인 영향력을 행사하게 되었다. 취득일 현재 (주)대한의 장부상 순자산금액은 ₩15,000,000이었고, (주)대한의 장부상 순자산금액과 공정가치가 일치하지 않는 항목은 재고자산(장부금액₩600,000, 공정가치 ₩1,000,000)만 있었으며, (주)대한은 동 재고자산을 모두 20x1년 중 외부에 판매하였다. (주)대한의 연도별 자본변동은 다음과 같다.

보고기간	현금배당(중간배당)	당기순이익
20x1년도	–	₩3,000,000
20x2년도	₩800,000	₩4,000,000

동 관계기업투자주식으로 인해 (주)관세가 20x1년도 포괄손익계산서에 표시할 지분법손익(A)과 20x2년 말 재무상태표에 표시할 관계기업투자주식의 장부금액(B)은? **[2016 관세사]**

	(A)	(B)
①	(₩120,000)	₩6,780,000
②	₩780,000	₩7,740,000
③	₩780,000	₩7,980,000
④	₩1,200,000	₩7,740,000
⑤	₩1,200,000	₩7,980,000

답 ②

▌정답해설▌

- 20x1년 지분법손익(A) : ₩3,000,000 × 30% − ₩400,000⟨*1⟩ × 30% = ₩780,000
  ⟨*1⟩ ₩1,000,000 − ₩600,000 = ₩400,000
- 20x2년 말 관계기업투자(B) : ₩6,780,000⟨*2⟩ + ₩4,000,000 × 30% − ₩800,000 × 30% = ₩7,740,000
  ⟨*2⟩ 기초 관계기업투자 : ₩6,000,000 + ₩780,000(A) = ₩6,780,000

CHAPTER

16

종업원급여, 주식보상비율, 재무비율

제1절 종업원급여

1. 단기종업원급여

(1) 의의

단기종업원급여는 종업원이 관련 근무용역을 제공하는 연차보고기간 말 이후 12개월 이전에 전부 결제될 것으로 예상되는 종업원 급여이다.

① 임금, 사회보장분담금

② 유급연차휴가 또는 유급병가 등과 같은 단기 유급휴가

③ 이익분배금과 상여금

④ 현직종업원을 위한 비화폐성급여(예 의료, 주택, 자동차 등의 보조로 제공)

(2) 회계처리

단기종업원 급여의 회계처리는 보험수리적손익이 발생하지 않고, 단기종업원급여채무는 할인하지 않는 금액으로 측정한다.

① 종업원이 근무용역을 제공한 회계기간에 대응하여 비용으로 인식하며, 이미 지급한 금액을 차감한 후 부채(미지급비용)로 인식한다.

(차) 단기종업원급여(비용)	×××	(대) 미지급비용(부채)	×××

② 이미 지급한 금액이 해당 급여의 할인되지 않은 금액보다 많은 경우에는 그 초과액 때문에 미래 지급액이 감소하거나 현금이 환급되는 만큼을 자산(선급비용)으로 인식한다.

(차) 선급비용(자산)	×××	(대) 단기종업원급여(비용)	×××

(3) 단기유급휴가

기업은 병가, 연차휴가, 출산·육아휴가 및 병역 등의 이유로 생기는 종업원의 휴가에 대해 보상할 수 있다. 이런 유급휴가는 누적유급휴가와 비누적유급휴가로 나뉜다.

1) 누적유급휴가

① 당기에 사용하지 아니하면 이월되어 차기이후에 사용되는 유급휴가를 말한다.
② 미래 유급휴가 권리를 증가시키는 근무용역을 제공하는 때에 인식한다.
③ 누적유급휴가의 예상원가는 보고기간 말 현재 미사용 유급휴가가 누적된 결과 기업이 지급할 것으로 예상되는 추가금액으로 측정한다.

2) 비누적유급휴가

① 당기에 사용하지 않으면 소멸되는 유급휴가를 말한다.
② 종업원이 실제로 유급휴가를 사용하기 전에는 기업에 어떤 의무가 발생하지 않는다. 유급휴가가 실제로 사용되어 보상을 하는 경우에 비용을 인식한다.

(4) 이익분배와 상여금제도

① 다음의 요건이 모두 충족하는 경우에는 이익분배금 및 상여금의 예상원가를 인식한다.
　㉠ 과거 사건의 결과로 현재의 지급의무(법적의무 또는 의제의무)가 발생한다.
　㉡ 채무금액을 신뢰성 있게 추정할 수 있다.
② 이익분배제도 및 상여금제도에 따라 기업이 지급하는 금액은 종업원이 제공하는 근무용역에서 발생하는 것이며 주주와의 거래에서 발생하는 것이 아니므로, 관련된 원가는 이익분배가 아니라 당기비용으로 인식한다.

2. 퇴직급여

퇴직이후에 지급하는 종업원급여를 말한다.
- 퇴직금, 퇴직연금, 퇴직일시금
- 퇴직후생명보험이나 퇴직후의료급여 등과 같은 그 밖의 퇴직급여

퇴직급여제도는 회사가 장래 지급할 퇴직급여에 대비하여 자금을 금융기관(또는 기금)에 사외적립하여 지급하는 제도로서 확정기여제도와 확정급여제도로 구분한다.

☑ 정리　확정기여제도 확정급여제도			
종류	**종업원 수령액**	**회사 부담금**	**회계처리**
확정급여형(DB)	확정적 (연금 또는 일시금)	불확정적	부채로 인식
확정기여형(DC)	불확정적	확정적	기여금납부시 비용 (부채로 인식하지 않음)

(1) 확정기여제도

1) 의의

① 기업이 금융기관에 출연하기로 약정한 금액으로 한정하여 납부하게 되며 금융기관에서 해당 기금을 운용하여 그 운용수익이 반영된 퇴직급여를 종업원이 받는 제도이다.

② 종업원이 받을 퇴직급여액은 기업과 종업원이 퇴직급여제도나 보험회사에 출연하는 기여금과 그 기여금에서 발생하는 투자수익에 따라 결정되므로 보험수리적위험과 투자위험은 종업원이 부담한다.

③ 보험수리적가정이 필요 없으며 퇴직급여 관련 자산 및 부채가 없고 기타포괄손익이 발생하지 않는다.

④ 종업원이 받을 퇴직급여액은 기업과 종업원이 기금에 출연하는 기여금과 투자수익에 따라 결정된다.

⑤ 종업원이 근무용역을 제공하였을 때 근무용역과 교환하여 확정기여제도에 납부해야 할 기여금을 해당 기간의 퇴직급여(해당기간의 비용)로 인식한다.

2) 회계처리

[기여금 납부 시]

(차) 퇴직급여　　　　　　　×××　　　(대) 현금(미지급비용)　　　×××

[종업원 퇴직 시]

– 분개없음 –

(2) 확정급여제도

1) 의의

① 종업원은 확정된 금액의 퇴직급여를 지급받으며 기업은 운용수익을 반영한 금액을 기금에 납부하게 된다.

② 보험수리적가정이 필요하며 퇴직급여 관련 자산(사외적립자산) 및 부채(확정급여채무)가 종업원의 퇴사시점까지 존재하므로 기타포괄손익이 발생한다.

③ 확정급여채무란 종업원이 당기까지 근로제공의 대가로서 퇴직하여 수령할 퇴직금 채무를 결제하는 데 필요한 예상 미래지급액의 현재가치이다.

④ 사외적립자산이란 확정급여채무 결제에 대비하여 기업으로부터 분리되게 적립한 자산(또는 같은 효력이 있는 보험계약)을 말한다.

⑤ 확정급여채무의 현재가치에서 사외적립자산의 공정가치를 차감한 금액을 재무상태표에 순확정급여부채(자산)으로 보고한다.

2) 회계처리

[당기근무원가]			
(차) 퇴직급여원가	×××	(대) 확정급여채무	×××

[이자원가*]			
(차) 퇴직급여원가	×××	(대) 확정급여채무	×××

*이자원가 = 확정급여채무 × 할인율

[사외적립자산 수익*]			
(차) 사외적립자산	×××	(대) 퇴직급여원가	×××

*사외적립자산 수익 = 사외적립자산 × 할인율

[과거근무원가]			
(차) 퇴직급여원가	×××	(대) 확정급여채무	×××

[기여금지급시]			
(차) 사외적립자산	×××	(대) 현금	×××

[퇴직금지급시]			
(차) 확정급여채무	×××	(대) 사외적립자산	×××

3) 순확정급여부채(자산)의 재측정요소

① 확정급여채무나 사외적립자산의 예상치 못한 변동에 의해 발생하게 된다.

　㉠ 보험수리적손익

　㉡ 사외적립자산의 수익(순확정급여부채(자산)의 순이자에 포함되는 금액제외)

　㉢ 자산인식한상한효과의 변동 : 초과적립액이 존재하는 경우 자산인식상한효과의 총변동액과 자산 인식상한효과에 대한 이자의 차액

② **보험수리적손익** : 보험수리적 가정의 변동으로 인한 확정급여채무 현재가치의 변동

　㉠ 종업원의 이직률, 조기퇴직률, 사망률, 임금상승률, 급여 또는 의료원가가 실제로는 당초 예상보다 높거나 낮은 경우

　㉡ 급여지급선택권과 관련된 가정의 변동효과

　㉢ 종업원의 이직률, 조기퇴직률, 사망률, 임금상승률, 급여 또는 의료원가에 대한 추정치가 변경됨에 따른 효과

③ 순확정급여부채(자산)의 재측정요소는 기타포괄손익으로 인식한다. 기타포괄손익에 인식되는 순확정급여부채(자산)의 재측정요소는 후속기간에 당기손익으로 재분류되지 않는다.(자본내에서 대체가능)

④ 사외적립자산의 재측정요소는 실제수익에서 사외적립자산의 이자수익을 차감하여 계산한다.

> 사외적립자산의 재측정요소 = 사외적립자산의 실제수익 − 사외적립자산의 이자수익*
>
> *사외적립자산의 이자수익 = 사외적립자산 × 할인율

4) 과거근무원가

① 제도개정이나 축소로 인해 종업원의 과거기간 근무용역에 대한 확정급여채무 현재가치가 변동하는 경우 그 변동액을 말한다.

② 제도의 개정은 확정급여제도를 도입 또는 철회하거나, 기존의 확정급여제도 한에서 지급될 급여를 변경할 때 일어나며, 제도의 축소는 제도의 대상이 되는 종업원 수를 유의적으로 감소시킬 때 발생한다.

③ 과거근무원가는 양(+)의 금액이 될 수도 있고 음(−)의 금액이 될 수도 있으며, 과거근무원가는 제도의 개정이나 축소가 발생할 경우와 관련되는 구조조정원가나 해고급여를 인식한 경우의 이른 날에 비용으로 인식한다.

예시문제

(주)관세는 확정급여제도를 채택하고 있으며 관련된 자료는 다음과 같다. (주)관세가 당기에 인식할 퇴직급여는?

[2017년 관세사]

• 기초 사외적립자산의 장부금액	₩3,500,000
• 기초 확정급여채무의 장부금액	₩4,300,000
• 당기근무원가	₩760,000
• 확정급여채무 계산 시 적용한 할인율	연 10%

① ₩354,000   ② ₩506,000
③ ₩760,000   ④ ₩840,000
⑤ ₩1,190,000

• 당기근무원가 : ₩760,000
• 순이자비용 : (₩4,300,000 − ₩3,500,000) × 10% = ₩80,000
• 당기손익 : ₩840,000

정답 ④

다음은 (주)감평이 채택하고 있는 확정급여제도와 관련한 자료이다.

- 확정급여채무 계산 시 적용하는 할인율   연 5%
- 기초 확정급여채무의 현재가치   ₩700,000
- 기초 사외적립자산의 공정가치   600,000
- 당기근무원가   73,000
- 사외적립자산에 대한 기여금 출연(기말 납부)   90,000
- 퇴직급여 지급액(사외적립자산에서 기말 지급)   68,000
- 기말 사외적립자산의 공정가치   670,000
- 기말 재무상태표에 표시된 순확정급여부채   100,000

(주)감평의 확정급여제도 적용이 포괄손익계산서의 당기순이익과 기타포괄이익에 미치는 영향은 각각 얼마인가?

[2018년 감정평가사]

	당기순이익에 미치는 영향	기타포괄이익에 미치는 영향
①	₩108,000 감소	₩48,000 감소
②	₩108,000 감소	₩48,000 증가
③	₩108,000 감소	₩12,000 감소
④	₩78,000 감소	₩12,000 증가
⑤	₩78,000 감소	₩12,000 감소

구분	확정급여채무	사외적립자산	당기손익	기타포괄손익
기초	₩700,000	₩600,000		
당기근무원가	73,000		(₩73,000)	
기여금 출연		90,000		
퇴직금 지급	(68,000)	(68,000)		
순이자	35,000	30,000	(5,000)	
중간 합계	740,000	652,000		
평가손익	30,000	18,000		(₩12,000)
기말	770,000	670,000	(78,000)	

(1) 확정급여채무

    기초₩700,000 + 이자₩35,000〈*1〉 + 당기근무원가₩73,000〈*1〉 − 퇴직금지급₩68,000 + 평가손실 ₩30,000〈*2〉

    = 기말₩770,000

(2) 사외적립자산

    기초 ₩600,000 + 이자 ₩30,000〈*1〉 + 기여금출연 ₩90,000 − 퇴직금지급 ₩68,000 + 평가이익 ₩18,000〈*2〉

    = 기말 ₩670,000

〈*1〉 당기순이익에 미치는 영향 : −35,000 − 73,000 + 30,000 = −78,000

〈*2〉 기타포괄이익에 미치는 영향 : −30,000 + 18,000 = −12,000

정답 ⑤

1. 의의

기업이 재화나 용역을 제공받은 대가를 기업의 지분상품(주식 또는 주식선택권 등)으로 부여하거나, 기업의 주식이나 다른 지분상품의 가격에 기초한 금액만큼의 부채를 재화나 용역의 제공자에게 부담하는 거래를 말한다.

2. 유형

(1) 주식결제형

기업이 재화나 용역을 제공받는 대가로 기업의 주식이나 주식선택권 등 지분상품(주식 또는 주식선택권 등)을 부여하는 보상거래로 보상원가를 자본으로 인식한다.

(2) 현금결제형

기업이 재화나 용역을 제공받는 대가로 기업의 주식이나 다른 지분상품의 가격에 기초한 금액만큼의 현금으로 결제하는 보상거래로 보상원가를 부채로 인식한다.

3. 주식결제형 주식기준보상거래

(1) 측정

보상원가는 기업이 주식기준보상거래를 통해 거래상대방에게서 제공받는 재화나 용역의 원가를 의미한다.

> 보상원가 = 부여일의 공정가치(변동불가능) × 수량예측치(변동가능)

(2) 인식

① 주식보상비용

> 당기말 보상원가 × 당기말 용역제공비율 − 전기말보상원가 × 전기말 용역제공비율

② 당기 보상원가는 주식보상비용으로 인식하고, 주식결제형 주식선택권(자본)으로 분류한다.

> (차) 주식보상비용(비용)   ×××   (대) 주식선택권(자본)   ×××

(주)감평은 20x1년 1월 1일 종업원 40명에게 각각 주식선택권 40개를 부여하고 3년의 용역제공조건을 부과하였다. 부여일 현재 주식선택권의 단위당 공정가치는 ₩300으로 추정되었고 종업원에게 부여한 주식선택권의 행사가격은 ₩400이고, 주당 액면가격은 ₩350이다. 주식선택권 부여일 현재 종업원의 10%가 부여일로부터 3년 이내에 퇴사하여 주식선택권을 상실할 것으로 예상했다. 다음은 각 회계연도말의 상황이다.

	20x1년	20x2년	20x3년
실제퇴사인원	5명	3명	5명
잔여인원	35명	32명	27명
퇴사추정비율	20%	25%	35%

[1] 각 회계연도의 주식보상비용을 계산하시오.
[2] 각 회계연도의 회계처리를 하시오.

[1] 주식보상비용

	주식보상비용
20x1년	40개 × 40명 × (1 − 20%) × 300 × 1/3 = ₩128,000
20x2년	40개 × 40명 × (1 − 25%) × 300 × 2/3 − ₩128,000 = ₩112,000
20x3년	40개 × 27명 × 300 × 3/3 − ₩240,000 = ₩84,000

[2] 회계처리
• 20x1년 말

(차) 주식보상비용(비용)	128,000	(대) 주식선택권(자본)	128,000

• 20x2년 말

(차) 주식보상비용(비용)	112,000	(대) 주식선택권(자본)	112,000

• 20x3년 말

(차) 주식보상비용(비용)	84,000	(대) 주식선택권(자본)	84,000

(주)관세의 주식기준보상에 관한 자료는 다음과 같다. 다음 설명 중 옳지 <u>않은</u> 것은?　　　　　　**[2018년 관세사]**

> (주)관세는 20x1년 1월 1일 영업부서에 근무하는 종업원 50명에게 각각 10개의 주식선택권(개당 ₩1,000에 (주)관세의 주식 1주를 취득할 수 있는 권리)을 부여하고, 2년의 용역제공조건을 부과하였다. 20x1년 1월 1일 현재 주식선택권의 개당 공정가치는 ₩500으로 추정되었다. 또한 (주)관세는 20x1년 말에 가득기간 동안 종업원 중 10%가 퇴사 할 것으로 추정하였다.

① 주식기준보상의 측정기준일은 20x3년 1월 1일이다.
② 주식기준보상의 가득기간은 20x1년 1월 1일부터 20x2년 12월 31일까지이다.
③ 주식기준보상거래와 관련하여 (주)관세가 인식할 20x1년도 주식보상비용은 ₩112,500이다.
④ 주식기준보상의 부여일은 20x1년 1월 1일이다.
⑤ 주식기준보상거래의 유형 중 주식결제형 주식기준보상거래에 해당한다.

• 주식기준보상의 측정기준일은 부여일의 공정가치다.
• 20x1년 주식보상비용 : 50명 × 90% × 10개 × ₩500 × 1/2 = ₩112,500

정답 ①

다음은 (주)관세의 종업원급여와 관련된 자료이다. (주)관세가 20x2년에 인식할 주식보상비용은?　　**[2017년 관세사]**

> • 20x1년 1월 1일에 영업직원 100명에게 각각 주식선택권 6개(3년 근무조건)를 부여하였으며 부여일 현재 주식선택권의 단위당 공정가치는 ₩10이다.
> • 20x1년에 4명이 퇴사하였고 20x1년 말 현재 가득기간에 퇴사할 것으로 기대되는 직원의 추정비율은 10%이며 주식선택권의 단위당 공정가치는 ₩11이다.
> • 20x2년 5명이 퇴사하였고 20x2년 말 현재 가득기간에 퇴사할 것으로 기대되는 직원의 추정비율은 15%이며 주식선택권의 단위당 공정가치는 ₩12이다.

① ₩1,400　　　　　　　　　　　　② ₩1,600
③ ₩1,800　　　　　　　　　　　　④ ₩2,500
⑤ ₩2,700

• 20x1년 말 보상원가 : 100명 × 90% × 6개 × ₩10 = ₩5,400
• 20x2년 말 보상원가 : 100명 × 85% × 6개 × ₩10 = ₩5,100
• 20x2년 주식보상비용 : ₩5,100 × 2/3 − ₩5,400 × 1/3 = ₩1,600

정답 ②

4. 현금결제형 주식기준보상거래

(1) 측정

보상원가는 제공받는 재화나 용역의 그 대가로 부담하는 부채의 공정가치로 측정하고, 부채가 결제될 때까지 매보고기간 말과 결제일에 부채의 공정가치로 재측정하고 공정가치의 변동액은 당기손익으로 한다.

> 보상원가 = 보고기간말의 공정가치(변동가능) × 수량예측치(변동가능)

(2) 인식

① 주식보상비용

> 당기말보상원가 × 당기말 용역제공비율 – 전기말보상원가 × 전기말 용역제공비율

② 보상원가는 주식보상비용으로 인식하고, 현금결제차액보상권은 장기미지급비용(부채)으로 분류한다.

> (차) 주식보상비용(비용)   ×××   (대) 장기미지급비용(부채)   ×××

5. 재측정

(1) 주식결제형 주식기준보상권

지분상품의 공정가치 측정후 변동분을 인식하지 않지만, 현금결제형 주가차액보상권은 각 보고기간말의 공정가치로 재측정하고 그 변동분을 주식보상비용과 장기미지급비용으로 인식한다.

(2) 현금결제형 주가차액보상권

매 보고기간말의 공정가치를 기준으로 보상원가를 재측정하여 주식보상비용으로 처리한다.

1. 유동성비율

구분	계산식	내용
(1) 유동비율	$= \dfrac{유동자산}{유동부채}$	단기채무상환능력
(2) 당좌비율	$= \dfrac{유동자산 - 재고자산}{유동부채}$	당좌자산기준 단기채무상환능력

2. 수익성비율

구분	계산식	내용
(1) 매출액순이익률	$= \dfrac{당기순이익}{매출액}$	매출액에 대한 순이익의 크기
(2) 자본이익률	$= \dfrac{당기순이익}{평균자본}$	자본에 대한 수익성
(3) 주당이익	$= \dfrac{보통주당기순이익}{유통보통주식수}$	주식 한 주당 이익
(4) 주가수익률	$= \dfrac{주당시장가격}{주당이익}$	주당이익 중 주가의 비율

3. 안정성비율

구분	계산식	내용
(1) 부채비율	$= \dfrac{총부채}{자기자본}$	자기자본 중 타인자본이 차지하는 비율
(2) 자기자본비율	$= \dfrac{자기자본}{총자본}$	총자본 중 자기자본이 차지하는 비율
(3) 이자보상비율	$= \dfrac{이자비용 + 법인세비용차감전이익}{이자비용}$	이자지급능력

4. 활동성비율

구분	계산식	내용
(1) 매출채권회전율	$= \dfrac{순외상매출액}{평균매출채권}$	매출채권이 현금화되는 속도 및 기간
(2) 매출채권회수기간	$= \dfrac{365일}{매출채권회전율}$	
(3) 재고자산회전율	$= \dfrac{매출원가}{평균재고자산}$	재고자산이 현금화되는 속도 및 기간
(4) 재고자산회전기간	$= \dfrac{365일}{재고자산회전율}$	

확인학습문제

01 **퇴직급여제도에 관한 설명으로 옳은 것은?** **[2016 관세사]**

① 확정기여제도에서 기업의 법적의무나 의제의무는 기업이 종업원에게 지급하기로 약정한 급여로 한정된다.

② 확정기여제도에서는 기업이 보험수리적위험과 투자위험을 실질적으로 부담한다.

③ 확정급여제도에서는 보고기업이 채무나 비용을 측정하기 위해 보험수리적 가정을 세울 필요가 없다.

④ 확정급여제도에서 퇴직급여채무를 할인하기 위해 사용하는 할인율은 보고기간 말 현재 해당 기업의 자본조달비용을 사용한다.

⑤ 확정급여제도에서는 보험수리적손익을 기타포괄손익으로 인식한다.

답 ⑤

┃오답해설┃

① 확정급여제도에서 기업의 법적의무나 의제의무는 기업이 종업원에게 지급하기로 약정한 급여로 한정된다.

② 확정급여제도에서는 기업이 보험수리적위험과 투자위험을 실질적으로 부담한다.

③ 확정급여제도에서는 보고기업이 채무나 비용을 측정하기 위해 보험수리적 가정을 세울 필요가 있다.

④ 확정급여제도에서 퇴직급여채무를 할인하기 위해 사용하는 할인율은 보고기간 말 현재 해당기업의 우량채 수익률에 의한다.

02 (주)관세는 확정급여제도를 채택하고 있으며 관련된 자료는 다음과 같다. (주)관세가 당기에 인식할 퇴직급여는? **[2017 관세사]**

• 기초 사외적립자산의 장부금액	₩3,500,000
• 기초 확정급여채무의 장부금액	4,300,000
• 당기근무원가	760,000
• 확정급여채무 계산 시 적용한 할인율	연 10%

① ₩354,000 ② ₩506,000

③ ₩760,000 ④ ₩840,000

⑤ ₩1,190,000

답 ④

▌정답해설▐

• 당기근무원가 : ₩760,000
• 순부채이자비용 : (₩4,300,000 − ₩3,500,000) × 10% = ₩80,000
• 당기손익 : ₩840,000

03 확정급여제도를 시행하고 있는 (주)감평의 20x1년 관련 자료는 다음과 같다.

• 20x1년 초 사외적립자산의 장부금액은 ₩3,000,000이다.
• 사외적립자산의 기대수익은 사외적립자산 장부금액의 연 5%이다.
• 20x1년 말 사외적립자산의 공정가치는 ₩3,200,000이다.
• 20x1년 말에 기여금 ₩150,000을 납부하였다.
• 20x1년 말에 퇴직금 ₩200,000을 지급하였다.

위 자료를 이용할 때 20x1년 사외적립자산의 실제수익은? **[2014 감정평가사]**

① ₩200,000 ② ₩250,000

③ ₩300,000 ④ ₩350,000

⑤ ₩400,000

답 ②

▌정답해설▐

₩3,000,000 + ₩150,000(납입액) − ₩200,000(지급액) + 실제수익 = ₩3,200,000
∴ 실제수익 = ₩250,000

04 퇴직급여제도로 확정급여제도를 채택하고 있는 (주)관세의 20x1년 초 확정급여채무의 현재가치는 ₩700,000이다. (주)관세가 20x1년에 인식할 당기근무원가는 ₩150,000이며, 20x1년에 사외적립자산에서 지급된 퇴직급여는 ₩90,000이다. 한편 (주)관세가 확정급여채무 계산 시 적용한 20x1년 초 할인율은 연 10%이다. 20x1년 말 확정급여채무의 현재가치가 ₩850,000일 경우, (주)관세가 20x1년도에 기타포괄손익으로 인식할 확정급여채무에 대한 보험수리적손익(재측정요소)은? (단, 모든 거래는 연도 말에 발생하였다고 가정한다.) 　　　　　　　　　　　　　　　　　　　　　　　　　　　　　　　[2018 관세사]

① 손실 ₩90,000　　　　　　　　　　　② 손실 ₩70,000
③ 손실 ₩20,000　　　　　　　　　　　④ 이익 ₩20,000
⑤ 이익 ₩90,000

답 ③

┃정답해설┃

₩700,000 + ₩150,000 − ₩90,000 + ₩700,000 × 10% + 보험수리적손익 = ₩850,000

∴ 보험수리적손실 = ₩20,000

05 (주)감평은 확정급여제도를 채택하고 있으며, 20x1년 초 순확정급여부채는 ₩20,000이다. (주)감평의 20x1년도 확정급여제도와 관련된 자료는 다음과 같다.

- 순확정급여부채(자산) 계산시 적용한 할인율은 연 6%이다.
- 20x1년도 당기근무원가는 ₩85,000이고, 20x1년 말 퇴직종업원에게 ₩38,000의 현금이 사외적립자산에서 지급되었다.
- 20x1년 말 사외적립자산에 ₩60,000을 현금으로 출연하였다.
- 20x1년에 발생한 확정급여채무의 재측정요소(손실)는 ₩5,000이고, 사외적립자산의 재측정요소(이익)는 ₩2,200이다.

(주)감평이 20x1년 말 재무상태표에 순확정급여부채로 인식할 금액과 20x1년도 포괄손익계산서상 당기손익으로 인식할 퇴직급여 관련 비용은? **[2020 감정평가사]**

	순확정급여부채	퇴직급여 관련 비용
①	₩11,000	₩85,000
②	₩11,000	₩86,200
③	₩43,400	₩86,200
④	₩49,000	₩85,000
⑤	₩49,000	₩86,200

답 ⑤

──────────────────────────────────

┃정답해설┃

(1) 순확정급여부채 ₩20,000 + 당기근무원가 85,000 − 퇴직금지급 38,000(부채) + 38,000(자산) − 현금출연(자산) 60,000 + 순이자 1,200⟨*⟩ + 재측정요소 5,000(부채) − 2,200(자산) = 기말순확정급여부채 = ₩49,000
⟨*⟩ 20,000 × 6% = 1,200

(2) 당기손익 = −당기근무원가 ₩85,000 − 순이자 1,200 = −₩86,200

06 다음은 (주)감평이 채택하고 있는 확정급여제도와 관련한 자료이다.

• 확정급여채무 계산 시 적용하는 할인율	연 5%
• 기초 확정급여채무의 현재가치	₩700,000
• 기초 사외적립자산의 공정가치	600,000
• 당기근무원가	73,000
• 사외적립자산에 대한 기여금 출연(기말 납부)	90,000
• 퇴직급여 지급액(사외적립자산에서 기말 지급)	68,000
• 기말 사외적립자산의 공정가치	670,000
• 기말 재무상태표에 표시된 순확정급여부채	100,000

(주)감평의 확정급여제도 적용이 포괄손익계산서의 당기순이익과 기타포괄이익에 미치는 영향은 각각 얼마인가? **[2018 감정평가사]**

	당기순이익에 미치는 영향	기타포괄이익에 미치는 영향
①	₩108,000 감소	₩48,000 감소
②	₩108,000 감소	₩48,000 증가
③	₩108,000 감소	₩12,000 감소
④	₩78,000 감소	₩12,000 증가
⑤	₩78,000 감소	₩12,000 감소

답 ⑤

┃정답해설┃

(1) 확정급여채무 : ₩700,000 + 73,000 − 68,000 + 35,000 + 30,000 = ₩770,000

(2) 사외적립자산 : ₩600,000 + 90,000 − 68,000 + 30,000 + 18,000 = ₩670,000

• 당기손익 : − 73,000 − 5,000 = −78,000

• 기타포괄손익 : −30,000 + 18,000 = −12,000

주식기준보상에 관한 설명으로 옳지 <u>않은</u> 것은?　　　　　　　　　　　**[2013 감정평가사]**

① 현금결제형 주식기준보상거래의 경우, 제공받는 재화나 용역과 그 대가로 부담하는 부채를 부채의 공정가치로 측정한다.

② 현금결제형 주식기준보상거래의 경우, 부채가 결제될 때까지 매 보고기간말과 결제일에 부채의 공정가치를 재측정하고, 공정가치의 변동액은 기타포괄손익으로 인식한다.

③ 주식결제형 주식기준보상거래의 경우, 제공받는 용역의 공정가치를 신뢰성 있게 추정할 수 없다면, 제공받는 용역과 그에 상응하는 자본의 증가는 부여된 지분상품의 공정가치에 기초하여 간접 측정한다.

④ 주식결제형 주식기준보상거래의 경우, 부여한 지분상품의 공정가치에 기초하여 거래를 측정하는 경우에는 지분상품의 부여조건을 고려하여 측정기준일 현재 공정가치를 측정한다.

⑤ 기업이 거래상대방에게 주식기준보상거래를 현금이나 지분상품발행으로 결제받을 수 있는 선택권을 부여한 경우에는, 부채요소와 자본요소가 포함된 복합금융상품을 부여한 것이다.

답 ②

┃정답해설┃

② 현금결제형 주가차액보상권의 보상원가는 부채의 공정가치로 측정하고 공정가치의 변동액은 당기손익으로 한다.

08 (주)관세의 주식기준보상에 관한 자료는 다음과 같다. 다음 설명 중 옳지 <u>않은</u> 것은?

[2018 관세사]

> (주)관세는 20x1년 1월 1일 영업부서에 근무하는 종업원 50명에게 각각 10개의 주식선택권(개당 ₩1,000에 (주)관세의 주식 1주를 취득할 수 있는 권리)을 부여하고, 2년의 용역제공조건을 부과하였다. 20x1년 1월 1일 현재 주식선택권의 개당 공정가치는 ₩500으로 추정되었다. 또한 (주)관세는 20x1년 말에 가득기간 동안 종업원 중 10%가 퇴사 할 것으로 추정하였다.

① 주식기준보상의 측정기준일은 20x3년 1월 1일이다.
② 주식기준보상의 가득기간은 20x1년 1월 1일부터 20x2년 12월 31일까지이다.
③ 주식기준보상거래와 관련하여 (주)관세가 인식할 20x1년도 주식보상비용은 ₩112,500이다.
④ 주식기준보상의 부여일은 20x1년 1월 1일이다.
⑤ 주식기준보상거래의 유형 중 주식결제형 주식기준보상거래에 해당한다.

답 ①

❙ 정답해설 ❙

① 주식기준보상의 측정기준일은 부여일이다.

❙ 오답해설 ❙

③ 20x1년 주식보상비용 : 50명 × 90% × 10개 × ₩500 × 1/2 = ₩112,500

09 (주)감평은 20x1년 초에 부여일로부터 3년의 지속적인 용역제공을 조건으로 직원 100명에게 주식선택권을 1인당 10개씩 부여하였다. 20x1년 초 주식선택권의 단위당 공정가치는 ₩150이며, 주식선택권은 20x4년 초부터 행사할 수 있다. (주)감평의 연도별 실제 퇴직자 수 및 추가퇴직 예상자 수는 다음과 같다.

	실제 퇴직자 수	추가퇴직 예상자 수
20x1년 말	5명	15명
20x2년 말	8명	17명

(주)감평은 20x1년 말에 주식선택권의 행사가격을 높이는 조건변경을 하였으며, 이러한 조건변경으로 주식선택권의 단위당 공정가치가 ₩30 감소하였다. 20x2년도 인식할 보상비용은?

[2018 감정평가사]

① ₩16,000　　　　　　　　　② ₩30,000

③ ₩40,000　　　　　　　　　④ ₩56,000

⑤ ₩70,000

답 ②

▌정답해설▐

• 20x1년
  보상원가 : 80명 × 10개 × ₩150 = ₩120,000

• 20x2년
  보상원가 : 70명 × 10개 × ₩150 = ₩105,000
  보상비용 : ₩105,000 × 2/3 − ₩120,000 × 1/3 = ₩30,000

10 (주)관세는 20x1년 1월 1일 종업원 100명에게 2년의 용역제공조건으로 현금결제형 주가차액보상권을 각각 50개씩 부여하였다. 20x1년 말 재직 중인 종업원은 95명이며, 20x2년에 추가로 퇴사할 것으로 예상되는 종업원은 10명이다. 그러나 20x2년도에 실제 퇴사한 종업원은 1명으로 주가차액보상권을 가득한 종업원은 94명이다. 20x2년 말 현재 주가차액보상권의 행사자는 없었다. (주)관세가 동 주가차액보상권과 관련하여 20x2년 말 재무상태표에 인식할 부채는? (단, 20x1년 말과 20x2년 말의 주가차액보상권의 개당 공정가치는 각각 ₩100과 ₩500이다.) [2020 관세사]

① ₩2,125,000   ② ₩2,137,500
③ ₩2,237,500   ④ ₩2,350,000
⑤ ₩2,500,000

답 ④

▌정답해설▐

94명 × 50개 × ₩500 × 2/2 = ₩2,350,000

11 다음은 (주)관세의 종업원급여와 관련된 자료이다. (주)관세가 20x2년에 인식할 주식보상비용은? [2017 관세사]

> • 20x1년 1월 1일에 영업직원 100명에게 각각 주식선택권 6개(3년 근무조건)를 부여하였으며 부여일 현재 주식선택권의 단위당 공정가치는 ₩100이다.
> • 20x1년에 4명이 퇴사하였고 20x1년 말 현재 가득기간에 퇴사할 것으로 기대되는 직원의 추정비율은 10%이며 주식선택권의 단위당 공정가치는 ₩11이다.
> • 20x2년 5명이 퇴사하였고 20x2년 말 현재 가득기간에 퇴사할 것으로 기대되는 직원의 추정비율은 15%이며 주식선택권의 단위당 공정가치는 ₩12이다.

① ₩1,400   ② ₩1,600
③ ₩1,800   ④ ₩2,500
⑤ ₩2,700

답 ②

▌정답해설▐

• 20x1년
  기말 보상원가 : 100명 × 90% × 6개 × ₩10 = ₩5,400

• 20x2년
  기말 보상원가 : 100명 × 85% × 6개 × ₩10 = ₩5,100
  주식보상비용 : ₩5,100 × 2/3 − ₩5,400 × 1/3 = ₩1,600

12 (주)관세는 현재 당좌자산 ₩1,500, 재고자산 ₩500, 유동부채 ₩1,000을 보유하고 있다. 다음 거래를 추가하여 반영할 경우 당좌비율과 유동비율은? (단, 유동자산은 당좌자산과 재고자산으로만 구성된다.)

[2021 관세사]

- 매출채권 ₩200을 현금회수하다.
- 상품 ₩300을 현금으로 취득하다.

	당좌비율	유동비율
①	100%	200%
②	120%	200%
③	180%	150%
④	180%	180%
⑤	200%	150%

답 ②

┃정답해설┃

- 당좌비율 : ₩1,200/₩1,000 = 120%
- 유동비율 : ₩2,000/₩1,000 = 200%
- 회계처리

(차) 매출채권(당좌자산 증가)	200	(대) 현금(당좌자산 감소)	200
(차) 상품(재고자산 증가)	300	(대) 현금(당좌자산 감소)	300

13 (주)관세의 20x1년도 자기자본이익률(ROE)이 2%, 자기자본회전율이 1.6회, 매출액이 ₩500,000일 경우 (주)관세의 20x1년도 당기순이익은? [2016 관세사]

① ₩3,125   ② ₩6,250

③ ₩10,000   ④ ₩16,000

⑤ ₩31,250

답 ②

┃정답해설┃

- 1.6(자기자본회전율) = ₩500,000(매출)/₩312,500(자본)
- 2%(자기자본이익률) = ₩6,250(당기순이익)/₩312,500(자본)

14 다음은 (주)관세의 20x1년과 20x2년의 요약 재무상태표 정보이다.

	20x1년 말	20x2년 말
유동자산	₩100,000	₩300,000
비유동자산	₩400,000	₩500,000
자산총계	₩500,000	₩800,000
유동부채	₩80,000	₩120,000
비유동부채	₩45,000	₩305,000
부채총계	₩125,000	₩425,000
자본총계	₩375,000	₩375,000
부채와 자본총계	₩500,000	₩800,000

(주)관세의 20x2년도 당기순이익이 ₩168,750이라면, 20x2년도 자기자본이익률과 20x2년 말의 유동비율은? **[2018 관세사]**

	자기자본이익률	유동비율
①	26%	40%
②	26%	250%
③	45%	40%
④	45%	250%
⑤	50%	150%

답 ④

▌정답해설▐

- 자기자본이익률 : ₩168,750 ÷ ₩375,000 = 45%
- 유동비율 : ₩300,000 ÷ ₩120,000 = 250%

15 (주)관세의 현재 유동비율(current ratio)과 당좌비율(quick ratio)이 각각 200%와 100%이다. 다음의 거래를 모두 반영할 경우, 유동비율과 당좌비율의 변동은? **[2017 관세사]**

> • 단기차입금 ₩10,000을 현금지급하다.
> • 매출채권 ₩5,000을 현금회수하다.
> • 상품 ₩5,000을 외상판매하다.

	유동비율	당좌비율
①	증가	감소
②	증가	증가
③	감소	감소
④	불변	불변
⑤	불변	증가

답 ②

▌정답해설▌

• 가정 : 기초유동자산 40,000원, 기초유동부채 20,000, 기초당좌자산 20,000

(1) 유동비율 = ₩30,000 ÷ ₩10,000 = 300%(증가)
유동자산 : ₩40,000 − ₩10,000 = ₩30,000
유동부채 : ₩20,000 − ₩10,000 = ₩10,000

(2) 당좌비율 = ₩15,000 ÷ ₩10,000 = 150%(증가)
당좌자산 : ₩20,000 − ₩10,000 + ₩5,000 = ₩15,000
유동부채 : ₩20,000 − ₩10,000 = ₩10,000

16 다음은 (주)관세의 20x1년도 포괄손익계산서의 일부이다. 아래 자료를 이용하여 이자 보상 비율을 구하면?

영업이익	₩22,000
이자비용	(₩4,000)
법인세비용차감전순이익	₩18,000
법인세비용	(₩5,000)
당기순이익	₩13,000

① 2.75배
② 3.25배
③ 4.50배
④ 5.50배
⑤ 6.50배

답 ④

▌정답해설▌
이자보상비율 5.5 = 영업이익 ₩22,000 ÷ 이자비용 ₩4,000

17 (주)감평의 20x1년 초 상품재고는 ₩30,000이며, 당기매출액과 당기상품매입액은 각각 ₩100,000과 ₩84,000이다. (주)감평의 원가에 대한 이익률이 25%인 경우, 20x1년 재고자산회전율은? (단, 재고자산회전율 계산시 평균상품재고와 매출원가를 사용한다.) **[2017 감정평가사]**

① 0.4회
② 1.5회
③ 2.0회
④ 2.5회
⑤ 3.0회

답 ④

▌정답해설▌
• 매출원가 : ₩100,000 ÷ 1.25 = ₩80,000
• 기말상품 : ₩30,000 + ₩84,000 − ₩80,000 = ₩34,000
• 평균상품재고 : (₩30,000 + ₩34,000) ÷ 2 = ₩32,000
• 재고자산회전율 : ₩80,000 ÷ ₩32,000 = 2.5회

CHAPTER 17

리스, 환율변동, 법인세

1. 리스

대가와 교환하여 자산의 사용권을 일정기간 이전하는 계약이나 계약의 일부이다.

(1) 리스제공자 : 리스거래의 경제적 실질이 금융거래인 금융리스와, 임대거래인 운용리스로 구분

(2) 리스이용자 : 리스거래로 대상자산을 통제하고 있으므로 모든 리스에 대하여 사용권자산과 리스부채를 인식하는 금융거래로 분류

(3) 기초자산 : 리스제공자가 리스이용자에게 자산의 사용권을 제공하는 리스의 대상이 되는 자산

2. 종류

(1) 정의

① **단기리스 :** 리스개시일에 리스기간이 12개월 이하인 리스로 매수선택권이 있는 리스는 단기리스
② **운용리스 :** 기초자산의 소유에 따른 위험과 보상의 대부분을 이전하지 않는 리스
③ **금융리스 :** 기초자산의 소유에 따른 위험과 보상의 대부분을 리스이용자에게 이전하는 리스

(2) 리스제공자의 리스 분류

기초자산의 소유에 따른 위험과 보상을 이전하는 정도에 기초한다. 기초자산의 소유에 따른 위험과 보상이 리스이용자에게 이전된다면, 이러한 경우 기초자산은 리스이용자에게 실질적으로 판매된 것으로 볼 수 있다.

① 리스기간 종료시점까지 기초자산의 소유권이 리스이용자에게 이전되는 경우
② 리스이용자만이 중요한 변경 없이 사용할 수 있는 특수한 성격의 기초자산인 경우
③ 리스약정일 현재 기초리스료의 현재가치가 적어도 리스자산 공정가치의 대부분에 상당하는 경우
④ 리스자산의 소유권이 이전되지 않더라도 리스기간이 기초자산의 경제적 내용연수의 상당부분을 차지하는 경우
⑤ 리스이용자가 선택권을 행사할 수 있는 시점의 공정가치보다 충분하게 낮을 것으로 예상되는 가격으로 리스자산을 매수할 수 있는 선택권을 가지고 있으며, 그 선택권을 행사할 것이 리스약정일 현재 거의 확실한 경우

3. 리스 식별

(1) 계약 자체가 리스인지, 계약이 리스를 포함하는지를 계약의 약정시점에 판단한다.

(2) 식별되는 자산의 사용통제권을 일정기간 이전하게 한다면 그 계약은 리스이거나 리스를 포함한다.

(3) 식별되는 자산의 사용 통제권을 일정기간 이전하는 지를 판단하기 위하여 고객이 자산의 경제적효익의 대부분을 얻을 권리와 사용을 지시할 권리를 모두 갖는지를 판단한다.

(4) 계약조건이 변경된 경우에만 계약이 리스인지, 리스를 포함하는지를 다시 판단한다.

(5) 계약의 리스요소는 직접적인 자산관련 리스요소와 비리스요소로 분리하여 리스 회계처리한다.

　① 리스제공자 : 리스요소와 비리스요소로 분리하여 계약대가를 수행의무에 배분한다.

　② 리스이용자 : 리스요소의 상대적 개별 가격과 비리스요소의 총 개별가격에 기초하여 계약대가를 각 리스요소에 배분한다.

4. 용어의 정의

(1) 리스기간 : 리스이용자가 기초자산의 사용권을 갖는 해지 불능기간 + 행사가능성이 상당히 확실한 리스기간 연장선택권의 대상 기간 + 행사하지 않을 가능성이 상당히 확실한 리스기간 종료선택권의 대상기간

(2) 리스개시일 : 리스제공자가 리스이용자에게 기초자산을 사용할 수 있게 하는 날을 말하며, 리스관련 자산과 부채의 최초 인식일

(3) 리스료 : 리스기간에 리스이용자가 리스제공자에게 지급하는 금액으로 다음의 항목으로 구성

　① 고정 리스료

　② 지수나 이율에 따라 달라지는 변동리스료

　③ 매수선택권의 행사가격(예 염가매수선택권의 행사가격)

　④ 보증잔존가치

　　㉠ 리스제공자에게 제공한 리스종료일의 기초자산 가치가 적어도 특정 금액이 될 것이라는 보증(리스제공자와 특수관계에 있는 자 제외)

　　㉡ 리스이용자의 보증잔존가치 : 잔존가치보증에 따라 리스이용자가 지급할 것으로 예상되는 금액

　⑤ 무보증 잔존가치 : 잔존가치 중 보증잔존가치를 제외한 나머지 부분으로, 리스이용자가 지급하는 금액이 아니므로 리스료의 범주에 포함되지 않음

(4) 내재이자율과 증분차입이자율

　① 리스제공자의 내재이자율 : 리스료 및 무보증잔존가치의 현재가치 합계액을 기초자산의 공정가치와 리스제공자의 리스개설직접 원가의 합계액과 일치시키는 할인율

　② 리스이용자의 증분차입이자율 : 리스이용자가 비슷한 경제적 환경에서 비슷한 기간에 걸쳐 비슷한 담보로 사용권자산과 가치가 비슷한 자산획득에 필요한 자금을 차입한다면 지급해야 하는 이자율

(5) 리스총투자와 리스순투자

　① 리스총투자 : 금융리스에서 리스제공자가 받게 될 리스료와 무보증잔존가치의 합계액

　② 리스순투자 : 리스총투자를 리스의 내재이자율로 할인한 금액

5. 리스이용자의 회계처리

리스제공자의 리스분류와 관계없이 아래와 같이 처리한다.

(1) 리스기간 개시일

① 리스부채의 인식

> 리스부채 = 지급되지 않은 리스료를 리스의 내재이자율로 할인한 현재가치

② 이자율

　⊙ 리스의 내재이자율을 쉽게 산정할 수 있는 경우 : 그 이자율로 리스료를 할인한다.

　⊙ 리스의 내재이자율을 쉽게 산정할 수 없는 경우 : 리스이용자의 증분차입이자율을 사용한다.

③ 리스자산을 반환하는 조건의 계약인 경우 리스이용자의 리스료에 포함되는 금액 : 보증잔존가치 전체가 아니라, 잔존가치보증에 따라 리스이용자가 지급할 것으로 예상되는 금액이다.

④ 사용권자산의 인식

　⊙ 사용권자산은 리스기간에 리스이용자가 기초자산을 사용할 권리(기초자산 사용권)를 나타내는 자산을 말한다.

　⊙ 리스개시일의 사용권자산

> 리스부채의 최초측정금액(지급되지 않은 리스료를 내재이자율로 할인한 현재가치) + 리스개시일 전에 지급한 리스료 (받은 리스 인센티브는 차감) + 리스개설직접원가 + 복구원가 추정치

(2) 리스기간

① 지급하는 최소리스료는 금융원가와 금융리스부채의 원금상환액으로 구분한다.

　⊙ 이자비용 = 직전 리스료지급일의 금융리스부채 장부금액 × 내재이자율

　⊙ 금융리스부채 원금상환액 = 최소리스료 지급액 − 이자비용인식액

② 감가상각비의 인식 : 사용권자산에 대하여 유형자산과 동일하게 감가상각비를 인식

　⊙ 소유권이전약정이나 염가매수선택권이 없는 경우 : 리스기간 종료시점에 당해 리스자산을 리스제공자에게 반환하여야 하므로 리스기간과 리스자산의 경제적 내용연수 중 짧은 기간에 걸쳐 감가상각하며, 감가상각대상금액은 금융리스자산의 취득금액에서 보증잔존가치를 차감한 금액으로 한다.

> 감가상각비 = (취득원가 − 보증잔존가치) ÷ Min[리스기간, 내용연수]

　⊙ 소유권이전약정이나 염가매수선택권이 있는 경우 : 리스자산을 내용연수에 걸쳐 사용할 수 있으므로 금융리스자산은 경제적 내용연수에 걸쳐 감가상각하며, 감가상각대상금액은 금융리스자산의 취득원가에서 내용연수 종료시점의 추정잔존가치를 차감한 금액으로 한다.

> 감가상각비 = (취득원가 − 잔존가치) ÷ 내용연수

(주)감평은 (주)대한리스회사와 20x1년 1월 1일 공정가치 ₩2,500,000의 기계장치에 대한 금융리스계약을 체결하였다. 리스기간은 3년이고 리스기간 종료시 리스자산을 반환한다. 리스료는 매년 말 ₩1,000,000을 지급하며, 리스기간 종료시 예상잔존가치 ₩200,000 중 ₩100,000을 보증하기로 하였다. 리스기간 개시일에 (주)감평이 인식하여야 할 금융리스부채는? (단, 동 금융리스에 적용되는 내재이자율은 연 8%이고, 단일금액 ₩1의 현가계수(3년, 8%)와 정상연금 ₩1의 현가계수(3년, 8%)는 각각 0.7938과 2.5771이다.) **[2016년 감정평가사]**

① ₩2,300,000 ② ₩2,413,680

③ ₩2,500,000 ④ ₩2,577,100

⑤ ₩2,656,480

₩1,000,000 × 2.5771 + ₩100,000 × 0.7938 = ₩2,656,480

정답 ⑤

(주)관세는 20x1년 1월 1일 (주)리스와 다음과 같이 금융리스계약을 체결하였다.

- 리스기계의 공정가치는 ₩1,000,000, 내용연수는 6년, 잔존가치는 ₩150,000이다.
- 리스기간은 5년, 보증잔존가치는 ₩100,000, 리스기간 종료 후 리스자산을 반환한다.
- 연간 리스료는 매년 말 ₩200,000을 지급한다.
- 내재이자율은 10%이다.

리스이용자인 (주)관세가 장기 리스계약과 관련하여 20x1년 인식할 총비용은 얼마인가? (단, 단일금액 ₩1의 현가계수(10%, 5년)는 0.62, 정상연금 ₩1의 현가계수(10%, 5년)는 3.79이다.) **[2014년 관세사]**

① ₩197,400 ② ₩202,000

③ ₩207,400 ④ ₩216,000

⑤ ₩226,000

---

(1) 금융리스자산 : ₩200,000 × 3.79 + ₩100,000 × 0.62 = ₩820,000
(2) 금융리스부채 : ₩200,000 × 3.79 + ₩100,000 × 0.62 = ₩820,000
(3) 이자비용 : ₩820,000 × 10% = ₩82,000
(4) 감가상각비 : (₩820,000 − ₩100,000) ÷ 5년 = ₩144,000
(5) 총비용 : (3) + (4) = ₩226,000

정답 ⑤

6. 리스제공자의 회계처리

소유에 따른 위험과 보상의 대부분을 이전하면 금융리스, 그렇지 않으면 운용리스로 분류하여 회계처리한다.

(1) 금융리스

1) 리스기간 개시일

리스채권을 리스순투자로 측정하여 인식한다.

> 금융리스채권 = 리스순투자액
> = (최소리스료 + 무보증잔존가치)의 현재가치
> = 리스자산의 공정가치 + 리스개설직접원가(내재이자율의 정의상 자동적으로 포함)

2) 리스기간

① 수령하는 리스료는 금융리스채권의 원금회수액과 이자수익으로 구분한다.
  ㉠ 이자수익 = 직전 리스료수령일의 금융리스채권 장부금액 × 내재이자율
  ㉡ 금융리스채권의 원금회수액 = 리스료수령액 − 이자수익인식액
② **손차차손** : 리스자산을 회수하는 조건의 리스계약인 경우에 추정 무보증잔존가치가 감소하여 회수손실이 예상되는 경우 내재이자율로 할인한 감소금액의 현재가치를 즉시 인식
③ **리스변경**
  ㉠ 리스범위가 확장되고, 개별가격에 상응하는 금액만큼 리스대가가 증액되는 경우 추가된 리스를 별도 리스로 보아 회계처리한다.
  ㉡ 변경이 리스약정일에 유효하였다면 그 리스를 운용리스로 분류하였을 경우, 기초자산의 장부금액을 리스변경 유효일 직전의 리스순투자로 측정하여 변경 유효일부터 새로운 리스로 회계처리한다.

(2) 운용리스

1) 리스기간 개시일

기초자산을 관련 기준에 따라 측정·표시(감가상각비, 손상차손 등 반영)

2) 리스기간

① **당기손익반영**
  ㉠ 리스료수익 : 리스기간에 걸쳐 정액기준이나 기초자산에서 생기는 효익이 감소되는 형태를 더 잘 반영하는 다른 체계적 기준에 따라 인식
  ㉡ 리스료수익 획득과정에서 생기는 원가(감가상각비 포함)를 비용으로 인식한다.
  ㉢ 리스개설직접원가 : 기초자산의 장부금액에 더하여 리스기간에 걸쳐 비용 인식한다.
② **리스변경** : 변경 유효일부터 새로운 리스로 회계처리한다.

(주)감평은 20x1년 1월 1일 (주)한국리스로부터 기계장치(기초자산)를 리스하는 계약을 체결하였다. 계약상 리스기간은 20x1년 1월 1일부터 4년, 내재이자율은 연 10%, 고정리스료는 매년 말 일정금액을 지급한다. (주)한국리스의 기계장치 취득금액은 ₩1,000,000으로 리스개시일의 공정가치이다. (주)감평은 리스개설과 관련하여 법률비용 ₩75,000을 지급하였으며, 리스기간 종료시점에 (주)감평은 매수선택권을 ₩400,000에 행사할 것이 리스약정일 현재 상당히 확실하다. 리스거래 와 관련하여 (주)감평이 매년 말 지급해야 할 고정리스료는? (단, 계산금액은 소수점 첫째자리에서 반올림하고, 단수차이로 인한 오차가 있으면 가장 근사치를 선택한다.) **[2020년 감정평가사]**

기간	단일금액 ₩1의 현재가치 (할인율 10%)	정상연금 ₩1의 현재가치 (할인율 10%)
4	0.6830	3.1699
5	0.6209	3.7908

① ₩198,280 ② ₩200,000
③ ₩208,437 ④ ₩229,282
⑤ ₩250,000

₩1,000,000 = 고정리스료 × 3.1699 + ₩400,000 × 0.6830

∴ 고정리스료 = ₩229,282

정답 ④

(주)감평은 20x1년 초 다음과 같은 금융리스계약에 의해 기계장치를 사용하기로 하였다.

- 리스기간 : 3년(리스기간 종료 후 리스자산 반환조건)
- 매년 말 정기리스료 : ₩150,000
- 보증잔존가치 : ₩30,000
- 추정 무보증잔존가치 : ₩20,000
- 리스제공자의 리스개설직접원가 : ₩50,000
- 리스제공자의 내재이자율 : 10%

위의 자료에 근거할 때 20x1년 초 동 기계장치의 공정가치는? (단, 이자율 10%의 3년에 대한 단일금액 ₩1의 현가계수와 정상연금 ₩1의 현가계수는 각각 0.7513과 2.4868이며, 단수차이로 인한 오차가 있으면 가장 근사치를 선택한다.) **[2013년 감정평가사]**

① ₩345,559 ② ₩360,585
③ ₩388,086 ④ ₩395,559
⑤ ₩410,585

리스자산의 공정가치 : ₩150,000 × 2.4868 + ₩50,000 × 0.7513 − ₩50,000 = ₩360,585

정답 ②

7. 판매형 리스

(1) 정의

판매자(리스이용자)가 구매자(리스제공자)에게 자산을 이전하고 그 구매자(리스제공자)에게서 해당 자산을 다시 리스하여 사용하는 경우이다.

(2) 판매자(리스이용자)의 회계처리

사용권자산은 판매자(리스이용자)가 보유한 사용권에 관련된 자산의 종전장부금액에 비례하여 측정한다. 판매로 이전한 권리에 관련된 차손익금액만 판매손익으로 인식한다.

(3) 구매자(리스제공자)의 회계처리

자산매입으로 처리하고 일반적인 리스제공자의 회계처리에 따라서 처리한다.

제2절 환율변동회계

1. 개념

(1) 기능통화

① 영업활동이 이루어지는 주된 경제 환경의 통화이다.

② 그와 관련된 실제거래, 사건과 상황을 반영하여 결정한다. 따라서 기능통화는 일단 결정된 이후에는 변경하지 아니한다. 다만 실제 거래, 사건과 상황에 변화가 있다면 그러하지 아니한다.

(2) 표시통화

재무제표에 표시되는 통화이다.

2. 화폐성항목과 비화폐성항목

(1) 화폐성항목

① 확정되었거나 결정가능할 수 있는 화폐단위의 수량으로 받을 권리나 지급할 의무를 말한다.

② 예 : 현금으로 지급하는 연금과 그 밖의 종업원급여, 현금으로 상환하는 충당부채, 부채로 인식하는 현금배당 등이 화폐성항목에 속한다.

③ 수량이 확정되지 않은 기업자신의 지분상품이나 금액이 확정되지 않은 자산을 받거나 주기로 한 계약의 공정가치가 화폐단위로 확정되었거나 결정가능할 수 있다면 이러한 계약도 화폐성항목에 속한다.

(2) 비화폐성항목

① 확정되었거나 결정가능할 수 있는 화폐단위의 수량으로 받을 권리나 지급할 의무가 없는 자산과 부채

② 예 : 재화와 용역에 대한 선급금, 영업권, 무형자산, 재고자산, 유형자산, 비화폐성 자산의 인도에 의해 상환되는 충당부채 등이 비화폐성항목에 속한다.

3. 보고기간 말 환산

(1) 화폐성 외화항목은 마감환율로 환산한다.

(2) 역사적원가로 측정하는 비화폐성 외화항목은 거래일의 환율로 환산한다.

(3) 공정가치로 측정하는 비화폐성 외화항목(예 유형자산 재평가)의 경우 공정가치가 결정된 날의 환율을 적용하며 공정가치 평가손익을 당기손익으로 인식하는 경우에는 외환차이도 당기손익으로 인식하고 기타포괄손익으로 인식하는 경우에는 외환차이도 기타포괄손익으로 인식한다.

4. 표시통화의 환산

(1) 표시통화와 기능통화가 다른 경우에는 경영성과와 재무상태를 표시통화로 환산한다.

(2) 재무상태표(비교표시하는 재무상태표 포함)의 자산과 부채는 해당 보고기간말의 마감환율로 환산한다.

(3) 손익계산서(비교표시하는 손익계산서 포함)의 수익과 비용은 해당 거래일의 환율로 환산한다.

제3절   법인세

1. 법인세회계의 의의

발생주의를 적용하는 회계와 권리의무확정주의를 적용하는 세법 간에 차이가 존재하는데, 이러한 불일치를 조정하는 계정과목이 이연법인세자산(부채)이다.

2. 세무조정


```
               결산서상 당기순이익
    (+)  익금산입 · 손금불산입사항
    (-)  손금산입 · 익금불산입사항
    =    각사업연도소득금액
```

회계이익을 기초로 에서 세법에 정해진 바에 따라 가산 또는 차감조정하여 과세소득을 산출한다.

(1) 익금산입 : 회계상 수익으로 계상되지 않았으나 법인세법상 익금에 해당하는 항목

(2) 익금불산입 : 회계상 수익으로 계상되었으나 법인세법상 익금에 해당하지 않는 항목

(3) 손금산입 : 회계상 비용으로 계상되지 않았으나 법인세법상 손금에 해당하는 항목

(4) 손금불산입 : 회계상 비용으로 계상되었으나 법인세법상 손금에 해당하지 않는 항목

(주)관세의 20x1년도 법인세와 관련된 자료가 다음과 같을 때 20x1년도 법인세비용은? (단, 차감할 일시적차이와 세무상결손금이 사용될 수 있는 미래 과세소득의 발생가능성은 높고 20x1년 1월 1일 현재 이연법인세자산(부채)은 없다.)

[2017년 관세사]

- 법인세비용차감전순이익 ₩240,000
- 접대비 한도초과액 ₩20,000
- 감가상각비 한도초과액 ₩40,000
- 20x1년도 법인세율 20%
- 20x2년 이후 법인세율 30%

① ₩48,000   ② ₩52,000
③ ₩60,000   ④ ₩72,000
⑤ ₩78,000

(1) 당기법인세 : (₩240,000 + ₩20,000 + 40,000) × 20% = ₩60,000
(2) 이연법인세자산 : ₩40,000 × 30% = ₩12,000
- 법인세비용 : (1) − (2) = ₩48,000

정답 ①

3. 용어의 정의

(1) 회계이익 : 법인세비용 차감 전 순이익

(2) 과세소득 : 법인세법에 따라 법인세 부담액을 산출하는 대상소득

(3) 법인세 부담액 : 법인세법 등의 법령에 의하여 각 회계연도에 부담할 법인세 및 법인세에 부가되는 세액의 합계액

(4) 세무기준액 : 자산·부채의 세무기준액이란 세무회계상 자산·부채의 금액

4. 일시적차이

(1) 자산·부채의 일반기업회계상 장부금액과 세무회계상 자산·부채의 금액인 세무기준액과의 차이로 다음과 같은 이유로 발생한다.

① 일반기업회계상의 수익과 비용의 인식시점과 세무상의 익금과 손금의 인식시점이 다른 경우
② 자산을 공정가치 등으로 평가하여 그 장부금액은 변동하였으나 세무기준액은 변동하지 않는 경우
③ 일반기업회계기준에서는 부채로 인식하지 아니하는 준비금을 세무회계상 부채로 인식하는 경우

(2) 분류

① 가산할 일시적차이 : 자산·부채가 회수·상환되는 미래 기간의 과세소득을 증가시키는 효과를 가지는 일시적차이
② 차감할 일시적차이 : 자산·부채가 회수·상환되는 미래 기간의 과세소득을 감소시키는 효과를 가지는 일시적차이

(3) 사례

① 일시적 차이에 해당하는 경우

㉠ 재고자산, 유가증권, 유형자산 등의 차이

㉡ 선급비용의 경우 가산할 일시적차이가 존재하게 된다.

㉢ 미수수익의 경우 가산할 일시적차이가 존재하게 된다.

㉣ 감가상각비 한도초과액 : 차감할 일시적 차이, 미래 세율만큼 이연법인세자산 인식한다.

㉤ 단기매매금융자산 평가이익(손실) : 가산(차감)할 일시적 차이, 미래세율만큼 이연법인세부채(자산)를 인식한다.

② 다음 경우는 일시적차이에 해당하지 아니한다.

㉠ 접대비 한도초과액 → 영구적 차이, 법인세 관련 조정은 없다.

㉡ 자기주식처분이익(손실) : 자본에 가감하는 법인세, 해당 금액만큼 자본에 반영하며 당기손익에는 영향이 없다. 이연법인세자산이나 부채도 발생시키지 않는다.

5. 이연법인세자산과 이연법인세부채

- 회계이익 < 과세소득 : 차감할 일시적차이 발생, 이연법인세 자산 발생가능
- 회계이익 > 과세소득 : 가산할 일시적차이 발생, 이연법인세 부채 발생가능

일시적 차이로 인하여 미래 과세소득을 증가 또는 감소시켜 미래 기간의 법인세부담액을 가산 또는 차감시키는 경우에만 이연법인세회계를 적용한다.

(1) 이연법인세자산

차감할 일시적차이의 법인세효과는 향후 과세소득의 발생이 거의 확실하여 미래의 법인세 절감효과가 실현될 수 있을 것으로 기대되는 경우에 인식

더 알아보기

미래 법인세 절감 효과가 실현가능하다고 판단할 수 있는 경우에 한하여 이연법인세자산을 인식

(2) 이연법인세자산의 실현가능성에 대한 매 회계연도 말 평가

이연법인세자산의 실현가능성은 보고기간종료일마다 재검토되어야 한다.

(3) 이연법인세자산이 계상되는 추가적인 상황

① 결손금 : 결손금이 발생하게 되면 차기 이후 회계연도의 이익발생시 법인세부담액이 감소되는 효과가 나타나므로 이연법인세자산을 계상하게 된다.

② 이월되는 세액공제 : 이월세액공제액이 발생하게 되면 차기 이후 회계연도의 이익발생시 법인세부담액이 감소되는 효과가 나타나므로 이연법인세자산을 계상하게 된다.

(4) 이연법인세부채

가산할 일시적차이가 발생하면 미래 과세소득이 증가하게 되어 미래 법인세부담액을 증가시킨다. 이로 인하여 미래 자산 유출이 증가하게 되어 이를 이연법인세부채로 계상하는 것이다. 이연법인세부채의 경우에는 보수주의에 따라 실현가능성을 검토하지 않고, 바로 부채로 계상한다.

6. 이연법인세자산(부채)의 측정

보고기간 말 현재까지 확정된 세율에 기초하여 당해 자산이 회수되거나 부채가 상환될 기간에 적용될 것으로 예상되는 시점의 세율을 적용하여 측정

7. 법인세비용의 계산절차

(1) 1단계 : 과세소득에 당기명목법인세율을 곱하여 법인세부담액을 계산

> 법인세부담액 = 과세소득 × 당기명목법인세율

(2) 2단계 : 당기 말 재무상태표에 계상될 이연법인세자산(부채)을 계산

> 당기 말 현재의 이연법인세자산(부채) = 당기 말 현재 인식대상 누적 일시적차이 × 일시적차이가 소멸되는 기간의 예상평균법인세율

(3) 3단계 : 이연법인세자산(부채)의 당기변동액을 계산

> 당기 말 현재의 이연법인세자산(부채)에서 전기 말 현재의 이연법인세자산(부채)을 차감

(4) 4단계 : 손익계산서에 계상될 법인세비용을 도출

> 법인세비용 = 당기법인세부담액 ± 이연법인세자산(부채)의 당기변동액

8. 기타 고려할 사항

(1) 분류와 공시

이연법인세자산(부채)은 유동자산(부채)으로 분류하지 아니한다.

(2) 현재가치 적용배제

법인세효과를 현재가치로 평가하지 않는다.

(3) 다음의 조건을 모두 충족하는 경우에만 당기법인세자산과 당기법인세부채를 상계한다.

① 기업이 인식된 금액에 대한 법적으로 집행가능한 상계권리를 가지고 있다.
② 기업이 순액으로 결제하거나, 자산을 실현하는 동시에 부채를 결제할 의도가 있다.

(주)관세의 법인세와 관련된 자료가 다음과 같을 때, 20x1년 말 이연법인세자산(또는 이연법인세부채)은 얼마인가? (단, 20x1년 초에는 이연법인세자산과 이연법인세부채가 존재하지 않았다.)　　　　　　　　　　　　**[2015년 관세사]**

- 20x1년도 법인세비용차감전순이익은 ₩10,000
- 세무조정 결과 회계이익과 과세소득의 차이로 인한 가산할 일시적차이가 ₩5,000이다.
- 법인세율은 30%이다.

① 이연법인세자산 ₩1,500　　　　　　　　② 이연법인세자산 ₩3,000
③ 이연법인세자산 ₩4,500　　　　　　　　④ 이연법인세부채 ₩1,500
⑤ 이연법인세부채 ₩3,000

가산할 일시적 차이₩5,000 × 30% = ₩1,500(이연법인세부채)

정답 ④

(주)감평은 20x1년 1월 1일에 설립되었다. 20x1년도 (주)감평의 법인세비용차감전순이익은 ₩1,000,000이며, 법인세율은 20%이고, 법인세와 관련된 세무조정사항은 다음과 같다.

- 감가상각비 한도초과액은 ₩50,000이고, 동 초과액 중 ₩30,000은 20x2년에, 20,000은 20x3년에 소멸될 것으로 예상된다.
- 접대비한도초과액은 ₩80,000이다.
- 20x1년 말에 정기예금(20x2년 만기)에 대한 미수이자는 ₩100,000이다.

20x1년 중 법인세법의 개정으로 20x2년부터 적용되는 법인세율은 25%이며, 향후 (주)감평의 과세소득은 계속적으로 ₩1,000,000이 될 것으로 예상된다. (주)감평이 20x1년도 포괄손익계산서에 인식할 법인세비용과 20x1년 말 재무상태표에 표시할 이연법인세자산(또는 부채)은? (단, 이연법인세자산과 이연법인세부채는 상계하여 표시한다.)　　　　**[2017년 감정평가사]**

	법인세비용	이연법인세
①	₩218,500	₩12,500(부채)
②	₩206,000	₩12,500(자산)
③	₩206,000	₩12,500(부채)
④	₩218,500	₩37,500(자산)
⑤	₩218,500	₩37,500(부채)

(1) 당기법인세 : (₩1,000,000 + ₩50,000 + 80,000 − ₩100,000) × 20% = ₩206,000
(2) 이연법인세부채 : (₩100,000 − ₩50,000) × 25% = ₩12,500
- 법인세비용 : (1) + (2) = ₩218,500

정답 ①

01 법인세 회계처리에 관한 설명으로 옳은 것은? **[2020 관세사]**

① 영업권을 최초로 인식할 때 차감할 일시적차이가 발생하므로 이연법인세자산을 인식한다.

② 이연법인세자산과 이연법인세부채는 소멸시점을 상세히 추정하여 현재가치로 할인한다.

③ 과거 회계기간의 당기법인세에 대하여 소급공제가 가능한 세무상 결손금과 관련된 혜택은 자산으로 인식하지 않는다.

④ 이연법인세자산의 일부 또는 전부에 대한 혜택이 사용되기에 충분한 과세소득이 발생할 가능성이 더 이상 높지 않더라도 이연법인세자산의 장부금액을 감액시키지 않는다.

⑤ 일시적차이는 자산 또는 부채를 최초로 인식하는 시점에도 발생할 수 있다.

답 ⑤

┃오답해설┃

① 영업권을 최초로 인식할 때 가산할 일시적차이가 발생하므로 이연법인세부채를 인식한다.

② 이연법인세자산과 이연법인세부채는 현재가치로 평가하지 않는다.

③ 과거 회계기간의 당기법인세에 대하여 소급공제가 가능한 세무상결손금과 관련된 혜택은 자산으로 인식한다.

④ 이연법인세자산의 일부 또는 전부에 대한 혜택이 사용되기에 충분한 과세소득이 발생할 가능성이 더 이상 높지 않은 경우 이연법인세자산의 장부금액을 감액시킨다.

02 (주)관세의 20x1년도 법인세와 관련된 자료가 다음과 같을 때 20x1년도 법인세비용은? (단, 차감할 일시적차이와 세무상결손금이 사용될 수 있는 미래 과세소득의 발생가능성은 높고 20x1년 1월 1일 현재 이연법인세자산(부채)은 없다.) **[2017 관세사]**

• 법인세비용차감전순이익	₩240,000
• 접대비 한도초과액	20,000
• 감가상각비 한도초과액	40,000
• 20x1년도 법인세율	20%
• 20x2년 이후 법인세율	30%

① ₩48,000   ② ₩52,000

③ ₩60,000   ④ ₩72,000

⑤ ₩78,000

답 ①

▌정답해설▐

• 세법상법인세 : (₩240,000 + ₩20,000 + 40,000) × 20% = ₩60,000
• 이연법인세자산 : ₩40,000 × 30% = ₩12,000
• 법인세비용 : ₩60,000 − ₩12,000 = ₩48,000

03 (주)관세의 법인세와 관련된 자료가 다음과 같을 때, 20x1년 말 이연법인세자산(또는 이연법인세부채)은 얼마인가? (단, 20x1년 초에는 이연법인세자산과 이연법인세부채가 존재하지 않았다.) **[2015 관세사]**

• 20x1년도 법인세비용차감전순이익은 ₩10,000
• 세무조정 결과 회계이익과 과세소득의 차이로 인한 가산할 일시적차이가 ₩5,000이다.
• 법인세율은 30%이다.

① 이연법인세자산 ₩1,500

② 이연법인세자산 ₩3,000

③ 이연법인세자산 ₩4,500

④ 이연법인세부채 ₩1,500

⑤ 이연법인세부채 ₩3,000

답 ④

▌정답해설▐

가산할 일시적차이 ₩5,000 × 30% = ₩1,500(이연법인세부채)

04 (주)감평은 20x1년 1월 1일에 설립되었다. 20x1년도 (주)감평의 법인세비용차감전순이익은 ₩1,000,000 이며, 법인세율은 20%이고, 법인세와 관련된 세무조정사항은 다음과 같다.

- 감가상각비 한도초과액은 ₩50,000이고, 동 초과액 중 ₩30,000은 20x2년에, 20,000은 20x3년에 소멸될 것으로 예상된다.
- 접대비한도초과액은 ₩80,000이다.
- 20x1년 말에 정기예금(20x2년 만기)에 대한 미수이자는 ₩100,000이다.

20x1년 중 법인세법의 개정으로 20x2년부터 적용되는 법인세율은 25%이며, 향후 (주)감평의 과세소득은 계속적으로 ₩1,000,000이 될 것으로 예상된다. (주)감평이 20x1년도 포괄손익계산서에 인식할 법인세비용과 20x1년 말 재무상태표에 표시할 이연법인세자산(또는 부채)은? (단, 이연법인세자산과 이연법인세부채는 상계하여 표시한다.) **[2017 감정평가사]**

	법인세비용	이연법인세
①	₩218,500	₩12,500(부채)
②	₩206,000	₩12,500(자산)
③	₩206,000	₩12,500(부채)
④	₩218,500	₩37,500(자산)
⑤	₩218,500	₩37,500(부채)

 답 ①

┃ 정답해설 ┃

- 세법상법인세 : (₩1,000,000 + ₩50,000 + 80,000 − ₩100,000) × 20% = ₩206,000
- 이연법인세부채 : (₩100,000 − ₩50,000) × 25% = ₩12,500
- 법인세비용 : ₩206,000 + ₩12,500 = ₩218,500

05 (주)관세는 20x1년 1월 1일 (주)리스와 다음과 같이 금융리스계약을 체결하였다.

> • 리스기계의 공정가치는 ₩1,000,000, 내용연수는 6년, 잔존가치는 ₩150,000이다.
> • 리스기간은 5년, 보증잔존가치는 ₩100,000, 리스기간 종료 후 리스자산을 반환한다.
> • 연간 리스료는 매년 말 ₩200,000을 지급한다.
> • 내재이자율은 10%이다.

리스이용자인 (주)관세가 장기 리스계약과 관련하여 20x1년 인식할 총비용은 얼마인가? (단, 단일금액 ₩1의 현가계수(10%, 5년)는 0.62, 정상연금 ₩1의 현가계수(10%, 5년)는 3.79이다.)

[2014 관세사]

① ₩197,400

② ₩202,000

③ ₩207,400

④ ₩216,000

⑤ ₩226,000

답 ⑤

▌정답해설▐

• 금융리스자산
  현재가치 : ₩200,000 × 3.79 + ₩100,000 × 0.62 = ₩820,000

• 금융리스부채
  현재가치 : ₩200,000 × 3.79 + ₩100,000 × 0.62 = ₩820,000
  감가상각비 : (₩820,000 - ₩100,000) ÷ 5년 = ₩144,000
  이자비용 : ₩820,000 × 10% = ₩82,000
  총비용 : ₩144,000 + ₩82,000 = ₩226,000

06 (주)감평은 (주)대한리스회사와 20x1년 1월 1일 공정가치 ₩2,500,000의 기계장치에 대한 금융리스계약을 체결하였다. 리스기간은 3년이고 리스기간 종료시 리스자산을 반환한다. 리스료는 매년 말 ₩1,000,000을 지급하며, 리스기간 종료시 예상잔존가치 ₩200,000 중 ₩100,000을 보증하기로 하였다. 리스기간 개시일에 (주)감평이 인식하여야 할 금융리스부채는? (단, 동 금융리스에 적용되는 내재이자율은 연 8%이고, 단일금액 ₩1의 현가계수(3년, 8%)와 정상연금 ₩1의 현가계수(3년, 8%)는 각각 0.7938과 2.5771이다.)

[2016 감정평가사]

① ₩2,300,000

② ₩2,413,680

③ ₩2,500,000

④ ₩2,577,100

⑤ ₩2,656,480

답 ⑤

▌정답해설▐

₩1,000,000 × 2.5771 + ₩100,000 × 0.7938 = ₩2,656,480

07 (주)관세는 20x1년 1월 1일 기계장치를 제조하여 다음과 같이 (주)부산에 공급하고 금융리스계약을 체결하였다.

> • 기계장치 공정가치 : ₩350,000
> • 기계장치 제조원가 : ₩200,000
> • 리스조건
>   – 리스기간 : 3년
>   – 정기리스료 : 매년 말 ₩100,000씩 지급
>   – 리스기간 종료 시 추정 잔존가치 : ₩50,000
>   – 리스기간 종료 시 리스이용자의 보증잔존가치 ₩30,000
>   – 20x1년 1월 1일 리스제공자의 시장이자율은 연 10%이다.

이자율 10%의 현가표가 아래와 같은 경우, (주)관세가 위 거래와 관련하여 20x1년에 인식해야 하는 매출액과 매출원가는 각각 얼마인가? **[2012 관세사]**

기간	정상연금 ₩1의 현재가치	기간 말 ₩1의 현재가치
1	0.9091	0.9091
2	1.7355	0.8264
3	2.4868	0.7513

	매출액	매출원가
①	₩271,219	₩184,974
②	₩271,219	₩200,000
③	₩286,251	₩184,974
④	₩286,251	₩200,000
⑤	₩350,000	₩200,000

답 ①

━━━━━━━━━━━━━━━━━━━━━━━━━━━

▌정답해설▐

• 매출액 : Min[₩271,219〈*〉, ₩350,000] = ₩271,219
  〈*〉 ₩100,000 × 2.4868 + ₩30,000 × 0.7513 = ₩271,219
• 매출원가 : ₩200,000 – ₩20,000 × 0.7513 = ₩184,974

08 (주)감평은 20x1년 1월 1일 미국에 있는 건물(취득원가 $5,000, 내용연수 5년, 잔존가치 $0, 정액법 상각)을 취득하였다. (주)감평은 건물에 대하여 재평가모형을 적용하고 있으며, 20x1년 12월 31일 현재 동 건물의 공정가치는 $6,000로 장부금액과의 차이는 중요하다. (주)감평의 기능통화는 원화이며, 20x1년 1월 1일과 20x1년 12월 31일의 환율은 각각 ₩1,800/$과 ₩1,500/$이고, 20x1년의 평균환율은 ₩1,650/$이다. (주)감평이 20x1년 말 재무상태표에 인식해야 할 건물에 대한 재평가잉여금은?

[2020 감정평가사]

① ₩1,500,000   ② ₩1,650,000

③ ₩1,800,000   ④ ₩3,000,000

⑤ ₩3,300,000

답 ③

┃ 정답해설 ┃

- 재평가 전 장부금액 : $5,000 − $5,000/5 = $4,000
- 재평가잉여금 : $6,000 × ₩1,500 − $4,000 × ₩1,800 = ₩1,800,000

무언가를 시작하는 방법은

말하는 것을 멈추고, 행동을 하는 것이다.

– 월트 디즈니 –

제2편

원가관리회계

CHAPTER 01 원가회계의 기초

제1절 원가관리회계의 기초이론

1. 원가관리회계의 개요

(1) 재무회계와 관리회계

회계는 목적에 따라 재무회계와 관리회계로 구분할 수 있다.

① 재무회계 : 외부정보이용자의 의사결정에 유용한 정보를 제공하는 것
② 관리회계 : 내부정보이용자(경영자)의 의사결정에 유용한 정보를 제공하는 것

> **더 알아보기** 재무회계와 관리회계의 비교
>
> | | 재무회계 | 관리회계 |
> |---|---|---|
> | 목적 | 외부보고, 투자 등 의사결정 | 내부보고, 관리적 의사결정 |
> | 정보이용자 | 외부이용자(주주, 채권자 등) | 내부이용자(경영자) |
> | 보고수단 | 재무제표 | 특정양식 없음 |
> | 기업회계기준 | 적용 ○ | 적용 × |
> | 지향점 | 과거지향적 | 미래지향적 |

(2) 원가회계와 관리회계

① 원가회계 : 제품의 정확한 원가정보를 생성, 측정하는 과정
② 관리회계 : 경영자에게 기업의 관리적 의사결정(계획, 통제)에 유용한 정보를 제공하기 위한 과정

2. 원가

(1) 원가의 분류

① 제조활동에 따른 분류

제조원가(제품원가)	• 제조활동과 관련하여 발생하는 원가 • 제조원가의 3요소 　㉠ 직접재료비(DM) : 제품을 생산하는데 투입된 원재료 중 제품제조와 직접 관련된 원재료 　㉡ 직접노무비(DL) : 제품을 생산하는데 투입된 인건비 중 제품제조와 직접관련된 인건비 　㉢ 제조간접비(OH) : 직접재료비와 직접노무비를 제외한 제조원가로 간접재료비, 간접노무비 　　 및 기타 제조원가가 있음(예 공장건물의 감가상각비, 보험료, 제품 제조과정에서 발생한 　　 전력비·수도료 등)
비제조원가(기간비용)	• 제조활동과 관련 없이 발생하는 원가로서 당기비용으로 인식 • 예 : 판매비와 관리비 등

② 추적 가능성에 따른 분류

직접비(직접원가)	• 원가대상에 직접적으로 추적이 가능한 원가 • 예 : 직접재료비, 직접노무비, 직접제조경비, 부문직접비
간접비(간접원가)	• 원가대상에 직접적으로 추적이 불가능한 원가 • 예 : 간접재료비, 간접노무비, 간접제조경비, 부문간접비

③ 기초원가(기본원가)와 전환원가(가공원가)

기초원가(기본원가)	기초원가 = 직접재료비 + 직접노무비
전환원가(가공원가)	전환원가 = 직접노무비 + 제조간접비

④ 원가행태에 따른 분류 : 원가행태란 조업도가 변화함에 따라 총원가가 변화되는 양상을 말한다.

변동비 (변동원가, VC)	• 조업도가 늘어나거나 줄어들면 그에 비례하여 증감하는 원가 • 조업도에 따라 총원가가 같이 변동하므로, 단위당 변동비는 조업도에 관계없이 일정하다. • 예 : 직접재료비, 직접노무비, 변동제조간접비 및 변동판매관리비
고정비 (고정원가, FC)	• 조업도의 증감에 관계없이 변화하지 않는 원가 • 단위당 고정비는 조업도가 증가함에 따라 감소한다. • 예 : 임차료, 감가상각비, 세금과공과 등(고정제조간접비, 고정판매관리비)
준변동비	• 고정비와 변동비 두 가지 요소를 동시에 갖고 있는 원가 • 예 : 통신비
준고정비 (계단원가)	• 일정조업도 범위내에서는 총원가가 일정하지만 그 범위를 벗어나면 총원가가 변동하는 원가 • 예 : 공장 임차료

⑤ 자산화 여부에 따른 분류

제품원가	제품을 제조하기 위하여 투입된 제조원가
기간원가 (비제조원가, 재고불능원가)	제품원가를 제외한 모든 원가(발생한 기간에 당기비용으로 처리)

⑥ 의사결정과의 관련성에 따른 분류

관련원가	• 의사결정 대안 간에 차이가 나는 원가 ㉠ 회피가능원가 : 의사결정에 따라 회피할 수 있는 원가 ㉡ 기회비용(기회원가) : 여러 대체안 중에서 하나를 선택함으로써 포기하게 되는 최대의 효익
비관련원가	• 의사결정에 영향을 미치지 못하는 원가 ㉠ 매몰원가 : 과거에 이미 발생한 원가(역사적 원가) ㉡ 미래원가 : 후일에 발생되리라 기대되는 원가로 역사적 원가에 대립되는 개념

⑦ 통제가능성에 따른 분류

통제가능원가	• 단기간에 특정의 경영자가 원가발생의 크기에 관해 주된 영향을 미칠 수 있는 원가 • 예 : 재료비, 인건비, 소모품비, 수도광열비 등
통제불능원가	• 단기간에 특정 경영자의 수준에서는 그 발생을 통제할 수 없는 원가 • 예 : 감가상각비, 제세공과금, 보험료, 임차료 등

(2) 원가의 구성요소

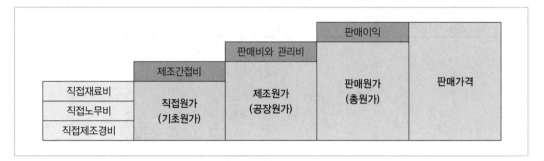

① 직접원가(기초원가)

직접원가 = 직접재료비 + 직접노무비 + 직접제조경비

② 제조원가

제조원가 = 직접원가 + 제조간접비(간접재료비 + 간접노무비 + 간접제조경비)

③ 판매원가(총원가)

판매원가 = 제조원가 + 판매비와 관리비

④ 판매가격

판매가격 = 판매원가 + 판매이익

(3) 원가계산방법의 분류

① 원가의 집계방법에 따른 분류

개별원가계산	㉠ 다품종 소량생산이나 주문생산 ㉡ 각 개별 작업별로 원가를 집계 ㉢ 업종 : 항공기, 건설업 등
종합원가계산	㉠ 소품종 대량생산 ㉡ 각 공정별로 원가집계 ㉢ 업종 : 정유업, 시멘트 등

② 제품원가의 범위에 따른 분류

전부원가계산	㉠ 제조현장에서 발생한 모든 원가를 제품원가에 포함시킨 후 판매량에 대해서 매출원가로 비용처리 ㉡ 제품원가 = 직접재료비 + 직접노무비 + 변동제조간접비 + 고정제조간접비 ㉢ 기간비용 = 판매비와 관리비
변동원가계산	㉠ 제품을 생산하지 않는 경우 회피할 수 있는 원가인 변동제조원가만을 제품원가에 포함시키고 고정제조원가는 기간비용으로 처리 ㉡ 제품원가 = 직접재료비 + 직접노무비 + 변동제조간접비 ㉢ 기간비용 = 고정제조간접비 + 판매비와 관리비

③ 원가의 측정시점에 따른 분류

실제원가계산	모든 원가요소를 제품제조 후 실제 발생한 원가로 집계하여 계산
예정원가계산 (정상원가계산)	㉠ 직접재료비와 직접노무비 : 실제 발생한 원가를 기준으로 계산 ㉡ 제조간접비 : 미리 정해 놓은 예정배부기준에 의해 구해진 예정배부율을 기준으로 제품원가를 측정
표준원가계산	생산활동이 가장 효율적인 조건에서 이루어질 경우의 원가요소를 분석하여 얻은 이상적 원가로 계산

제2절　원가흐름

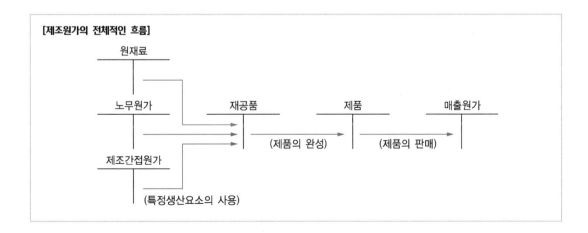

[제조원가의 전체적인 흐름]

1. 제조원가의 3요소

(1) 직접재료비

당기의 제조에 투입된 재료비는 다음과 같이 계산한다.

> 직접재료비 = 기초원재료재고액 + 당기원재료매입액 − 기말원재료재고액

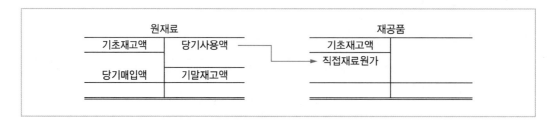

(2) 직접노무비

당기의 제조에 투입된 직접노무비는 다음과 같이 재공품으로 흘러간다.

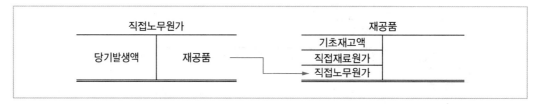

(3) 제조간접비

제조간접비는 다음과 같이 재공품으로 흘러간다.

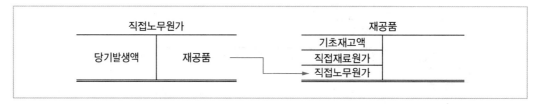

2. 제조원가의 계산

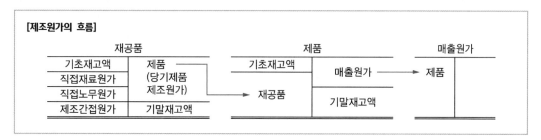

[제조원가의 흐름]

(1) 재공품

제조과정에 투입되었지만 완성되지 않고 제조 중인 제품에 배부된 직접재료원가, 직접노무원가, 제조간접원가를 기록하는 계정

(2) 제품

제조과정이 완료되어 판매를 위해 보관하고 있는 제조원가

(3) 당기총제조원가

당기의 제조과정에 투입된 모든 제조원가

당기총제조원가 = 직접재료비 + 직접노무비 + 제조간접비

(4) 당기제품제조원가

당기에 완성한 제품의 제조원가

당기제품제조원가 = 기초재공품재고액 + 당기총제조원가 − 기말재공품재고액

(5) 매출원가

당기에 판매한 제품의 원가

매출원가 = 기초제품재고액 + 당기제품제조원가 − 기말제품재고액

다음은 (주)관세의 20x1년 생산·판매와 관련된 자료이다.

• 기초재공품	₩170,000
• 전환원가(가공원가)	₩2,250,000
• 기말재공품	320,000
• 기초제품	130,000
• 직접재료원가	830,000
• 기말제품	110,000
• 직접노무원가	750,000
• 매출액	3,835,000

위 자료를 이용하여 계산한 (주)관세의 20x1년 매출총이익은?

① ₩135,000   ② ₩885,000
③ ₩905,000   ④ ₩925,000
⑤ ₩965,000

(1) 당기제품제조원가 = 직접재료원가 + 직접노무원가 + 제조간접비 + 기초재공품 − 기말제공품
       = ₩830,000 + ₩2,250,000 + ₩170,000 − ₩320,000 = ₩2,930,000
(2) 매출원가 = 기초제품 + 당기제품제조원가 − 기말제품
       = ₩130,000 + ₩2,930,000(1) − ₩110,000 = ₩2,950,000
(3) 매출총이익 = 매출액 − 매출원가
       = ₩3,835,000 − ₩2,950,000 = ₩885,000

정답 ②

(주)감평의 20x6년도 생산·판매 자료가 다음과 같을 때 기본원가(prime cost)는? **[2016년 감정평가사]**

• 재고자산

구 분	기 초	기 말
원재료	₩10,000	₩12,000
재공품	50,000	60,000
제품	80,000	96,000

• 당기 원재료 매입 ₩40,000
• 당기매출원가 ₩150,000
• 직접노무원가는 가공원가의 60%이며, 원재료는 직접재료로만 사용된다고 가정한다.

① ₩82,800   ② ₩105,200
③ ₩120,800   ④ ₩132,800
⑤ ₩138,000

(1) 당기제품제조원가 : ₩96,000(기말제품) + ₩150,000(매출원가) − ₩80,000(기초제품) = ₩166,000
(2) 당기총제조원가 : ₩106,000(당기제품제조원가) + ₩60,000(기말재공품) − ₩50,000(기초재공품) = ₩176,000
(3) 직접재료비 : ₩10,000(기초원재료) + ₩40,000(매입) − ₩12,000(기말원재료) = ₩38,000
(4) 직접노무비 : ₩138,000〈*〉 × 60% = ₩82,800
　　〈*〉 가공비 : (2) − (3) = ₩138,000
∴ 기본원가 : (3) + (4) = ₩120,800

정답 ③

예시문제

다음은 제품A를 생산·판매하는 (주)관세의 20x1년 분기별 판매계획이다.

구분	1분기	2분기	3분기	4분기
예상판매수량	1,000단위	1,000단위	1,200단위	1,300단위
분기 말 예상재고수량	400단위	480단위	520단위	450단위

(주)관세의 20x1년 제품A의 기초재고수량이 300단위라면, 20x1년 제품A의 연간 예상 생산수량은?
① 4,350단위　　　　　　　　　② 4,550단위
③ 4,650단위　　　　　　　　　④ 4,700단위
⑤ 4,750단위

기초재고수량 + 당기 생산수량 = 당기 판매수량 + 기말재고수량

구분	1분기	2분기	3분기	4분기	합계
분기 초 예상재고	300단위	400단위	480단위	520단위	
분기 생산	1,100단위	1,080단위	1,240단위	1,230단위	4,650단위
예상판매	1,000단위	1,000단위	1,200단위	1,300단위	
분기 말 예상재고	400단위	480단위	520단위	450단위	

정답 ③

01 (주)감평의 20x5년 1월 1일 재공품 재고액은 ₩50,000이고, 1월 31일 재공품 재고액은 ₩100,000이다. 1월에 발생한 원가자료가 다음과 같을 경우, (주)감평의 20x5년 1월 당기제품제조원가는?

[2015 감정평가사]

• 직접재료 사용액	₩300,000
• 공장건물 감가상각비	100,000
• 공장기계 수선유지비	150,000
• 본사건물 감가상각비	200,000
• 영업직원 급여	300,000
• 공장감독자 급여	400,000
• 공장근로자 급여	500,000
• 판매수수료	100,000

① ₩1,000,000   ② ₩1,400,000

③ ₩1,450,000   ④ ₩1,600,000

⑤ ₩1,900,000

답 ②

┃ **정답해설** ┃

당기제품제조원가 : ₩50,000(기초재공품) + 당기총제조원가⟨*⟩ − ₩100,000(기말재공품) = ₩1,400,000

⟨*⟩ : ₩300,000 + ₩100,000 + ₩150,000 + ₩400,000 + ₩500,000 = ₩1,450,000

02 다음은 (주)관세의 20x1년 영업자료에서 추출한 정보이다. 직접노무원가가 기본원가(prime cost)의 50%일 경우, 당기제품제조원가는? **[2021 관세사]**

• 기초직접재료	₩200
• 기말직접재료	100
• 보험료 – 본사사옥	200
• 보험료 – 공장설비	100
• 감가상각비 – 본사사옥	100
• 감가상각비 – 공장설비	50
• 기타 제조간접원가	300
• 기초재공품	1,500
• 기말재공품	1,000
• 직접재료 매입액	500

① ₩1,850
② ₩1,950
③ ₩2,050
④ ₩2,150
⑤ ₩2,250

답 ④

┃정답해설┃
- 당기총제조원가 : (1) + (2) + (3) = ₩1,650
  - (1) 직접재료원가 : ₩200 + ₩500 − ₩100 = ₩600
  - (2) 직접노무원가 : (₩600 + 직접노무원가) × 50%, 직접노무원가 = ₩600
  - (3) 제조간접원가 : ₩100 + ₩50 + ₩300 = ₩450
- 당기제품제조원가 : ₩1,500 + ₩1,650 − ₩1,000 = ₩2,150

03 (주)한국의 20x0년 기초 및 기말 재고자산은 다음과 같다.

	20x0년 초	20x0년 말
원재료	₩300,000	₩400,000
재공품	₩200,000	₩400,000
제품	₩500,000	?

20x0년 중 (주)한국의 원재료 매입액은 ₩1,500,000이었으며, 제조간접원가는 가공원가의 50%인 ₩2,500,000이 발생하였다. (주)한국의 20x0년도 매출액이 ₩7,200,000이고, 이는 매출원가의 120%에 해당한다. 20x0년 말 제품재고액은 얼마인가? **[2010 감정평가사]**

① ₩400,000

② ₩500,000

③ ₩600,000

④ ₩700,000

⑤ ₩800,000

답 ④

┃정답해설┃

- 당기총제조원가 : (1) + (2) = ₩6,400,000
  (1) 직접재료비 : ₩300,000 + ₩1,500,000 − ₩400,000 = ₩1,400,000
  (2) 가공원가 : ₩2,500,000 ÷ 50% = ₩5,000,000
- 당기제품제조원가 : ₩200,000 + ₩6,400,000 − ₩400,000 = ₩6,200,000
- 기말 제품재고 : ₩500,000 + ₩6,200,000 − (₩7,200,000 ÷ 120%) = ₩700,000

04 (주)관세의 20x1년 6월 매출액은 ₩400,000이며, 매출총이익률은 25%이다. 원가 관련 자료가 다음과 같을 때 6월 말 직접재료재고액은?

[2020 관세사]

구분	6월초	6월말
직접재료	₩20,000	?
재공품	50,000	₩40,000
제품	90,000	100,000
직접재료매입액	180,000	
전환(가공)원가	130,000	

① ₩20,000
② ₩30,000
③ ₩40,000
④ ₩50,000
⑤ ₩60,000

답 ②

┃ 정답해설 ┃

(1) 매출원가 : ₩400,000 × (1 − 25%) = ₩300,000
(2) 당기제품제조원가 : (1) + ₩100,000 − ₩90,000 = ₩310,000
(3) 당기총제조원가 : (2) + ₩40,000 − ₩50,000 = ₩300,000
(4) 직접재료비 : (3) − ₩130,000 = ₩170,000
(5) 6월 말 직접재료재고액 : ₩20,000 + ₩180,000 − (4) = ₩30,000

05 아래 정보를 사용하여 당기제품제조원가를 계산하시오. **[2002 감정평가사]**

> (1) 직접재료비는 ₩120,000이며 당기총제조원가의 40%이다.
> (2) 제조간접비는 가공비의 30%를 차지한다.
> (3) 기초재공품은 당기총제조원가의 25%이고 기말재공품은 기초재공품의 150%이다.

① ₩262,500　　　　　　　　　② ₩300,000

③ ₩387,500　　　　　　　　　④ ₩412,500

⑤ ₩487,500

답 ①

▌정답해설▐

(1) 당기총제조원가 : ₩120,000 ÷ 40% = ₩300,000

(2) 가공비 : (1) − ₩120,000 = ₩180,000

(3) 당기제품제조원가 : (₩300,000 × 25%) + (1) − (₩75,000 × 150%) = ₩262,500

06 (주)대한은 매출원가의 20%에 해당하는 이익을 매출원가에 가산하여 판매하고 있으며, 당기에 완성된 모든 제품을 ₩180,000에 판매하였다. 제조간접원가 예정배부율은 직접노무원가의 60%이다. 당기의 원가자료가 다음과 같다면 기말재공품 평가액은? (단, 기초 및 기말 제품재고는 없으며, 제조간접원가 배부차이도 없었다.) **[2014 감정평가사]**

• 기초재공품	₩20,000
• 기본원가(prime costs)	120,000
• 가공원가(conversion costs)	160,000

① ₩50,000　　　　　　　　　② ₩52,000

③ ₩54,000　　　　　　　　　④ ₩56,000

⑤ ₩58,000

답 ①

▌정답해설▐

• 가공원가 : 직접노무비 + 제조간접비(= 직접노무비 × 60%) = ₩160,000

　제조간접비 = ₩60,000, 직접노무비 = ₩100,000

• 당기총제조원가 : ₩120,000 + ₩60,000 = ₩180,000

• 매출원가 : ₩180,000 ÷ 1.2 = ₩150,000

• 기말재공품 : ₩20,000 + ₩180,000 − ₩150,000 = ₩50,000

07 제품생산에 사용한 기계의 감가상각비를 기간비용으로 처리한 결과로 옳은 것은? (단, 선입선출법이 적용된 기말재공품재고가 존재한다.) **[2012 관세사]**

① 매출총이익이 과소계산 된다.

② 판매관리비가 과소계산 된다.

③ 당기총제조원가가 과대계산 된다.

④ 기말재공품재고 금액이 과소계산 된다.

⑤ 매출원가가 과대계산 된다.

답 ④

▌**오답해설**▐

② 판매관리비 과대

①, ③, ⑤ 당기총제조원가 과소 → 당기제품제조원가 과소 → 매출원가 과소 → 매출총이익 과대

---

08 실제개별원가계산제도를 사용하는 (주)감평의 20x1년도 연간 실제원가는 다음과 같다.

• 직접재료원가	₩4,000,000
• 직접노무원가	5,000,000
• 제조간접원가	1,000,000

(주)감평은 20x1년 중 작업지시서 ■901을 수행하였는데 이 작업에 320시간의 직접노무시간이 투입되었다. (주)감평은 제조간접원가를 직접노무시간을 기준으로 실제배부율을 사용하여 각 작업에 배부한다. 20x1년도 실제 총직접노무시간은 2,500시간이다. (주)감평이 작업지시서 ■901에 배부하여야 할 제조간접원가는? **[2018 감정평가사]**

① ₩98,000

② ₩109,000

③ ₩128,000

④ ₩160,000

⑤ ₩175,000

답 ③

▌**정답해설**▐

₩1,000,000 ÷ 2,500시간 × 320시간 = ₩128,000

CHAPTER 02 원가배분과 보조부문 원가배분

제1절 원가배분

1. 원가배분

(1) 원가배분의 의의

제품제조와 관련한 공통원가를 배부기준에 따라 원가대상(제품 또는 부문 등)에 대응시키는 것

(2) 원가배분의 목적

① 각종 경제적 의사결정을 합리적으로 수행하기 위한 정보를 제공한다.

② 종업원이나 경영자에 대한 동기를 부여하는 계기가 되고, 성과를 평가할 수 있다.

③ 재고자산의 금액 및 이익측정을 위한 제품원가를 산출하여 외부에 공시되는 재무제표 작성의 자료를 제공한다.

(3) 원가배분의 기준

① 인과관계기준

  ㉠ 원가대상과 배분대상원가 간의 인과관계에 따라 원가를 배분하는 기준

  ㉡ 가장 이상적인 원가배분기준으로 인과관계로 인한 원가배분이 경제적으로 실현가능한 경우에는 이 기준에 의하여 원가를 배분하여야 한다.

  ㉢ 예 : 조립원가를 조립시간을 기준으로 배분하는 경우

② 수혜기준

  ㉠ 원가대상이 공통원가로부터 제공받은 경제적 효익의 크기에 따라 원가를 배분하는 기준

  ㉡ 예 : 기업의 광고선전비를 광고 후 각 부서의 매출증가액을 기준으로 배분하는 경우

③ 부담능력기준

  ㉠ 원가대상이 원가를 부담할 수 있는 능력에 따라 원가를 배분하는 기준

  ㉡ 매출이 높은 원가대상이 원가를 부담할 능력을 더 많이 가지고 있다는 가정 하에 원가를 배분하는 방법

  ㉢ 예 : 본점에서 발생하는 공통원가를 각 지점의 매출액을 기준으로 배분하는 경우

④ 증분기준 : 최초 사용자와 추가 사용자로 구분하여 전체 발생원가 중 추가사용으로 증가된 원가만을 추가 사용자에게 배분하고 나머지 원가는 최초 사용자에게 부담시키는 방법

(4) 원가배분의 유형

① 보조부문원가를 제조부문에 배분하는 것

② 제조간접원가를 개별제품(또는 작업)에 배분하는 것

③ 제조공정에 집계된 제조원가를 완성품과 기말재공품에 배분하는 것

2. 제조간접비의 배분절차

(1) 제조간접비 배부율

$$\frac{제조간접비(발생액)}{배부기준(조업도)}$$

(2) 개별작업에 배분되는 제조간접비

$$제조간접비\ 배부율 \times 개별작업의\ 배부기준(조업도)$$

(3) 배부방법

① 측정시점에 따른 분류 : 실제배부법, 예정배부법
② 집계방법에 따른 분류 : 공장전체배분법, 부문별배분법, 활동별배분법

3. 정상(예정)원가계산

(1) 정상원가계산의 의의

① 직접재료비와 직접노무비는 실제발생액, 제조간접비는 예정배부액을 이용하여 원가계산
② 원가계산이 신속하며, 예정배부액과 실제발생액을 비교가능하므로 원가관리 및 성과평가에 유용하다.

(2) 정상원가계산의 절차

① 제조간접비 예정배부율

$$\frac{제조간접비(예상액)}{예정배부기준(조업도)}$$

② 개별작업에 배분되는 제조간접비

$$제조간접비\ 예정배분율 \times 개별작업의\ 실제조업도$$

더 알아보기 실제원가계산과 정상원가계산의 비교

구분	실제원가계산	정상원가계산
직접재료원가	실제원가	실제원가
직접노무원가	실제원가	실제원가
제조간접원가	실제원가	예정원가

(3) 예정조업도(정상조업도, 기준조업도)

정상적인 조업중단을 감안한 상황에서 평균적으로 달성할 수 있을 것으로 기대하는 생산수준

(4) 예정배부율과 예정배부액

① 예정배부율

$$\frac{예상\ 총제조간접원가}{예상\ 총배부기준량}$$

② 제조간접비 예정배부율

$$\frac{일정기간의\ 제조간접비\ 총액}{동기간의\ 예정배부기준\ 총액}$$

③ 제조간접비 예정배부액

$$제품별\ 실제배부기준량 \times 제조간접비\ 예정배부율$$

예시문제

(주)감평은 제조원가 항목을 직접재료원가, 직접노무원가 및 제조간접원가로 분류한 후, 개별 – 정상원가계산을 적용하고 있다. 기초재공품(작업No.23)의 원가는 ₩22,500이며, 당기에 개별 작업별로 발생된 직접재료원가와 직접노무원가를 다음과 같이 집계하였다.

작업번호	직접재료원가	직접노무원가
No.23	₩2,000	₩6,000
No.24	9,000	10,000
No.25	14,000	8,000

제조간접원가는 직접노무원가에 비례하여 예정배부한다. 기초에 직접노무원가는 ₩20,000으로 예측되었으며, 제조간접원가는 ₩30,000으로 예측되었다. 기말 현재 진행 중인 작업은 No.25뿐이라고 할 때, 당기제품제조원가는?

[2013년 감정평가사]

① ₩34,000
③ ₩56,500
⑤ ₩73,500
② ₩39,500
④ ₩62,000

- 예정배부율 : ₩30,000(제조간접원가예산) ÷ ₩20,000(예정조업도) = ₩1.5
- 기초재공품(No.23) : ₩22,500
- 당기착수원가 : (₩2,000 + ₩9,000 + ₩14,000) + (₩6,000 + ₩10,000 + ₩8,000) + ₩24,000 × ₩1.5 = ₩85,000
- 기말재공품(No.25) : ₩14,000 + ₩8,000 + ₩8,000 × 1.5 = ₩34,000
- 당기제품제조원가 : ₩22,500 + ₩85,000 − ₩34,000 = ₩73,500

정답 ⑤

(5) 제조간접비 배부차이

① 의의
   ㉠ 실제발생액 < 예정배부액 → 과대배부(유리)
   ㉡ 실제발생액 > 예정배부액 → 과소배부(불리)

② 차이조정 : 예정배부액과 실제발생액 사이에서 발생하는 차이조정 방법은 다음과 같다.
   ㉠ 원가성이 인정되는 경우
      ⓐ 총원가비례배분법 : 배부차이가 중요한 경우 제조간접비 배부차이를 재공품과 제품, 매출원가 계정별로 비례하여 조정
      ⓑ 매출원가조정법 : 배부차이가 중요하지 않은 경우 전액 매출원가에서 조정
      ⓒ 원가요소별 비례배분법 : 재공품, 제품, 매출원가의 기말잔액에 포함된 제조간접비의 비율에 따라 조정
   ㉡ 원가성이 인정되지 않는 경우(영업외손익법) : 과소배부액은 영업외비용으로, 과대배부액은 영업외수익으로 처리

예시문제

(주)관세는 20x1년 영업을 개시하여 우주선을 제작·판매하고 있으며, 정상개별원가계산을 채택하고 있다. 제조와 관련된 원가 및 활동 자료는 다음과 같다.

	단거리 우주선	중거리 우주선	장거리 우주선
직접재료원가	₩240,000	₩370,000	₩480,000
직접노무원가	150,000	300,000	450,000
실제기계시간	495시간	1,485시간	1,980시간

(주)관세는 20x1년 초 연간 제조간접원가는 ₩1,280,000, 제조간접원가 배부기준인 기계시간은 4,000시간으로 예상하였으며 20x1년에 실제 발생한 제조간접원가는 ₩1,170,000이다. 20x1년 말 단거리 우주선은 완성되어 판매되었고 중거리 우주선은 완성되었으나 판매되지 않았으며 장거리 우주선은 미완성 상태이다. (주)관세는 제조간접원가 배부차이를 원가요소별 비례배분법으로 조정한다. 제조간접원가 배부차이를 조정한 후의 매출원가는?

① ₩451,200
② ₩536,250
③ ₩560,550
④ ₩562,150
⑤ ₩645,600

• 예정배부율 : ₩1,280,000/4,000시간 = ₩320
• 예정배부액 : 3,960시간 × ₩320 = ₩1,267,200
• 배부차이 : 1,267,200 − ₩1,170,000 = 과대배부 ₩97,200
• 배부차이 조정 전 매출원가 : ₩240,000 + ₩150,000 + 495시간 × ₩320 = ₩548,400
• 배부차이조정 : ₩97,200 × (495시간 × ₩320)/(3,960시간 × ₩320) = ₩12,150
• 배부차이 조정 후 매출원가 : ₩548,400(4) − ₩12,150(5) = ₩536,250

정답 ②

1. 보조부문 원가배분의 의의

(1) 제조기업은 아래와 같이 부문이 구분된다.

① 직접 제조활동을 하는 제조부문(절단부문, 조립부문 등)

② 제조부문을 도와주는 보조부문(동력부문, 수선부문 등)

(2) 보조부문에서 발생한 원가는 개별제품에 직접 추적할 수 없으므로 제조간접원가로 구분되며, 이를 제조부문에 배분한다.

(3) 일반적으로 많이 사용되는 보조부문원가의 배분기준은 아래와 같다.

보조부문	배부기준
건물관리부문	면적 또는 가액
시설유지부	면적
전력부문	전력사용량
창고부문	재료사용량
인사관리부	종업원수
식당부문	종업원수
수선유지부	수선횟수 또는 수선시간
구매부문	주문횟수나 주문비용

2. 보조부문원가의 배분방법

(1) 직접배분법

① 보조부문 상호간의 용역제공관계를 무시하고 보조부문원가를 제조부문에 배분하는 방법

② 따라서 보조부문원가는 다른 보조부문에 전혀 배분되지 않게 된다.

③ 배부절차는 간단하지만 보조부문 상호 간의 용역수수가 많은 경우에는 정확성이 떨어진다.

예시문제

(주)관세는 제조부문(절단, 조립)과 보조부문(수선, 동력)을 이용하여 제품을 생산하고 있다. 수선부문과 동력부문의 부문원가는 각각 ₩250,000과 ₩170,000이며 수선부문은 기계시간, 동력부문은 전력소비량(k/h)에 비례하여 원가를 배부한다. 각 부문 간의 용역수수 관계는 다음과 같다.

사용부문 제공부문	제조부문		보조부문	
	절단	조립	수선	동력
수선	60시간	20시간	8시간	12시간
동력	350kWh	450kWh	140kWh	60kWh

(주)관세가 보조부문원가를 직접배부법으로 제조부문에 배부할 경우, 절단부문에 배부될 보조부문원가는? (단, 보조부문의 자가소비분은 무시한다.)

① ₩189,500

② ₩209,500

③ ₩226,341

④ ₩236,875

⑤ ₩261,875

---

(1) 수선부문원가 배분
  ① 절단부문 = ₩250,000 × [60시간 ÷ (60시간 + 20시간)] = ₩187,500
  ② 조립부문 = ₩250,000 × [20시간 ÷ (60시간 + 20시간)] = ₩62,500

(2) 동력부문원가 배분
  ① 절단부문 = ₩170,000 × [350k/h ÷ (350k/h + 450k/h)] = ₩74,375
  ② 조립부문 = ₩170,000 × [450k/h ÷ (350k/h + 450k/h)] = ₩95,625

(3) 배분 후 절단부문과 조립부문
  ① 절단부문 = ₩187,500 + ₩74,375 = ₩261,875
  ② 조립부문 = ₩62,500 + ₩95,625 = ₩158,125

 정답 ⑤

(2) 단계배부법

① 보조부문원가의 배분순서를 정하여 그 순서에 따라 단계적으로 보조부문원가를 다른 보조부문과 제조부문에 배분하는 방법
② 따라서 보조부문원가는 하나의 보조부문에만 배부가 되고, 다른 보조부문에는 배분되지 않는다.
③ 보조부문 간의 용역수수관계를 일부 인식하지만 배분순서가 적절하지 않은 경우에는 원가배분이 왜곡될 수 있으며, 배분순서를 결정기준의 예시는 다음과 같다.
  ㉠ 용역을 제공하는 상대부문의 수가 많은 보조부문부터 배분
  ㉡ 다른 보조부문에 대한 용역제공비율이 큰 보조부문부터 배분
  ㉢ 발생원가가 큰 보조부문부터 배분

예시문제

감평제조는 두 개의 서비스부문과 두 개의 제조부문으로 구성되어 있다. 다음은 각 부문에 대한 자료이다.

	서비스부문		제조부문	
	일반관리	청소	압축	연마
간접원가	₩80,000	₩60,000	₩75,000	₩92,000
종업원수	30명	60명	360명	180명
점유면적	18,000평	25,000평	60,000평	90,000평

감평제조는 일반관리부문원가를 종업원수로 먼저 배부하고 그리고 청소부문원가를 점유면적으로 배부하는 단계별배부법을 사용한다. 서비스부문의 원가를 배부하고 난 후 압축부문의 총간접원가는 얼마인가? **[2007년 감정평가사]**

① ₩152,333   ② ₩168,550
③ ₩150,200   ④ ₩155,700
⑤ ₩169,332

• 일반관리에서 청소로 배부 : ₩80,000 × 60명/600명 = ₩8,000
• 청소부문에서 압축으로 배부 : (₩60,000 + ₩8,000) × 60,000평/150,000평 = ₩27,200
• 일반관리에서 압축으로 배부 : ₩80,000 × 360명/600명 = ₩48,000
• 압축부문 총간접원가 : ₩75,000 + ₩27,200 + ₩48,000 = ₩150,200

 정답 ③

(3) 상호배부법

① 보조부문 간의 용역제공을 완벽히 고려하여 배분하는 방법으로, 계산방식은 복잡하지만 정확한 원가계산을 할 수 있다.

② 특정보조부문의 배분할 총원가는 다음과 같은 방정식으로 표시할 수 있다.

> 총원가 = 자기 부문의 발생원가 + 다른 부문으로부터 배분된 원가

제3절 **공장전체 원가배분**

1. 의의

모든 제조간접원가를 하나의 원가집합(공장전체)에 집계하고 단일의 배부기준을 사용하여 배부하는 방법이다.

2. 계산

① 공장전체 제조간접원가 배부율

$$\frac{\text{공장전체 제조간접원가}}{\text{공장전체 배부기준}}$$

② 제조간접원가 배부액

$$\text{공장전체 배부기준} \times \text{공장전체 제조간접원가 배부율}$$

3. 특징

보조부문원가 배부여부와 관계없이 공장전체의 제조간접원가는 동일하므로, 보조부문원가 배부방법에 따라 개별제품의 원가가 달라지지 않는다.

01 (주)감평은 제조간접원가를 기계작업시간 기준으로 예정배부하고 있다. 20x1년 실제 기계작업시간은?
[2021 감정평가사]

• 제조간접원가(예산)	₩928,000
• 제조간접원가(실제)	960,000
• 제조간접원가 배부액	840,710
• 기계작업시간(예산)	80,000시간

① 70,059시간   ② 71,125시간

③ 72,475시간   ④ 73,039시간

⑤ 74,257시간

답 ③

▌정답해설▌

• 예정배부율 = 928,000 ÷ 80,000 = 11.6
• 실제 기계작업시간 = 840,710 ÷ 11.6 = 72,475

02 (주)감평은 두 개의 제조부문 X, Y와 두 개의 보조부문 S_1, S_2를 운영하고 있으며, 배부 전 부문발생원가는 다음과 같다.

부문		부문발생원가
보조부문	S_1	₩90
	S_2	180
제조부문	X	158
	Y	252

보조부문 S_1은 보조부문 S_2에 0.5, 제조부문 X에 0.3, 보조부문 S_2는 보조부문 S_1에 0.2의 용역을 제공하고 있다. 보조부문의 원가를 상호배분법에 의해 제조부문에 배부한 후 제조부문 X의 원가가 ₩275인 경우, 보조부문 S_2가 제조부문 X에 제공한 용역제공비율은?　　**[2022 감정평가사]**

① 0.2

② 0.3

③ 0.4

④ 0.5

⑤ 0.6

답 ②

▌정답해설▌

• $S_1 = 90 + 0.2 \times S_2$

　$S_2 = 180 + 0.5 \times S_1$

　∴ $S_1 = 140$, $S_2 = 250$

• X의 원가 = 275 = 158 + (0.3 × S_1) + (용역제공비율 × S_2)

• 용역제공비율 = 0.3

03 부문비의 배부에 관한 설명 중 옳지 <u>않은</u> 것은? [2010 관세사]

① 보조부문 서로간의 용역수수를 배부계산상 어떻게 고려하느냐에 따라 직접배부법, 단계배부법, 공통배부법의 세 가지로 대별된다.

② 직접배부법은 계산이 간편하다는 장점 때문에 실무에서 환영받고 있으나 정확성이 떨어진다.

③ 원가관리를 위해서는 부문비의 1차 집계에 있어 제조간접비 모두를 가급적 부문개별비로 파악하는 것이 좋다.

④ 공장건물에 하나의 계량기만 설치되어 있으면, 공장 건물내의 각 원가부문의 입장에서 전력비는 부문공통비가 된다.

⑤ 보조부문비 배부방법에서 복수기준 배부법이 단일기준 배부법보다 각 원가의 인과관계를 더 명확히 하는 방법이다.

답 ①

▌ 정답해설 ▌

① 보조부문 서로간의 용역수수를 배부계산상 어떻게 고려하느냐에 따라 직접배부법, 단계배부법 및 상호배부법의 세 가지로 대별된다.

CHAPTER 02 | 확인학습문제 **415**

04 (주)관세의 보조부문과 제조부문은 각각 두 개의 부문으로 구성되어 있다. 보조부문 1은 노무시간을, 보조부문 2는 기계시간을 기준으로 각 보조부문의 원가를 배부한다. 부문간 용역수수관계와 부문별 발생원가는 다음과 같다.

	보조부문		제조부문	
	보조부문 1	보조부문 2	제조부문 1	제조부문 2
보조부문 1 (노무시간)		480시간	640시간	480시간
보조부문 2 (기계시간)	280시간		560시간	560시간
발생원가	₩80,000	₩70,000	₩300,000	₩250,000

(주)관세가 상호배부법에 의하여 보조부문의 원가를 배부할 경우, 제조부문 2의 총원가는 얼마인가?

[2014 관세사]

① ₩320,000

② ₩380,000

③ ₩400,000

④ ₩550,000

⑤ ₩600,000

답 ①

┃정답해설┃

- $S_1 = ₩80,000 + S_2 \times 280시간/1,400시간$

  $S_2 = ₩70,000 + S_1 \times 480시간/1,600시간$

  ∴ $S_1 = ₩100,000$, $S_2 = ₩100,000$

- 제조부문2 총원가

  $₩250,000 + (₩100,000 \times 480시간/1,600시간) + (₩100,000 \times 560시간/1,400시간) = ₩320,000$

05 (주)감평은 두 개의 보조부분(X부문, Y부문)과 두 개의 제조부문(A부문, B부문)으로 구성되어 있다. 각각의 부문에서 발생한 부문원가는 A부문 ₩100,000, B부문 ₩200,000, X부문 ₩140,000, Y부문 ₩200,000이다. 각 보조부문이 다른 부문에 제공한 용역은 다음과 같다.

사용부문 제공부문	보조부문		제조부문	
	X부문	Y부문	A부문	B부문
X부문(kWh)	–	50,000	30,000	20,000
Y부문(기계시간)	200	–	300	500

(주)감평이 단계배부법을 이용하여 보조부문원가를 제조부문에 배부할 경우, A부문과 B부문 각각의 부문원가 합계는? (단, 배부 순서는 Y부문의 원가를 먼저 배부한다.)　　　**[2015 감정평가사]**

	A부문원가 합계	B부문원가 합계
①	₩168,000	₩172,000
②	₩202,000	₩328,000
③	₩214,000	₩336,000
④	₩244,000	₩356,000
⑤	₩268,000	₩372,000

답 ⑤

┃정답해설┃

• A부문원가 합계 : (1) + (2) + (3) = ₩268,000
  (1) 자가 : ₩100,000
  (2) Y배부 : ₩200,000 × 300시간/1,000시간 = ₩60,000
  (3) X배부 : (₩140,000 + ₩200,000 × 200시간/1,000시간) × 30,000kwh/50,000kwh = ₩108,000

• B부문원가 합계 : (1) + (2) + (3) = ₩372,000
  (1) 자가 : ₩200,000
  (2) Y배부 : ₩200,000 × 500시간/1,000시간 = ₩100,000
  (3) X배부 : (₩140,000 + ₩200,000 × 200시간/1,000시간) × 20,000kwh/50,000kwh = ₩72,000

06 (주)감평은 두 개의 보조부문(수선부문과 동력부문)과 두 개의 제조부문(조립부문과 포장부문)으로 구성되어 있다. 수선부문에 집계된 부문원가는 노무시간을 기준으로 배부하며, 동력부문에 집계된 부문원가는 기계시간을 기준으로 배부한다. 보조부문원가를 제조부문에 배부하기 이전, 각 부문에 집계된 원가와 배부기준 내역은 다음과 같다.

구분	보조부문		제조부문	
	수선부문	동력부문	조립부문	포장부문
노무시간	2,000시간	2,400시간	3,200시간	2,400시간
기계시간	5,000시간	5,000시간	10,000시간	10,000시간
부문원가	₩40,000	₩35,000	₩150,000	₩100,000

상호배부법을 사용하여 보조부문의 원가를 제조부문에 배부하면, 조립부문에 집계된 부문원가 합계액은? (단, 보조부문 용역의 자가소비분은 무시한다.) **[2013 감정평가사]**

① ₩135,000

② ₩185,000

③ ₩190,000

④ ₩195,000

⑤ ₩200,000

답 ③

───────────────────────

▌정답해설▐

• 수선 = ₩40,000 + 5,000H/25,000H × 동력
  동력 = ₩35,000 + 2,400H/8,000H × 수선
  ∴ 수선 = ₩50,000, 동력 = ₩50,000
• 조립부문 부문원가 합계
  ₩50,000 × 3,200H/8,000H + ₩50,000 × 10,000H/25,000H + ₩150,000 = ₩190,000

07 (주)관세는 제조부문(성형, 조립)과 보조부문(수선, 동력)을 이용하여 제품을 생산하고 있다. 수선부문과 동력부문의 부문원가는 각각 ₩260,000과 ₩100,000이며, 각 부문간의 용역수수관계는 다음과 같다.

사용부문 제공부문	제조부문		보조부문	
	성형	조립	수선	동력
수선	45%	35%	–	20%
동력	55%	20%	25%	–

(주)관세가 보조부문원가를 상호배부법으로 제조부문에 배부할 경우, 조립부문에 배부될 보조부문원가 합계액은? **[2020 관세사]**

① ₩118,000

② ₩121,400

③ ₩137,000

④ ₩172,000

⑤ ₩223,000

답 ③

▌정답해설▐

• 수선 : (₩260,000 + ₩100,000 × 0.25)/(1 − 0.25 × 0.2) = ₩300,000
• 동력 : (₩100,000 + ₩260,000 × 0.2)/(1 − 0.25 × 0.2) = ₩160,000
• 조립 : ₩300,000 × 0.35 + ₩160,000 × 0.2 = ₩137,000

개별원가계산과 종합원가계산

CHAPTER 03

제1절 개별원가계산

1. 개별원가계산의 의의

(1) 다양한 종류의 제품을 개별적으로 생산하는 형태에 적용하는 원가계산방법(다품종 소량생산)

(2) 업종 : 조선업, 건설업 등

(3) 직접원가(직접재료원가와 직접노무원가)는 직접 추적가능하고, 간접원가(제조간접원가)는 직접 추적이 불가능하므로 일정한 기준으로 배분해야 한다.

2. 장단점

(1) **장점**

① 작업원가표를 통해서 집계한 제조원가를 제품수량으로 나누어 단위당 제품원가를 산출하기 때문에 정확한 원가계산이 가능하다.

② 작업원가표에 의해 개별제품별의 통제를 효율성으로 할 수 있고, 제품별 손익분석 및 계산이 용이하다.

(2) **단점**

각 작업별로 원가를 계산하므로 시간과 비용이 많이 들고, 오류발생 가능성이 높다.

제2절 종합원가계산

1. 종합원가계산의 의의

(1) 소품종 대량생산하는 경우 개별작업별로 집계하는 개별원가계산이 어렵기 때문에, 원가요소를 재료비와 가공비로 단순화하여 공정별로 집계된 원가를 완성품환산량으로 나누어 산출물의 단위당 원가를 평균화하여 계산하는 방법

(2) 업종 : 정유업, 제분업, 제지업 등

(3) 제조원가보고서를 기초로 원가계산이 이루어지며, 재료비와 가공비의 구분이 중요하다.

2. 종합원가계산의 절차

(1) 1단계 : 물량흐름의 파악

기초재공품수량 + 당기투입량 = 당기완성품수량 + 기말재공품수량

재공품			
기초재공품	×××	완성품수량	×××
당기착수량	×××	기말재공품	×××

(2) 2단계 : 완성품환산량 계산(수량)

① 완성품환산량 : 투입된 모든 원가가 모두 완성품을 생산되었을 경우의 완성품의 수량
② 완성품환산량 = 완성품에 대한 환산량 + 기말재공품에 대한 환산량
  ㉠ 완성품에 대한 환산량 = 완성품수량 × 완성도(100%)
  ㉡ 기말재공품에 대한 환산량 = 기말재공품수량 × 완성도
③ 기말재공품에 대한 환산량은 재료비와 가공비의 완성도가 서로 다르기 때문에, 각각 계산한다.

(3) 3단계 : 배분할 원가의 집계(금액)

원가요소별로 당기의 완성품과 기말재공품에 배분될 원가를 계산하며, 원가흐름의 가정(선입선출법과 평균법 등)에 따라 그 집계액이 달라진다.

(4) 4단계 : 단위당 원가의 산출(단가)

배분할 원가(3단계)를 완성품환산량(2단계)으로 나누어 단위당 원가를 계산한다.

$$\text{완성품환산량 단위당 원가} = \frac{\text{배분할 원가}}{\text{완성품환산량}}$$

(5) 5단계 : 완성품원가와 기말재공품원가의 계산

① 완성품원가 = 완성품수량 × 완성품 환산량 단위당원가
② 기말재공품원가 = 기말재공품 완성품 환산량 × 완성품 환산량 단위당원가

3. 종합원가계산의 방법

(1) 평균법

① 의의
  ㉠ 기초재공품원가와 당기투입원가의 구분 없이 합계액을 완성품과 기말재공품에 배분하는 방법으로, 기초재공품의 이미 작업된 부분은 무시하고 당기에 전부 작업이 이루어진 것으로 본다.
  ㉡ 기초재공품과 당기투입물량의 구분이 중요하지 않은 경우 선입선출법에 비하여 쉽게 원가계산을 할 수 있다.

② 계산

　㉠ 기말재공품원가 = 기말재공품 재료비 + 기말재공품 가공비

　㉡ 기말재공품 재료비 = $\dfrac{\text{기초재공품재료비 + 당기재료비}}{\text{완성품수량 + 기말재공품환산량}} \times \text{기말재공품환산량}$

　㉢ 기말재공품 가공비 = $\dfrac{\text{기초재공품가공비 + 당기가공비}}{\text{완성품수량 + 기말재공품환산량}} \times \text{기말재공품환산량}$

예시문제

(주)감평은 단일제품을 대량으로 생산하고 있다. 원재료는 공정초기에 모두 투입되고, 가공비는 공정전반에 걸쳐 균등하게 발생한다. 7월의 원가계산에 대한 자료는 다음과 같다. (단, 평균법을 적용한다.)

- 기초재공품 : 수량 100개
  재료비 5,000원
  가공비 8,200원
  완성도 60%
- 당기발생원가 : 착수량 900개
  재료비 46,000원
  가공비 70,000원
- 당기완성량 : 800개
- 기말재공품 : 수량 200개
  완성도 60%

완성품 원가 및 기말제공품 원가를 계산하시오.

(1) 완성품환산량

	재료	가공
완성	800개	800개
기말	200개	120개
환산량	1,000개	920개

(2) 단가
　재료 : (₩5,000 + ₩46,000) ÷ 1,000개 = ₩51
　가공 : (₩8,200 + ₩70,000) ÷ 920개 = ₩85

(3) 원가계산
　완성품원가 : (800개 × ₩51) + (800개 × ₩85) = ₩108,800
　기말재공품 : (200개 × ₩51) + (120개 × ₩85) = ₩20,400

　　　　　　　　　정답 완성품원가 : ₩108,800　기말재공품 : ₩20,400

---

(2) 선입선출법

① 의의

　㉠ 기초재공품이 먼저 완성된 것으로 가정하여 기초재공품원가는 배분없이 전부 완성품원가에 포함시키고, 당기투입원가를 완성품과 기말재공품에 배분하는 방법

　㉡ 기초재공품의 이미 작업된 분을 고려하여, 당기에 추가투입(가공)된 부분을 따로 구분하는 방법이다.

② 계산

       ⊙ 재료비 $= \dfrac{\text{당기재료비}}{\text{완성품수량} + \text{기말재공품환산량} - \text{기초재공품환산량}} \times \text{기말재공품환산량}$

       ⓒ 가공비 $= \dfrac{\text{당기가공비}}{\text{완성품수량} + \text{기말재공품환산량} - \text{기초재공품환산량}} \times \text{기말재공품환산량}$

       ⓒ 완성품환산량 = 완성품수량 − (기초재공품수량 × 기초재공품완성도)

       ⓔ 기말재공품환산량 = 기말재공품수량 × 기말재공품완성도

예시문제

(주)감평은 단일제품을 대량으로 생산하고 있다. 원재료는 공정초기에 모두 투입되고, 가공비는 공정전반에 걸쳐 균등하게 발생한다. 7월의 원가계산에 대한 자료는 다음과 같다. (단, 선입선출법을 적용한다.)

- 기초재공품 : 200개 (완성도 60%)
- 당기투입량 : 2,400개
- 당기완성품 : 2,000개
- 기말재공품 : 600개 (완성도 70%)

〈기초재공품원가〉
- 재료원가 : 180,000
- 가공원가 : 70,000

〈당기투입원가〉
- 재료원가 : 480,000
- 가공원가 : 345,000

완성품 원가 및 기말제공품 원가를 계산하시오.

(1) 완성품환산량

	재료	가공
완성(기초분)	0개	80개
완성(당기착수분)	1,800개	1,800개
기말	600개	420개
환산량	2,400개	2,300개

(2) 단가
- 재료 : ₩480,000 ÷ 2,400개 = ₩200
- 가공 : ₩345,000) ÷ 2,300개 = ₩150

(3) 원가계산
- 완성품원가 : (₩180,000 + ₩70,000) + (1,800개 × ₩200) + (1,880개 × ₩150) = ₩892,000
- 기말재공품 : (600개 × ₩200) + (420개 × ₩150) = ₩183,000

정답 완성품원가 : ₩892,000   기말재공품 : ₩183,000

4. 공손

(1) 의의

제품의 제조과정에서 발생하는 불합격품으로서 품질이나 규격이 일정한 표준수준에 미달하는 재공품 또는 제품

(2) 정상공손과 비정상공손

① 정상공손 : 정상적인 생산과정에서도 불가피하게 발생하는 공손 → 제품원가에 포함
② 비정상공손 : 정상적인 생산과정에서는 발생하지 않았을 공손 → 당기손실로 처리

(3) 공손비

> 공손비 = 공손품의 보수에 소요되는 원가 = 대체품의 제조에 소요되는 원가 - 공손품의 매각가치

① 보수 가능한 경우 : 보수비용을 그 제품의 제조원가에 가산한다.
② 보수 불가능한 경우 : 대체품을 제조하여야 할 경우 새로운 제조지시서로 제조하고 공손품의 원가는 대체품의 제조원가에 가산한다. 다만 공손품이 매각가치 또는 사용가치가 있는 경우에는 그 금액을 차감한다.

예시문제

(주)관세는 가중평균법을 적용하여 종합원가계산 하고 있다. 가공원가 공정의 완성도에 따라 균등하게 발생하며, 검사는 가공원가(전환원가) 완성도 60%시점에서 이루어진다. 정상공손수량이 검사를 통과한 정상품의 5%일 때 당기의 정상공손수량은? **[2018년 관세사]**

- 기초재공품 수량 : 260단위(완성도 70%)
- 당기 완성품 수량 : 1,360단위
- 기말재공품 수량 : 300단위(완성도 80%)
- 공손수량 : 140단위

① 55단위
② 68단위
③ 70단위
④ 81단위
⑤ 83단위

- 완성(기초분) 통과 ×
- 완성(당기착수분) 통과 ○ : 1,360단위 - 260단위 = 1,100단위
- 기말재공품 통과 ○ : 300단위
- 정상공손수량 : 1,400단위 × 5% = 70단위

정답 ③

확인학습문제

01 다음은 종합원가계산제도를 채택하고 있는 (주)감평의 당기 제조활동에 관한 자료이다.

- 기초재공품 : ₩3,000(300단위, 완성도 60%)
- 당기투입원가 : ₩42,000
- 당기완성품수량 : 800단위
- 기말재공품 : 200단위(완성도 50%)

모든 원가는 공정 전체를 통하여 균등하게 발생하며, 기말재공품의 평가는 평균법을 사용하고 있다.
기말재공품원가는? (단, 공손 및 감손은 없다.) **[2022 감정평가사]**

① ₩4,200

② ₩4,500

③ ₩5,000

④ ₩8,400

⑤ ₩9,000

답 ③

❙정답해설❙
- 완성품환산량 = 800단위 + 200단위 × 50% = 900단위
- 단위당원가 = (3,000원 + 42,000원) ÷ 900단위 = 50원
- 기말재공품원가 = 100단위 × 50원 = 5,000원

02 (주)감평은 단일 제품을 대량생산하고 있으며, 가중평균법을 적용하여 종합원가계산을 하고 있다. 직접재료는 공정초에 전량 투입되고, 전환원가는 공정 전체에서 균등하게 발생한다. 당기 원가계산 자료는 다음과 같다.

- 기초재공품 : 3,000개(완성도 80%)
- 당기착수수량 : 14,000개
- 당기완성품 : 13,000개
- 기말재공품 : 2,500개(완성도 60%)

품질검사는 완성도 70%에서 이루어지며, 당기 중 검사를 통과한 합격품의 10%를 정상공손으로 간주한다. 직접재료원가와 전환원가의 완성품환산량 단위당 원가는 각각 ₩30과 ₩20이다. 완성품에 배부되는 정상공손원가는?

[2021 감정평가사]

① ₩35,000
② ₩44,000
③ ₩55,400
④ ₩57,200
⑤ ₩66,000

답 ②

▌정답해설▐

- 정상공손수량 = 10,000개 × 10% = 1,000개
- 정상공손원가 = 1,000개 × (₩30 + 70% × ₩20) = ₩44,000

03 (주)관세는 종합원가계산제도를 채택하고 있다. 20x1년도 제품생산 관련 정보는 다음과 같다.

> • 기초재공품 수량 : 200개(가공원가 완성도 50%)
> • 당기완성품 수량 : 800개
> • 기말재공품 수량 : 500개(가공원가 완성도 60%)

직접재료원가는 공정초에 전량 투입되고, 가공원가는 공정 전반에 걸쳐 균등하게 발생한다. 평균법과 선입선출법하의 완성품환산량에 관한 다음 설명 중 옳은 것은? (단, 공손과 감손은 발생하지 않았다.)
[2011 관세사]

① 평균법에 의한 직접재료원가의 완성품환산량은 1,500개이다.
② 선입선출법에 의한 직접재료원가의 완성품환산량은 1,300개이다.
③ 평균법에 의한 가공원가의 완성품환산량은 1,000개이다.
④ 선입선출법에 의한 가공원가의 완성품환산량은 1,200개이다.
⑤ 선입선출법과 평균법 간에 직접재료원가의 완성품환산량 차이는 200개이다.

답 ⑤

┃ 정답해설 ┃

(1) 평균법 완성품환산량

	물량	완성품환산량 직접재료비	완성품환산량 완성도
완성품	800	800	800
기말	500(60%)	500	300
계	1,000	1,300	1,100

(2) 선입선출법 완성품환산량

	물량	완성품환산량 직접재료비	완성품환산량 완성도
기초착수완성품	200(50%)	0	100
당기착수완성품	600	600	600
기말	500(60%)	500	300
계	1,000	1,100	1,000

04 (주)감평은 가중평균법에 의한 종합원가계산시스템을 도입하고 있다. 직접재료는 공정의 초기에 전량 투입되고 가공원가는 공정 전반에 걸쳐 균등하게 발생된다. (주)감평은 원가계산을 위해 다음과 같은 자료를 수집하였다.

> • 직접재료원가의 완성품환산량 : 5,000단위
> • 가공원가의 완성품환산량 : 4,400단위
> • 당기완성품수량 : 3,500단위

위 자료를 이용하여 계산한 기말재공품의 가공원가 완성도는?　　　　　　　　**[2013 감정평가사]**

① 50%　　　　　　　　　　　　　　　　② 60%

③ 70%　　　　　　　　　　　　　　　　④ 80%

⑤ 90%

답 ②

┃ 정답해설 ┃

구분	직접재료비	가공비
당기착수완성	3,500 단위	3,500 단위
기말재공품	1,500 단위	900 단위
완성품환산량	5,000 단위	4,400 단위

• 기말재공품의 가공원가의 완성도 : 900단위 ÷ 1,500단위 = 60%

05 (주)감평은 종합원가계산을 채택하고 있다. 원재료는 공정초에 전량 투입되며, 가공원가(전환원가)는 공정 전반에 걸쳐 균등하게 발생한다. 공손 및 감손은 발생하지 않는다. 다음은 20x5년 6월의 생산활동과 관련된 자료이다.

- 기초재공품 : 10,000단위(완성도 20%)
- 당기투입량 : 80,000단위
- 당기완성량 : 85,000단위
- 기말재공품 : (?)단위(완성도 40%)

가중평균법과 선입선출법에 의하여 각각 완성품환산량을 구하면, 가공원가(전환원가)의 완성품환산량 차이는? **[2015 감정평가사]**

① 2,000단위   ② 4,000단위
③ 6,000단위   ④ 8,000단위
⑤ 10,000단위

답 ①

▌정답해설▐

10,000단위 × 20% = 2,000단위

06 (주)대한은 실제원가에 의한 종합원가계산을 적용하고 있으며, 재공품 평가방법은 선입선출법이다. 다음은 5월의 생산활동과 가공원가에 관한 자료이다.

	물량(단위)	가공원가
월초재공품	2,500	₩52,500
5월 중 생산투입 및 발생원가	7,500	244,000
5월 중 완성품	6,000	?

월초재공품과 월말재공품의 가공원가 완성도는 각각 60%와 40%이고, 공손품이나 감손은 발생하지 않았다. 월말재공품에 포함된 가공원가는?　　　　　　　　　　　　　　　　　**[2014 감정평가사]**

① ₩56,000　　　　　　　　　　　② ₩60,000

③ ₩64,000　　　　　　　　　　　④ ₩68,000

⑤ ₩72,000

답 ③

▋정답해설▋

(1) 가공비 완성품환산량 : 2,500개 × 40% + 3,500개 + 4,000개 × 40% = 6,100개
(2) 가공비 단위당원가 : ₩244,000 ÷ 6,100개(1) = ₩40
(3) 가공비 기말재공품원가 : 4,000개 × 40% × ₩40(2) = ₩64,000

07 (주)한국은 종합원가계산제도를 도입하고 있다. 20x0년 1분기 동안 생산관련 자료는 다음과 같다.

- 당기투입량 : 8,000톤
- 완성품 : 7,500톤
- 기말재공품 : 2,000톤
- 기초재공품 : 1,500톤

가공원가는 공정전반에 걸쳐 균등하게 발생한다. 기말재공품은 세 개의 완성도로 구성되어 있는데, 기말 재공품의 1/4은 완성도가 80%이며, 1/2은 50%, 나머지 1/4은 20%이다. 선입선출법(FIFO)을 적용할 경우 가공원가의 완성품 환산량이 7,960톤이라면 20x0년 1분기 기초재공품의 완성도는 얼마인가? (단, 1분기 기초재공품은 한 개의 완성도로만 구성됨) **[2010 감정평가사]**

① 32% ② 36%

③ 40% ④ 44%

⑤ 48%

답 ②

▎정답해설▎

- 7,960톤 = 1,500톤 × (1 − 완성도) + 6,000톤 + (500톤 × 80% + 1,000톤 × 50% + 500톤 × 20%)
- 완성도 : 36%

08 (주)한국은 종합원가계산시스템을 채택하고 있으며, 최초 공정은 A공정이며, 최종 공정은 B공정이다. 평균법을 적용한 20x1년 4월의 완성품환산량 단위당 원가는 다음과 같다.

- 직접재료원가 : ₩100/1개
- 가공원가 : ₩200/1개
- 전공정가공원가 : ₩500/1개

B공정에서 재료는 공정 50% 시점에서 일괄 투입되며, 가공원가는 B공정 전체에 걸쳐 균등하게 발생한다. 4월 말 B공정의 재공품을 1,000개이며, 가공원가의 완성도는 40%이다. 이 때 B공정의 기말재공품 원가는? **[2008 감정평가사]**

① ₩480,000

② ₩580,000

③ ₩680,000

④ ₩780,000

⑤ ₩880,000

답 ②

▌정답해설▐

| | 완성품환산량 | | | |
	물량	전공정비	직접재료비	가공비
완성량	?	?	?	?
기말	1,000(40%)	1,000	0	400
계	?	?	?	?
단위당 평가		₩500	₩100	₩200

- 기말재공품 : (1,000개 × ₩500) + (0개 × ₩100) + (400개 × ₩200) = ₩580,000

09 (주)감평의 20x4년 8월 중 생산자료이다. 회사는 선입선출법에 의한 종합원가계산을 한다.

	수량	선입선출법
기초재공품	8,000개	50%
당기착수량	50,000개	
당기완성량	35,000개	
기말재공품	10,000개	90%

회사는 완성도 60% 시점에서 불량여부를 검사하며, 불량품은 재작업을 실시하지 않는다. 당월 검사를 통과한 제품의 10%를 정상공손으로 분류하고 있다. 재료는 공정초기에 전량 투입되며, 가공원가는 전공정 전체에 걸쳐 균등하게 투입된다. 8월의 비정상공손의 가공원가 완성품환산량은 얼마인가?

[2004 감정평가사]

① 8,500개
② 4,500개
③ 2,700개
④ 7,800개
⑤ 5,100개

답 ⑤

∥ 정답해설 ∥

(1) 물량흐름

		재공품	
기초재공품	8,000	당기완성량	35,000
당기착수량	50,000	공손품	13,000
		기말재공품	10,000

(2) 비정상공손 수량(검사시점이 60%인 경우)
- 기초완성(50%) : 8,000개(당기에 검사통과한 합격품)
- 당기착수완성 : 27,000개(35,000개 − 8,000개)
- 기말재공품(90%) : 10,000개(당기에 검사통과한 합격품)
- 정상공손수량 : 45,000개(8,000개 + 27,000개 + 10,000개) × 10% = 4,500개
- 비정상공손수량 : 13,000개 − 4,500개 = 8,500개

(3) 비정상공손 가공원가 완성품환산량 : 8,500개 × 60% = 5,100개

10 ㈜감평은 종합원가계산제도를 채택하고 단일제품을 생산하고 있다. 재료는 공정이 시작되는 시점에서 전량 투입되며, 가공(전환)원가는 공정 전체에 걸쳐 균등하게 발생한다. 가중평균법과 선입선출법에 의한 가공(전환)원가의 완성품환산량은 각각 108,000단위와 87,000단위이다. 기초재공품의 수량이 70,000단위라면 기초재공품 가공(전환)원가의 완성도는?　　**[2018 감정평가사]**

① 10%

② 15%

③ 20%

④ 25%

⑤ 30%

답 ⑤

▌정답해설▐

- 가공비 완성품환산량의 차이(가중평균법 – 선입선출법) : 21,000개
- 기초재공품 완성도 : 70,000개 × 30% = 21,000개

결합원가계산

1. 결합원가(연산품원가계산)

(1) 의의

동일한 공정에서 동일한 원재료를 투입하여 서로 다른 종류의 제품이 생산되는 경우에 적용하는 원가로, 분리점 이전에 공통적으로 발생한 결합원가를 배분하는 것이 중요하다.(예 정유업에서 원유 휘발유, 등유, 경유 등을 생산하는 경우)

(2) 용어정리

① **결합원가** : 분리점 이전까지 투입된 원가

② **분리점** : 결합제품의 제조과정에서 각 제품의 물리적 식별이 가능한 시점

③ **결합제품(연산품)** : 동일한 공정에서 동일한 원재료를 투입하여 생산되는 서로 다른 종류의 제품

④ **분리원가(추가가공비)** : 분리점 이후 추가가공공정에서 발생한 원가

⑤ **주산품** : 상대적 판매가치가 중요한 품목

⑥ **부산품** : 판매가치가 적은 품목

(3) 결합원가의 배분

① **상대적 판매가치법** : 결합제품의 분리점에서의 상대적 판매가치를 기준으로 하여 결합원가를 배분하는 방법

> 결합원가 배분액 = 분리점에서의 생산량 × 단위당 판매가격

(주)감평은 동일한 원재료를 투입하여 제품X, 제품Y, 제품Z를 생산한다. (주)감평은 결합원가를 분리점에서의 상대적 판매가치를 기준으로 결합제품에 배부한다. 결합제품 및 추가가공과 관련된 자료는 다음과 같다.

구분	제품X	제품Y	제품Z	합계
생산량	150단위	200단위	100단위	450단위
결합원가	₩15,000	?	?	?
분리점에서의 단위당 판매가격	₩200	₩100	₩500	
추가가공원가	₩3,500	₩5,000	₩7,500	₩16,000
추가가공 후 단위당 판매가격	₩220	₩150	₩600	

(주)감평은 각 제품을 분리점에서 판매할 수도 있고, 분리점 이후에 추가가공을 하여 판매할 수도 있다. (주)감평이 위 결합제품을 전부 판매할 경우, 예상되는 최대 매출총이익은? (단, 결합공정 및 추가가공과정에서 재공품 및 공손은 없다.)

① ₩25,000

② ₩57,000

③ ₩57,500

④ ₩82,000

⑤ ₩120,000

- 결합원가 = 15,000 ÷ 30% = 50,000
- 제품X의 판매가치 비율 = 150단위 × 200 ÷ {(150단위 × 200) + (200단위 × 100) + (100단위 × 500)} = 30%
- 최대 매출총이익 = 30,000⟨*1⟩ + 25,000⟨*2⟩ + 52,500⟨*3⟩ − 50,000(결합원가) = 57,500
  ⟨*1⟩ 제품X : 150단위 × 200 = 30,000
  ⟨*2⟩ 제품Y : (200단위 × 150) − 5,000 = 25,000
  ⟨*3⟩ 제품Z : (100단위 × 600) − 7,500 = 52,500

정답 ③

② **순실현가치법** : 결합제품의 최종판매가치에서 추가가공원가와 판매비용을 차감한 순실현가치를 기준으로 결합원가를 배분하는 방법

순실현가치 = 최종판매가치 − 추가가공원가 − 판매비용

(주)감평은 동일 공정에서 결합제품 A와 B를 생산하여 추가로 원가(A : ₩40, B : ₩60)를 각각 투입하여 가공한 후 판매하였다. 순실현가치법을 사용하여 결합원가 ₩120을 배분하면 제품 A의 총제조원가는 ₩70이며, 매출총이익률은 30%이다. 제품 B의 매출총이익률은?

① 27.5%

② 30%

③ 32.5%

④ 35%

⑤ 37.5%

- A
  - (1) 판매가액 = 70원 ÷ (1 − 30%) = 100원
  - (2) 순실현가치 = 100원 − 40원 = 60원
  - (3) 결합원가 배분액 = 70원 − 40원 = 30원 = 120원 × 60원 ÷ (60원 + B의 순실현가치)
    ∴ B 순실현가치 = 180원

- B
  - (1) 결합원가 배분액 = 120원 − 30원 = 90원
  - (2) 판매가액 = 180원 + 60원 = 240원
  - (3) 매출총이익 = 240원 − 60원 − 90원 = 90원
  - (4) 매출총이익률 = 90원 ÷ 240원 = 37.5%

정답 ⑤

③ 물량기준법 : 결합제품의 중량, 부피 등을 기준으로 결합원가를 배분하는 방법

결합원가 배분액 = 생산량 × 단위당 무게

④ 균등이익률법 : 결합제품별 매출총이익률이 동일하도록 결합원가를 배부시키는 방법이다.

결합원가배분액 = 제조원가* − 추가가공원가

*기업전체의 매출총이익률을 반영한 개별제품의 제조원가

예시문제

(주)대한은 제1공정에서 주산물 A, B와 부산물 C를 생산한다. 주산물 A와 부산물 C는 즉시 판매될 수 있으나, 주산물 B는 제2공정에서 추가가공을 거쳐 판매된다. 20x1년에 제1공정과 제2공정에서 발생된 제조원가는 각각 ₩150,000과 ₩60,0000이었고, 제품별 최종 판매가치 및 판매비는 다음과 같다.

구분	최종 판매가치	판매비
A	₩100,000	₩2,000
B	180,000	3,000
C	2,000	600

(주)대한은 주산물의 매출총이익률이 모두 동일하게 되도록 제조원가를 배부하며, 부산물은 판매시점에 최초로 인식한다. 주산물 A의 총제조원가는? (단, 기초 및 기말 재고자산은 없다.)

① ₩74,500 ② ₩75,000
③ ₩76,000 ④ ₩77,500
⑤ ₩78,000

- 주산물(A, B) 매출액 : ₩100,000 + 180,000 = ₩280,000
- 주산물(A, B) 매출가 : ₩150,000 + 60,000 = ₩210,000
- 매출총이익률 : ₩70,000/₩280,000 = 0.25(25%)
- 주산물 A 총제조원가 = ₩100,000 × (1 − 0.25) = ₩75,000

정답 ②

(4) 부산물

① **부산물의 구분** : 결합공정에서 여러 제품 중 다른 제품보다 상대적으로 가치가 낮은 제품으로, 순실현가능 가치가 플러스(+)인 경우 부산물로 처리하고, 마이너스(−)인 경우 작업폐물로 처리한다.

② **부산물의 회계처리** : 부산물의 가치에 따라 자산 또는 비용으로 처리한다.

　㉠ 생산기준법 : 생산시점에 부산물의 순실현가능가치만큼 결합원가가 배분되므로 부산물의 처분이익은 없다.

　㉡ 판매기준법 : 부산물의 가치가 상대적으로 중요하지 않아, 판매시점에서 부산물의 순실현가치를 잡이익(영업외수익)으로 처리하므로 결합원가는 모두 주산물에만 배분되고 부산물에는 결합원가가 배분되지 않으며, 판매 시 판매이익을 잡수익 처리하거나 매출원가에서 차감한다.

CHAPTER

04

결합원가계산

확인학습문제

---

01 (주)감평의 공정 A에서는 반제품을 생산하고 있으며, 이후 공정 B와 C로 분리되어 추가 가공된다. 공정 B를 거치면 표준제품이 생산되고, 공정 C를 거치면 고급제품이 생산된다. 20x7년 중 공정 A의 결합원가는 ₩1,200,000이었다. 공정 B의 추가가공 원가는 ₩40,000이고, 공정 C의 추가가공원가는 ₩160,000이었다. 20x7년 중 표준제품은 800개가 생산되어 개당 ₩950에 판매되었고, 고급제품은 1,200개가 생산되어 개당 ₩1,200원에 판매되었다면 순실현가치법에 의한 고급제품의 제조원가는 얼마인가? (단, A와 B, C 공정 모두 재공품은 없다.) **[2008 감정평가사]**

① ₩432,000

② ₩778,000

③ ₩928,000

④ ₩945,000

⑤ ₩975,000

답 ③

┃정답해설┃

• B
  순실현가치 : 800개 × ₩950 − ₩40,000 = ₩720,000

• C
  순실현가치 : 1,200개 × ₩1,200 − ₩160,000 = ₩1,280,000
  결합원가 배부액 : ₩1,200,000 × ₩1,280,000/₩2,000,000 = ₩768,000
  총제조원가 : ₩768,000 + ₩160,000 = ₩928,000

02 20x1년에 설립된 (주)서울은 제1공정에서 원재료 1,000kg을 가공하여 중간제품 A와 B를 생산한다. 제품 B는 분리점에서 즉시 판매될 수 있으나, 중간제품 A는 분리점에서 판매가치가 형성되어 있지 않기 때문에 제2공정에서 추가 가공하여 제품 C로 판매한다. 제품별 생산 및 판매량과 kg당 판매가격은 다음과 같다. 제1공정에서 발생한 결합원가는 ₩1,200,000이었고, 중간제품 A를 제품 C로 가공하는 데 추가된 원가는 ₩170,000이었다. 회사가 결합원가를 순실현가치에 비례하여 제품에 배부하는 경우, 제품 B와 제품 C에 배부되는 총제조원가는? **[2011 감정평가사]**

구분	제품 B	제품 C
생산량	400kg	600kg
단위당 판매가	₩500	₩450

	제품 B	제품 C
①	₩400,000	₩800,000
②	₩400,000	₩970,000
③	₩570,000	₩800,000
④	₩800,000	₩570,000
⑤	₩870,000	₩400,000

답 ④

┃정답해설┃
- 순실현가치
  - (1) B : 400kg × ₩500 = ₩200,000
  - (2) C : 600kg × ₩450 − ₩170,000 = ₩100,000

- 결합원가배부
  - (1) B : ₩1,200,000 × ₩200,000/₩300,000 = ₩800,000
  - (2) C : ₩1,200,000 × ₩100,000/₩300,000 = ₩400,000

- 총제조원가
  - (1) B : ₩800,000
  - (2) C : ₩400,000 + ₩170,000 = ₩570,000

03 (주)한국은 동일한 공정에서 A, B, C라는 3가지 결합제품을 생산하고 있다. 결합원가 ₩1,600은 제품별 순실현가치에 비례하여 배부한다. 제품별 자료가 다음과 같을 때, 제품단위당 매출총이익이 높은 것부터 낮은 순으로 나열한 것은? **[2013 감정평가사]**

제품명	A	B	C
생산량 및 판매량	100단위	300단위	500단위
단위당 판매가격	₩13	₩10	₩15
단위당 추가가공원가	3	2	–
단위당 판매비	1	1	5

① A > B > C
② A > C > B
③ C > B > A
④ C > A > B
⑤ B > C > A

답 ④

┃정답해설┃

• 순실현가능가치 : (1) + (2) + (3) = ₩8,000
  (1) A : 100단위 × (₩13 − ₩3 − ₩1) = ₩900
  (2) B : 300단위 × (₩10 − ₩2 − ₩1) = ₩2,100
  (3) C : 500단위 × (₩15 − ₩5) = ₩5,000

• 결합원가배부
  (1) A : ₩1,600 × ₩900/₩8,000 = ₩180
  (2) B : ₩1,600 × ₩2,100/₩8,000 = ₩420
  (3) C : ₩1,600 × ₩5,000/₩8,000 = ₩1,000

• 매출액
  (1) A : 100단위 × ₩13 = ₩1,300
  (2) B : 300단위 × ₩10 = ₩3,000
  (3) C : 500단위 × ₩15 = ₩7,500

04 (주)감평은 당기부터 단일의 공정을 거쳐 주산물 A, B, C와 부산물 X를 생산하고 있고 당기발생 결합원가는 ₩9,900이다. 결합원가의 배부는 순실현가치법을 사용하며, 부산물의 평가는 생산기준법(순실현가치법)을 적용한다. 주산물 C의 기말재고자산은?　　　　　　　　　　**[2016 감정평가사]**

구분	최종생산물(개)	최종판매량(개)	최종 단위당 판매가격(원)	추가 가공원가(원)
A	9	8	100	0
B	27	10	150	450
C	50	20	35	250
X	40	1	10	0

① ₩800
③ ₩1,575
⑤ ₩2,375

② ₩1,300
④ ₩1,975

답 ③

▌정답해설▐

(1) 결합원가 배부액
　　부산물 : 40개 × ₩10 = ₩400
　　주산물 : ₩9,900 − ₩400 = ₩9,500
　　C : ₩9,500 × ₩1,500/₩6,000 = ₩2,375

(2) 주산물의 순실현가치
　　A : 9개 × ₩100 = ₩900
　　B : 27개 × ₩150 − ₩450 = ₩3,600
　　C : 50개 × ₩35 − ₩250 = ₩1,500

(3) C 총원가 : ₩2,375 + ₩250 = ₩2,625

(4) C 기말재고 : ₩2,625 × 30개/50개 = ₩1,575

05 (주)대한은 제1공정에서 주산물 A, B와 부산물 C를 생산한다. 주산물 A와 부산물 C는 즉시 판매될 수 있으나, 주산물 B는 제2공정에서 추가가공을 거쳐 판매된다. 20x1년에 제1공정과 제2공정에서 발생한 제조원가는 각각 ₩150,000과 ₩60,000이었고, 제품별 최종 판매가치 및 판매비는 다음과 같다.

구분	최종 판매가치	판매비
A	₩100,000	₩2,000
B	180,000	3,000
C	2,000	600

(주)대한은 주산물의 매출총이익률이 모두 동일하게 되도록 제조원가를 배부하며, 부산물은 판매시점에 최초로 인식한다. 주산물 A의 총제조원가는? (단, 기초 및 기말 재고자산은 없다.)

[2017 감정평가사]

① ₩74,500　　　　　　　　　　② ₩75,000
③ ₩76,000　　　　　　　　　　④ ₩77,000
⑤ ₩78,000

답 ②

┃정답해설┃

• 매출총이익 : (₩100,000 + ₩180,000) − (₩150,000 + ₩60,000) = ₩70,000
• 매출총이익률 : ₩70,000 ÷ ₩280,000 = 25%
• A의 총제조원가 : ₩100,000 × (1 − 25%) = ₩75,000

06 (주)한국은 결합원가 ₩420,000을 투입하여 연산품 X, Y, Z를 생산한다. 연산품 X와 Z는 추가 가공하여 판매하고 있다. 결합원가 배부방법은 순실현가치법이며, 당기에 생산된 수량은 모두 당기에 판매된다.

제품	생산수량	매출액	개별원가(추가가공원가)
X	10,000개	₩250,000	₩100,000
Y	15,000개	₩200,000	
Z	20,000개	₩300,000	₩150,000

(주)한국은 Y제품을 추가 가공하면 Y제품의 매출액은 ₩550,000이 될 것으로 판단하고 있다. 이 경우에 추가가공원가가 최대 얼마 미만일 때, Y제품을 추가 가공하는 것이 더 유리한가?

[2009 감정평가사]

① ₩300,000

② ₩350,000

③ ₩400,000

④ ₩450,000

⑤ ₩500,000

답 ②

▌정답해설▐

• 추가가공 증분수익 = ₩550,000 − ₩200,000 = ₩350,000
• 증분이익은 추가가공원가가 ₩350,000미만일 때 발생하므로 추가가공이 유리하다.

07 (주)서울은 제1공정에서 제품 A와 B를 생산하고 있으며 20x1년 생산량 및 원가자료는 다음과 같다.

	제품 A	제품 B	계
결합원가	?	?	₩50,000
생산량	200단위	300단위	
판매단가	₩2,000	₩2,500	

제품 A는 제2공정에서 제품 C 200단위(판매단가 ₩3,000)로 추가 가공할 수 있다. 제품 A를 추가 가공하는데 소요된 원가는 ₩200,000이다. 제품 A의 판매비는 ₩150,000이고, 제품 C의 판매비는 ₩100,000이다. 제품 A를 모두 제품 C로 추가 가공하여 판매하는 경우 이익은 얼마나 증가하는가?

[2011 감정평가사]

① ₩10,000

② ₩20,000

③ ₩30,000

④ ₩40,000

⑤ ₩50,000

답 ⑤

▌정답해설▐

(1) 증분수익 : ₩250,000

   ① 수익 : 200단위 × (₩3,000 − ₩2,000) = ₩200,000(증가)

   ② 비용 : ₩150,000 − ₩100,000 = ₩50,000(감소)

(2) 증분원가 : ₩200,000

(3) 증분이익 : (1) − (2) = ₩50,000

표준원가계산

제1절 표준원가계산

1. 표준원가계산의 의의

(1) 미리 설정해 놓은 표준원가로 제품원가를 측정하는 방법으로, 직접재료비, 직접노무비, 제조간접비의 표준원가를 이용하여 제품원가계산을 하는 방법

(2) 표준원가 : 효율적인 상황에서 제품을 생산하는데 발생할 것으로 예상되는 원가

(3) 실제원가계산의 원가계산의 지연과 원가의 변동성을 보완하며, 실제원가와 표준원가의 차이를 분석하기 때문에 효율적인 원가통제 가능

더 알아보기	제품원가의 측정방법에 따른 비교		
구분	실제원가계산	정상원가계산	표준원가계산
직접재료원가	실제원가	실제원가	표준원가
직접노무원가	실제원가	실제원가	표준원가
제조간접원가	실제원가	예정원가 (예정배부율 × 실제조업도)	표준원가 (표준배부율 × 표준조업도)

2. 특징

(1) 표준원가 설정으로 효율적인 원가통제, 예산관리가 가능하다.

(2) 간편하고 신속한 원가계산이 가능하다.

(3) 표준원가를 통해 예산을 설정함에 따라 계획 및 성과평가에 유용한 정보를 제공한다.

(4) 단점

표준원가달성을 지나치게 강조할 경우, 제품의 품질 및 근로자의 동기부여, 납품업체와의 관계가 악화될 수 있다.

3. 표준원가의 설정

> 제품단위당 표준원가 = 표준직접재료비 + 표준직접노무비 + 표준제조간접비

(1) 표준직접재료비

> 표준직접재료비 = 단위당 표준투입량 × 원재료단위당 표준구입가격

(2) 표준직접노무비

> 표준직접노무비 = 단위당 표준직접노동시간 × 직접노동시간 표준임률

(3) 표준제조간접비

① 표준변동제조간접비

> 단위당 표준조업도〈*1〉 × 조업도단위당 표준배부율〈*2〉
>
> 〈*1〉 단위당 표준조업도 : 제품 한 단위를 생산하기 위해 허용된 표준조업도
> 〈*2〉 표준배부율 = 변동제조간접원가예산/기준조업도

② 표준고정제조간접비

> 단위당 표준고정제조간접비 = 단위당 표준조업도 × 예정배부율*
>
> *예정배부율(제품에 고정제조간접 원가를 배부하기 위해 미리 결정된 고정제조간접원가 예정배부율) = 고정제조간접 원가예산/기준조업도

4. 차이분석

(1) 차이분석 개요

표준원가와 실제원가를 비교하여 차이가 발생하는 경우 그 차이를 분석하는 것
① 실제원가 < 표준원가 : 유리한 차이(F)
② 실제원가 > 표준원가 : 불리한 차이(U)

(2) 원가요소별 차이분석

① 직접재료비 차이

㉠ 직접재료비 가격차이

$$(AP - SP) \times AQ = (AP \times AQ) - (SP \times AQ)$$

- AP : 단위당 실제구입가격
- SP : 단위당 표준가격
- AQ : 실제사용량
- SQ : 실제산출량에 허용된 표준사용량

ⓐ 사용시점에서 분리하는 경우

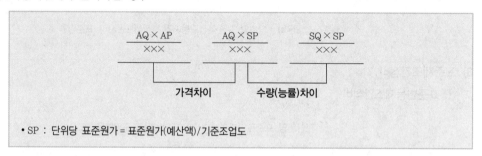

- SP : 단위당 표준원가 = 표준원가(예산액)/기준조업도

ⓑ 구입시점에 분리하는 경우

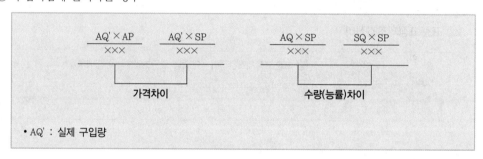

- AQ' : 실제 구입량

㉡ 직접재료비 수량(능률)차이

$$(AQ - SQ) \times SP = (AQ \times SP) - (SQ \times SP)$$

예시문제

(주)시대의 직접재료원가에 대한 자료가 다음과 같을 때 직접재료원가 능률차이는 얼마인가?

- 직접재료 표준사용량 8,000kg
- 직접재료 실제사용량 10,000kg
- 직접재료원가 kg 당 표준가격 400원
- 직접재료원가 kg 당 실제가격 300원

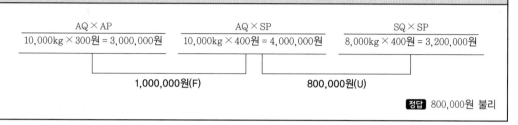

정답 800,000원 불리

② 직접노무비 차이

㉠ 직접노무비 가격(임률)차이

$$(AP - SP) \times AQ = (AP \times AQ) - (SP \times AQ)$$

- AP : 직접노동시간당 실제임률
- SP : 직접노동시간당 표준임률
- AQ : 실제직접노동시간
- SQ : 실제산출량에 허용된 표준직접노동시간

㉡ 직접노무비 능률차이

$$(AQ - SQ) \times SP = (AQ \times SP) - (SQ \times SP)$$

예시문제

다음은 표준원가계산제도를 사용하는 (주)시대의 생산활동과 관련한 자료이다. 직접노무비 가격차이는 얼마인가?

- 직접노무비 표준임률 : ₩10,000/시간
- 직접노무비 실제임률 : 9,000/시간
- 실제생산량에 허용된 표준직접노동시간 : 8,500시간
- 직접노무비 유리한 능률차이 : 15,000,000

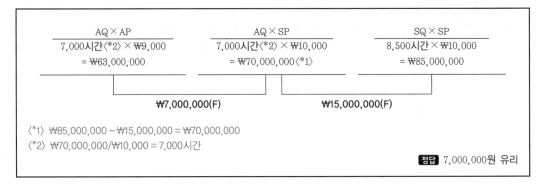

$\langle *1 \rangle$ ₩85,000,000 − ₩15,000,000 = ₩70,000,000

$\langle *2 \rangle$ ₩70,000,000/₩10,000 = 7,000시간

정답 7,000,000원 유리

③ 제조간접비 차이

   ㉠ 변동제조간접비 차이

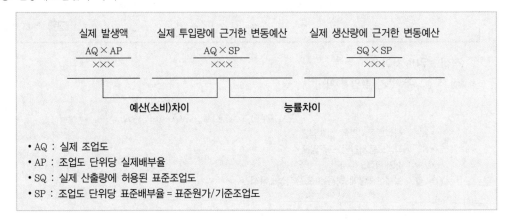

- AQ : 실제 조업도
- AP : 조업도 단위당 실제배부율
- SQ : 실제 산출량에 허용된 표준조업도
- SP : 조업도 단위당 표준배부율 = 표준원가/기준조업도

   ㉡ 고정제조간접비 차이

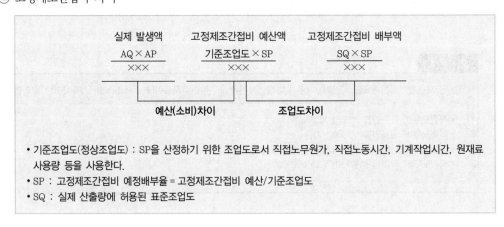

- 기준조업도(정상조업도) : SP을 산정하기 위한 조업도로서 직접노무원가, 직접노동시간, 기계작업시간, 원재료 사용량 등을 사용한다.
- SP : 고정제조간접비 예정배부율 = 고정제조간접비 예산/기준조업도
- SQ : 실제 산출량에 허용된 표준조업도

(주)관세는 단일 제품을 생산하며, 실제산출물에 허용된 표준직접노무시간을 기초로 제조간접원가를 제품에 배부하는 표준원가계산시스템을 사용한다. 20x1년 고정제조간접원가와 관련된 자료는 다음과 같다.

구분	자료 내용
연간 예산(예상) 고정제조간접원가	₩500,000
예산 표준직접노무시간(기준조업도)	25,000단위 × 직접노무시간 2시간/단위 = 50,000시간
연간 실제고정제조간접원가	₩508,000
실제직접노무시간	54,000시간

(주)관세가 20x1년에 제품을 26,000단위 생산하였을 경우, 고정제조간접원가 조업도차이는?

① ₩20,000(유리) ② ₩20,000(불리)
③ ₩32,000(유리) ④ ₩32,000(불리)
⑤ ₩40,000(유리)

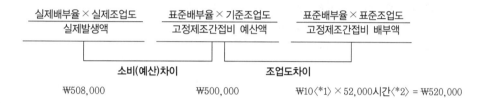

₩508,000　　　　₩500,000　　　　₩10⟨*1⟩ × 52,000시간⟨*2⟩ = ₩520,000

⟨*1⟩ 표준배부율 = 예산 고정제조간접원가/기준조업도 = ₩500,000/50,000시간 = ₩10
⟨*2⟩ 표준조업도 = 실제생산량 × 단위당 표준조업도 = 26,000단위 × 2시간 = 52,000시간
• 따라서, 고정제조간접원가 조업도차이는 ₩20,000(유리)

정답 ①

(3) 배부차이 조정

매출원가 조정법, 영업외손익법, 비례배분법을 사용하여 배부차이를 조정한다.

확인학습문제

01 (주)감평은 표준원가계산제도를 채택하고 있으며, 20x1년도 직접노무원가와 관련된 자료는 다음과 같다. 20x1년도 실제 총직접노무원가는? **[2022 감정평가사]**

- 실제생산량 : 100단위
- 직접노무원가 실제임률 : 시간당 ₩8
- 직접노무원가 표준임률 : 시간당 ₩10
- 실제생산량에 허용된 표준 직접작업시간 생산량 : 단위당 3시간
- 직접노무원가 임률차이 : ₩700(유리)
- 직접노무원가 능률차이 : ₩500(불리)

① ₩1,800
② ₩2,500
③ ₩2,800
④ ₩3,500
⑤ ₩4,200

답 ③

┃정답해설┃

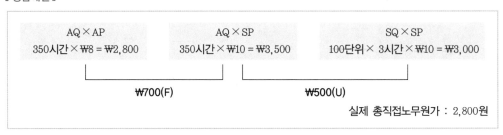

02 (주)감평은 표준원가제도를 도입하고 있다. 변동제조간접원가의 배부기준은 직접노무시간이며, 제품 1개를 생산하는데 소요되는 표준직접노무시간은 2시간이다. 20x1년 3월 실제 발생한 직접노무시간은 10,400시간이고, 원가자료는 다음과 같다.

- 변동제조간접원가 실제 발생액 : ₩23,000
- 변동제조간접원가 능률차이 : 2,000(불리)
- 변동제조간접원가 총차이 : 1,000(유리)

(주)감평의 20x1년 3월 실제 제품생산량은?　　　　　　　　　　　**[2021 감정평가사]**

① 4,600개　　　　　　　　　　　　　② 4,800개

③ 5,000개　　　　　　　　　　　　　④ 5,200개

⑤ 5,400개

답 ②

┃정답해설┃

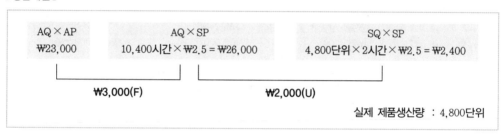

AQ×AP
₩23,000

AQ×SP
10,400시간×₩2.5 = ₩26,000

SQ×SP
4,800단위×2시간×₩2.5 = ₩2,400

₩3,000(F)

₩2,000(U)

실제 제품생산량 : 4,800단위

03 표준원가계산제도를 채택하고 있는 (주)대한의 20x1년도 직접노무원가와 관련된 자료는 다음과 같다. 20x1년도의 실제생산량은? **[2017 감정평가사]**

- 실제직접노무시간 : 101,500시간
- 직접노무원가 실제발생액 : ₩385,700
- 직접노무원가 능률차이 : ₩14,000(유리)
- 직접노무원가 임률차이 : ₩20,300(유리)
- 단위당 표준직접노무시간 : 2시간

① 51,000단위   ② 51,500단위

③ 52,000단위   ④ 52,500단위

⑤ 53,000단위

답 ④

┃정답해설┃

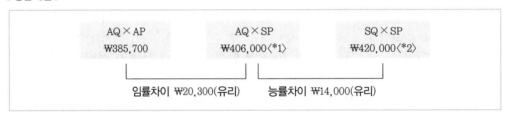

⟨*1⟩ 유리한 임률차이 : ₩385,700 + 20,300 = ₩406,000
     SP = ₩4
⟨*2⟩ 유리한 능률차이이므로 ₩406,000 + 14,000 = ₩420,000

- 실제산출량 × 허용표준시간(2h) × ₩4 = ₩420,000
  실제산출량 = 52,500

04 (주)감평은 표준원가계산을 사용하고 있다. 20x1년 제품 8,600단위를 생산하는데 24,000 직접노무시간이 사용되어 직접노무원가 ₩456,000이 실제 발생되었다. 제품단위당 표준직접노무시간은 2.75시간이고 표준임률이 직접노무시간당 ₩19.20이라면, 직접노무원가의 능률차이는?

[2013 감정평가사]

① ₩1,920 불리

② ₩4,800 불리

③ ₩4,800 유리

④ ₩6,720 불리

⑤ ₩6,720 유리

답 ④

| **정답해설** |

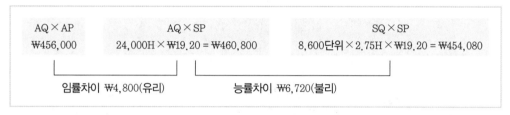

AQ × AP
₩456,000

AQ × SP
24,000H × ₩19.20 = ₩460,800

SQ × SP
8,600단위 × 2.75H × ₩19.20 = ₩454,080

임률차이 ₩4,800(유리)   능률차이 ₩6,720(불리)

05 (주)대한은 표준원가계산제도를 채택하고 있으며, 기계작업시간을 기준으로 고정제조간접원가를 제품에 배부한다. 다음 자료에 의할 경우 기준조업도는?

[2014 감정평가사]

- 기계작업시간당 고정제조간접원가 표준배부율 : ₩10
- 유리한 조업도차이 : ₩10,000
- 실제생산량 : 1,000단위
- 제품 단위당 표준기계작업시간 : 2시간

① 500시간   ② 700시간
③ 800시간   ④ 1,000시간
⑤ 1,100시간

답 ④

▌정답해설▐

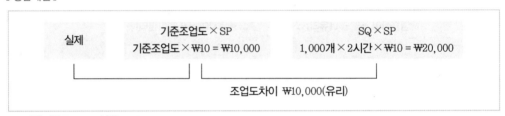

∴ 기준조업도 1,000시간

06 다음은 20x1년 (주)한국의 직접노무원가에 대한 표준원가 자료이다. 20x1년 중 생산 활동에 투입된 실제 작업시간은 얼마인가? **[2010 감정평가사]**

- 실제생산량 : 3,000개
- 단위당 시간표준 : 10시간
- 직접노무원가 실제발생액 : ₩15,000,000
- 임률차이(불리) : ₩5,000,000
- 능률차이(유리) : ₩2,000,000

① 20,000시간　　　　　　　　② 22,000시간
③ 25,000시간　　　　　　　　④ 30,000시간
⑤ 32,000시간

답 ③

정답해설

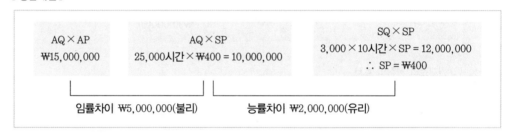

07 (주)한국은 표준원가계산을 월별로 적용하고 있다. 제품 1개를 생산하기 위한 표준직접 재료원가는 ₩600(4kg × ₩150)이다. 당월 초에 원재료 2,400kg을 매입하였으며, 원재료 가격차이는 구매시점에서 파악한다. 당월에 생산한 제품은 500개이며, 원재료 수량차이는 ₩30,000(불리)이다. 원재료 월초재고가 200kg일 때 원재료 월말재고는 몇 kg인가? **[2009 감정평가사]**

① 100kg ② 200kg
③ 300kg ④ 400kg
⑤ 500kg

답 ④

▌정답해설▐

(1) 재료의 실제 사용량

AQ × AP	AQ × SP *실제사용량 2,200kg × ₩150 = ₩330,000	SQ × SP 500단위 × 4kg × ₩150 = ₩300,000

₩30,000(U)

(2) 원재료의 물량의 흐름

기초	200kg	*실제사용량	2,200kg
당기매입	2,400kg	**기말**	**400kg**
		원재료 월말재고 : 400kg	

08 표준원가계산제도를 채택하고 있는 (주)대한의 20x1년도 직접노무원가와 관련된 자료는 다음과 같다. 20x1년도의 실제생산량은? **[2017 감정평가사]**

- 실제직접노무시간 : 101,500시간
- 직접노무원가 실제발생액 : ₩385,700
- 직접노무원가 능률차이 : ₩14,000(유리)
- 직접노무원가 임률차이 : ₩20,300(유리)
- 단위당 표준직접노무시간 : 2시간

① 51,000단위   ② 51,500단위
③ 52,000단위   ④ 52,500단위
⑤ 53,000단위

답 ④

┃ 정답해설 ┃

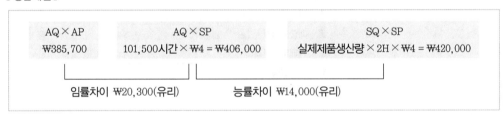

∴ 실제제품생산량 : 52,500개

전부원가계산과 변동원가계산

제1절 전부원가계산과 변동원가계산

(1) 전부원가계산

① 직접재료원가, 직접노무원가, 변동제조간접원가, 고정제조간접원가 전부를 제품원가로 보는 원가계산 방법

② 외부재무보고 목적으로 재무제표를 작성할 때 사용하는 원가계산방법

> **(부분 포괄손익계산서 – 전부원가계산)**
>
> | Ⅰ. 매출액 | ××× |
> |---|---|
> | Ⅱ. 매출원가 | ××× |
> | Ⅲ. 매출총이익 | ××× |
> | Ⅳ. 판매비와관리비 | ××× |
> | Ⅴ. 영업이익 | ××× |

(2) 변동원가계산

① 변동원가와 고정원가로 구분하여 변동제조원가(직접재료비, 직접노무비, 변동제조간접비)만을 제품원가에 포함시키고, 고정제조간접원가는 기간비용으로 처리하는 원가계산방법

② 공헌이익을 통하여 제품별 성과평가가 용이하므로, 내부적인 경영의사결정에 유용한 정보를 제공한다.

ㄱ) 공헌이익 = 매출액 – 변동원가

ㄴ) 영업이익 = 공헌이익 – 고정원가

③ 변동원가계산 손익계산서

> **(부분 포괄손익계산서 – 변동원가계산)**
>
> | Ⅰ. 매출액 | ××× |
> |---|---|
> | Ⅱ. 변동비 | ××× |
> | Ⅲ. 공헌이익 | ××× |
> | Ⅳ. 고정비 | ××× |
> | Ⅴ. 영업이익 | ××× |

① 전부원가계산 : 기초재고가 없고 판매량이 일정한 경우, 생산량이 증가할수록 매출총이익이 항상 커짐
② 변동원가계산하의 영업이익 : 판매량에 비례
　전부원가계산하의 영업이익 : 생산량과 판매량의 관계로 결정
③ 전부원가계산 : 판매량 변화에 따른 원가와 이익의 변화 파악이 어려움
　변동원가계산 : 공헌이익을 계산하므로 판매량의 변화에 의한 이익의 변화 파악용이

(3) 초변동원가계산

직접재료비만을 변동비로 보아 제품원가를 구성한다. 따라서 직접재료비 이외의 모든 원가(고정운영비인 직접노무비와 제조간접비 등)는 기간비용으로 처리한다.

1. 매출액	×××
2. 직접재료원가	×××
3. 재료처리량공헌이익(현금창출공헌이익)	×××
4. 운영비용	×××
5. 영업이익	×××

☑ 정리　전부원가계산, 변동원가계산, 초변동원가계산의 비교

구분	전부원가계산	변동원가계산	초변동원가계산
기본 및 활용목적	외부보고 장기의사결정	내부계획과 통제 단기의사결정	내부계획과 통제 단기의사결정
제품원가	직접재료원가 직접노무원가 변동제조간접원가 고정제조간접원가	직접재료원가 직접노무원가 변동제조간접원가	직접재료원가
기간비용	판매비와관리비	고정제조간접원가 판매비와관리비	직접노무원가 제조간접원가 판매비와관리비

1. 총괄

> 전부원가계산의 이익
> (+) 기초재고자산의 고정제조간접비
> (−) 기말재고자산의 고정제조간접비
> _____
> 변동원가계산의 이익
> (+) 기초재고자산의 직접노무원가 및 변동제조간접원가
> (−) 기말재고자산의 직접노무원가 및 변동제조간접원가
> _____
> 초변동원가계산의 이익

2. 전부원가계산과 변동원가계산의 이익차이

> 이익 차이 = (생산량 − 판매량) × 단위당 고정제조간접비
>
> 전부원가계산의 이익
> (+) 기초재고자산의 고정제조간접비
> (−) 기말재고자산의 고정제조간접비
> _____
> 변동원가계산의 이익

(1) 생산량과 판매량이 동일한 경우(기초재고 = 기말재고)

생산량과 판매량이 동일한 경우는 기말재고수량의 변화가 없으므로 변동원가계산제도에 의한 이익과 전부원가계산제도에서 이익은 동일하게 계산된다.

(2) 생산량이 판매량보다 많은 경우(기초재고 < 기말재고)

전부원가계산은 고정제조간접비를 제조원가에 포함시키므로 전부원가계산에 의한 영업이익이 더 크다

(3) 생산량이 판매량보다 적은 경우(기초재고 > 기말재고)

변동원가계산은 고정제조간접비가 제조원가에서 제외되어 있기 때문에 변동원가계산과 전부원가계산의 이익의 차이는 기초재고자산에 포함된 고정제조간접비의 차이이다. 따라서 변동원가계산 이익이 더 크다.

20x1년 초에 설립된 (주)관세는 단일제품을 생산·판매하며, 실제원가계산을 사용하고 있다. (주)관세는 20x1년에 6,000단위를 생산하여 4,000단위를 판매하였고, 20x2년에는 6,000단위를 생산하여 7,000단위를 판매하였다. 연도별 판매가격과 원가구조는 동일하며 원가자료는 다음과 같다.

원가항목	단위당 원가	연간 총원가
직접재료원가	₩85	
직접노무원가	40	
변동제조간접원가	105	
변동판매관리비	50	
고정제조간접원가		₩120,000
고정판매관리비		350,000

20x2년 전부원가계산에 의한 영업이익이 ₩910,000일 경우, 20x2년 변동원가계산에 의한 영업이익은? (단, 기초 및 기말재공품은 없는 것으로 가정한다.)

① ₩890,000
② ₩900,000
③ ₩910,000
④ ₩920,000
⑤ ₩930,000

	전부원가계산의 이익	₩910,000
(+)	기초재고자산의 고정제조간접비⟨*1⟩	₩40,000
(−)	기말재고자산의 고정제조간접비⟨*2⟩	₩20,000
	변동원가계산의 이익	₩930,000

⟨*1⟩ (₩120,000/6,000단위) × (6,000단위 − 4,000단위) = ₩40,000
⟨*2⟩ (₩120,000/6,000단위) × (2,000단위 + 6,000단위 − 7,000단위) = ₩20,000

정답 ⑤

CHAPTER 06 확인학습문제

01 다음은 제품 A를 생산·판매하는 (주)감평의 당기 전부원가 손익계산서와 공헌이익 손익계산서이다.

전부원가 손익계산서		공헌이익 손익계산서	
매출액	₩1,000,000	매출액	₩1,000,000
매출원가	650,000	변동원가	520,000
매출총이익	350,000	공헌이익	480,000
판매관리비	200,000	고정원가	400,000
영업이익	150,000	영업이익	80,000

제품의 단위당 판매가격 ₩1,000, 총고정판매관리비가 ₩50,000일 때 전부원가계산에 의한 기말제품재고는? (단, 기초 및 기말 재공품, 기초제품은 없다.) **[2022 감정평가사]**

① ₩85,000
② ₩106,250
③ ₩162,500
④ ₩170,000
⑤ ₩212,500

답 ③

┃정답해설┃

- 총변동판매관리비 : 200,000원 − 50,000원 = 150,000원
- 판매수량 : 1,000,000원 ÷ 1,000원 = 1,000단위
- 단위당 변동판매관리비 : 150,000원 ÷ 1,000단위 = 150원
- 단위당 변동제조원가 : 520원 − 150원 = 370원
- 단위당 고정제조간접비 : 650원 − 370원 = 280원
- 기말제품 : 70,000원 ÷ 280원 = 250단위
- 전부원가계산에 의한 기말제품재고 : 650원 × 250단위 = 162,500원

02 (주)감평의 생산량 관련범위 내에 해당하는 원가 자료는 다음과 같다. (   )에 들어갈 금액으로 옳지 않은 것은?

[2021 감정평가사]

	생산량	
	2,000개	5,000개
총원가		
변동원가	A( )	?
고정원가	B( )	?
소계	?	E( )
단위당 원가		
변동원가	C( )	?
고정원가	?	₩10
소계	D( )	₩30

① A : ₩40,000

② B : ₩50,000

③ C : ₩20

④ D : ₩45

⑤ E : ₩90,000

답 ⑤

┃정답해설┃

E = 변동원가 ₩100,000 + 고정원가 ₩50,000 = ₩150,000

03 (주)감평이 20x2년 재무제표를 분석한 결과 전부원가계산보다 변동원가계산의 영업이익이 ₩30,000 더 많았다. 20x2년 기초재고수량은? (단, 20x1년과 20x2년의 생산·판매활동 자료는 동일하고, 선입선출법을 적용하며, 재공품은 없다.)   **[2021 감정평가사]**

• 당기 생산량	5,000개
• 기초재고수량	(?)
• 기말재고수량	500개
• 판매가격(개당)	₩1,500
• 변동제조간접원가(개당)	500
• 고정제조간접원가(총액)	750,000

① 580개

③ 660개

⑤ 740개

② 620개

④ 700개

답 ④

┃ 정답해설 ┃

• 단위당고정제조간접비 = 750,000 ÷ 5,000 = 150
• 기초재고수량 = (500 × 150 + 30,000) ÷ 150 = 700

04 (주)감평의 20x1년 매출 및 원가자료는 다음과 같다.

• 매출액	(?)
• 변동원가	₩700,000
• 공헌이익	500,000
• 고정원가	300,000
• 영업이익	200,000

20x2년에는 판매량이 20% 증가할 것으로 예상된다. (주)감평의 20x2년 예상영업이익은? (단, 판매량 이외의 다른 조건은 20x1년과 동일하다.)   **[2021 감정평가사]**

① ₩260,000

② ₩280,000

③ ₩300,000

④ ₩340,000

⑤ ₩380,000

답 ③

┃ 정답해설 ┃

₩500,000 × 120% − 300,000 = ₩300,000

05 (주)감평은 20x1년 1월 1일에 설립된 회사이다. 20x1년도 1월 및 2월의 원가자료는 다음과 같다.

구분	1월	2월
최대생산가능량	1,000단위	1,200단위
생산량	800단위	1,000단위
판매량	500단위	1,100단위
변동제조원가(총액)	₩40,000	₩50,000
고정제조간접원가(총액)	₩20,000	₩30,000
변동판매관리비(총액)	₩1,500	₩5,500
고정판매관리비(총액)	₩2,000	₩2,000

(주)감평은 실제원가계산을 적용하고 있으며, 원가흐름가정은 선입선출법이다. 20x1년 2월의 전부원가계산에 의한 영업이익이 ₩10,000이면, 2월의 변동원가 계산에 의한 영업이익은? (단, 기초 및 기말 재공품재고는 없다.)

[2017 감정평가사]

① ₩10,500
② ₩11,000
③ ₩11,500
④ ₩12,000
⑤ ₩12,500

답 ③

정답해설

전부원가영업이익		₩10,000
+ 기초제품 고정제조간접원가		(1)₩7,500
− 기말제품 고정제조간접원가		(2)₩6,000
변동원가 영업이익		₩11,500

(1) 고정제조간접원가 배부율 = ₩20,000/800 = ₩25
   기초제품 고정제조간접원가 = 300단위 × ₩25 = ₩7,500
(2) 고정제조간접원가 배부율 = ₩30,000/1,000 = ₩30
   기말제품 고정제조간접원가 = 200단위 × ₩30 = ₩6,000

06 정상원가계산을 사용하는 (주)감평은 단일제품을 제조·판매하는 기업이다. 20x1년도의 고정제조간접원가 총예산액 및 실제 발생액은 ₩720,000이었다. 20x1년 제품의 생산 및 판매량은 다음과 같고, 기초 및 기말 재공품은 없다.

- 기초재고 : 40,000단위
- 생산량 : 140,000단위
- 판매량 : 160,000단위

고정제조간접원가배부율은 120,000단위를 기준으로 산정하며, 이 배부율은 매년 동일하게 적용된다. 한편, 제조원가의 원가차이는 전액 매출원가에서 조정한다. 변동원가계산에 의한 영업이익이 ₩800,000인 경우, 전부원가계산에 의한 영업이익은? **[2018 감정평가사]**

① ₩680,000

② ₩700,000

③ ₩750,000

④ ₩830,000

⑤ ₩920,000

달 ①

▎정답해설▎

	전부원가영업이익	₩680,000
+	기초제품 고정제조간접원가	(1)₩240,000
−	기말제품 고정제조간접원가	(2)₩120,000
	변동원가 영업이익	₩800,000

고정제조간접비 배부율 ₩720,000/120,000단위 = ₩6
(1) 기초제품 고정제조간접원가 = 40,000단위 × ₩6 = ₩240,000
(2) 기말제품 고정제조간접원가 = 20,000단위 × ₩6 = ₩120,000

07 (주)감평은 생활용품을 생산·판매하고 있다. 20x5년 생산량은 1,200단위이고 판매량은 1,000단위이다. 판매가격 및 원가자료는 다음과 같다.

• 단위당 판매가격	₩8,000
• 단위당 변동제조원가	3,000
• 단위당 변동판매비와 관리비	1,500
• 고정제조간접원가	2,400,000
• 고정판매비와관리비	1,000,000

전부원가계산방법으로 계산한 영업이익은 변동원가계산방법으로 계산한 영업이익에 비해 얼마만큼 증가 또는 감소하는가? (단, 기초재고자산과 기말재공품은 없다.)　　　　　　　**[2015 감정평가사]**

① ₩400,000 증가　　　　　　　　　② ₩400,000 감소

③ ₩600,000 증가　　　　　　　　　④ ₩600,000 감소

⑤ ₩500,000 감소

답 ①

┃정답해설┃

• 전부원가계산방법으로 계산한 영업이익이 변동원가계산방법으로 계산한 영업이익보다 크다.

• 차이금액 : ₩2,400,000 × 200개/1,200개 = ₩400,000

08 (주)감평은 선입선출법에 의해 실제원가계산을 사용하고 있다. (주)감평은 전부원가계산에 의해 20x1년 영업이익을 ₩65,000으로 보고하였다. (주)감평의 기초제품수량은 1,000단위이며, 20x1년 제품 20,000단위를 생산하고 18,000단위를 단위당 ₩20에 판매하였다. (주)감평의 20x1년 고정제조간접원가가 ₩100,000이고 기초제품의 단위당 고정제조간접원가가 20x1년과 동일하다고 가정할 때, 변동원가계산에 의한 20x1년 영업이익은? (단, 재공품은 고려하지 않는다.) **[2013 감정평가사]**

① ₩35,000
② ₩40,000
③ ₩55,000
④ ₩65,000
⑤ ₩80,000

답 ③

∥ 정답해설 ∥

전부원가영업이익		₩65,000
+ 기초제품 고정제조간접원가	(1)₩5,000	
− 기말제품 고정제조간접원가	(2)₩15,000	
변동원가 영업이익		₩55,000

고정제조간접비 배부율 ₩100,000(고정제조간접비) ÷ 20,000단위 = ₩5
(1) 1,000단위 × ₩5 = ₩5,000
(2) 3,000단위⟨*⟩ × ₩5 = ₩15,000
⟨*⟩ 1,000단위 + 20,000단위 − 18,000단위 = 3,000단위

CHAPTER 07 원가추정과 CVP 분석

1. 원가추정

(1) 원가추정의 의의

미래의 원가를 파악하여 유용한 의사결정을 하기 위해, 원가변동요인을 파악하여 미래원가를 추정하는 것

(2) 원가함수

원가발생요인과 원가 사이의 일정한 함수관계를 추정한 것이며, 다음과 같이 추정한다.

$$Y = a + bX$$

- Y = 총원가(종속변수)
- a = 총고정비
- b = 단위당 변동비
- X = 조업도(독립변수)

위의 원가함수는 다음의 두 가정을 전제로 한다.
① 총원가의 변동에 영향을 미치는 요인은 조업도뿐이다.
② 원가행태가 관련범위 내에서는 선형이다.(관련범위 내에서 단위당 변동원가와 총고정원가가 일정하다.)

2. 원가추정방법

산업공학법, 계정분석법, 고저점법, 회귀분석 등이 있다.

(1) 산업공학법

투입과 산출 사이의 관계를 기초로 원가함수를 추정하는 방법

(2) 계정분석법

회계담당자의 전문적 판단에 따라 각 계정과목에 기록된 원가를 변동원가와 고정원가로 분석하여 원가함수를 추정하는 방법

(3) 고저점법

최고조업도원가와 최저조업도원가를 이용하여 원가함수를 추정하는 방법

① 조업도 단위당 변동비 추정(b)

$$조업도\ 단위당\ 변동비 = \frac{최고조업도원가 - 최저조업도원가}{최고조업도 - 최저조업도}$$

② 총고정비의 추정(a)

총고정비 = 최고조업도원가 − (조업도단위당 변동비 × 최고조업도)

= 최저조업도원가 − (조업도단위당 변동비 × 최저조업도)

예시문제

다음은 (주)관세의 기계가동시간과 윤활유원가에 대한 20x1년 자료이다. 20x1년 4분기에 기계가동시간은 5,500시간으로 예상된다. 고저점법을 이용하여 원가를 추정할 때 20x1년 4분기의 윤활유원가는 얼마로 추정되는가? **[2011년 관세사]**

① ₩252,000   ② ₩254,500

③ ₩256,000   ④ ₩258,500

⑤ ₩261,000

---

(1) 조업도 단위당 변동비(b)

(285,000 − 232,000)/(6,500시간 − 4,500시간) = ₩26.50/h

(2) 총고정비(a)

232,000 − (4,500시간 × 26.50) = ₩112,750

(3) 4분기 윤활유원가 추정액($Y = a + bX$)

(26.50 × 5,500시간) + 112,750 = ₩258,500

(4) 회귀분석법

독립변수의 변화에 따라 변화하는 종속변수의 평균변화량으로 원가함수를 추정하는 방법

정답 ④

1. 개요

(1) CVP 분석의 의의

① 원가 · 조업도 · 이익(Cost-Volume-Prof it, CVP) 분석은 조업도와 원가의 변화에 따라 이익이 받는 영향을 분석하는 기법

② 조업도의 변화에 따른 이익의 변화를 추정하여 의사결정에 유용한 정보를 제공하며, 단기이익계획수립에 사용된다.

(2) 기본가정

① 모든 원가는 변동비와 고정비로 분리가 가능하다.

② 수익과 원가의 행태는 관련범위 내에서 선형이다.(단위당 판매단가는 판매량의 변동과 관계없이 일정하고, 단위당 변동원가 역시 조업도의 변동과 관계없이 항상 일정)

③ 생산량과 판매량은 일정하다.

④ 복수 제품을 판매하는 경우에는 조업도의 변동에 따라 매출 배합은 일정하게 유지된다.

⑤ 조업도만이 수익과 원가에 영향을 미치는 유일한 요인이다.

(3) 개념

매출액	₩10,000	
변동비	7,000	(단위당 변동비 × 매출수량)
공헌이익	3,000	(단위당 공헌이익 × 매출수량)
고정비	2,000	
영업이익	1,000	

① 공헌이익 : 공헌이익은 매출액에서 변동비를 차감한 금액을 말한다.

ⓐ 공헌이익 = 매출액 − 변동비

ⓑ 단위당 공헌이익 = 제품단위당 판매가격 − 제품단위당 변동비

② 공헌이익률 : 공헌이익의 개념을 비율로 나타낸 것을 말한다.

$$공헌이익률 = \frac{총공헌이익}{총매출액} = \frac{단위당\ 공헌이익}{단위당\ 판매가격}$$

③ 변동비율 : 매출액에서 변동비가 차지하는 비율

$$변동비율 = \frac{변동비}{매출액} = \frac{제품단위당\ 변동비}{제품단위당\ 판매가격}$$

④ 공헌이익률 + 변동비율 = 1

(주)시대는 단위당 ₩100에 제품을 판매하고 있으며 단위당 변동원가는 ₩80다. 제품 1,000개 판매를 목표로 다음과 같이 예산을 수립한 경우, 단위당 공헌이익과 공헌이익률을 계산하시오.

• 매출액	₩100,000
• 변동원가	80,000
• 공헌이익	20,000
• 고정원가	10,000
• 영업이익	₩10,000

(1) 단위당 공헌이익 = 단위당 판매가격 − 단위당 변동원가

$$= ₩100 − ₩80 = ₩20$$

(2) 공헌이익률 $= \dfrac{공헌이익}{매출액} = \dfrac{₩20,000}{₩100,000} = 20\%$

$$= \dfrac{단위당 공헌이익}{단위당 판매가액} = \dfrac{₩20}{₩100} = 20\%$$

정답 단위당 공헌이익 : ₩20 공헌이익률 : 20%

2. 원가 · 조업도 · 이익(CVP) 분석

(1) 손익분기점(BEP) 분석

① 손익분기점 : 매출액과 총비용이 일치하여 이익이 '0'이 되는 판매량이나 매출액

㉠ 매출액 = 변동비 + 고정비

㉡ 공헌이익 = 고정비

② 손익분기점 매출수량과 매출액의 계산

㉠ 손익분기점 매출수량

손익분기점 매출수량$(Q) = F/(P− V)$

$$= \dfrac{고정비}{단위당 판매가격 − 단위당 변동비}$$

$$= \dfrac{고정비}{단위당 공헌이익}$$

- Q = 매출수량
- F = 고정비
- P = 단위당 판매가격
- V = 단위당 변동비

㉡ 손익분기점 매출액

손익분기점 매출액$(S) = \dfrac{고정비}{1 − 변동비율} = \dfrac{고정비}{공헌이익률}$

③ 목표이익이 있는 경우

　㉠ 법인세가 없는 경우

$$\text{• 판매량}(Q) = \frac{\text{고정비 + 목표이익}}{\text{단위당 판매가격 - 단위당 변동비}} = \frac{\text{고정비 + 목표이익}}{\text{단위당 공헌이익}}$$

$$\text{• 매출액}(S) = \frac{\text{고정비 + 목표이익}}{1 - \text{변동이율}} = \frac{\text{고정비 + 목표이익}}{\text{공헌이익률}}$$

　㉡ 법인세가 있는 경우

$$\text{• 판매량}(Q) = \frac{\dfrac{\text{고정비 + 세후순이익}}{1 - \text{법인세율}}}{\text{단위당 판매가격 - 단위당 변동비}} = \frac{\dfrac{\text{고정비 + 세후순이익}}{1 - \text{법인세율}}}{\text{단위당 공헌이익}}$$

$$\text{• 매출액}(S) = \frac{\dfrac{\text{고정비 + 세후순이익}}{1 - \text{법인세율}}}{1 - \text{변동이율}} = \frac{\dfrac{\text{고정비 + 세후순이익}}{1 - \text{법인세율}}}{\text{공헌이익률}}$$

예시문제

(주)한국은 미사일을 제조하여 판매하는 회사이다. 미사일과 관련된 20x1년도의 생산 및 판매와 관련된 자료는 다음과 같을 때, 아래 물음에 답하시오.

구분	미사일
판매가격	단위당 ₩200
변동원가	단위당 ₩75
고정제조간접원가	총 ₩600,000
고정판매관리비	총 ₩400,000

[1] 손익분기점 판매량과 손익분기점 매출액을 구하시오.
[2] 목표이익 ₩700,000을 달성하기 위한 목표판매량과 목표매출액을 구하시오.
[3] 고정원가에 감가상각비가 ₩200,000 포함되어 있고 법인세율이 20%인 경우 현금흐름분기점을 구하시오.

[1]
• 손익분기점 판매량 = (600,000 + 400,000) ÷ (200 − 75) = 8,000단위
• 손익분기점 매출액 = 8,000단위 × 200 = ₩1,600,000

[2]
• 목표판매량 = (1,000,000 + 700,000) ÷ (200 − 75) = 13,600단위
• 목표매출액 = 13,600단위 × 200 = ₩2,720,000

[3]
현금흐름분기점 = [1,000,000 × (1 − 0.2) − 200,000] ÷ [(200 − 75) × (1 − 0.2)] = 6,000단위

다음은 단일 제품을 생산·판매하는 (주)관세의 20x1년 요약 공헌이익 손익계산서이다.

구분	금액	단위당 금액
매출액	₩80,000	₩250
변동원가	48,000	150
공헌이익	₩32,000	₩100
고정원가	15,000	
영업이익	₩17,000	

(주)관세는 20x2년에 고정원가를 ₩5,000 증가시키고 단위당 변동원가를 ₩20 감소시켜, ₩22,000의 영업이익을 달성하고자 한다. 20x2년의 판매단가가 20x1년과 동일하다면 20x2년의 판매량은 20x1년보다 몇 단위가 증가하여야 하는가? (단, 매년 생산량과 판매량은 동일하다.)

- 20x1년의 판매량 = ₩80,000/₩250 = 320단위
- 20x2년 영업이익 = 매출액 - 변동원가 - 고정원가
- ₩22,000 = ₩250 × 판매량 - (₩150 - ₩20) × 판매량 - (₩15,000 + ₩5,000)
  20x2년의 판매량 = 350단위
- 20x2년의 판매량 증가액 : 20x1년보다 30단위 증가

정답 30단위

(2) 영업레버리지도

① 의의

영업레버리지도 : 매출액의 변화율에 대한 영업이익이의 변화율

② 계산

- 영업레버리지도 $= \dfrac{\text{영업이익의 변화율}}{\text{매출액의 변화율}} = \dfrac{\text{공헌이익}}{\text{영업이익}} = \dfrac{1}{\text{안전한계율}}$
- 영업이익의 변화율 = 매출액의 변화율 × 영업레버리자도

(3) 안전한계(M/S)

① 의의

안전한계(margin of safety, MS) : 손익분기점 매출액을 초과하는 매출액

② 계산

- 안전한계 = 매출액 - 손익분기점 매출액
- 안전한계율(M/S비율) $= \dfrac{\text{안전한계}}{\text{실제(예상)매출액}} = \dfrac{\text{실제매출액} - \text{손익분기점 매출액}}{\text{실제(예상)매출액}}$

(주)감평의 총변동원가가 ₩240,000, 총고정원가가 ₩60,000, 공헌이익률이 40%이며, 법인세율은 20%이다. 이에 관한 설명으로 옳지 <u>않은</u> 것은? (단, 기초재고와 기말재고는 동일하다)

① 매출액은 ₩400,000이다.
② 안전한계율은 62.5%이다.
③ 영업레버리지도는 1.2이다.
④ 세후 영업이익은 ₩80,000이다.
⑤ 손익분기점 매출액은 ₩150,000이다.

③ 영업레버리지도 = 1 ÷ 62.5% = 1.6

[오답해설]
① 매출액 : 240,000 ÷ 60% = 400,000
② 안전한계율 : (400,000 − 150,000)/400,000 = 62.5%
④ 세후 영업이익 : [(400,000 × 40%) − 60,000] × (1 − 20%) = 80,000
⑤ 손익분기점 매출액 : 60,000 ÷ 40% = 150,000

정답 ③

제3절 단기의사결정

1. 의의

① 의사결정 : 여러 가지 선택 가능한 의사결정 대안들 중에서 특정목적을 달성하기 위하여 가장 효율적인 대안을 선택하는 과정
② 단기의사결정 : 화폐의 시간적가치는 무시하고 설비자산의 변동도 고려하지 않는 의사결정

2. 의사결정과 관련한 원가

(1) 관련원가(차액원가)

대안 간에 차이가 예상되며, 의사결정에 직접적으로 영향을 미칠 수 있는 원가이다.

① 기회원가 : 자원을 현재 용도 이외의 다른 용도에 사용할 경우 얻을 수 있는 최대금액(기회상실원가)
② 회피가능원가 : 특정대안을 선택하면 발생하지 않는 원가
③ 지출원가 : 미래에 현금 등의 실제지출이 발생하는 원가

(2) 비관련원가

의사결정에 영향을 미치지 않는 원가이다.

① 매몰원가 : 과거에 이미 발생한 역사적 원가로서 회수할 수 없는 원가
② 의사결정 대안 간에 차이가 없는 미래원가 : 대안간 차이가 없이 발생하는 미래원가
③ 회피불가능원가 : 대안간 차이가 없이 동일하게 계속해서 발생하는 원가

3. 의사결정의 접근방법

(1) 총액접근법

각 대안들의 총수익과 총원가를 계산·비교하여 이익이 가장 큰 대안을 선택하는 방법으로, 관련원가뿐만 아니라 비관련원가도 모두 고려해야 한다.

(2) 증분접근법(차액접근법)

각 대안들 사이에 차이가 나는 수익과 원가만을 분석하여 의사결정을 하는 방법으로, 관련원가만을 고려한다.

4. 단기의사결정의 유형

(1) 특별주문의 수락 또는 거절

특별주문이 발생하는 경우 수락여부의 결정은 기업에 특별주문을 수락할만한 유휴생산능력이 존재하는지 여부에 따라 달라진다.

① 유휴설비능력이 존재하는 경우 : 특별주문가격 > 증분원가 → 특별주문 수락
② 유휴설비능력이 존재하고 대체적 용도가 있는 경우 : 특별주문가격 > 증분원가 + 기회원가 → 특별주문 수락
③ 유휴설비능력이 존재하지 않는 경우 : 특별주문가격 > 증분원가 + 추가설비 원가 + 기존판매량 감소분의 공헌이익 → 특별주문 수락

예시문제

다음은 (주)관세가 생산·판매하는 제품A에 관한 자료이다.

구분	자료 내용
최대 생산가능 수량	10,000단위
현재 생산·판매수량	8,000단위
단위당 외부 판매가격	₩300
단위당 변동제조원가	₩100
단위당 변동판매비	₩40
단위당 고정제조간접원가	₩90(최대 생산가능 수량 기준)

(주)한국은 (주)관세에게 제품A에 특수장치를 부착한 제품B를 제작하여, 단위당 ₩220에 1,500단위를 공급해줄 것을 제안하였다. (주)관세는 제품A의 생산라인에서 제품B를 생산할 수 있으며, (주)한국의 주문으로 기존 판매 및 원가구조는 영향을 받지 않는다. (주)관세는 제품A에 단위당 ₩30의 특수장치를 추가하여 제품B를 생산하며, 제품B의 단위당 변동판매비는 ₩30이 된다. (주)관세가 (주)한국의 특별주문을 수락하는 경우 이익에 미치는 영향은?

① ₩90,000 감소
② ₩90,000 증가
③ ₩120,000 감소
④ ₩120,000 증가
⑤ ₩150,000 증가

- 증가되는 매출 = ₩220 × 1,500단위 = ₩330,000
- 증가되는 변동비 = (₩100 + ₩30 + ₩30) × 1,500단위 = ₩240,000
- 특별주문 수락하는 경우 이익 = ₩330,000 − ₩240,000 = ₩90,000

정답 ②

---

(2) 제품라인의 유지 또는 폐쇄

회사 전체의 이익에 미치는 영향을 기준으로 판단한다. 제품라인을 폐지할 경우 폐지되는 제품의 매출액과 변동원가는 감소하고, 고정원가는 감소하지 않을 수 있다.

① 제품라인의 공헌이익 > 회피가능고정원가 + 기회비용* → 제품라인 유지

② 제품라인의 공헌이익 < 회피가능고정원가 + 기회비용* → 제품라인 폐지

*기회비용 : 유휴시설을 다른 제품의 생산에 사용할 수 있을 경우 다른 제품의 공헌이익(유휴설비를 임대할 경우에는 임대료수익)

(3) 부품의 자가제조 또는 외부구입

부품을 외부에서 구입하는 경우, 외부구입원가는 증가하지만 자가제조원가가 감소한다. 자가제조원가 중 변동제조원가는 감소하고, 고정원가는 감소하지 않을 수 있다.

① 외부구입가격 > 회피가능원가* + 기회비용 → 자가제조

② 외부구입가격 < 회피가능원가* + 기회비용 → 외부구입

*회피가능원가 : 주로 직접재료비, 직접노무비, 변동제조간접비 절감분과 같은 변동제조비

(4) 제한된 자원의 활용

노동력, 기계장치 등 자원의 제약이 있는 경우, 공헌이익을 최대화시킬 수 있도록 제한된 자원을 활용해야 한다. 제한된 자원단위당 공헌이익이 큰 제품을 우선적으로 생산한다.

(5) 사내대체가격의 결정

회사내부 거래 시 적용하는 가격을 사내대체가격이라고 한다. 공급부와 수요부의 이해관계를 고려한 사내대체가격을 정했을 때, 기업전체의 이익극대화를 실현 가능하다.

① 공급부서의 대체가격 : 최소대체가격

> 최소대체가격 = 대체시 변동원가 + 대체시 기회비용

② 수요부서의 대체가격의 결정 : 최대대체가격

    ⊙ 외부구매시장이 있지 않은 경우

> 최대대체가격 = 최종제품의 단위당 판매가격 – 대체후 발생하는 단위당 변동원가 = A

    ⓛ 외부구매시장이 있는 경우

> 최대대체가격 = Min[단위당 외부구입원가, A]

(6) 대체여부 의사결정

최소대체가격과 최대대체가격 사이에서 결정된다.

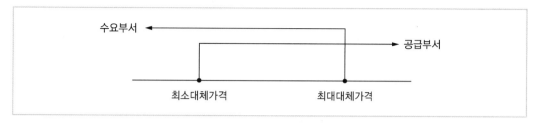

공급부의 변동원가 + 기회원가 ≤ 대체가격 ≤ 구매부의 기회원가(외부구입가격)

예시문제

(주)감평은 이익중심적인 A사업부와 B사업부를 운영하고 있다. A사업부가 생산하는 열연강판의 변동제조원가와 고정제조원가는 각각 톤당 ₩2,000과 톤당 ₩200이며, 외부판매가격과 판매비는 각각 톤당 ₩3,000과 톤당 ₩100이다. 현재 B사업부가 열연강판을 외부에서 톤당 ₩2,600에 구입하여 사용하고 있는데, 이를 A사업부로부터 대체받을 것을 고려하고 있다. A사업부는 B사업부가 필요로 하는 열연강판 수요를 충족시킬 수 있는 유휴생산능력을 보유하고 있으며, 사내대체 하는 경우 판매비가 발생하지 않을 것이다. A사업부가 사내대체를 수락할 수 있는 최소사내대체가격은? **[2013년 감정평가사]**

① ₩2,000　　　　　　　　　② ₩2,100
③ ₩2,200　　　　　　　　　④ ₩2,600
⑤ ₩3,000

- A사업부최소대체가격 : ₩2,000(변동제조원가)
- B사업부최대대체가격 : ₩2,600(외부구입가)
- 최소사내대체가격 : ₩2,000

정답 ①

확인학습문제

01 (주)감평의 20x1년 제품 A의 생산·판매와 관련된 자료는 다음과 같다.

- 단위당 판매가격 : ₩25
- 단위당 변동제조원가 : ₩10
- 단위당 변동판매관리비 : ₩6
- 연간 총고정제조간접원가 : ₩1,500(감가상각비 ₩200 포함)
- 연간 총고정판매관리비 : ₩2,500(감가상각비 ₩300 포함)

(주)감평은 변동원가계산을 채택하고 있으며, 감가상각비를 제외한 모든 수익과 비용은 발생 시점에 현금으로 유입되고 지출된다. 법인세율이 20%일 때 (주)감평의 세후 현금흐름분기점 판매량은?

[2022 감정평가사]

① 180단위   ② 195단위
③ 360단위   ④ 375단위
⑤ 390단위

답 ④

▌정답해설▐

현금흐름 = $[(₩25 - ₩10 - ₩6) \times Q - (₩1,500 + ₩2,500)] \times (1 - 20\%) + (₩200 + ₩300) = 0$

∴ Q = 375단위

02 (주)감평은 제품라인 A, B, C부문을 유지하고 있다. 20x1년 각 부문별 손익계산서는 다음과 같다.

구분	A부문	B부문	C부문	합계
매출액	₩200,000	₩300,000	₩500,000	₩1,000,000
변동원가	100,000	200,000	220,000	520,000
공헌이익	100,000	100,000	280,000	480,000
고정원가				
급여	30,000	50,000	80,000	160,000
광고선전비	10,000	60,000	70,000	140,000
기타 배부액	20,000	30,000	50,000	100,000
영업손익	₩40,000	(₩40,000)	₩80,000	₩80,000

(주)감평의 경영자는 B부문의 폐쇄를 결정하기 위하여 각 부문에 관한 자료를 수집한 결과 다음과 같이 나타났다.

- 급여는 회피불능원가이다.
- 광고선전은 각 부문별로 이루어지기 때문에 B부문을 폐쇄할 경우 B부문의 광고선전비는 더 이상 발생하지 않는다.
- 기타 배부액 총 ₩100,000은 각 부문의 매출액에 비례하여 배부한 원가이다.
- B부문을 폐쇄할 경우 C부문의 매출액이 20% 감소한다.

(주)감평이 B부문을 폐쇄할 경우 (주)감평 전체 이익의 감소액은? (단, 재고자산은 없다.)

[2021 감정평가사]

① ₩36,000　　　　　　　　　　　② ₩46,000

③ ₩66,000　　　　　　　　　　　④ ₩86,000

⑤ ₩96,000

답 ⑤

┃정답해설┃

₩280,000 × 20% + 100,000 − 60,000 = ₩96,000

03 (주)감평의 최근 6개월간 A제품 생산량 및 총원가 자료이다.

월	생산량(단위)	총원가
1	110,000	₩10,000,000
2	50,000	7,000,000
3	150,000	11,000,000
4	70,000	7,500,000
5	90,000	8,500,000
6	80,000	8,000,000

원가추정은 고저점법(high-low method)을 이용한다. 7월에 A제품 100,000단위를 생산하여 75,000 단위를 단위당 ₩100에 판매할 경우, 7월의 전부원가 계산에 의한 추정 영업이익은? (단, 7월에 A제품의 기말제품 이외에는 재고 자산이 없다.) **[2017 감정평가사]**

① ₩362,500 ② ₩416,000

③ ₩560,000 ④ ₩652,500

⑤ ₩750,000

답 ⑤

┃정답해설┃

- 단위당 변동원가 : (₩11,000,000 − ₩7,000,000)/(150,000단위 − 50,000단위) = ₩40
- 고정원가 : ₩7,000,000 − (₩40 × 50,000단위) = ₩5,000,000
- 원가함수 = ₩5,000,000 + ₩40 × 조업도
- 고정제조간접비 배부율 = ₩5,000,000/100,000단위 = ₩50
- 7월 추정영업이익 = 75,000단위 × (₩100 − 40 − 50) = ₩750,000

04 (주)감평의 20x6년도 제품에 관한 자료가 다음과 같을 때 안전한계율은? **[2016 감정평가사]**

• 단위당 판매가격	₩5,000
• 공헌이익률	35%
• 총고정원가	140,000
• 법인세율	30%
• 세후이익	208,250

① 68%   ② 70%

③ 72%   ④ 74%

⑤ 76%

답 ①

▌정답해설▌
- 안전한계율 = (실제매출액 − BEP매출액)/실제매출액 = 영업이익/공헌이익
- 영업이익 : ₩208,250/(1 − 0.3) = ₩297,500
- 매출액 : 매출액 × 0.35 − ₩140,000 = ₩297,500

  매출액 = ₩1,250,000
- 공헌이익 : ₩1,250,000 × 0.35 = ₩437,500
- 안전한계율 : ₩297,500/₩437,500 = 0.68

05 다음은 (주)감평의 20x1년도 매출관련 자료이다.

• 매출액	₩282,000
• 총변동원가	147,000
• 총고정원가	30,000
• 판매량	3,000단위

20x2년도에 광고비 ₩10,000을 추가로 지출한다면, 판매량이 300단위 증가할 확률이 60%이고, 200단위 증가할 확률이 40%로 될 것으로 예상된다. 이 때 증가될 것으로 기대되는 이익은? (단, 20x2년도 단위당 판매가격, 단위당 변동원가, 광고비를 제외한 총고정원가는 20x1년도와 동일하다고 가정한다.)

[2018 감정평가사]

① ₩700
② ₩800
③ ₩1,200
④ ₩1,700
⑤ ₩2,700

답 ④

┃ 정답해설 ┃

	증분수익	260단위 × ₩45 = ₩11,700〈*〉
(−)	증분비용	₩10,000
=	증분이익	₩1,700

〈*〉 기대수량 : 300단위 × 0.6 + 200단위 × 0.4 = 260단위
　　단위당 공헌이익 : (₩282,000 − 147,000)/3,000단위 = ₩45
　　증분수익 : 260단위 × ₩45 = ₩11,700

06 (주)감평은 A제품을 생산·판매하고 있다. 20x1년에는 기존고객에게 9,000단위를 판매할 것으로 예상되며, A제품 관련 자료는 다음과 같다.

• 연간 최대생산량	10,000단위
• 단위당 판매가격	₩2,000
• 단위당 변동제조원가	1,000
• 단위당 변동판매비	200
• 연간 총고정제조원가	2,500,000

20x1년 중에 (주)감평은 새로운 고객인 (주)대한으로부터 A제품 2,000단위를 구매하겠다는 특별주문을 제안받았다. 특별주문을 수락하면 기존고객에 대한 판매량 중 1,000단위를 감소시켜야 하며, 특별주문에 대해서는 단위당 변동판매비 ₩200이 발생하지 않는다. (주)감평이 특별주문으로부터 받아야 할 단위당 최소 판매가격은? (단, 특별주문은 일부분만 수락할 수 없음) **[2017 감정평가사]**

① ₩1,300　　　　　　　　　② ₩1,350
③ ₩1,400　　　　　　　　　④ ₩1,450
⑤ ₩1,500

답 ③

▌정답해설▐

(1) 증분수익
　　2,000단위 × P

(2) 증분비용
　　① 변동제조원가 = 2,000단위 × ₩1,000
　　② 공헌이익감소 = 1,000단위 × (₩2,000 − 1,000 − 200)

(3) 최소 판매가격
　　2,000단위 × P ≥ 2,000단위 × ₩1,000 + 1,000단위 × (₩2,000 − 1,000 − 200)
　　P = ₩1,400

07 (주)대한은 X, Y, Z 제품을 생산·판매하고 있으며, 20x1년도 제품별 예산손익 계산서는 다음과 같다.

	X제품	Y제품	Z제품
매출액	₩100,000	₩200,000	₩150,000
매출원가 : 변동원가	40,000	80,000	60,000
고정원가	30,000	70,000	50,000
매출총이익	₩30,000	₩50,000	₩40,000
판매관리비 : 변동원가	20,000	10,000	10,000
고정원가	20,000	20,000	20,000
영업이익(손실)	(₩10,000)	₩20,000	₩10,000

(주)대한의 경영자는 영업손실을 초래하고 있는 X제품의 생산을 중단하려고 한다. X제품의 생산을 중단하면, X제품의 변동원가를 절감하고, 매출원가에 포함된 고정원가의 40%와 판매관리비에 포함된 고정원가의 60%를 회피할 수 있다. 또한, 생산중단에 따른 여유생산능력을 임대하여 ₩10,000의 임대수익을 얻을 수 있다. X제품의 생산을 중단할 경우, 20x1년도 회사 전체의 예산 영업이익은 얼마나 증가(또는 감소)하는가? (단, 기초 및 기말 재고자산은 없다.) **[2017 감정평가사]**

① ₩4,000 감소
② ₩5,000 증가
③ ₩6,000 감소
④ ₩7,000 증가
⑤ ₩8,000 증가

답 ③

▮ 정답해설 ▮

(1) 증분수익 : ₩94,000

변동원가 감소액	₩60,000
고정원가 감소액	₩12,000
고정판관비 감소액	₩12,000
임대료 수입	₩10,000

(2) 증분비용 : 매출액 감소액 ₩100,000

(3) 증분이익 : (1) − (2) = (₩6,000)

08 (주)감평은 세 종류의 제품 A, B, C를 독점 생산 및 판매하고 있다. 제품생산을 위해 사용되는 공통설비의 연간 사용시간은 총 40,000시간으로 제한되어 있다. 20x1년도 예상 자료는 다음과 같다. 다음 설명 중 옳은 것은?

[2018 감정평가사]

구분	제품 A	제품 B	제품 C
단위당 판매가격	₩500	₩750	₩1,000
단위당 변동원가	₩150	₩300	₩600
단위당 공통설비사용시간	5시간	10시간	8시간
연간 최대 시장수요량	2,000단위	3,000단위	2,000단위

① 제품단위당 공헌이익이 가장 작은 제품은 C이다.
② 공헌이익을 최대화하기 위해 생산할 제품 C의 설비 사용시간은 12,000시간이다.
③ 공헌이익을 최대화하기 위해 생산할 총제품수량은 5,000단위이다.
④ 공헌이익을 최대화하기 위해서는 제품 C, 제품 B, 제품 A의 순서로 생산한 후 판매해야 한다.
⑤ 획득할 수 있는 최대공헌이익은 ₩2,130,000이다.

답 ⑤

┃정답해설┃

(1) 생산 우선순위

구분	제품 A	제품 B	제품 C
단위당 공헌이익	₩350	₩450	₩400
사용시간당 공헌이익	₩70	₩45	₩50
생산수량	2,000단위(1순위)	1,400단위(3순위)	2,000단위(2순위)

(2) 최대공헌이익

2,000단위 × ₩350 + 1,400단위 × ₩450 + 2,000단위 × ₩400 = ₩2,130,000

09 (주)관세는 분권화된 사업부 A와 사업부 B를 이익중심점으로 운영하고 있다. 사업부 A에서 생산되는 표준형 밸브는 외부시장에 판매하거나 사업부 B에 대체할 수 있다. 사업부 A는 현재 최대생산능력을 이용하여 생산하는 표준형 밸브 전량을 단위당 판매가격 ₩50으로 외부시장에 판매하고 있고, 생산 및 판매와 관련된 자료는 다음과 같다.

• 연간 최대생산 능력	180,000단위
• 단위당 변동제조원가	₩29
• 단위당 변동판매관리비	4
• 단위당 고정제조간접원가(연간 180,000단위 기준)	7
• 단위당 고정판매관리비(연간 180,000단위 기준)	5

사업부 A가 표준형 밸브를 사업부 B에 사내대체할 경우 단위당 변동제조원가를 ₩2만큼 절감할 수 있으며, 변동판매관리비는 발생하지 않는다. 사업부 A가 외부시장에 판매한 경우와 동일한 이익을 얻기 위한 표준형 밸브의 단위당 사내대체가격은 얼마인가?　　　　　　　　　　　　　**[2015 관세사]**

① ₩29　　　　　　　　　　　　　② ₩34

③ ₩36　　　　　　　　　　　　　④ ₩40

⑤ ₩44

답 ⑤

▌정답해설▐

최소대체가격 ₩44 = 대체시변동원가 ₩27 + 기회비용 (₩50 − ₩33)

10 다음은 A제품의 20x4년과 20x5년의 생산관련 자료이며, 총고정원가와 단위당 변동원가는 일정하였다.

구분	생산량(개)	총제조원가(원)
20x4년	1,000	50,000,000
20x5년	2,000	70,000,000

20x6년도에는 전년도에 비해 총고정원가는 20% 증가하고 단위당 변동원가는 30% 감소하였다면, 생산량이 3,000개일 때 총제조원가는? **[2016 감정평가사]**

① ₩62,000,000

② ₩72,000,000

③ ₩78,000,000

④ ₩86,000,000

⑤ ₩93,000,000

답 ③

┃정답해설┃

• 단위당변동비 : (₩70,000,000 − ₩50,000,000)/(2,000 − 1,000) = ₩20,000

• 고정비(최저점 대입) : 1,000개 × ₩20,000 + 고정비 = ₩50,000,000, 고정비 = ₩30,000,000

• 원가함수 Y = 20,000X + ₩30,000,000

• Y = 20,000 × 70% × 3,000개 + ₩30,000,000 × 120% = ₩78,000,000

새로운 원가계산

제1절 활동기준원가계산(activity-based costing, ABC)

1. 의의

(1) 제조간접비를 배부할 때 제조간접비의 발생원인인 활동을 기준으로 배부하여 보다 정확하게 원가를 계산하는 방법

(2) 활동 : 제조간접비가 발생하는 원인으로, 예를 들면 작업준비, 품질검사, 자재관리, 선적활동 등이 있다.

(3) 제조간접비를 활동별로 집계하고 각 활동별로 원가동인에 의하여 제조간접원가를 제품에 배분한다.

2. 활동기준원가계산의 절차

(1) **1단계 : 활동의 구분**

① 단위수준활동

㉠ 제품생산량에 비례하는 활동

㉡ 예 : 직접노무활동, 기계활동, 직접재료원가투입활동, 동력소비활동 등

② 배치(batch)수준활동(묶음수준활동)

㉠ 배치(batch)단위로 처리 또는 가공하는 활동

㉡ 예 : 구매주문활동, 작업준비활동, 품질검사활동, 선적활동 등

③ 제품유지활동

㉠ 제품종류에 따라 특정제품을 회사의 생산 품목으로 유지하는 활동

㉡ 예 : 제품설계, 테스트, 연구개발 등

④ 설비유지활동

㉠ 여러 제품생산을 위하여 설비유지를 위한 활동

㉡ 예 : 공장관리활동, 건물관리활동, 조명, 냉난방활동 등

(2) **2단계 : 각 활동별로 제조간접원가를 집계**

(3) **3단계 : 활동별 원가동인(배부기준)의 결정**

각 활동별로 집계된 원가의 발생과 직접적인 인과관계를 파악

(4) **4단계 : 활동별 제조간접원가 배부율 계산**

$$\text{활동별 원가배부율} = \frac{\text{활동별 집계된 원가}}{\text{활동별 원가동인 수}}$$

(5) 5단계 : 활동별로 제조간접비를 각 제품에 배부

> 각 제품에 배부될 원가 = 활동별 원가배부율 × 각 제품의 원가동인 수

3. 특징

(1) 개별원가계산보다 제조간접비를 더 정확하게 배부함에 따라 제품원가 및 성과평가에 유용한 정보 제공

(2) 비부가가치 활동을 제거하여 효율적인 원가통제

(3) 다품종소량생산이 증가하면서 제품에 직접 추적이 어려운 제조간접원가의 비중이 커짐에 따라 도입

(4) 제조원가뿐만 아니라 비제조원가도 원가동인에 의해 배부가능

(5) 적용업종 : 개별원가계산 및 종합원가계산을 사용하는 기업에서 모두 사용가능하며, 제조업이외의 업종도 적용가능

예시문제

세 종류의 스키를 생산·판매하는 (주)관세의 제조간접원가를 활동별로 분석하면 다음과 같다.

활동	제조간접원가	원가동인	원가동인 수		
			초급자용 스키	중급자용 스키	상급자용 스키
절단	₩70,000	절단횟수	150회	250회	300회
성형	₩180,000	제품생산량	400대	300대	200대
도색	₩225,000	직접노무시간	400시간	600시간	500시간
조립	₩88,000	기계작업시간	100시간	?	150시간

(주)관세가 활동기준원가계산에 의해 중급자용 스키에 제조간접원가를 ₩208,000 배부하였다면 중급자용 스키 생산에 소요된 기계작업시간은?

① 100시간   ② 120시간
③ 150시간   ④ 200시간
⑤ 300시간

활동	제조간접원가	원가동인				중급자용 스키 배부액
		초급자용	중급자용	상급자용	소계	
절단	₩70,000	150회	250회	300회	700회	₩25,000
성형	₩180,000	400대	300대	200대	900대	₩60,000
도색	₩225,000	400시간	600시간	500시간	1,500시간	₩90,000
조립	₩88,000	100시간	150시간	150시간	400시간	₩33,000
합계						₩208,000

정답 ③

1. 의의

(1) 원가절감을 위해 목표가격에서부터 목표원가를 달성하고자 하는 원가관리기법

(2) 제조이전 단계(제품개발, 설계) 부터 목표 판매가격을 설정 후, 목표이익을 더하여 목표생산원가 계산

2. 전통적 원가계산과의 비교

전통적 원가계산	목표원가계산(원가기획)
수동적, 내부지향적, 회사지향적 원가 + 목표이익 = 판매가격	능동적, 외부지향, 고객지향적 판매가격 − 목표이익 = 목표원가

3. 목표원가관리의 특징

(1) 공급자는 시장가격에 순응한다는 가정임

(2) 고객은 시장가격의 결정권이 있고, 기업은 고객의 요구사항을 반영하여 의사결정을 해야함

(3) 문제점 : 원가 절감압박으로 인한 당사자간에 갈등 및 반발 야기 가능

1. 의의

(1) 제품의 불량등으로 발생하는 품질과 관련된 모든 원가로, 이러한 품질원가를 인식·측정·평가하는 원가계산

(2) 제조활동이외에도 초기 연구개발부터 고객 서비스까지의 전반적인 활동에 걸쳐 발생

(3) 총품질원가를 감소시키기 위해 품질문제가 발생한 후보다, 발생 전에 미리 예방하는 것이 바람직함

2. 품질원가의 종류

(1) 예방원가

불량품을 예방하기 위하여 발생하는 원가(예 품질교육훈련, 설계엔지니어링, 공정엔지니어링, 품질엔지니어링, 공급업체 평가 등)

(2) 평가원가(검사원가)

제품을 검사하여 불량품을 적발하기 위하여 발생하는 원가(예 제품의 검사, 검사설비 유지, 현장검사원가 등)

※ 예방원가와 평가원가는 서로 보완적이다.

(3) 내부실패원가

고객에게 인도되기 전에 불량품이 발견되어 내부적으로 수리하거나 폐기하는 원가(예 공손품, 작업폐물, 재작업, 재검사, 작업중단원가 등)

(4) 외부실패원가

고객에게 인도된 후 기업 외부에서 불량품이 발견되어 보증수리를 하는 원가(예 고객서비스센터의 운영원가, 보증수리와 고객지원원가 등)

> **더 알아보기**
>
> 예방 및 평가원가가 증가 시 → 내부실패원가가 증가, 외부실패원가는 감소

제4절 기타의 원가계산

1. 제품수명주기원가계산

(1) 제품기획부터 제조, 유통, 고객서비스까지 제품의 수명주기 동안 발생하는 모든 원가를 제품별로 집계하는 원가계산제도

(2) 제조기술의 변화 속도가 빨라지면서 신제품 출시기간이 단축되어 제품의 수명주기가 줄어들고 경쟁이 심화되면서 수명주기원가계산 필요

(3) 생산이전단계와 생산이후단계의 원가를 포함하므로, 제조과정에서 발생되는 원가뿐만 아니라 가치사슬상의 모든 기능의 원가를 충당할 수 있는 가격결정의 중요한 정보제공

(4) 원가들 간의 상호관련성이 강조되어 원가상호 간의 인과관계에 기인한 변화들을 잘 나타내준다.

(5) 장기적 관점의 원가절감 및 원가관리에 유용하다.

2. 가치사슬원가계산

(1) 제품에 가치를 부여하는 모든 기능들은 사슬처럼 서로 관련되는데, 이러한 가치사슬상에서의 원가를 측정하는 것

(2) 제품생산 이전에 발생한 활동의 원가(상류원가)부터 생산 이후에 발생한 원가(하류원가)도 모두 분석한다.

3. 카이젠원가계산(개선원가계산)

(1) 제조단계에서의 원가를 절감 방법으로, 대규모의 혁신이 아니라 소규모의 지속적인 개선을 통하여 조금씩 원가를 절감하는 방식

(2) 목표원가계산과의 비교

① 목표원가계산 : 제조 이전단계의 대폭적이고 혁신적인 원가절감(제품설계의 변경 등) 목표

② 카이젠원가계산 : 제조단계의 점차적인 원가절감 목표

(3) 전통적 원가계산과의 비교

① 전통적 원가계산

㉠ 기존공정을 유지하며 표준원가와 실제원가의 차이분석을 통해 원가통제

㉡ 작업자들은 기술적 전문성을 가진 경영자가 미리 설정한 표준과 절차를 따름,수동적)

② 카이젠원가계산

㉠ 제조과정의 개선을 통해 목표원가와 실제원가의 절감액을 비교 분석하여 원가통제

㉡ 작업자들이 공정을 개선하고 원가를 절감하도록 함(능동적)

4. 역류원가계산

(1) 원가 추적 시 순차적이 아닌, 역순으로 거슬러 올라가 산출물에 초점을 맞추어 판매된 제품과 재고자산에 제조원가를 배부하는 표준원가계산제도

(2) 최소한의 재고를 보유하는 기업은 생산 및 구매·판매활동이 빠르게 이루어지므로 불필요한 계정과목(원재료, 재공품 등)을 제거

5. 영업이익의 전략적 분석

영업이익의 증가로 전략의 성공여부를 판단하기 위해 영업이익에 미친 영향을 다음과 같이 구분하여 세분화한다.

(1) **제품차별화전략**

제품의 차별화를 통해 시장점유율과 제품의 가격을 높일 수 있지만, 일반적으로 제조원가도 증가한다.

(2) **원가우위전략**

원가의 통제를 통하여 더 낮은 원가에 제품을 제공하는 전략

6. 활동기준경영

기업의 활동을 부가가치활동과 비부가가치활동으로 구분하여 불필요한 활동을 통제하여 제품의 원가를 절감

부가가치활동	기업에 필요한 활동이면서 효율적으로 수행되는 활동으로, 설계활동·엔지니어활동·가공활동·배달활동 등이 있다.
부가가치원가	부가가치활동으로 인하여 발생하는 원가를 말한다.
비부가가치활동	기업이 불필요한 활동 또는 필요한 활동이지만 비효율적으로 수행되고 있는 활동을 말한다.
비부가가치원가	비부가가치활동으로 인하여 발생하는 원가를 말한다.

7. **제약자원이론**

   생산활동의 제약요소(병목현상)를 파악하여 관리하고 완화함으로써 원가절감 및 수익성 개선

8. **경제적부가가치(Economic Value Added, EVA)**

(1) 영업활동을 통해 창출한 부가가치의 증가분으로 영업이익에서 법인세와 자본비용(타인자본과 자기자본을 포괄)을 차감한 이익을 말한다.

(2) 자본조달방법에 따라 경영성과에 대한 평가가 왜곡되는 것을 방지하기 위한 방법이다.

① EVA = 세후영업이익 − 영업활동 투하자본에 대한 자본비용

② 투하자본에 대한 자본비용 = 가중평균자본비용 × 투하자본

③ 가중평균자본비용(Weighted Average Cost of Capital, WACC)

$$= \text{세후타인 자본비용} \times \frac{\text{타인자본}}{(\text{타인자본} + \text{자기자본})} + \text{자기 자본비용} \times \frac{\text{자기자본}}{(\text{타인자본} + \text{자기자본})}$$

④ 투하자본 = 영업관련 총자산 − 영업관련 유동부채 = 영업관련 총자산 − 무이자 유동부채

제5절 종합예산

1. **의의**

   판매, 생산, 구매, 재무 등을 종합적인 계획으로 표현한 예산

2. **편성**

(1) 종합예산의 중요한 출발점은 판매예산의 편성이다.

(2) 종업원의 참여에 따라 권위적 예산편성, 참여적 예산편성 등으로 나눌 수 있다.

(3) 자본예산은 계획을 의미하므로 손익계산서에는 반영되지 않는다.

(4) 예산 손익계산서, 예산 재무상태표 등의 작성이 종합예산 편성 절차의 마지막 단계이다.

다음은 (주)감평의 20x1년 상반기 종합예산을 작성하기 위한 자료의 일부이다. 4월의 원재료 구입예산액은?

- 예산판매량
  - 3월 : 2,000단위
  - 4월 : 2,500단위
  - 5월 : 2,400단위
  - 6월 : 2,700단위
- 재고정책
  - 제품 : 다음 달 예산판매량의 10%를 월말재고로 보유한다.
  - 원재료 : 다음 달 생산량에 소요되는 원재료의 5%를 월말재고로 보유한다.
- 제품 1단위를 생산하는데 원재료 2kg이 투입되며, kg당 구입단가는 ₩10이다.

① ₩49,740　　　　　　　　　　② ₩49,800
③ ₩49,860　　　　　　　　　　④ ₩52,230
⑤ ₩52,290

- 5월 제품 생산량 : 2,400개 + 2,700개 × 10% − 2,400개 × 10% = 2,430개
- 4월 제품 생산량 : 2,500개 + 2,400개 × 10% − 2,500개 × 10% = 2,490개
- 4월 원재료 구입량 : 2,490개 × 2kg + 2,430개 × 2kg × 5% − 2,490개 × 2kg × 5% = 4,974kg
- 4월 원재료 구입예산액 : 4,974kg × 10원 = 49,740원

정답 ①

확인학습문제

01 제품 A와 B를 생산·판매하고 있는 (주)감평의 20x1년 제조간접원가를 활동별로 추적한 자료는 다음과 같다.

구분	원가동인	제품 A	제품 B	추적가능원가
자재주문	주문횟수	20회	35회	₩55
품질검사	검사횟수	10회	18회	84
기계수리	기계가동시간	80시간	100시간	180

제조간접원가를 활동기준으로 배부하였을 경우 제품 A와 B에 배부될 원가는?

[2022 감정평가사]

	제품 A	제품 B
①	₩100	₩219
②	₩130	₩189
③	₩150	₩169
④	₩189	₩130
⑤	₩219	₩100

답 ②

▮정답해설▮

- 제품 A : ₩130 = (1) + (2) + (3)
  (1) 자재주문 ₩55 × 20회 ÷ (20회 + 35회)
  (2) 품질검사 ₩84 × 10회 ÷ (10회 + 18회)
  (3) 기계수리 ₩180 × 80시간 ÷ (80시간 + 100시간)

- 제품 B : ₩189 = (1) + (2) + (3)
  (1) 자재주문 ₩55 × 35회 ÷ (20회 + 35회)
  (2) 품질검사 ₩84 × 18회 ÷ (10회 + 18회)
  (3) 기계수리 ₩180 × 100시간 ÷ (80시간 + 100시간)

02 다음은 (주)감평의 20x1년 상반기 종합예산을 작성하기 위한 자료의 일부이다. 4월의 원재료 구입예산액은? **[2022 감정평가사]**

- 예산판매량
  - 3월 : 2,000단위
  - 4월 : 2,500단위
  - 5월 : 2,400단위
  - 6월 : 2,700단위
- 재고정책
  - 제품 : 다음 달 예산판매량의 10%를 월말재고로 보유한다.
  - 원재료 : 다음 달 생산량에 소요되는 원재료의 5%를 월말재고로 보유한다.
- 제품 1단위를 생산하는데 원재료 2kg이 투입되며, kg당 구입단가는 ₩100이다.

① ₩49,740

② ₩49,800

③ ₩49,860

④ ₩52,230

⑤ ₩52,290

답 ①

▌**정답해설**▐

- 4월 제품 생산량 : 2,500개 + 2,400개 × 10% − 2,500개 × 10% = 2,490개
- 5월 제품 생산량 : 2,400개 + 2,700개 × 10% − 2,400개 × 10% = 2,430개
- 4월 원재료 구입량 : 2,490개 × 2kg + 2,430개 × 2kg × 5% − 2,490개 × 2kg × 5% = 4,974kg
- 4월 원재료 구입예산액 : 4,974kg × 10원 = 49,740원

03 20x1년 초 영업을 개시한 상품매매기업인 (주)감평의 20x1년 1분기 월별 매출액 예산은 다음과 같다.

구분	1월	2월	3월
매출액	₩2,220,000	₩2,520,000	₩2,820,000

(주)감평은 매출원가의 20%를 이익으로 가산하여 상품을 판매하고, 월말재고로 그 다음 달 매출원가의 40%를 보유하는 재고정책을 실시하고 있다. (주)감평의 매월 상품매입 중 50%는 현금매입이고, 50%는 외상매입이다. 외상매입대금 중 80%는 매입한 달의 1개월 후에, 20%는 매입한 달의 2개월 후에 지급된다. 상품매입과 관련하여 (주)감평의 20x1년 2월 예상되는 현금지출액은? (단, 매입에누리, 매입환출, 매입할인 등은 발생하지 않는다.) **[2019 감정평가사]**

① ₩1,076,000
② ₩1,100,000
③ ₩1,345,000
④ ₩2,176,000
⑤ ₩2,445,000

답 ④

▌정답해설▐

• 1월 매입 : (1) + (2) = ₩2,690,000
  (1) 매출원가 = ₩2,220,000/1.2 = ₩1,850,000
  (2) 기말재고 = ₩2,100,000 × 0.4 = ₩840,000

• 2월 매입 : (1) + (2) − ₩840,000 = ₩2,200,000
  (1) 매출원가 = ₩2,520,000/1.2 = ₩2,100,000
  (2) 기말재고 = ₩2,350,000 × 0.4 = ₩940,000

• 2월 현금유출 : (1) + (2) = ₩2,176,000
  (1) 1월 매입분 2,690,000 × 0.5 × 0.8 = 1,076,000
  (2) 2월 매입분 2,200,000 × 0.5 = 1,100,000

04 감평회계법인은 컨설팅과 회계감사서비스를 제공하고 있다. 지금까지 감평회계법인은 일반관리비 ₩270,000을 용역제공시간을 기준으로 컨설팅과 회계감사서비스에 각각 45%와 55%씩 배부해 왔다. 앞으로 감평회계법인이 활동기준원가계산을 적용하기 위해, 활동별로 일반관리비와 원가동인을 파악한 결과는 다음과 같다.

활 동	일반관리비	원가동인
스탭지원	₩200,000	스탭수
컴퓨터지원	50,000	컴퓨터사용시간
고객지원	20,000	고객수
합계	₩270,000	

컨설팅은 스탭수 35%, 컴퓨터사용시간 30% 그리고 고객수 20%를 소비하고 있다. 활동기준원가계산을 이용하여 컨설팅에 집계한 일반관리비는 이전 방법을 사용하는 경우보다 얼마만큼 증가 또는 감소하는 가?
[2013 감정평가사]

① ₩32,500 감소 ② ₩32,500 증가
③ ₩59,500 감소 ④ ₩59,500 증가
⑤ 변화 없음

답 ①

▌정답해설▌
• 증감 : (1) − (2) = ₩32,500 감소
  (1) 기존방법 일반관리비 : ₩270,000 × 45% = ₩121,500
  (2) 활동기준원가 일반관리비 : ₩200,000 × 35% + ₩50,000 × 30% + ₩20,000 × 20% = ₩89,000

05 다음은 활동기준원가계산을 사용하는 제조기업인 (주)감평의 20x1년도 연간 활동원가 예산자료이다. 20x1년에 회사는 제품A를 1,000단위 생산하였는데 제품 A의 생산을 위한 활동원가는 ₩830,000으로 집계되었다. 제품 A의 생산을 위해서 20x1년에 80회의 재료이동과 300시간의 직접노동시간이 소요되었다. (주)감평이 제품 A를 생산하는 과정에서 발생한 기계작업시간은? **[2018 감정평가사]**

〈연간 활동원가 예산자료〉

활동	활동원가	원가동인	원가동인총수량
재료이동	₩4,000,000	이동횟수	1,000회
성형	₩3,000,000	제품생산량	15,000단위
도색	₩1,500,000	직접노동시간	7,500시간
조립	₩1,000,000	기계작업시간	2,000시간

① 400시간 ② 500시간
③ 600시간 ④ 700시간
⑤ 800시간

답 ②

┃정답해설┃

활동	활동원가배부율
재료이동	₩4,000,000 ÷ 1,000회 = ₩4,000
성형	₩3,000,000 ÷ 15,000단위 = ₩200
도색	₩1,500,000 ÷ 7,500시간 = ₩200
조립	₩1,000,000 ÷ 2,000시간 = ₩500

80회 × ₩4,000 + 1,000단위 × ₩200 + 300시간 × ₩200 + 기계작업시간 × ₩500 = ₩830,000
∴ 기계작업시간 = 500시간

06 (주)감평에서는 신제품 개발을 위한 기계를 구입하고자 하는데, 아래 자료를 참고하여 매년의 순현금유입액을 구하시오. **[2001 감정평가사]**

- 신기계 구입원가 ₩4,000,000
- 추정내용연수 8년
- 추정 잔존가치 구입원가의 10%
- 매년 예상되는 증분수익 ₩4,500,000
- 매년 예상되는 증분원가(감가상각비 제외) ₩2,650,000
- 감가상각방법은 정액법을 사용하고 법인세율은 40%이다.
- 감가상각비 이외의 모든 수익과 비용은 현금으로 거래된다.
- 할인율은 10%를 적용한다.

---

① ₩840,000

② ₩450,000

③ ₩1,850,000

④ ₩1,290,000

⑤ ₩1,110,000

답 ④

┃ 정답해설 ┃

- 순영업현금흐름 = 세전영업현금흐름 × (1 − 법인세율) + 감가상각비 × 법인세율
- 순영업현금흐름 = ₩1,110,000〈*1〉 + ₩180,000〈*2〉 = ₩1,290,000

  〈*1〉 (₩4,500,000 − ₩2,650,000) × (1 − 40%) = ₩1,110,000

  〈*2〉 (₩4,000,000 − ₩4,000,000 × 10%) ÷ 8년 × 40% = ₩180,000

07 (주)감평은 단일제품을 생산·판매하고 있다. 제품 1단위를 생산하기 위해서는 직접재료 0.5kg이 필요하고, 직접재료의 kg당 구입가격은 ₩10이다. 1분기 말과 2분기 말의 재고자산은 다음과 같이 예상된다.

	재고자산	
	1분기 말	2분기 말
직접재료	100kg	120kg
제품	50단위	80단위

2분기의 제품 판매량이 900단위로 예상될 경우, 2분기의 직접재료 구입예산은? (단, 각 분기말 재공품 재고는 무시한다.)

[2014 감정평가사]

① ₩4,510
② ₩4,600
③ ₩4,850
④ ₩4,900
⑤ ₩4,960

답 ③

┃ 정답해설 ┃

- 제품완성 : 900단위(판매량) + 80단위(기말제품) − 50단위(기초제품) = 930단위
- 재료사용 : 930단위 × 0.5kg = 465kg
- 재료구입 : 465kg(사용량) + 120kg(기말재료) − 100kg(기초재료) = 485kg
- 재료구입예산 : 485kg × ₩10 = ₩4,850

08 다음은 (주)감평의 20x1년도 매출관련 자료이다.

• 매출액	₩282,000
• 총변동원가	147,000
• 총고정원가	30,000
• 판매량	3,000단위

20x2년도에 광고비 ₩10,000을 추가로 지출한다면, 판매량이 300단위 증가할 확률이 60%이고, 200단위 증가할 확률이 40%로 될 것으로 예상된다. 이 때 증가될 것으로 기대되는 이익은? (단, 20x2년도 단위당 판매가격, 단위당 변동원가, 광고비를 제외한 총고정원가는 20x1년도와 동일하다고 가정한다.)

[2018 감정평가사]

① ₩700
② ₩800
③ ₩1,200
④ ₩1,700
⑤ ₩2,700

답 ④

▌정답해설▐

증가이익 : (1) − (2) = ₩1,700

(1) 변경후이익 : 3,260단위⟨*⟩ × (₩94 − ₩49) − ₩40,000 = ₩106,700

    ⟨*⟩ 3,000단위 + 300단위 × 60% + 200단위 × 40% = 3,260단위

(2) 기존이익 : ₩282,000 − ₩147,000 − ₩30,000 = ₩105,000

성과평가

제1절 책임회계제도

1. 의의

(1) 거래에 대해 책임의 범위를 명확히 구분하여 각 책임자별로 성과를 파악하여 원가통제

(2) 조직을 목적달성에 책임을 지는 단위(책임중심점)로 구분하여, 책임단위 별로 수익과 비용 등를 각각 집계하여 성과평가

2. 책임중심점

원가중심점	원가발생에 대해 책임지는 조직(예 생산부문, 구매부문, 인력관리부문, 재무부문)
수익중심점	수익창출에 대해 책임지는 조직
이익중심점	이익에 대해 책임지는 조직
투자중심점	자산의 관리 및 투자의사결정에 대해 책임지는 조직 다른 유형의 책임단위보다 가장 분권화된 단위 (성과지표 : 투자수익률, 잔여이익, 경제적 부가가치 등)

3. 특징

(1) 각 책임단위가 통제할 수 있는 결과를 이용한다.(통제가능성의 원칙)

(2) 조직단위의 신속한 의사결정 가능하므로 책임자는 원가와 수익의 관리를 효율적으로 수행할 수 있다.

(3) 예산과 성과 차이를 쉽게 파악함으로써 예외에 대한 관리가 가능

1. 의의

(1) 기존의 재무적 측정치뿐만 아니라 비재무적 측정치(고객, 내부프로세스, 학습과 성장)까지 포함한 전략적 성과평가시스템

(2) 영리기업 뿐만 아니라 비영리조직에도 사용가능

(3) 균형성과표의 여러 관점은 서로 연계되어 있으며, 영리기업의 경우에 최종적으로 재무적성과를 향상시키게 된다.

2. 균형성과표의 여러 관점

(1) 고객관점

기업은 고객의 관점에서 목표시장과 고객을 확인하고, 이 목표시장에서의 성과지표를 인식하여야 한다. (예 고객만족도, 고객유지, 시장점유율, 고객충성도 등)

(2) 내부 프로세스관점

내부 프로세스 측정지표는 고객만족에 가장 큰 기준을 두어야 한다. 구성요소로는 다음과 같다.

① 혁신 프로세스 : 완전히 새로운 제품과 서비스의 창출(예 신제품 개발수, 특허취득건수, 특허제품 수익률)

② 운영 프로세스 : 제품과 서비스를 효율적으로 생산 및 판매(예 제조사이클의 효율성, 생산처리능력, 불량률, 적시배송률)

③ 판매 후 서비스 프로세스 : 판매 후 문제점에 대해 관심을 갖고 사후서비스와 기술지원(예 불량건수, 불량품교체 시간)

(3) 학습과 성장관점

조직의 학습과 성장역량을 증진시키기 위하여 이를 구체적으로 측정한다.(예 복지정도, 종업원 만족도, 능력개발지원, 이직률, 지식의 창출과 공유, 인센티브와 보상의 정도, 정보분석능력 등)

(4) 재무관점

기업의 손익개선에 얼마나 기여하고 있는지를 구체적으로 측정한다.(예 ROI, RI, EVA, 수익률, 이익률, 제품별 시장가치 등)

1. 투자수익률 (return on investment, ROI)

(1) 투자된 자본 한 단위가 획득한 영업이익의 비율

> 투자수익률 = 영업이익/영업자산(투자액)
>   = (영업이익/매출액) × (매출액/영업자산)
>   = 매출액이익률 × 자산회전율

(2) 장점

① 투자대비 이익의 크기로 성과평가를 하므로 투자중심점의 성과평가에 유용

② 비율로 성과를 나타내므로 다른 사업(기업) 간에도 비교가 용이

(3) 단점

① 비율로 평가하므로 사업내용이 다른 투자중심점간에는 사용하기 어렵다.

② 준최적화현상 발생가능 : 사업부의 투자수익률 극대화가 우선되므로, 회사 전체의 투자수익률 극대화를 기각하는 현상이 나타날 수 있다.

2. 잔여이익(residual income, RI)

(1) 영업자산(투자액)에서 최소요구수익을 초과하는 영업이익

> 잔여이익 = 영업이익 − 영업자산(투자액) × 최소요구수익률

(2) 장점

① 준최적화현상이 발생 × : 투자중심점에서 최저요구수익률을 초과하는 투자안은 모두 채택하므로 회사전체의 잔여이익 극대화가 가능하다.

② 금액으로 평가하므로 사업내용이 다른 투자중심점간에도 성과평가가 용이하다.

(3) 단점

금액으로 평가하므로 투자규모가 상이한 투자중심점은 비교하기가 어렵다.

(주)관세의 사업부는 부문A와 부문B로 구성되어 있고, 부문별 성과는 투자수익률(Return On Investment, ROI)과 잔여이익 (Residual Income, RI)으로 평가한다. (주)관세가 투자에 대해 적용하는 최소요구수익률은 15%이다. 다음은 (주)관세의 20x1년 각 부문에 대한 성과자료이다.

구분	부문A	부문B
매출액	?	?
순영업이익	?	₩162,000
평균영업자산	₩600,000	?
매출액 영업이익률	?	?
영업자산회전율	5	4.5
투자수익률(ROI)	20%	18%
잔여이익(RI)	?	?

위의 자료에 근거한 다음 설명 중 옳지 않은 것은?
① 부문A와 부문B의 매출액 영업이익률은 4%로 동일하다.
② 부문B의 매출액은 ₩4,500,000이다.
③ 부문B의 잔여이익은 ₩27,000이다.
④ 부문A의 매출액은 ₩3,000,000이다.
⑤ 부문A의 잔여이익은 ₩30,000이다.

- 투자수익률(ROI) = 매출액이익률 × 자산회전율
  = (영업이익/매출액) × (매출액/영업자산)
- 잔여이익(RI) = 영업이익 − (영업자산 × 최소요구수익률)

구분	부문A	부문B
매출액 영업이익률	4%⟨*1⟩	4%⟨*2⟩
매출액	₩3,000,000⟨*3⟩	₩4,050,000⟨*4⟩
잔여이익	₩30,000⟨*5⟩	₩27,000⟨*6⟩

⟨*1⟩ 투자수익률(ROI) = 매출액이익률 × 자산회전율
　　　20% = 매출액 영업이익률 × 5
　　　매출액 영업이익률 = 4%
⟨*2⟩ 투자수익률(ROI) = 매출액이익률 × 자산회전율
　　　18% = 매출액 영업이익률 × 4.5
　　　매출액 영업이익률 = 4%
⟨*3⟩ 자산회전율 = 매출액/영업자산
　　　5 = 매출액/₩600,000
　　　매출액 = ₩3,000,000
⟨*4⟩ 매출액이익률 = 영업이익/매출액
　　　4% = ₩162,000/매출액
　　　매출액 = ₩4,050,000
⟨*5⟩ 잔여이익 = 영업이익 − (영업자산 × 최소요구수익률)
　　　　　　= (₩3,000,000 × 4%) − (₩600,000 × 15%) = ₩30,000
⟨*6⟩ 잔여이익 = 영업이익 − (영업자산 × 최소요구수익률)
　　　　　　= ₩162,000 − {(₩4,050,000/4.5) × 15%} = ₩27,000

정답 ②

확인학습문제

01 원가관리기법에 관한 설명으로 옳은 것은? **[2021 감정평가사]**

① 제약이론을 원가관리에 적용한 재료처리량공헌이익(throughput contribution)은 매출액에서 기본원가를 차감하여 계산한다.

② 수명주기원가계산에서는 공장자동화가 이루어지면서 제조이전단계보다는 제조단계에서의 원가절감 여지가 매우 높아졌다고 본다.

③ 목표원가계산은 표준원가와 마찬가지로 제조과정에서의 원가절감을 강조한다.

④ 균형성과표는 전략의 구체화와 의사소통에 초점이 맞춰진 제도이다.

⑤ 품질원가계산에서는 내부실패원가와 외부실패원가를 통제원가라 하며, 예방 및 평가활동을 통해 이를 절감할 수 있다.

답 ④

▌오답해설▌

① 재료처리량공헌이익은 순매출액에서 재료원가를 차감하여 계산한다.

② 수명주기원가계산에서 공장자동화가 이루어지면서 제조단계보다 제조이전단계에서의 원가절감 여지가 매우 높아졌다고 본다.

③ 목표원가계산은 제조과정 이전단계에서의 원가절감을 강조한다.

⑤ 품질원가는 예방원가와 평가원가를 통제원가라 한다.

02 (주)감평은 평균영업용자산과 영업이익을 이용하여 투자수익률(ROI)과 잔여이익(RI)을 산출하고 있다. (주)감평의 20x1년 평균영업용자산은 ₩2,500,000이며, ROI는 10%이다. (주)감평의 20x1년 RI가 ₩25,000이라면 최저필수수익률은? **[2021 감정평가사]**

① 8%

② 9%

③ 10%

④ 11%

⑤ 12%

답 ②

┃정답해설┃

- 영업이익 = 2,500,000 × 10% = 250,000
- 잔여이익 = 250,000 − 2,500,000 × 최저필수수익률 = 25,000
- 최저필수수익률 = 9%

03 (주)감평은 최근 신제품을 개발하여 최초 10단위의 제품을 생산하는데 총 150시간의 노무시간을 소요하였으며, 직접노무시간당 ₩1,200의 직접노무원가가 발생하였다. (주)감평은 해당 신제품 생산의 경우, 90%의 누적평균시간 학습곡선모형이 적용될 것으로 예상하고 있다. 최초 10단위 생산 후, 추가로 30단위를 생산하는 데 발생할 것으로 예상되는 직접노무원가는? **[2020 감정평가사]**

① ₩180,000

② ₩259,200

③ ₩324,000

④ ₩403,200

⑤ ₩583,200

답 ④

┃정답해설┃

(1) 학습효과

누적생산량	단위당 누적평균시간	총 누적시간
10단위	15h	150h
20단위	13.5h	270h
40단위	12.15h	486h

(2) 예상 직접노무원가

추가 30단위 직접노무원가 = (486h − 150h) × 1,200 = ₩403,200

04 (주)감평은 A, B 두 개의 사업부만 두고 있다. 투자수익률과 잔여이익을 이용하여 사업부를 평가할 때 관련 설명으로 옳은 것은? (단, 최저필수수익률은 6%라고 가정한다.) **[2016 감정평가사]**

구분	A사업부	B사업부
투자금액	₩250,000,000	₩300,000,000
감가상각비	25,000,000	28,000,000
영업이익	20,000,000	22,500,000

① A사업부와 B사업부의 성과는 동일하다.
② A사업부가 투자수익률로 평가하든 잔여이익으로 평가하든 더 우수하다.
③ B사업부가 투자수익률로 평가하든 잔여이익으로 평가하든 더 우수하다.
④ 투자수익률로 평가하는 경우 B사업부, 잔여이익으로 평가하는 경우 A사업부가 각각 더 우수하다.
⑤ 투자수익률로 평가하는 경우 A사업부, 잔여이익으로 평가하는 경우 B사업부가 각각 더 우수하다.

답 ②

┃정답해설┃

• A사업부가 투자수익률로 평가하든 잔여이익으로 평가하든 더 우수하다.
  (1) 투자수익률(ROI) = 영업이익/투자금액
     A사업부의 ROI = 20,000,000/250,000,000 = 0.08(8%)
     B사업부의 ROI = 22,500,000/300,000,000 = 0.075(7.5%)

  (2) 잔여이익(RI) = 영업이익 - 투자금액 × 최저필수수익률
     A사업부의 RI = 20,000,000 - (250,000,000 × 0.06) = ₩5,000,000
     B사업부의 RI = 22,500,000 - (300,000,000 × 0.06) = ₩4,500,000

05 당신은 남산회사의 투자중심점의 최고경영자로 일하고 있으며, 현재 투자중심점의 총 투자액은 ₩1,000,000이고 회계이익은 연간 ₩150,000이다. 당신은 다음의 투자안을 고려하고 있다.

투자안	투자요구액	투자로부터 연간이익
A	₩200,000	₩40,000
B	300,000	42,000
C	400,000	50,000

회사의 요구수익률은 13%이며, 투자에 필요한 자금은 본사에서 조달해 준다. 당신의 경영성과가 투자수익률에 의해 결정되는 경우 회사에 유리한 투자안과 당신에게 유리한 투자안을 각각 옳게 지적한 것은?

[2006 감정평가사]

	회사에 유리한 투자안	당신에게 유리한 투자안
①	모든 투자안(A, B, C)	투자안 A
②	투자안 A와 B	투자안 A와 B
③	투자안 A	투자안 A
④	투자안 A와 B	투자안 A
⑤	투자안 A	투자안 A와 B

답 ④

┃정답해설┃

• 투자수익률 : ₩150,000 ÷ ₩1,000,000 = 15%

• 각 투자안의 투자수익률
  (1) A : ₩40,000 ÷ ₩200,000 = 20%
  (2) B : ₩42,000 ÷ ₩300,000 = 14%
  (3) C : ₩50,000 ÷ ₩400,000 = 12.5%

• 유리한 투자안
  (1) 회사에 유리한 투자안(투자수익률 13% 초과) : 투자안 A, B
  (2) 경영자에게 유리한 투자안(투자수익률 15% 초과) : 투자안 A

06 책임회계제도에 대한 설명 중 옳지 <u>않은</u> 것은? [2010 관세사]

① 투자책임단위(investment center)의 바람직한 성과지표는 매출수익률이나 잔여이익이다.

② 책임회계의 평가지표는 각 책임단위가 통제할 수 있는 결과를 이용하며, 이를 통제가능성의 원칙이라고 한다.

③ 투자책임단위는 다른 유형의 책임단위보다 가장 분권화된 단위이다.

④ 원가책임단위의 예로 생산부문, 구매부문, 인력관리부문, 재무부문 등이 있다.

⑤ 자산을 기준으로 한 투자수익률, 즉 자산수익률(ROA)은 듀퐁분석이 가능하다.

답 ①

∥ 정답해설 ∥

① 투자책임단위의 바람직한 성과지표는 경제적부가가치나 잔여이익제도이다.

07 (주)관세는 사업부 성과평가를 위해 각 사업부의 EVA(경제적 부가가치)를 계산한다. 다음은 사업부 중 한 곳인 A 사업부의 재무상태표와 포괄손익계산서의 일부자료이다.

• 총자산	₩2,000,000
• 유동부채	500,000
• 세전영업이익	400,000

(주)관세의 모든 사업부는 유사한 위험에 직면해 있으므로 각 사업부의 EVA 계산 시 기업전체 가중평균 자본비용 11%를 적용한다. 이 경우 A 사업부의 EVA는?(단, 법인세율은 30%이다.)

[2021 관세사]

① ₩115,000 ② ₩125,000

③ ₩145,000 ④ ₩215,000

⑤ ₩235,000

답 ①

∥ 정답해설 ∥

₩400,000 × (1 − 30%) − (₩2,000,000 − ₩500,000) × 11% = ₩115,000

CHAPTER 09 | 확인학습문제 **515**

"오늘 당신의 노력은 아름다운 꽃의 물이 될 것입니다."

　그러나, 이 꽃을 볼 때 사람들은 이 꽃의 아름다움과 향기만을 사랑하고 칭찬하였지, 이 꽃을 그렇게 아름답게 어여쁘게 만들어 주는 병 속의 물은 조금도 생각지 않는 것이 보통입니다.

　아무리 아름답고 어여쁜 꽃이기로서니 단 한 송이의 꽃을 피울 수 있으며, 단 한 번이라도 꽃 향기를 날릴 수 있겠는가? 우리는 여기서 아무리 본바탕이 좋고 아름다운 꽃이라도 보이지 않는 물의 숨은 힘이 없으면 도저히 그 빛과 향기를 자랑할 수 없는 것을 알았습니다.

– 방정환의 우리 뒤에 숨은 힘 중

의심은 실패보다 더 많은 꿈을 죽인다.

- 카림 세디키 -

2025 시대에듀 감정평가사 1차 회계학 기본서

개정1판1쇄 발행	2024년 07월 10일(인쇄 2024년 06월 26일)
초 판 발 행	2024년 01월 05일(인쇄 2023년 11월 10일)
발 행 인	박영일
책 임 편 집	이해욱
편 저	양소이 · 시대감정평가연구소
편 집 진 행	석지연
표지디자인	박종우
편집디자인	김민설 · 고현준
발 행 처	(주)시대고시기획
출 판 등 록	제10-1521호
주 소	서울시 마포구 큰우물로 75 [도화동 538 성지 B/D] 9F
전 화	1600-3600
팩 스	02-701-8823
홈 페 이 지	www.sdedu.co.kr
I S B N	979-11-383-7421-7 (13320)
정 가	35,000원

시대에듀 감정평가사

감정평가사 기출이 충실히 반영된 기본서!

1차 기본서 라인업

감정평가사 1차

민법 기본서

감정평가사 1차

경제학원론 기본서

감정평가사 1차

부동산학원론 기본서

감정평가사 1차

감정평가관계법규 기본서

감정평가사 1차

회계학 기본서

1·2차 기본서

단기합격을 위한 최적의 기본서 시리즈!

2차 기본서 라인업

감정평가사 2차

감정평가이론

감정평가사 2차

감정평가실무

감정평가사 2차

감정평가 및 보상법규

※ 도서의 이미지 및 세부사항은 변경될 수 있습니다.

시대에듀
감정평가사 1차 대비 시리즈

감정평가사 1차 종합서

감정평가사 1차 한권으로 끝내기

핵심이론 + 단원별 기출문제로 이루어진
단기합격을 위한 종합서(3권 세트)

❶권 민법 / 부동산학원론
❷권 경제학원론 / 회계학
❸권 감정평가관계법규 / 최신기출문제(제35회)

감정평가사 1차 기출문제집 시리즈

감정평가사 1차 전과목 5개년 기출문제집

▶ 전과목 기출문제를 한번에 풀어보는 실전 대비용
▶ 2024~2020년도 1차 전과목을 담은 기출문제집
▶ 민법 / 경제학원론 / 부동산학원론 / 감정평가관계법규 / 회계학

**감정평가사 1차
과목별 기출문제집(+최종모의고사)**

▶ 2024년 포함 과목별 기출문제(2024~2016년) 수록
▶ 취약한 과목을 집중 공략
▶ 적중률 높은 최종모의고사 수록
▶ 민법 / 경제학원론 / 부동산학원론 /
감정평가관계법규 / 회계학

※ 도서의 이미지 및 세부사항은 변경될 수 있습니다.